辩护人认为（第四辑）

刑事辩护观点的挖掘、提炼与运用

徐宗新 王良宝 等/编著

法律出版社
LAW PRESS·CHINA
北京

图书在版编目(CIP)数据

辩护人认为:刑事辩护观点的挖掘、提炼与运用.第四辑/徐宗新等编著.--北京:法律出版社,2023
ISBN 978-7-5197-7690-9

Ⅰ.①辩… Ⅱ.①徐… Ⅲ.①刑事诉讼-辩护-经验-中国 Ⅳ.①D925.215

中国国家版本馆 CIP 数据核字(2023)第 046240 号

辩护人认为(第四辑)
——刑事辩护观点的挖掘、提炼与运用
BIANHUREN RENWEI (DI-SI JI)
—XINGSHI BIANHU GUANDIAN DE WAJUE, TILIAN YU YUNYONG

徐宗新 等 编著

责任编辑 张红蕊
装帧设计 汪奇峰

出版发行 法律出版社
编辑统筹 法规出版分社
责任校对 翁潇潇
责任印制 耿润瑜
经　　销 新华书店

开本 710 毫米×1000 毫米 1/16
印张 25.5　**字数** 485 千
版本 2023 年 4 月第 1 版
印次 2023 年 4 月第 1 次印刷
印刷 三河市龙大印装有限公司

地址:北京市丰台区莲花池西里 7 号(100073)
网址:www.lawpress.com.cn
投稿邮箱:info@lawpress.com.cn
举报盗版邮箱:jbwq@lawpress.com.cn

销售电话:010-83938349
客服电话:010-83938350
咨询电话:010-63939796

书号:ISBN 978-7-5197-7690-9
定价:78.00 元
凡购买本社图书,如有印装错误,我社负责退换。电话:010-83938349

作者简介

徐宗新　上海靖予霖律师事务所主任，浙江靖霖律师事务所创始人、终身荣誉主任

王良宝　浙江靖霖律师事务所副主任，靖霖刑辩学院副院长

倪雨苗　浙江靖霖律师事务所副主任

胡　梁　浙江靖霖律师事务所副主任

孙立波　浙江靖霖律师事务所主任

王　官　浙江靖霖律师事务所副主任

徐激浪　浙江靖霖律师事务所副主任

姚立强　浙江靖霖律师事务所副主任

何秀珍　浙江靖霖律师事务所律师

李亚男　浙江靖霖律师事务所渎职犯罪研究与辩护部主任

黄毅婕　浙江靖霖律师事务所律师

黄双双　浙江靖霖律师事务所律师

陈　浩　浙江靖霖律师事务所食药环犯罪研究与辩护部主任

贾小玉　浙江靖霖律师事务所行刑交叉案件研究与辩护部主任

曾　沉　浙江靖霖律师事务所律师

陈一见　浙江靖霖律师事务所律师

翁叶榕　浙江靖霖律师事务所律师

杨　昆　浙江靖霖(北京)律师事务所律师

徐跃灵君　上海靖予霖律师事务所刑事技术部主任

宋雷昌　上海靖予霖律师事务所副主任

郑凯方　上海靖予霖律师事务所副主任

曾钧泓　上海靖予霖律师事务所律师

陈沛文　上海靖予霖律师事务所网络犯罪研究与辩护部主任

孙　宇　上海靖予霖律师事务所副主任

刘　笛　上海靖予霖律师事务所网络犯罪研究与辩护部副主任

田　曳　上海靖予霖律师事务所副主任

张警语　上海靖予霖律师事务所律师

李　军　上海靖予霖律师事务所律师

楼安翔　浙江靖霖(昆明)律师事务所主任

杨　磊　上海靖予霖律师事务所律师

伍炫蓉　浙江靖霖律师事务所律师

孙　婷　浙江靖霖律师事务所律师

王　杰　浙江靖霖律师事务所律师

邹广杰　上海靖予霖(沈阳)律师事务所副主任

武广铁　浙江靖霖(昆明)律师事务所执行主任

谢可明　浙江靖霖(昆明)律师事务所副主任

杨亚虹　浙江靖霖(昆明)律师事务所律师

王麒栋　浙江靖霖(昆明)律师事务所律师

曹朝军　浙江靖霖(武汉)律师事务所执行主任

唐　健　浙江靖霖(武汉)律师事务所律师

陈宇轩　浙江靖霖(武汉)律师事务所律师

周　娜　上海靖予霖(天津)律师事务所主任

张烜墚　上海靖予霖(天津)律师事务所执行主任

朱旭肇　上海靖予霖(天津)律师事务所律师

翁京才　上海靖予霖(福州)律师事务所主任

陈柳明　上海靖予霖(福州)律师事务所执行主任

范望平　浙江靖霖律师事务所律师

应李敏　浙江靖霖律师事务所律师

王之虎　浙江靖霖(济南)律师事务所主任

徐传瑜　浙江靖霖(济南)律师事务所律师

吴黎明　浙江靖霖(济南)律师事务所副主任

赵　刚　浙江靖霖(济南)律师事务所副主任

黄少伟　浙江靖霖(济南)律师事务所律师

武福钰　浙江靖霖(济南)律师事务所律师

杨　汇　浙江靖霖(北京)律师事务所副主任,靖霖刑辩学院副院长

李　瑞　浙江靖霖(济南)律师事务所律师

邵明慧　浙江靖霖(济南)律师事务所律师

杨文彩　浙江靖霖(济南)律师事务所律师

序

与徐宗新主任相识，迄今已有将近十年的时间，那时我还在中南民族大学法学院教书，经常带着研究生和日知社〔1〕的学生天南海北地游历拜访。因为之前曾经邀请徐主任在日知社讲授过多次公益课程，我带学生专程拜访了位于杭州的靖霖律师事务所。当时靖霖还在一栋颇有风味的别墅会所里办公，徐主任热情接待了我们师生一行并详细介绍了靖霖律师事务所的发展理念。我至今仍然记得，在刑辩市场还未深度开发、业内对成立专业刑辩所还多持怀疑和观望态度的当时，徐主任就已经高瞻远瞩地洞见到这个行业的未来前景，并进行了深谋远虑的业务布局。让我印象极为深刻的是，在总体规模不算太大的业务团队中，已经开始设置职务犯罪辩护、金融犯罪辩护、毒品犯罪辩护等若干业务研究方向，并定期组织年轻律师进行即兴演讲训练、讲课训练、辩论训练，提出了"一支笔、一张嘴和一条腿"的人才培养理念。

时隔十年，这种基于专业研究和梯队建设的办所理念终于带来了靖霖事业的蓬勃发展，徐主任和其他优秀的合伙人一起，搭建了从南到北、从东至西，遍布北京、上海、杭州、福州、济南、昆明、武汉等中心城市的分所体系，建立了一支由专家学者担任顾问指导，由公检法离职人员和资深律师担任核心业务骨干，由立志从事刑辩业务的优秀年轻人作为后备梯队的人才队伍，靖霖所用律师团队规模的扩张和律所业务营收的数据向律师业证明，专业化刑辩所不仅可以生存，而且大有可为。问题的关键并不在于是否有足够的市场空间，而在于有没有掌握一套办理专业刑辩所的管理密码。我认为，靖霖所不仅找到了这一密码，而且发展出了一套可以复制的系统方法论，以至于可以实现全国事业版图的迅速扩张。在我的观察与认知中，始终坚持打造学习型组织，从人才梯队的培养中深挖业务潜力，是靖霖所成功的关键要素。具体而言，可以分为以下四个方面：

〔1〕 由我带领100位年轻法科生于2011年左右成立的网络公益法学院，共邀请100余位资深律师举办过400多场免费律师业务讲座。

第一,口才训练,向内夯实内功。靖霖最具特色的人才培养方式是“一周两训机制”——周一例会的口才训练,大家一起围绕某个热点话题训练即兴演讲和辩论能力;周二的刑辩道场,则邀请律所内外的法律专家分享授课,传经送宝。很多年轻人在这些特色内训中快速提升了自信和基础表达能力,夯实了内功。

第二,课程开发,向外拓展案源。徐主任从办所之初就要求年轻人必须每人讲好一堂课,选题要求在业务流程中分解出体量为一个小时的主题内容,并精心打造授课的知识颗粒度和技能的专业度,成为这个领域里问不倒的专家型律师。这一专业训练和口才训练一起构成了年轻法律人基础业务能力的两大基座,形成了内容与形式、专业与表达的双驱动模式,可以有效帮助一个年轻律师快速成长。同时,这个模式最大的优点在于,可以与其他律师泛泛而谈的授课模式区别开来,在律师同行内形成具有唯一性的品牌优势和基于专业的案源合作模式,更长远来看,全所还可以对所有的授课内容进行系统化整合,对于高精尖的新兴业务领域,可以通过授课模式发现优秀人才,进行业务匹配,提速新型业务领域的发展。

第三,著作出版,业内树立品牌。靖霖创所以来,极为关注知识管理,有意识地构建可视化的知识管理成果。既有面向律师培训的行业教材,如徐宗新主任多次再版的《刑事辩护实务操作技能与执业风险防范》一书;也有面向律师同行的《辩护人认为》系列和《刑事辩护全流程质量控制与十项技能解析》等书;还有面向普通读者,向其展现律师工作趣闻的《刑辩拾萃》。这种立体化的出版规划和持续稳定的成果输出极大地促进了靖霖品牌的建立。

第四,文化建设,市场拓展口碑。靖霖成功的秘诀还在于其独一无二的律所文化,在靖霖,“辩护流程标准化、具体操作精细化、当事人利益最大化、服务过程完美化、工作内容可视化”已经内化为每个靖霖律师的服务标准和执业理念。同时,“树正气、要大度、有精神、善公益、做大师”的理念更是深入人心,律所引导大家思考为何警官、检察官和法官都是“官”,唯独律师是“师”,“做好律师,争做教师,誓为大师”的口号更是为年轻律师从执业之初便建立起巨大的职业尊荣感。

可以说,以上四个层次的律所管理和文化建设正是靖霖能够在竞争日益激烈的法律服务市场上立于不败之地,并屡有建树的关键所在。

从这个角度再来看《辩护人认为——刑事辩护观点的挖掘、提炼与运用》(第四辑)这本新著的出版,我们就不难发现这个系列出版物的重要意义。每位靖霖的律师不能仅仅是埋头于业务的专职律师,更应该要求自己成为一个对某一业务领域有实质性研究的学者型律师、专家型律师,能够定期总结业务经验,形成理论思考,进行经验萃取和方法提炼,让律所知识得以沉淀,律师经验得以传承。比如,摆在我面前的《辩护人认为——刑事辩护观点的挖掘、提炼与运用》(第四辑)书稿,将所有成功案例按照无罪、轻罪和罪轻三个维度进行了结构性编排,每个案例都提炼核心辩点,内容编排上也最大限度地考虑到了读者阅读和学习的方便,先对案情进行简要介绍,然后阐述案件审查起诉或审判阶段的辩护意见,最后介绍案件办理过程中辩护策略的形成过程和可以借鉴的诉讼经验。

在认真阅读书稿后,我认为本书至少在以下几个方面对读者具有巨大的启发作用:

首先,如何形成有效的辩护策略。以"李某涉嫌虚假诉讼罪证据不足不起诉案"为例,该案当事人及其家属具有强烈的取保需求,但根据案件情况判断取保难度极大,律师在综合分析了办案机关的顾虑之后,有针对性地提出了具体辩护方案,并最终成功实现了取保目标。比如,本案全案被认定为恶势力犯罪集团案件,检察机关肯定会更为谨慎和保守地处理本案,针对这一顾虑,律师确定了首先要争取到分案处理,然后进一步争取先行取保的代理思路。但要达到分案处理的目标,就得在法理上与恶势力犯罪集团进行切割。所以,全案据此形成了切割、分案和取保"三步走"的诉讼策略。另外,同案人尹某还涉嫌其他罪名,势必要被移送审查起诉,律师如果要求对李某无罪不起诉,会影响对同案人员的处理。针对办案人员的这一顾虑,律师利用了同案处理的程序特点,巧借同案之力,本着尹某无罪则李某无罪、尹某罪轻则李某更轻的策略考虑,辩护人提前与尹某的辩护人联系沟通,形成了统一的无罪辩护思路,最终判决尹某不构成虚假诉讼罪。全书有很多类似介绍辩护思路形成的案例,对于律师办理相关案件具有很大的参考价值。

其次,如何办理政策压力较大的案件。实践中,很多带有强烈政策压力的案件,律师经常感到一筹莫展,比如处于某类犯罪专项治理期间,适用某一与司法解释不符的纪要精神办案,等等。本书中"徐某、鲍某被控'套路贷'诈骗改定寻衅滋事案"的办理经验为同行律师提供了一种值得借鉴的参考模式。该案如果仅仅根据"两高两部"《关于办理"套路贷"刑事案件若干问题的意见》进行辩护是无法取得辩护效果的,因为该案被告人于2019年7月22日被刑拘,Z省《关于办理"套路贷"相关刑事案件若干问题的纪要》(以下简称《纪要》)于2019年7月24日颁布,故该案是Z省H市打击套路贷行动的第一批案件,带有明显的政治性和极强的政策性,没有任何酌情从轻和诉辩交易的空间。所以,辩护人必须针对裁判依据,尤其是《纪要》中的不利点,进行逐一回应才是唯一出路。该案辩护人针对《纪要》最为不利的第二条提交了补充辩护意见专项论证,从以下几个角度质疑了《纪要》的有效性。角度一:效力问题。省级文件必须向最高人民法院备案后才发生法律效力,主张《纪要》与最高人民法院的观点、主流法学家的观点背道而驰,并未备案。角度二:前提问题。根据Z省相关领导的讲话,《纪要》这一条的适用还需要加上一个"虚增债权债务"的前提。角度三:行业习惯问题。本案被指控行为是头部互联网企业网络小额贷款的惯常做法,也是小额贷款这一行业的交易习惯。关于如何办理政策压力大的案件,在全书中还有很多类似案例,都是律师在实务中摸索出来的行之有效的具体操作方法。比如,有的案件辩护律师设置的初始辩护目标可能检察官无法接受,这时就需要辩护人能够灵活调整自己的方案,在不放弃总体方向的前提下及时变更,有效沟通。比如,将相对不起诉的辩护意见调整为附条件不起诉,往往可以取得更好的沟通效果(参见"胡某某涉嫌猥亵儿童罪被附条件不起诉案")。

最后,如何通过有效"配合"达到有效辩护。刑事案件类型各异,辩护难度差别很大,由此要求的辩护风格也没有一定之规,一味要求律师"死磕",未必能够取得有利于当事人的辩护效果。靖霖很多律师都有公检法工作的宝贵经历,他们更加懂得如何利用办案机关的办案规律和办案心理,与侦查机关、公诉机关进行有效沟通,通过有效"配合"达到有效辩护。比如,"吴某涉嫌串通投标罪被相对不起诉案"的辩护工作就很好地诠释了这一辩护方式,在该案中,因为辩护律师及时提出关于管辖的辩护意见,案件由市检察院指定某市高新技术开发区检察院审查起诉。辩护律师利用指定管辖的程序流程,迅速展开辩护工作,收集到本案的新证据、类案判例和辩护意见,在公诉人刚刚接收本案案卷材料时第一时间提交,为公诉人迅速取得与辩护律师的一致认识打下了良好的基础。另外,辩护人还通过对12309中国检察网的案例检索,向公诉机关提交了部分类似作出不起诉决定的案例供公诉人参考,通过多次沟通,为公诉人合理适用不起诉裁量权奠定了基础。

本书可圈可点之处甚多,借撰写序的宝贵机会,本人得以先睹为快,已经将本书列为教学参考书目并推荐给学生。当然,本书部分篇章办案心得的深度和细节还可以挖掘得更加深入,但是瑕不掩瑜,全书仍然可以为律师同行提供非常宝贵的经验借鉴,期待靖霖律师用更经典的刀功案例进行诠释。

身为浙江靖霖(武汉)律师事务所的名誉主任,我有幸参与见证了靖霖刑辩事业的快速发展,也间接参与见证了中国刑事辩护事业的巨大变化。抚今追昔,所有靖霖人以及所有刑辩人,没有理由不重整精神,继续拼搏,在困难与机会并存的当下,谱写这个时代属于刑事辩护业务的更为精彩的篇章。愿本书成为这种宝贵努力的时代见证。

中南财经政法大学法学院教授、博士生导师、南湖特聘教授

浙江靖霖(武汉)律师事务所名誉主任

陈少文

2022年11月11日于武汉如释书房

目 录

无罪篇

轻罪篇

罪轻篇

无　罪　篇

如何运用具有专门知识的人出庭制度进行辩护

——魏某被控猥亵儿童撤回起诉案

【案件概况】

公诉机关指控:被告人魏某系被害人郭某某(案发时6周岁)的游泳教练。2020年7月31日晚,被告人魏某在Y市H镇×村L游泳俱乐部1号泳道指导被害人郭某某肢体动作时,在水下用手触碰被害人郭某某下体,造成被害人郭某某阴道内右侧处女膜外侧黏膜淤血红肿。指控一旦成立,魏某构成猥亵儿童罪,将被判处五年以下有期徒刑。

辩护人接受委托后,在审查起诉阶段提出多项调取证据申请书,并先后提交了四份辩护意见,建议检察机关对魏某作出不起诉决定。检察机关经过两次退回补充侦查,最终没有采纳辩护意见,于2021年1月27日以魏某涉嫌猥亵儿童罪向Y市人民法院提起公诉。

一审阶段辩护人向法院申请三名分别具有法医学、妇科医学、游泳运动学专门知识的人王某某、林某某、周某某出庭作证,获得准许。案件经历两次庭前会议、两次庭审,先后共有一名证人、四名具有专门知识的人出庭。庭审中,辩方申请三名具有专门知识的人就本案“损伤”的形成原因发表了意见,与公诉人申请出庭的具有专门知识的人江某,法院通知到庭的案发前对小女孩做检查、诊断的医生韩某某进行了专业知识上的分析、对抗。

2021年9月23日,Y市人民检察院以本案犯罪事实不清、证据不足为由向Y市人民法院申请撤回起诉。Y市人民法院于同日作出准许撤回起诉的裁定,并于同日释放魏某,变更强制措施为取保候审。

2021年10月22日,Y市人民检察院以本案犯罪事实不清、证据不足为由,对魏某作出不起诉决定。

案件审理终结后,魏某申请国家赔偿。2022年1月25日,Y市人民检察院作出刑事赔偿决定。

【审判起诉阶段辩护意见】

一、郭某某私处的所谓“损伤”，应系炎症原因引起的，而不是被他人用手指弄伤的

（一）关于损伤情况

确定损伤情况是分析致伤原因的前提和基础。为了避免致伤原因分析的偏颇性，确定损伤情况应当根据没有争议性的信息来认定。以下损伤情况是综合了两名医生、两名法医的当庭证言，以及门诊病历、伤势照片等书证，提炼出相互印证的信息后作出的认定。

1. 损伤位置

“疑似损伤”的处女膜的周边黏膜，在人体解剖学上被称作阴道前庭，系外阴的一部分。该位置有两个重要的特性：一是自然状态下不暴露，自然状态下，大小阴唇闭合，阴道前庭被遮盖在里面，就如伤势照片所呈现的需要两只手从左右两边牵引才能暴露该部位，在自由泳双腿并拢上下打腿时，阴道前庭肯定是不暴露的；二是极为敏感，不耐受刺激，此处黏膜相比于皮肤，有着更为丰富的神经末梢，而且儿童的阴道前庭相较于成年人更为娇嫩，一方面容易受到物理、化学原因及各种病菌刺激；另一方面不耐疼痛，碰触后会有明显反应。

2. 损伤特征

公诉人主张伤势照片受拍照时灯光、设备等因素影响而失真，不能客观地反映实际伤势情况，不能单独作为判断致伤原因的依据。但在案共有四张照片，拍照角度正对损伤的阴道口，光照较好，未在阴道口形成阴影，其中两张照片拍照时私处被往两侧牵引，视野暴露相对充分，可以作为判断参照。而且，灯光、手机像素对整个画面具有整体性影响，并不影响得出下列六方面的损伤特征：一是处女膜周边黏膜损伤呈现环状对称性，而不仅仅是在左右两侧；二是黏膜存在异常的整圈环状红色改变；三是黏膜的颜色具有均匀性，不存在右侧颜色明显更深的情况；四是除了阴道前庭有“损伤”外，阴部没有其他损伤；五是黏膜有肿胀，可能右侧相对明显；六是阴道口不足成人一个拇指盖大小，黏膜两侧损伤狭窄。上述六方面特征经韩某某医生确认，足以认定。

（二）无法排除炎症

公诉人主张排除炎症的理由主要有三个：一是女童外阴炎不是突发性的，二是没有女童外阴炎症的相关临床特征，三是查体结果符合淤血而不是充血的表现。综合四名出庭的医生、法医的说法，上述质疑均不能成立，反驳如下：

1. 关于“不是突发性”的反驳

外阴炎有急性和慢性之分，女童外阴炎往往是急性的。当然，急性外阴炎也是有一个起病过程，但出现症状并被患者感知却可以是突发的。林某某医生就作证称外阴炎引起的疼痛感是一个累积的过程，积累到阈值以上病例才能感受到痛意。

2. 关于“没有相关临床特征”的反驳

女童外阴炎作为炎症的一种，临床的核心症状是红、肿、热、痛，郭某某主诉、查体的结果符合该症状。其他诸如异常分泌物、瘙痒、异味、抓痕等并非必须具备的临床特征，在一些炎症病例中，病例受下列因素的影响，有可能不存在这些症状或者无法检查到这些症状：一是受炎症类型的影响，炎症分为特异性炎症和非特异性炎症，非特异性炎症是因为物理、化学原因引起的炎症，因为没有刺激到腺体，也未造成皮肤损伤，可以不存在异常分泌物、异味、瘙痒、抓痕等症状；二是受病情轻重的影响，任何疾病都有轻症、重症的表现，就如新冠肺炎就有无症状型、轻症型、重症型，轻症型可能呈现出一种或几种临床特征，而不是所有的临床症状；三是受病期长短的影响，发病初期仅呈现部分临床症状，只有在未被干预治疗且继续恶化才会呈现其他临床症状；四是受个体差异的影响，特别是瘙痒、抓痕的症状不一定出现，瘙痒是主观感受，与个体的体质和耐痒性相关，有些患者没有出现瘙痒；五是受外在干预的影响，有些病例会在检查前涂抹菜籽油，因为润滑减少摩擦，或清洗处理可能导致瘙痒、分泌物不明显；六是受有无辅助检查的影响，有些病例的分泌物症状不明显，仅凭肉眼检查无法观测，要通过化验等辅助性检查才能被彻底排除。综上，主诉、查体时病例不具有瘙痒、分泌物异常等临床特征的标准，并不足以用于排除女童外阴炎。

3. 关于“查体结果符合淤血而不符合充血表现”的反驳

通过梳理四名出庭医生、法医的说法，炎症性充血是组织供血增加导致毛细血管扩张，而外伤性淤血是血液回流受阻，积聚在组织间隙。炎症性充血和外伤性淤血的区分可以审查以下三个方面：一是审查分布情况。炎症性充血是分布边界不清晰，且具有弥漫性的，往往在同一组织环境内上下、左右都会有红肿充血表现；外伤性淤血分布是边界清晰，且具有局部性的，只有外力作用的一侧才会形成淤血，而对侧没有，而且即便在同一侧的组织环境内，也只在外力作用的地方才会有局部性红肿淤血的表现，有时并不会整侧都有红肿。二是审查颜色情况。炎症性充血是偏鲜红、明亮的，且均匀一致；外伤性淤血则是偏暗红、深重的，但参差不齐，往往外力作用点呈现紫红色，周边颜色的深度逐渐减弱。三是审查形状情况。综合上述两个区分点，炎症性充血的症状区域往往是呈现两侧相对对称性，而外伤性淤血的形状则往往呈现不规则性、不对称性。因此，根据韩某某医生当庭陈述和伤势照片，本案“疑似损伤”部分整体呈现两侧环状对称性的弥漫性红色改变，颜色偏鲜红且均匀一致，更符合炎症性充血的表现。尽管韩某某医生陈述郭某某私处右侧的红肿明显一点，但林某某医生举例物理摩擦引起的炎症也可能因为一侧的摩擦更多而导致该侧红肿更为明显，这并不影响本案伤势更符合炎症性充血的判定。

4. 本案具备炎症形成的病因条件

林某某医生、韩某某医生、王某某法医都作证称女童外阴炎较为常见，无论是物理、化学原因引起的非特异性炎症，还是细菌、真菌、衣原体、滴虫等病原体引起的特异性炎症，女童都可能患有。在非特异性炎症方面，女童穿着紧身化纤内衣裤，因为面料透气性差，在持续运动反复摩擦的情况下，或者受公共泳池中化学物质的刺激，有可能引发非特异性炎症；在特异性炎症方面，身处公共浴室、游泳池，与大人共洗内衣裤、共用坐便器和浴巾都是儿童患上特异性炎症的传播途径。本案中，郭某某与奶奶共同生活，且在公共泳池学习游泳，其在生活、学习的环境中能接触引发非特异性炎症和特异性炎症的刺激因子，具备形成炎症的病因条件。

（三）基本排除掐伤

公诉人主张本案郭某某私处的损伤是被魏某拉开裤子后掐伤形成的，但是存在下列无法得到合理解释的情况，其主张明显不能成立。

1. 无其他损伤无法得到合理解释

郭某某的整个阴道口不足成人一个拇指盖大小，且只在阴道前庭左右两侧黏膜处形成的“损伤”极为狭窄，处女膜、大小阴唇皮肤、大腿根部内侧皮肤都没有任何损伤。如果确实有人用手指掐伤，其如何在一两秒钟的特殊时间里，在自由泳两腿并拢上下打腿时形成的特殊空间里，仅对自然状态下不暴露的阴道前庭左右两侧狭窄的特殊部位造成内部性损伤，而不对外在大小阴唇、大腿根部内侧造成软组织挫伤，这是难以合理解释的。林某某医生、王某某法医都分别作证称这种情形是难以想象、不可能存在的。

2. 损伤左右两侧环状分布无法得到合理解释

淤血只能在外力作用的地方形成，且单侧受到打击只能在单侧形成淤血，不会扩展另一侧，除非两侧都受到打击。因此如果郭某某私处确实被用手指掐伤，损伤分布应该是如下情况：第一，一两秒钟仅够完成一次掐的行为，无法完成左右两边各掐一次的行为，因此只能在单侧形成淤血；第二，如果是两侧同时被掐起或者插入时捅伤，必然造成处女膜及大小阴唇皮肤损伤；第三，根据当时两人相对位置，以及惯常顺手用力方向，如果是掐伤，损伤更可能出现在偏向郭某某私处左侧的位置，既不会形成环状损伤，也难以造成右边的损伤更为明显。然而，这些情况都不存在，足以反证郭某某私处“损伤”不是被人用手指弄伤的。

3. 无任何反应无法得到合理解释

一方面，女童的阴道前庭是敏感部位，本身极为娇嫩，是在平常正常游泳教学时不可能碰触的部位。如果其在毫无防备的情况下被掐至红肿，应该引起条件反射，使女童出现身体扭动、摆动、惊叫等应激反应;即便在水下可能减少疼痛感,也只是反应减弱,不可能无任何反应。另一方面,行为人要完成整个指控的动作,前后还要拉开、拉回连体泳衣,由于水面有浮力,人在水面被外力作用容易移动,而且连体泳衣浸湿后较难拉扯,拉开、拉回用力应不小,如此整个来回拉扯的行为应当影响了郭某某游动的方向。但监控录像显示在魏某绕到郭某某左侧,近距离靠近郭某某的 2 秒钟里,郭某某正常笔直地向前游动,没有受到任何影响,如果真有拉扯行为这是难以合理解释的。

(四)结论

综上,郭某某私处的所谓损伤符合炎症性充血的表现,高度可能就是炎症原因引起,至少无法排除该可能性;公诉人主张是外伤性淤血存在诸多不能合理解释的情况,无法自洽,可以基本排除。

二、韩某某医生的检查、诊断不规范、不客观、不全面,有误诊的高度可能,其关于本案"损伤"成因的诊断不应采信

公诉人及经其申请出庭的江某法医都主张韩某某医生有十多年的妇科临床经验,且淤血和充血容易区分,韩某某作为亲历查体的医生,其关于损伤原因的诊断足以采信。但正确诊断是建立在规范、客观、全面的检查、分析基础上的,根据韩某某医生出庭作证内容,其在从听主诉到最终作出诊断的各环节中都存在问题,有误诊的高度可能。具体分析如下:

(一)听主诉或受误导

医生与法医的职责、思维方式及行业规范不同。医生的主要职责是对病情进行诊断、治疗,往往会直接信任患者的主诉内容并将其作为重要的判断依据,而法医往往对当事人的说法持谨慎、不轻信的态度。案发当日,韩某某医生并非门诊医生,郭某某是由熟人护士长带过去检查,因此韩某某对主诉内容更加不会警觉而产生怀疑。结合门诊病历及韩某某的当庭证言可知,"被人用手指弄下体后疼痛"的主诉内容不是郭某某亲口说的,而是郭某某奶奶转述的,韩某某对于损伤形成原因的最终诊断结论不排除受该错误(争议)信息的干扰误导。

(二)查体不尽规范

韩某某医生当庭陈述案发当日其并非负责门诊,只是碍于人情"看"了一下,且并非在妇科诊室里正式检查,而只是在当天上午检查了一次,并不存在书面笔录所称下午再次检查,无法确保其检查的准确性。

(三)辅助检查未进行

韩某某医生当庭陈述其没有提取分泌物化验进行辅助检查,林某某医生也作证称一般妇科检查需要做辅助检查才能完全排除炎症,对于可能涉及案件的病例更加

有必要做辅助检查。《性侵害案件法医临床学检查指南》(GA/T 1194－2014)第7.3条规定:"女性生殖器的检查过程中应同时提取相关物证,检查按照下述步骤进行:a)法医学检验被侵害人取膀胱截石位,观察外阴的一般情况,如阴阜、大小阴唇发育情况,大阴唇是否覆盖小阴唇。观察阴唇后联合、阴道前庭、小阴唇、处女膜部位的挫伤及裂伤等。用干棉签依次擦拭大阴唇内侧面、小阴唇和阴道前庭进行取样……"因此,对女性生殖器的检查必须提取相关物证并进行实验室检查,以明确其损伤或者疾病性质。

(四)病历书写不客观

第一,未及时记录。当天上午10时韩某某医生初诊时未按照正规程序予以挂号、诊疗,初步查看后,也未及时书写病历;其是在公安介入后下午3时未再次做检查的情况下书写,违反《病历书写基本规范》第14条"门(急)诊病历记录应当由接诊医师在患者就诊时及时完成"的规定,隔数小时后再书写病历,易因记忆模糊而不准确记录。第二,记载不全面,韩某某医生仅记录了阴道前庭右侧的情况,未记录处女膜周边黏膜整圈发红的实际情况,对于有无分泌物等重要阴性体征未做记录,从而无法确定当时检查的真实情况。第三,记载不准确。韩某某医生将患者疼痛明明未超过24小时的情况记载为疼痛不适2天,且虽然诊断的皮肤挫伤和黏膜挫伤并无并存,但其未将"皮肤挫伤"划去修正。

(五)诊断分析不全面

在韩某某医生的当庭陈述中,一方面,关于排除炎症的诊断,其仅仅考虑没有分泌物、异味、瘙痒等症状,排除了典型细菌性炎症的情形,没有考虑和分析是否有可能系其他病原体诸如衣原体、真菌等,以及物理、化学原因引起的炎症,炎症排除分析不全面。另一方面,关于可能掐伤的诊断,其根据主诉、查体情况考虑是外力引起的挫伤,进而作出有可能是掐伤的一般性判断,并没有结合特殊时间、特殊空间、特殊部位等现场情况、具体案情作出具体分析。

(六)不能代替法医鉴定

韩某某医生也承认致伤成因分析是法医的专业领域,不是医生的专业领域,与医生职责不符。一方面,实体知识不同。本案致伤成因是专门性问题,法医临床鉴定与医生检查、诊断相比,在专门知识、思维方式及技术规范上存在明显差异,且检查更加细致,对当事人说法更加谨慎,分析更加强调根据现场情况、具体案情进行现场重建。另一方面,程序严谨性不同。法医鉴定需要两名具有法医临床鉴定资质的鉴定人进行鉴定,互相补充、互相监督,两人有不同意见的,还要报复核人进行复核,因此法医鉴定得出的鉴定意见相比于单个医生检查、诊断更具有可靠性。因此,韩某某医生关于损伤原因的诊断结论的正确性无法确保。

三、被害人郭某某的陈述存在一系列缺陷，真实性高度存疑，不应采信

（一）前后反复，且不能合理解释

办公室的监控录像显示，在家属上门理论期间，郭某某先后三次接受魏某教练、施某教练、自己叔叔郭某利、奶奶田某某的询问，或是未直接回答，或者表示“我忘记一点了”“我忘记了”“不知道”等，说法模糊不清，未明确指证魏某。但报案后，郭某某却又能具体、明确地指证魏某，这一现象明显异常。一方面，由于在案证据目前缺少第一次询问郭某某时的同步录音录像，也未能提供合理的情况说明，无法审查郭某某的说法到底是如何从模糊、不确定到具体、明确的。另一方面，郭某某三名家属田某某、胡某静、倪某某及心理咨询师张某静，虽然在证言中解释当时郭某某是因为害怕而不敢明确指证魏某，但游泳馆的监控录像显示，郭某某当时的精神状态是好奇、活泼，不存在四名证人笔录中所提及的被问话时躲到家属身后、魏某双手把其抓住、说自己害怕等躲闪、哭泣、沉默不语等消极情绪的表现。因此，四名证人以之前是因为害怕而不敢指证解释郭某某前后反复，没有事实基础，不能成立。

（二）自相矛盾，核心细节不相容

郭某某指认自己是在第二次接触时被掐的，录像显示当时其在练习自由泳打腿动作。但张某静的笔录反映民警问郭某某细节时，其又称自己是在蛙泳时被掐的，明显自相矛盾。另外，郭某某确定是魏某掐她的依据是当时蛙泳换气时抬头看到的情况，但录像显示当时其在练习自由泳打腿，还没练习划水换气，两手托在前面的浮板，头始终露在水面上，根本不需要换气抬头。总之，郭某某能够辨别蛙泳和自由泳，而其到底是蛙泳时被掐，还是自由泳时被掐，这是一个核心细节，其在不应矛盾的细节陈述上自相矛盾，导致其陈述的整体真实性不可靠。

（三）或受诱导，自主性受到污染

第一，走廊的监控录像显示，询问期间郭某某指着自己的大腿内侧，有两次明显的摊手动作，之后也有摇头的动作，可能是表示没有的意思，但穿浅绿色上衣的家属向郭某某做出张开大腿、多次摆动手臂、表示羞羞脸的动作，向郭某某作出否定、负面的意思表示。此时是郭某某第三次被询问，在其没有明确指证魏某之后，家属该举止可能对郭某某产生了暗示或者引导作用。第二，大厅的监控录像显示，从魏某报警至警察来后，两名年轻的女性家属多次与郭某某进行较长时间的交流，从动作和举止看，明显是教导郭某某如何陈述。第三，郭某某及其奶奶田某某均讲到，郭某某向田某某反映教练是“一手把下身的三角裤拉开，另外一只手伸到里面掐下体”，但结合办公室的监控录像可知，上门理论的四名家属中从未有一人提及这一动作。如果郭某某之前向田某某讲过如此细致的情节，在家属上门理论时不应该只字未提，因此该具体猥亵动作的说法的形成过程，以及是否当时郭某某自己所说均极为可疑。综上，本案确有可能因为家属不当暗示和教导，影响了郭某某证言的自主性和客观性。

(四)客观不符,与科学证据相悖

郭某某还讲到自己撒尿的地方被掐得很疼,这是其心里感觉,但其没有反抗和大叫。法医王某某和高级游泳教练周某某从各自专业角度提供了专门性意见,共同证明女性私处不耐疼痛,如在游泳时被掐会引起身体机能反应,身体的协调性受到影响,向前的动力受到破坏,因而泳姿必然受到影响,不可能没有任何反应且还能正常向前游进。郭某某的说法明显违背自然科学原理,不能采信。

(五)儿童心理,易产生虚假记忆

辩护人于庭前提交的儿童心理学研究成果表明:一方面,儿童的记忆极易受到暗示性的影响,儿童会为了取悦成年人,顺从成年人的期待回答问题,导致边缘性细节甚至中心细节会受暗示性影响;另一方面,小于7岁的儿童由于认知尚未健全,可能混淆事实与幻想,不懂区分事实和推论而将两者混淆,完全可能将自己的推论当作事实向成年人讲述。办公室的监控录像显示,在魏某亲自询问郭某某"你实话实说,老师掐你了吗"后,郭某某的回答是"可是我下面红了",回答的逻辑明显是从结果倒推原因,避开直接回答事实,这有可能就是混淆了事实与推论。因此,认为儿童天真无邪,不可能说谎,不会产生不实证言和错误记忆的观点被心理学研究所证否。

四、结合游泳池的监控录像分析,魏某在泳道指导郭某某肢体动作时,均系正常游泳教学动作,没有实施猥亵行为

本案中魏某在泳道指导郭某某肢体动作时,共有13次接触。除了第二次接触(时间为晚上7:41:20至7:41:22)外,对于其他12次接触郭某某并未指证魏某对其实施了猥亵行为,魏某也能够明确说明自己的动作,公诉机关也未指控。至于争议的第二次接触,到底是正常的游泳教学动作,还是异常的猥亵行为,可以从以下四个方面综合审查:

(一)是否符合行为的心理

监控录像显示,在第二次接触时,魏某和郭某某在一个完全公开的现场环境。一是两人处在的第一泳道边上有办公室和更衣室两个场所的出入口,随时有人员出入,边上的办公室又是有落地玻璃,工作人员从办公室可以看到第一泳道的情况;二是周边有多个监控摄像头实时监控;三是当时上课时间是晚上7:30至8:30,处于人流高峰期,在接触当时,岸边就有一名游泳安全员站在两人跟前不远处面向两人的位置。如果魏某确要实施猥亵行为,甚至在公共场所寻求刺激,至少应该以相对隐蔽的方式作案,以防被发现。魏某作为一个精神正常的人,如果其在一个完全公开的环境,无任何遮掩,不惧怕自己的动作会引起郭某某的哭闹、被旁人发现,这不符合犯罪行为的心理。

(二)有无行为的时空条件

在第二次接触时,魏某和郭某某实际接触时间只有一两秒钟。在极为短暂的一

两秒钟时间内,而且是在郭某某处于相向运动的状态下,魏某要抵御郭某某上下打腿运动造成的干扰,将郭某某的连体泳裤一边拉开,拨开闭合的大阴唇、小阴唇寻找到阴道口,用手指碰触后还需要将泳裤拉回,因为不可能让郭某某光着一边的屁股向前游,其上述一气呵成地完成上述动作不具有现实可能性。而且监控录像显示,魏某绕到郭某某身体左侧一两秒后,郭某某还未完全游走,魏某的整个身体和右手已经朝着指导后一位小朋友的方向去了,魏某根本不具有完成动作的时空条件。

(三)有无行为的动作表现

如果魏某确实实施了猥亵行为,至少应该存在以下几种动作表现:一是应该四处张望、观察,有回避躲闪旁人、监控的举止;二是由于郭某某处于持续向前游进的运动状态,并非静止的状态,魏某做"拉开泳裤—碰触下体—拉回泳裤"动作的同时,郭某某也相应向前游进了一段距离,此时魏某的整个身体必然要向郭某某游进的方向倾向、移动甚至追赶;三是如果魏某确实有"一手拉开泳裤,另一只手掐"的动作,双臂的甩开幅度应该较大。然而,监控录像显示魏某不但没有该三种动作表现,相反,其全神贯注地对学员进行指导,郭某某一开始游进的方向偏泳道中线左侧,魏某将其调整到右侧。经高级教练周某某出庭作证,这是一个常规的游泳教学动作,没有异常之处。

(四)有无行为引起的后果

如果魏某确实实施了猥亵动作,行为的相对人郭某某应该有以下几种反应:第一,停顿、哭闹。王某某法医提供意见称,包括儿童在内的女性的处女膜外侧周边黏膜存在丰富的神经末梢,对于碰触、挤压等极为敏感,不耐受疼痛。女性在不知情的情况下,被碰触会引发条件反射,出现惊叫、臀部扭动、下肢摆动,甚至全身抽搐等应激反应。同时,高级教练周某某也提供意见称,游泳是降阻的运动,自由泳打腿练习前进的动力在于双腿并拢伸直,大腿带动小腿做鞭状打腿动作。如果教练在教学时将手伸到女性学员大腿内侧甚至私处,使原本两腿并拢受影响而张开,上下打腿碰到教练手臂而无法正常进行,横截面会变大,阻力会增加,导致前进的动力不足,速度变慢,下身下沉甚至站立起来,初学者更容易受到影响。第二,回头。在正常游泳教学不会碰触大腿内侧,也不可能碰触私处,如果在没有心理预期的情况下,会不自然回头。第三,偏离方向。与人站立在地面上不同,人漂浮在水面,没有地面的摩擦力,如果身体一侧受到外力的拉扯更容易移动。高级教练周某某也证实,拉泳裤、掐下体的行为极易导致前进方向受到拉扯的干扰,或者两腿无法均匀用力上下打腿,个人不能笔直向前游进,而是往一侧偏离。第四,侧翻。浸湿的连体泳裤如果不经较大的力量不容易被快速拉开;如果用力过猛,由于手部拿着浮板,甚至可能导致整个身体侧翻,整个人仰面向上。然而,监控录像显示第二次接触时郭某某从魏某身边游过前后,郭某某双腿快速上下拍打激起很高的水花清晰可见,在魏某绕到郭某某左侧,近距离靠近郭某某的 2 秒钟里,郭某某整个人正常笔直地向前游进,没有受到任何影响。高级教练周某某也证实第二次接触时,郭某某的打腿动作标准、自然,还打出了明显的水花,泳姿没有受到干扰,由此推断其大腿内侧或私处应该没有被触碰。

综上,根据监控录像显示的客观情况,基于行为心理、时空条件、动作表现、行为后果四方面综合分析可知,第二次接触时,魏某和郭某某均无异常表现和反应,是正常的教与学状态,魏某没有实施猥亵动作。

五、办公室的监控录像显示,魏某知道自己被投诉至报警前的表现符合无辜者为澄清自己的行为表现,并无异常之处

办公室的监控录像完整记录了从郭某某家属来游泳馆理论到魏某报警前后的全过程。总体来说,魏某在面对郭某某家属的指控时,全程积极、主动、理性,毫无慌张、躲闪、回避,符合无辜者的正常表现,没有作案者的异常表现。

(一)关于在家属上门前查看录像是否异常

办公室的监控录像显示,在郭某某家属上门前的 11:03:05 至 11:07:24,魏某站在显示器前查看了 4 分钟左右的录像。但这并不是作案者行为败露的心虚表现,而是无辜者为了弄清情况的做法,具体理由如下:第一,从查看时机看,魏某最早知道自己被投诉是上午上课时,其并没有第一时间查看录像,而且在查看录像前,其还向同事索要并拨打家属电话了解情况;第二,从有无慌张看,魏某查看录像时的神情、举止轻松,在 4 分钟查看过程中,他时而看看手机,时而用毛巾擦身体,时而与边上同事对话,时而离开,实际认真观看录像时间也就 2 分多钟,并没有特别在意监控录像的内容;第三,从有无快进看,魏某虽然陈述在找到当天的教学监控后,当时调了 2 倍速观看,但是属于自然播放,并没有拉进度条去寻找特定接触时间点,查看自己与郭某某的动作情况;第四,从查看时间看,魏某站在显示器前查看录像的时间仅 4 分钟,但涉案教学时间共一个小时,其在几分钟内并无法查看完毕其与郭某某的接触;第五,从有无阻止看,当家属提出要拷贝视频时,魏某并没有阻止,而是说“没事你拷”,并提出也可以手机拍;第六,从有无删除看,如果魏某确实作案心虚,在自己查看录像时完全有足够的时间去删除视频,掩盖自己的行为。综上,魏某查看监控录像是由于觉得疑惑,最多是想确认一下自己是否无意中碰触到郭某某,其心理和行为完全符合无辜者想弄清情况的表现,并不异常。

(二)关于其他符合无辜者反应的行为表现

第一,魏某在家属上门前两次拨打郭某某家属电话,想要了解情况。第二,家属上门后,魏某面对上门的家属说的第一句就是“不是,我真的没有做过,不信监控可以给你看”,主动提出可以看监控查证。第三,魏某多次主动询问郭某某“昨天老师掐你了吗？你实话实说老师掐你了吗”,敢于与指控自己的人对质,直面问题。第四,魏某陪同家属查看录音录像,解释自己的动作,主动给家属指明监控中哪一个小

朋友是郭某某，便于家属有针对性地观看。第五，家属观看完监控录像后，并无发现异常，被询问后郭某某也没有明确指证魏某，但家属还是不肯相信魏某；魏某直接表达“我的意思是叫警察”“讲讲清楚”“直接报警”，随即用自己的手机报警，显然是寻求有权威性的警察来调查清楚事实。综上，魏某全程的表现符合无辜者受冤枉而澄清自己的行为表现。

六、公诉机关错误运用以被害人陈述真实性为中心的证明体系，以致得出错误的结论，指控的事实不应采信

（一）错误理解：将证明方法当作证明标准

刑事诉讼法对于所有刑事案件，无论是普通刑事犯罪，还是涉及未成年人的性侵案件，都只有一个证明标准，即事实清楚，证据确实充分，排除一切合理怀疑，得出唯一的结论。无论何种证明方法、证明体系，都不能替代证明标准，更不能人为降低证明标准。审查模式可以被害人陈述的真实性为中心，但不能只仅选取与被害人陈述相印证的证据采信，而忽视其他矛盾性证据的审查分析。

（二）错误适用：不讲适用场合而机械适用

一方面，我国在未成年人性侵案件的司法实践中，总结出以被害人陈述真实性为中心的审查方法，其应该适用于封闭空间作案，客观性证据短缺，缺少证据证明现场情况、伤情情况，迫不得已而为之的情形。然而，本案客观证据丰富，既有涉案中心现场游泳池的监控录像，又有案发后报警前的办公室、走廊、大厅的监控录像，也有伤情照片，完全可以采取以客观性证据为中心的审查方法。另一方面，在客观证据短缺的情况下，适用以被害人陈述真实性为中心的审查方法是有误判风险的，其中在“涉嫌对多个被害人实施多起猥亵行为”的情形下的证据风险相对较低，但在“涉嫌对单个被害人实施单起猥亵行为”，且被告人无性侵前科劣迹的情况下，适用以被害人陈述真实性为中心的审查方法应当十分谨慎，从严把握。

（三）错误运用：忽视客观证据及科学证据

本案公诉机关在审查逮捕、审查起诉、出庭公诉时，完全忽视对客观证据、科学证据的收集、审查、运用，表现如下：第一，不细致地审查监控录像。由于游泳池的监控录像已拍不到魏某在水下的手指动作，公诉机关不予采信魏某的辩解，从未从两人相对位置、魏某的动作表现、郭某某的反应表现、现场实际条件等角度综合审查判断。第二，未调取更能反映伤情情况的客观书证。在审查起诉阶段，辩护人提出存在一份伤情照片并申请调取，但公诉机关以涉及个人隐私为由不同意调取，这完全背离事实查明高于个人隐私的价值判断。第三，没有引导侦查机关进行规范的人身检查。本案案发时，被害人郭某某及其家属就反映郭某某有伤，但公诉机关没有按照规范检查方法，全面、客观、准确地确定郭某某的伤势情况。第四，在具备条件的情况下没有做

伤情鉴定。致伤原因是本案的专门性问题,对于此类案件的认定至关重要,但公诉机关从未考虑指派、聘请有专门知识的人进行鉴定并听取其意见。第五,错误认为冤案错案只产生于诬告的场合。公诉机关对于儿童心理与错误记忆、不实证言的产生机制不重视,不明白无意识时也可能产生错误陈述,以为只要排除了有意诬告的情况,就排除了冤错案件。

综上,公诉机关机械地理解、适用以被害人陈述真实性为中心的证明方法,无法准确地采信本案证据,准确地认定本案事实,这会产生错案风险,得出错误的结论。

【心得体会】

一、在刑事辩护中专家出庭作证有何优势

在涉及跨专业技术领域问题时,申请专家出庭作证是一种积极进取的举证式辩护。但基于各方面原因,很多律师同行缺乏申请专家出庭的意识,往往喜欢自学相关专门知识后,将技术性问题在质证、辩论阶段以意见的形式呈现出来。一些从专门领域转岗做律师的同行也往往认为自己有“其他专业+法律”的复合知识背景,相信以律师身份出庭足以挑战控方专家,能最终说服法官,其与专家合作论证技术性问题的意识也不高。

但从辩护实践和经验看,这种“律师干了专家活”的实际效果远不如专家出庭与律师合力论证。理由在于:第一,辩护人对专业技术问题的看法仅是一种意见,而相同的内容由专家证人提出的观点则类似于证据,有证据支撑的意见才更容易被法官采信。第二,辩护人是有立场偏向的,司法人员在缺乏专门知识,不具有判断专业知识的能力的情况下,对律师提出的涉及专业技术知识的辩护观点较容易持警惕怀疑的态度。第三,专家具有独立的诉讼地位,受职业伦理、作证具结的约束,发表的观点更为可信。第四,专家在庭审中发表意见需经受控、辩、审三方的询问,在此过程中既要立论又要释疑,经过有问有答形式展示的技术问题,更有助于法官形成心证。

本案在审查起诉阶段辩护人仅围绕在案证据作消极的质证式辩护,并未取得辩护效果。进入审判阶段后,辩护人调整辩护方案,积极引入三名专家出庭作证进行举证式辩护,就本案“损伤”的形成原因进行充分论证,最终成功无罪辩护。因此,在各方面条件具备的情况下,辩护人应细挖案件可能涉及的跨专业技术问题,树立引入专家出庭作证的意识,为案件辩护增彩。

二、如何说服法院同意专家出庭作证的申请

辩护人要通过专家出庭作证制度实现辩护效果,必须做好前后两段的说服工作,前段是庭前说服法官同意专家出庭作证申请,后段是庭中专家作证说服法官采信其

意见。前段的说服工作是前提,可以从以下几个方面入手:

一是庭前勤快沟通。辩护人及时提出案件存在跨专业技术问题需要专家出庭作证予以解决,引起承办法官的重视。

二是递交书面辩护意见。辩护人围绕着争议焦点,除了可从跨专业技术问题角度提出意见外,也可围绕在案的其他证据问题提出意见,形成呼应,凸显争议性,有助于合力说服法官同意专家出庭作证的申请。

三是撰写《具有专门知识的人出庭作证申请书》。辩护人在申请中要写清影响定罪量刑的争议焦点与专家出庭作证的关系,并附上专家的基本信息、教育背景、职业经历、职称证书、联系方式等。

四是必要时提交由专家撰写的《专家论证意见书》。专家根据有关在案证据情况,结合专门知识就案件中争议焦点问题从专业角度进行论证,当然也防止执业风险。因为案件尚未开庭,证据材料必须保密,因此辩护人最好征得承办法官的同意,在签署承诺书的情况下再将案件案卷披露给专家。

五是制作并提交《调查(询问)笔录》。对于不宜或不便以《专家论证意见书》的形式提交专家意见的情况,如存在庭前不宜披露案件材料的情况,辩护人也可以通过制作调查(询问)笔录,围绕着案涉跨专业技术问题,根据案卷材料整理、归纳为数个一般性问题,通过一问一答的形式将专业意见呈现出来。

三、如何挑选适合出庭作证的专家人选

一方面,应当正确理解"专家"的概念和外延。"专家"是司法实践的通俗称呼,有时也称"专家辅助人",对应规定是《刑事诉讼法》第 197 条第 2 款,正式的法条用语是"有专门知识的人"。"专门知识"是指不为一般法官和当事人所掌握而只有一定范围的专家熟知的知识。因此,"专家"只要具备"专门知识"即可,并不局限于高校学者、机构专家等理论型专业人员,还包括从事特定行业、领域工作的实践性专业人员。例如,本案的辩护人就成功申请了一名高级游泳教练作为专家证人出庭作证,其根据作为游泳教练具有的专门知识、经验,就本案监控录像呈现的教学动作是否正常作出判断。

另一方面,应当慎重选择适合出庭的"专家"。辩护人在最终确定出庭专家人选时,建议从以下几个方面进行考察:一是业务领域。如果争议的技术性问题较为精深,那么辩护人不宜笼统地在一般学科领域挑选专家,辩护人应进一步从细分领域挑选契合的专家,如涉及病理的死亡原因判断应找精通法医病理学的法医,而不是一般的法医。二是出庭经验。有出庭经验的专家能较好适应庭审的形式、节奏,面对瞬息万变的庭审更能得心应手、从容不迫。三是职业经历。辩护人应偏重选择具有丰富实务经验的实干型专家,不必拘泥于高头衔的理论、研究型专家。四是论辩风格。专

家在庭审作证需立论、反驳、答疑,语调平和、清晰明快、就事论事、论理严密的风格更有利于取得法官的心证。五是其他方面,包括年纪、职称级别、普通话水平、研究成果等。

四、如何与专家协同配合为庭审辩护服务

充分发挥专家出庭作证在刑事辩护中的优势,仅依靠专家单方的“独唱”是不够的,需要辩护人和专家通力配合“合唱”才能取得最优的效果。双方协同配合应做到以下几点:

首先,辩护人应向专家学习,吃透案件中的技术性问题。辩护人应当认真向专家学习跨专业领域的技术问题,多思、多问、多总结,在与专家不断深入探讨、互动的过程中,了解技术问题背后的思维、原理和论证过程。一般来讲,可以按照“依据(证据呈现的事实前提)—驳论(反驳鉴定意见或控方主张的意见)—立论(提出辩方主张的意见及依据)—结论(争议技术问题的结论)”搭建、梳理思维框架。辩护人只有自己先吃透技术性问题,才能厘清辩护思路、制订庭审方案、设计发问提纲,后续才能与专家合力说服法官。

其次,辩护人要对专家进行辅导,做好庭审的各项准备。专家是技术领域的“专家”,辩护人则是庭审技能方面的“专家”。在专家出庭作证前,辩护人应当就专家出庭作证的流程、规则,两人的分工及配合,其他注意事项进行讲解、辅导,并对庭审中辩护人的发问内容进行演练,对控方可能发问的内容进行预设。辩护人应特别注意提醒专家作证时注意以下三点:一是其作证目的是说服法官,要努力将专业问题以通俗易懂的语言讲出来,让诉讼各方都能听懂,必要时,可以举例、图示、类比,甚至用道具演示等;二是作证的目的不是说服控方,而是反驳、澄清控方关于专业问题的质疑,因此如遇控方咄咄逼人的发问,也不必过于纠缠争辩,有理、有节地回应即可;三是作证时,对于争议焦点应当详细说理、充分论证,不能浮于表面,但同时应避免过度延伸反倒不利于辩护,而被控方借题发挥。

最后,庭审中辩护人应审时度势,随机应变调整发问。一方面,精彩的庭审效果得益于庭前的充分准备,在辩方发问专家时辩护人应严格根据庭前设计好的发问提纲进行发问。另一方面,庭审也时常瞬息万变,辩护人和专家需要默契配合,才能化解庭审出现的新问题。庭审中,辩护人应当认真倾听检察官、法官对专家的发问,尤其应特别重视法官的发问,以探寻法官的心证过程,随时做好补充发问的准备。辩护人对于专家回答得不清晰、不理想的问题应当补充发问让其澄清;对于之前未预料的新问题在有把握的情况下应追加发问让其解释。

(承办人:王良宝、倪雨苗、徐跃灵君)

恰当的辩护方案化解案件难题

——李某涉嫌虚假诉讼罪证据不足不起诉案

【案件概况】

某区公安分局侦查认定:2017年4月至2018年7月,犯罪嫌疑人尹某以发放民间高利贷为生,并网罗他人参与虚假诉讼,从而达成其敲诈勒索的目的。之后以犯罪嫌疑人尹某为首,犯罪嫌疑人金某某、叶某一为积极参加者,犯罪嫌疑人李某、刘某某、叶某二、南某某、章某某为一般参加者,组织稳定、层级分明的恶势力犯罪集团形成。

其中,2018年4月至7月,犯罪嫌疑人尹某为非法谋取他人财产,且因自身为银行黑户而伙同金某某、刘某某、叶某一,以及让叶某一找到叶某二、南某某、章某某帮忙在出借人一栏空白的借条上签字,充当出借人,虚增债务金额;并伙同律师李某以捏造虚假借条及虚假事实的方式向某区人民法院提起民事诉讼,妨害司法秩序,涉案金额达200余万元。2018年4月至7月,犯罪嫌疑人李某明知尹某提供出借人不实的借条,为帮助尹某非法谋取他人财产及个人获利,以代理律师的身份,在某律师事务所办公室内教唆尹某、章某某、南某某等人以捏造虚假借条和虚假事实的方式向某区人民法院提起民事诉讼,妨害司法秩序,涉案金额达100余万元。犯罪嫌疑人尹某的行为涉嫌敲诈勒索罪、虚假诉讼罪,李某、金某某、叶某一、刘某某、叶某二、南某某、章某某等人的行为涉嫌虚假诉讼罪。

李某因本案于2018年8月9日被某区公安分局刑事拘留,于2018年9月14日被某区人民检察院批准逮捕。辩护律师于侦查阶段李某被批准逮捕后介入案件。

2018年11月12日,案件移送某区人民检察院审查起诉,辩护人向检察机关提交无罪辩护意见。

某区人民检察院两次退回补充侦查,辩护人根据补充侦查中的新证据材料,有针对性地提出检察院对李某分案处理,先取保候审,待案件事实查清后及时不起诉处理的补充律师意见。

2019年5月28日,某区人民检察院采纳律师意见,对李某先行分案,取保候审。

2020年5月27日,某区人民检察院经过审查,认为某区公安分局认定李某涉嫌虚假诉讼罪的犯罪事实不清、证据不足,不符合起诉条件,决定对李某不起诉。

【审查起诉阶段辩护意见】

一、本案行为主体不符合现行法律法规对恶势力犯罪集团的明确定义,全案不属于恶势力犯罪集团案件,李某更不是一般参加者

2018 年最高人民法院、最高人民检察院、公安部、司法部(以下简称“两高两部”)《关于办理黑恶势力犯罪案件若干问题的指导意见》(以下简称 2018 年《黑恶犯罪指导意见》)第 15 条规定,恶势力犯罪集团是符合犯罪集团法定条件的恶势力犯罪组织,其特征表现为:有三名以上的组织成员,有明显的首要分子,重要成员较为固定,组织成员经常纠集在一起,共同故意实施三次以上恶势力惯常实施的犯罪活动或者其他犯罪活动。

2019 年“两高两部”《关于办理恶势力刑事案件若干问题的意见》(以下简称 2019 年《恶势力刑事案件意见》)第 11 条第 1 款规定,恶势力犯罪集团是指符合恶势力全部认定条件,同时又符合犯罪集团法定条件的犯罪组织。第 11 条第 2 款规定,恶势力犯罪集团的其他成员,是指知道或者应当知道是为共同实施犯罪而组成的较为固定的犯罪组织,仍接受首要分子领导、管理、指挥,并参与该组织犯罪活动的犯罪分子。

由此可见,恶势力犯罪集团在组织特征上,要求有三名以上的组织成员,有明显的首要分子,重要成员较为固定,组织成员经常纠集在一起;在行为特征上,要求组织成员共同故意实施三次以上恶势力惯常实施的犯罪活动或者其他犯罪活动。

(一)从组织特征上看,金某某等人均系尹某的亲朋好友,出于帮忙心态参与本案,犯罪人员组成具有随机性,所谓的组织结构十分松散

首先,本案除李某以外,其余人与尹某均为亲朋好友关系(见表 1),且人员组成具有相当大的随机性。尹某称,金某某、刘某某是其找来的,章某某、南某某、叶某二是其让叶某一找来的。在 2017 年尹某与贾某某调解案中,尹某找的是潘某二、张某、丁某、施某二、李某某、陈某某等人,与本案人员没有重叠。由此可见,尹某在亲朋好友中随机找人帮忙,再让朋友去找人,没有固定的合作伙伴,金某某等六人的参与仅有一次,体现不出恶势力犯罪集团所要求的“组织成员经常纠集在一起”,也看不出有明显的首要分子和固定的重要成员,没有稳定性和层级性。

表 1 同案犯罪嫌疑人与尹某的关系

序号	姓名	与尹某的关系
1	金某某	尹某的小姨子
2	叶某一	尹某的高中同学

续表

序号	姓名	与尹某的关系
3	刘某某	尹某的岳母
4	叶某二	叶某一父亲
5	章某某	南某某丈夫
6	南某某	叶某一小姨子

其次，金某某等六人的供述证实，各名义出借人主要是基于亲戚朋友关系、出于帮忙心态参与本案，李某则是为尹某等人提供法律服务，代理诉讼。本案涉案人员均不是以实施犯罪活动为目的纠集，没有主动接受尹某领导、指挥、管理的意愿，不是恶势力犯罪集团的成员。

（二）从行为特征上看，尹某等人仅共同实施一起虚假诉讼行为，成立犯罪与否尚存争议，且不符合恶势力犯罪集团犯罪次数的要求

起诉意见书认为，尹某与同案人员共同故意实施了虚假诉讼行为，涉嫌虚假诉讼罪。一方面，该行为是否构成虚假诉讼罪存在探讨空间；另一方面，即便认定构成虚假诉讼罪，尹某等人也仅共同实施这一次犯罪活动，且不符合恶势力犯罪集团“共同故意实施三次以上恶势力惯常实施的犯罪活动或者其他犯罪活动”的行为特征要求。

有鉴于此，本案组织特征、行为特征方面均不符合恶势力犯罪集团的构成要件，涉案人员不属于恶势力犯罪集团，对公安机关的错误认定，辩护人提请法院依法及时予以纠正。

二、本案也不满足恶势力的认定标准，依法不应定性为恶势力犯罪，即使认定，李某既不明知也无参与意愿，不是恶势力成员

2019 年《恶势力刑事案件意见》第 4 条规定，恶势力是指经常纠集在一起，以暴力、威胁或者其他手段，在一定区域或者行业内多次实施违法犯罪活动，为非作恶，欺压百姓，扰乱经济、社会生活秩序，造成较为恶劣的社会影响，但尚未形成黑社会性质组织的违法犯罪组织。第 6 条第 1 款规定，恶势力一般为 3 人以上，纠集者相对固定。第 7 条规定，经常纠集在一起，以暴力、威胁或者其他手段，在一定区域或者行业内多次实施违法犯罪活动，是指犯罪嫌疑人、被告人于 2 年之内，以暴力、威胁或者其他手段，在一定区域或者行业内多次实施违法犯罪活动，且包括纠集者在内，至少应有 2 名相同的成员多次参与实施违法犯罪活动。

(一)组织特征方面,本案组织过于松散,不具有恶势力要求的稳定性、规模性、层级性

如前文所述,首先,尹某、金某某、叶某一等人系亲朋好友关系,仅因贾某某民间借贷纠纷案聚集在一起,不具有持续性,没有凝聚力,不符合恶势力组织"经常纠集在一起"的稳定性要求。

其次,恶势力要求一般为3人以上,本案除尹某外,其他人对"经常纠集在一起是为了共同实施违法犯罪"不明知,也没有参与恶势力组织的意愿,不是恶势力的成员,不满足恶势力组织的规模性要求。

最后,虽然尹某在案件中起到主要作用,但共同犯罪中的主犯并不等于恶势力纠集者。金某某等人系出于帮忙心态介入,并非为了实施违法犯罪活动而经常纠集,也不受尹某指挥和领导,无法体现出恶势力组织层级性的特征。

(二)行为特征方面,本案事出有因,行为对象特定,并且违法犯罪活动的次数达不到恶势力的认定标准

1. 本案事出有因,行为对象特定,缺乏恶势力为非作恶、欺压百姓的基本特征

2019年《恶势力刑事案件意见》第5条强调,单纯为牟取不法经济利益而实施的"黄、赌、毒、盗、抢、骗"等违法犯罪活动,不具有为非作恶、欺压百姓特征的,或者因本人及近亲属的婚恋纠纷、家庭纠纷、邻里纠纷、劳动纠纷、合法债务纠纷而引发以及其他确属事出有因的违法犯罪活动,不应作为恶势力案件处理。因此,法院在判断是否构成恶势力犯罪时,还要分析行为人实施违法犯罪活动主观上是出于何种目的,恶势力犯罪更多呈现出"无事生非"的随意性,对于"事出有因"的情形应当谨慎把握,严格区分其与恶势力案件的界限。

回归本案,本案因特定民间借贷纠纷引发,系事出有因。尹某与贾某某之间存在债权债务关系的事实并无争议,争议在于借款的本息金额。尹某的诉讼请求能否得到支持,在法院作出裁判前无法确定,何况从公安机关立案侦查到两次补充侦查完毕,仍然无法明确尹某与贾某某间借款本息的精确数额,说明事实本身就模糊。不论如何,至少本案事出有因,所针对的对象也仅为债务人贾某某,而不是无事生非。故本案不应当作为恶势力案件处理。

2. 尹某等人违法犯罪活动次数不足3次

2019年《恶势力刑事案件意见》明确,恶势力的认定标准为行为人于2年之内,以暴力、威胁或者其他手段,在一定区域或者行业内多次实施违法犯罪活动,且包括纠集者在内,至少应有2名相同的成员多次参与实施违法犯罪活动。并且恶势力本质上还是共同犯罪,必须同时满足共同犯罪的法定要件。

第一,尹某敲诈勒索白某系其独立行为,其他同案人员既无共谋,也无实行行为,该事实仅由尹某个人承担法律责任,不应计入恶势力违法犯罪活动次数。

第二，尹某向白某、贾某某发放借款收取的利息是否超出民事法律法规保护的范围，现有证据无法明确。即使尹某确有发放高利贷的违法行为，也属其个人行为，并非其与同案人员共谋、共同实施、共同获利，同样不得计入恶势力违法犯罪活动次数。另外，根据公安机关制作的《补充侦查报告书》，尹某除了将本案涉及的借款发放给贾某某、白某外，也没有发现其他的放贷事实。

第三，尹某与金某某等人仅共同实施一次虚假诉讼行为，该行为是否构成犯罪尚无定论，且尹某与其他同案人员没有共同实施其他违法犯罪活动，不满足“多次”的次数要求，涉案人员不构成恶势力。

（三）退一步讲，即便法院认定尹某等人构成恶势力，李某作为律师正常提供法律服务，既不明知也没有参与意愿，不属于恶势力成员

根据2019年《恶势力刑事案件意见》第6条第2款的规定，恶势力其他成员的认定主要考虑三个方面：第一，主观上是否知道或者应当知道与他人经常纠集在一起是为了共同实施违法犯罪；第二，是否具有参与意愿，按照纠集者的组织、策划、指挥参与违法犯罪活动；第三，若属于临时雇佣或被雇佣、利用或被利用，以及受蒙蔽参与少量恶势力违法犯罪活动的成员，则不应认定为恶势力成员。

第一，李某作为律师，受当事人委托代理金某某等人诉贾某某的民间借贷纠纷系列案件，依法依规办理委托手续，收取合法合理的律师费，其主观上持履职心态，客观上在委托权限内履职，提供常规的诉讼代理法律服务。

第二，根据李某和其他同案人员的笔录，李某与尹某因2017年的民事调解案认识，双方平常几乎没有联系，李某不清楚尹某的个人情况，更不了解尹某的“生意”。李某与金某某、叶某一、刘某某、叶某二、章某某、南某某此前更是互不相识，2018年4月李某代理贾某某案时才首次见面。就算尹某等人共同实施多次违法犯罪行为，成立恶势力，李某也没有了解途径。

第三，李某工作稳定、收入良好、家庭美满，不具有犯罪动机。并且本案是计件收费，符合浙价服〔2011〕212号浙江省律师收费标准，甚至远低于一般收费水平。何况李某没有风险代理，除收取固定律师费外没有任何其他获利，从常情常理看，李某毫无必要铤而走险。李某会见中多次表示，若知道代理贾某某案涉嫌违法犯罪，其绝不会接受委托，那么李某若明知尹某等人纠集在一起是为了违法犯罪，尹某等人是恶势力，其更不可能有参与意愿了。

第四，李某与尹某等人仅就贾某某案形成临时的委托代理关系，属于在不知情的情况下参与了一起虚假诉讼活动，根据2019年《恶势力刑事案件意见》，不应认定其为恶势力成员。

第五，李某受过良好的大学教育，遵纪守法，没有前科劣迹，其为人正直友善，在家中、社区和工作单位均得到良好评价，如果将这样一位高素质、好人品的公民认定为

恶势力成员,则超出了老百姓的朴素认知,难以具有说服力,难以实现办案的社会效果。

因此,法院即便认定尹某等人构成恶势力,但李某作为律师正常提供法律服务,既不明知恶势力也没有参与意愿,仅为受临时委托参与一起违法犯罪活动,不应认定其为恶势力成员。

三、"名义出借人"系民事领域常见情形,有明确的民事司法解决路径,不应上升为刑事犯罪

(一)对于"出借人"一栏空白的借条,其持有人有权提起诉讼;将空白合同交给相对方的行为,可视为对空白条款的无限授权

司法实践中,因共同借款、委托代理、债权转让等法律行为,或实际出借人的个人因素,借条所载出借人与实际出借人不符的情况时有发生。名义出借人向法院提起诉讼该如何解决,目前在司法解释和司法判例两方面,均已有定论。

从司法解释看,最高人民法院《关于审理民间借贷案件适用法律若干问题的规定》第 2 条第 2 款规定,当事人持有的借据、收据、欠条等债权凭证没有载明债权人,持有债权凭证的当事人提起民间借贷诉讼的,人民法院应予受理。被告对原告的债权人资格提出有事实依据的抗辩,人民法院经审理认为原告不具有债权人资格的,裁定驳回起诉。也就是说,借条上有无明确出借人并不影响主体行使诉权,即使借条上"出借人"一栏为空白,持有借条的主体不一定是实际出借人,其也有权凭借条向人民法院提起诉讼,法院应当受理。被告质疑原告的主体资格,法院审查后发现原告并非实际出借人的,裁定驳回起诉。

从司法判例看,第一,安瑞公司与赵某民间借贷合同纠纷案的(2017)最高法民申 1784 号民事裁定书载明,即使赵某签署的确为空白借款协议,其在协议首部和尾部借款人处签名,亦应视为其对权利的自行处分,仍应认定为具有借款的意思表示。根据该案裁判要旨,借款人在空白借款协议上签字,应视为借款人在对借款协议的主体和内容充分了解的基础之上作出的真实借款意思表示,因此借款人应当承担签订借款协议的法律后果。第二,申请人雷某鸣等与被申请人福田雷沃公司保证合同纠纷案的(2018)最高法民申 3112 号民事裁定书载明,雷某鸣将留有空白内容的合同交给合同相对方,应视为对合同内容,包括《保证合同》中的保证事项的无限授权,合同相对方可以在空白部分填写相应内容。该判例明确了最高人民法院对类似情况的处理规则,只要合同当事人明知合同部分内容为空白,仍将留有空白的合同交给合同相对方的,就视为对空白条款的无限授权,补填条款与其他条款的效力相同。

本案中根据债务人贾某某所述,借条确系其本人所签,包括部分借条的出借人一栏也由其本人所写。依据上述司法解释及最高人民法院的司法观点,一方面,"出借人"一栏空白不影响借条持有人行使诉权,即不影响被告贾某某行使抗辩权,不论是

实际出借人尹某，还是名义出借人金某某等人均有权向人民法院提起民事诉讼，人民法院应当受理；另一方面，贾某某明知借条留有空白仍交给尹某，视为对空白部分的无限授权，尹某可以自行填写，补填条款与其他条款效力相同。

故在民事范畴，我国允许名义出借人的存在，保护相应主体的诉权，甚至是胜诉权。

（二）在借条金额明确的前提下，变更出借人相当于债权转让，对债务人没有实质损害，不应上升为刑事案件

《合同法》第 79 条[1]规定，除根据合同性质不得转让、按照当事人约定不得转让、依照法律规定不得转让外，债权人可以将合同的权利全部或者部分转让给第三人。《合同法》第 80 条第 1 款[2]规定，债权人转让权利的，应当通知债务人。未经通知，该转让对债务人不发生效力。另外，出借人空白实际上是债权人身份不明确。债务人向谁履行还款义务不明确，类似情况还有不记名债券、抬头空白的支票等，都是受到民法保护的法律行为。

本案中，尹某与贾某某民间借贷法律关系成立后，尹某找来金某某等人作为出借人提起民事诉讼的，可以视为尹某将借条的权利转让给金某某等人，是一种债权转让行为。当然，该债权转让是否有效，需经法院审理才有定论，但不论起诉人是谁，借款关系是客观存在的，且借款金额也是借条所载金额，并无虚假，贾某某仍然享有抗辩权，其诉权和财产权都没有受到实质性的损害。

综上，名义出借人问题在民事领域已有明确的司法解决路径，对债务人没有危害性，不必上升到刑事领域，不应纳入虚假诉讼罪的惩处范畴。

四、虚增债务属“部分篡改”，而非“无中生有”捏造事实，并且李某与尹某等人无通谋，对虚增债务不明知，不成立共犯

（一）虚假诉讼罪的现行法律规制

从法律法规看，《刑法》第 307 条之一第 1 款规定，以捏造的事实提起民事诉讼，妨害司法秩序或者严重侵害他人合法权益，构成虚假诉讼罪。最高人民法院、最高人民检察院《关于办理虚假诉讼刑事案件适用法律若干问题的解释》第 1 条、第 2 条规定了虚假诉讼罪的客观方面，即采取伪造证据、虚假陈述等手段，捏造民事法律关系，虚构民事纠纷，向人民法院起诉的行为。行为人隐瞒债务已经全部清偿的事实，向人民法院提起民事诉讼，要求他人履行债务的，以“以捏造的事实提起民事诉讼”论。

从刑法通说看，虚假诉讼罪规制“无中生有”型的捏造事实行为，而不是夸大或

[1] 对应《民法典》第 545 条。

[2] 对应《民法典》第 546 条。

者隐瞒部分事实的不诚信行为。“部分篡改”型虚假诉讼行为,即民事法律关系和民事纠纷客观存在,行为人只是对具体的诉讼标的额、履行方式等部分事实夸大或者隐瞒的行为,不属于虚假诉讼罪的范畴。在民间借贷诉讼案件中,若行为人虚设出一个不存在的法律关系,或对于曾经有民间借贷法律关系,但债务人已全部清偿,法律关系已消灭的情形仍提起诉讼的,才符合虚假诉讼罪“无中生有”的要素。若争议借贷关系确实存在,双方当事人仅对具体数额、还款期限、利息等隐瞒或作夸大、虚假陈述,则不属于虚假诉讼的捏造事实。

(二)现有证据证实尹某与贾某某存在基础借贷法律关系,“部分篡改”型的不诚信诉讼不等于“无中生有”型的虚假诉讼

根据尹某的笔录,2017 年民事调解之后,贾某某尚欠其 40 余万元,之后贾某某陆续向其借款,至今欠款本息共计 130 余万元。贾某某的笔录称,2017 年经法院调解,其付清尹某全部欠款,后续又多次向尹某借款,最后欠款约 121 万元。

贾某某对基础借贷法律关系没有争议,仅仅对实际借款数额存在较大异议,法院基于现有证据无法判断二人债权债务究竟是多少数额。就算尹某请求归还超出实际借款金额的款项,也属于“部分篡改”型的不诚信诉讼,而不是虚假诉讼。

(三)李某与尹某等人无事前通谋,对虚增债务的情况不明知,且已尽到必要的律师注意义务,不成立共同犯罪

1. 李某与尹某等人无事先通谋

李某讲到,其就职的某律师事务所因地理位置较好,常有客户上门咨询。2017 年 11 月,尹某到律所询问其是否代理民间借贷案件,其回复代理过此类案件。此后二人加了微信好友,但平常基本没有交流,极少数的沟通也仅限于法律咨询。不管尹某、金某某等人相互间是何种关系,如何经营,收益多少,李某从未参与也不知情,更不存在为了共同违法犯罪而事先通谋的情况。

2. 李某已尽到必要的律师注意义务

律师应当履行真实义务,维护司法尊严,对司法负责,这是律师职业的普遍要求。但是毕竟律师只是代理人而非案件亲历者,往往只能从当事人处了解案情,而当事人为了自身利益最大化,展示给律师的事实不一定全面,甚至欺骗律师的情况在实践中也比比皆是。因此,律师的注意义务虽不能参照一般社会人的标准确定,但也不应过于苛责,而是要结合职业群体的一般判断能力,以及个体的专业程度、业务技能、个案情况综合分析。

根据李某的笔录,其与各委托人办理了委托手续,尹某提供了借条、收条等债权凭证和转账记录、取现凭证等证据。并且李某当面询问了南某某是不是其出借钱,南某某点头默认。由此可见,李某不仅阅览了书证,还进行了一定的调查了解,初步认为案件符合起诉条件。至于借条金额是否准确,在法院审理裁判之前要求李某当即

判断，未免强人所难。

退一步说，即使尹某等人涉嫌犯罪，李某应当预见但因疏忽大意而没有预见，主观上至多属于过失，而过失不能构成虚假诉讼罪。

3. 案件的外部信息加深了李某的内心确信

李某讲到，2017 年调解结束的第二天贾某某就全部付清欠款，贾某某还因李某帮忙压低调解金额，要向其赠送水果表达感谢。后来贾某某也会通过微信向其咨询民间借贷法律问题。贾某某母亲黄某某曾亲口对李某说，贾某某在外面借了很多钱，贾父因儿子的事情被气到住院。贾某某的感谢、黄某某的说法及贾某某果断清偿的态度，都证实了至少在 2017 年的系列案件中存在真实的债权债务关系，实际借款本息极有可能超过调解金额。当 2018 年再次遇到相同被告的同类案件时，李某结合在案证据、当事人陈述及外部信息，主观上相信存在真实的债权债务关系，具有相当大的合理性。

另外，台州地区民间融资市场活跃，针对民间借贷的法律服务也随之发展。大量的民间借贷案件充斥着现金交付的情况，也有大量的原告因无法提供充足证据而承担不利的诉讼后果与本案类似的情况绝不罕见。李某身处于台州这样的民间借贷市场和司法环境中，即使没有及时发现借条金额可能与实际金额有出入，也具有一定的合理性。

五、鉴于李某的律师身份和职业特点，以及类似的"林小青案"引发的网络舆情，法院需重视本案，宜对李某进行分案，先取保候审，再作妥善处理，若确认无罪，则尽快作出不起诉决定

李某是执业律师，因律师工作被卷入本案，与此前引起网络热议的"林小青案"存在一定相似之处，都是律师在正常提供法律服务期间涉嫌刑事犯罪，被认定为恶势力犯罪集团成员，被追究刑事责任。

鉴于李某的律师身份和职业特点，以及类似的"林小青案"引发的网络舆情，辩护人恳请法院对本案慎重处理，宜将李某的案件与涉嫌恶势力犯罪集团的案件进行分案处理，先取保候审，若确认无罪，尽快作出不起诉决定。这既体现出法院对法律共同体人员涉嫌犯罪的重视，也是对网络舆情的控制和防范。

【心得体会】

一、恰当时机提出恰当方案，化解案件难题

本案当事人及家属有强烈的取保候审需求，但本案难点有以下六点：其一，全案被认定为恶势力犯罪集团案件，检察机关在把握案件性质时相对谨慎和保守。其二，

同案人员尹某还涉嫌其他罪名,势必要被移送审查起诉,要求检察机关当即对李某决定无罪不起诉,可能影响到对同案人员的处理;且从检察机关办案方式和办案节奏来看这并不常规,有一定难度。其三,本案同案人员较多,司法机关担心取保后有串供风险。其四,当事人不认罪,没有认罪取保的前提。其五,辩护人介入时,当事人已被批准逮捕,错过了"黄金救援期"。其六,案件定性方面争议较大。虽然在侦查阶段和审查起诉阶段,辩护人多次口头或书面提出取保申请,但由于以上诸多方面因素,司法机关并未同意。

为了维护当事人的切身权益,同时考虑到案件争议较大,短时间内难以明确的现实情况,在案件被两次退回补充侦查完毕,案件事实基本查清的情况下,辩护人提出对李某分案处理、先行取保的建议:一方面,将李某与恶势力犯罪集团进行切割,为下一步妥善处理案件奠定基础;另一方面,为案件处理争取更多的时间,以便检察机关进一步查明事实,消除顾虑。

最终,检察机关经过审查,采纳了辩护人提出的辩护方案,于审查起诉期限届满之日,对李某实行分案取保,李某在被羁押 9 个半月后终于与家人团聚。

二、特殊案件巧用"借力"辩护,促成无罪结果

第一,借民法之力。虚假诉讼罪是典型的刑民交叉罪名,研究虚假诉讼罪不仅需要复合型的法律知识,而且需要具备刑民交叉的综合视野。复盘本案办案过程,辩护人紧紧围绕虚假诉讼罪"以捏造的事实提起民事诉讼"的内涵外延,结合刑法理论、民法理论、最高人民法院指导案例进行多维度阐述;论证本案行为人借用他人名义提起民间借贷合同纠纷之诉的行为不具有民事违法性,更不具有刑事违法性,有理有据,与承办检察官沟通辩护意见的过程也比较顺畅。

第二,借同案之力。检察机关以涉嫌虚假诉讼罪,拒不执行判决、裁定罪对尹某提起公诉,尹某已认罪认罚。如尹某虚假诉讼成立,对李某案件的处理必然产生不利影响。本着尹某无罪则李某无罪,尹某罪轻则李某责任更轻的考虑,辩护人提前与尹某的辩护人联系沟通,形成统一的无罪辩护思路,最终相关意见被法院采纳,法院判决尹某不构成虚假诉讼罪。

第三,借名案之力。本案办理期间,律师林小青为"套路贷"公司担任法律顾问涉嫌诈骗罪、敲诈勒索罪,以及被指控为恶势力犯罪集团重要成员案引起社会广泛关注,引发司法界、学术界、律师界的大讨论。本案与"林小青案"有一定的类似之处,辩护人提及该案也是希望检察机关能够厘清律师执业活动与违法犯罪的边界,关注类似案件的巨大争议,对本案的定性更加审慎。

第四,借行业之力。本案中李某从事的是十分典型的民间借贷纠纷案件民事代理活动,所采取的诉讼策略也是实践中相当常规的做法。辩护人从律师执业风险防

范和律师行业保护的角度出发,主动联系了当地司法局和律师协会说明本案情况,请求关注。

第五,借法律共同体之力。办案过程中,辩护人感受到了某区人民检察院的认真负责与公正,体会到了法律共同体的相互理解与关怀。承办检察官秉持公平公正的原则,严格审查事实和证据,设身处地地从律师职业特点换位思考,是本案得以无罪处理的关键。

(承办人:徐宗新、王官、黄毅婕)

如何运用客观性证据推翻稳定有罪供述

——石某涉嫌故意伤害罪被无罪不起诉案

【案件概况】

某区公安分局经侦查认定:2019 年 4 月 15 日下午,石某与陈某某(二人系亲戚关系)因家庭纠纷发生斗殴,陈某某用拳头和脚对石某进行殴打,石某用随身携带的拐杖[1]对陈某某进行殴打,最终造成陈某某右侧腓骨骨折。经某市公安局司法鉴定中心鉴定,陈某某的伤势已构成轻伤二级。

案发后,侦查机关对石某采取取保候审强制措施。侦查期间,石某委托辩护律师介入。辩护人介入前,石某已在侦查机关完成 4 份讯问笔录,且每份笔录均认可陈某某的伤势系其拐杖击打导致。之后石某又做了两次笔录,供述一致。

2020 年 4 月,本案移送某区人民检察院审查起诉。辩护人在及时阅卷的基础上,先后递交辩护意见与调取证据的申请,主要申请调取案发现场监控视频及陈某某就诊医院出具的相关 CT 片、X 片等影像资料,以进一步判断伤势成因。后检察院将本案退回补充侦查。

2020 年 8 月底,某区公安分局补充侦查完毕后将案件重报检察院审查起诉。辩护人补充阅卷时发现,某市公安局司法鉴定中心基于侦查机关提供的陈某某影像学数据电子档案(辩护人申请调取的 CT 片等影像资料)对陈某某的伤势重新进行了鉴定。二次鉴定结果在原鉴定认定的基础上增加了一处骨折情况,即陈某某总共有两处骨折(右侧胫骨、腓骨下端骨折),依照《人体损伤程度鉴定标准》之相关规定,陈某某损伤程度评定为轻伤一级。

辩护人在研究全部案卷材料的基础上,重点审查损伤机制,再次递交补充辩护意见,明确陈某某的伤势并非石某持棍棒殴打所致,要求对石某作出不起诉决定。

2021 年 2 月,某区人民检察院审查后,采纳了辩护意见,认为某区公安分局侦查认定的石某用拐杖殴打致使陈某某右踝部骨折的事实不清、证据不足,不符合起诉条件,决定对石某不起诉。

---

〔1〕 石某当时下肢患痛风,需借助拐杖行走。

【第一次审查起诉阶段辩护意见】

一、本案虽起因于石某与陈某某母亲的纠纷，但矛盾的升级转化完全因陈某某上门挑衅导致，陈某某存在较为明显的过错，石某的涉案行为主要出于防卫目的

2019 年 4 月 15 日凌晨，石某在家事处理过程中与陈某某母亲发生争执，情急之下挥手将陈某某母亲的手机拍落，陈某某母亲回手后，石某再次出手打了陈某某母亲头部。陈某某得知母亲被石某打了后，于当天下午赶到石某住处，目的是“打回来”。陈某某女友的证言显示，陈某某上门前与石某电话联系表示“你打了我母亲，那我就要打回来”。

到达案发现场后，陈某某先动手。民警问是谁先动手，陈某某本人明确陈述是其先过去踢了石某。案发现场保安的证言也显示，年轻男子（陈某某）直接冲向中年夫妇，一脚向中年男子（石某）踢去，之后双方就打起来了。

陈某某的拳打脚踢本身是一种故意伤害的行为，石某的还击主要出于防卫目的。首先，本案的作案工具木制拐杖并非石某刻意准备，因为其当时下肢痛风不方便行走，所以才随身带着拐杖。其次，就拐杖本身而言，工具本身虽未被提取在案，但我们大致可以通过现场目击者保安的描述来判断其形状。保安的描述中提到，拐杖“约一米长，约有 2 厘米粗”。1 元硬币的直径是 2. 5 厘米，石某使用的拐杖就是日常生活中常见的拐杖，还不到 1 元硬币的宽度，其行为和使用其他伤人工具进行还击，性质上有所区别。

石某的供述还提到，如果不是保安最后拉开，陈某某已经拿起停车位上的钢制三脚架准备击打石某。陈某某陈述，“石某和妻子躲到了小区的铁门后面，直到警察到了才出来”。因此，石某的防卫行为具有正当性与现实紧迫性。

如果行为人面对故意伤害不能反抗，只能站在原地任人殴打，刑法上的正当防卫也就失去了存在必要。2018 年 12 月最高人民检察院第 12 批指导性案例提到，“民间矛盾引发的案件极其复杂……根据查明的事实，当事人的行为具有防卫性质的，应当依法作出认定，不能唯结果论，也不能因矛盾暂时没有化解等因素而不去认定或不敢认定……”在这一前提下，石某没有义务保障一个上门挑衅者必须安全、不受伤。

二、受害人陈述的致伤原因前后矛盾，需严格审查在案主客观证据，进一步查清事实

案发当天，石某与陈某某在派出所达成治安调解。在案书证《现场治安调解协议书》针对“案件事实”的描述中提到，陈某某系“右脚扭伤”，该致伤原因的表述与陈

某某笔录的陈述存在矛盾。该份治安调解协议书系属地派出所在案发当天制作完成,也经陈某某与石某二人确认后签字。书证的客观性比言词证据强,且该协议书系案发当天签署,可信度更高。

另外,某公立三甲医院 CT 报告显示,陈某某右侧腓骨下段见斜形透亮影。辩护人请教资深法医得知,斜形骨折且受伤部位在腓骨下段位置的情况,也不排除摔倒扭伤的可能,当然,最终还是要根据 CT 片子等影像资料来判断。

石某妻子也在案发现场,其证言提到,“陈某某脚上的伤我记得很清楚是在他摔倒在地上后,自己再扑上来的时候又摔倒在地上造成的”。该证言说明两点:一是陈某某与石某扭打过程中,陈某某有摔倒;二是陈某某可能在摔倒过程中扭到了右脚。

综上,《现场治安调解协议书》、石某妻子的证言均指向陈某某的伤势系扭伤,司法机关需严格审查在案主客观证据,进一步查清事实。

三、石某系电话通知后到案,且到案后如实稳定供述,成立自首

侦查机关的《抓获经过》明确,石某系接到属地派出所民警电话通知后自行到案。到案后,其供述始终稳定,本人认罪悔罪,明确表示愿意赔(补)偿,弥补自己的过错,依法成立自首。

四、本案嫌疑人与受害人系亲戚关系,因家庭琐事引发纠纷,且石某始终表示认罪认罚,真诚悔罪,检察院可对石某作出不起诉决定

石某系陈某某长辈,二人存在亲戚关系。案发后,石某一直心存内疚,积极寻求和解的途径,愿意作出赔(补)偿。但因为陈某某母亲的固执,且开出赔偿金额远远高于司法实践标准,双方最终未能达成和解。

类似的刑事案件中,陌生人之间最后尚能达成和解,何况两家还有亲戚关系。辩护人愿意与陈某某代理人、司法机关共同努力,积极促成双方和解,以修复两家关系。在双方达成刑事和解的基础上,检察院对石某作出不起诉的决定,可体现司法善意,使本案取得较好社会效果。

【调取证据申请书】

尽管石某本人的供述始终提到陈某某系其拐杖打伤,但在案部分证据直接指向陈某某的骨折系在双方争执过程中扭伤所致,综合全案主客观证据,陈某某伤势成因存疑。鉴于陈某某伤势成因完全可能影响案件的最终定性,辩护人向某区人民检察院提出如下申请:

一、在案部分主客观证据指向陈某某骨折系扭伤，检察院需审查监控视频及原始 CT 资料，以作出进一步判断

石某妻子目击整个经过，其证言提到，“陈某某脚上的伤我记得很清楚是在他摔倒在地上后，自己再扑上来的时候又摔倒在地上造成的”。石某妻子的证言是否客观，可结合案发当时的监控录像来判断。

在案书证《现场治安调解协议书》针对“案件事实”的描述提到，陈某某“右脚扭伤”。这份治安调解协议书系属地派出所民警在案发当天主持调解后制作完成，也经陈某某与石某二人签字确认，且该证据的形成时间距离案发时间非常短，证据客观性较强，具备可采性。

此外，《鉴定书》只提到在案某公立三甲医院 CT 诊断报告显示，陈某某“右踝关节腔内见少许液体影，密度较高”，可见陈某某受伤部位系在踝关节处，而踝关节腔内积液系受伤数小时后的正常炎症反应。由某市公安司法鉴定中心出具的《鉴定书》附件中的损伤照片也可以发现，陈某某右足外固定位置系在脚踝。某市公安司法鉴定中心出具的《鉴定书》尽管有相关病历资料摘要，但并未能准确地描述具体受伤部位，亦未描述骨折的具体形状、骨折错位的具体方向等，检察院需结合原始 CT 资料进一步明确具体骨折位置、骨折形态。

二、在案鉴定意见并未描述伤势成因，仅对伤势程度作出评价

某市公安司法鉴定中心出具的《鉴定书》仅表述陈某某系受“钝性外力作用”致伤，损伤程度为轻伤二级，但无法确定陈某某右腿腓骨骨折的损伤机制。在案证据也无法证实陈某某的伤势与石某的涉案行为有直接因果关系，故不能排除陈某某的伤势系扭伤的可能。

从在案言词证据对陈某某、石某二人争执扭打的描述看，二人系正面打斗；在面对面的情况下，因陈某某右脚踝处受伤，如果骨折系石某击打所致，石某的手势必须是反手。从保安描述的木头拐杖长度（约一米长）来看，在二人均站立的情况下，石某打到对方脚踝部位的着力点应是拐杖的另一侧，即棍梢部位。在反手作用力、棍梢打击的情况下，击打方式、击打部位、击打力度等能否形成骨折的后果，检察院需结合医院出具的相关 CT 片、X 片等影像资料原件来审查判断，最终通过相关影像资料来确定损伤机制。

三、打击伤与扭伤，直接关系到本案定性，需进一步查清事实

本案的最大争议点是陈某某的伤势系石某在反抗中用拐杖击打所致，还是二人扭打过程中陈某某自己摔倒扭伤所致。

如果系陈某某扭伤所致，鉴于本案起因系陈某某上门挑衅，且陈某某率先动手，

有斗殴意图的是陈某某,而非石某。石某用随身使用的木质拐杖予以反击,也没有超出必要的防卫限度。

综上,陈某某的伤势系打击伤还是扭伤,完全可能影响本案的最终定性,为全面、客观地查清本案事实,辩护人根据《刑事诉讼法》第 41 条之规定,申请调取以下证据:

1. 案发当天现场监控录像,包括但不限于某小区西门的监控录像,以及道路治安监控摄录的视频资料等;

2. 某公立三甲医院全部门诊病历(5 页)及 CT 片(5 张),某民营医院 X 片(3 张)、CT 片(1 张)。

【第二次审查起诉阶段辩护意见】

案件经两次退回补充侦查后,辩护人在查阅全部补侦材料的基础上,重点结合第二份鉴定意见,再次递交如下补充辩护意见:

一、陈某某右侧胫骨、腓骨下端骨折与石某的行为之间没有因果关系,两处骨折不符合直接暴力打击特征,更符合扭伤特征

某市公安局司法鉴定中心对陈某某伤势重新进行了鉴定,相比第一份鉴定书,该份鉴定书虽然认定的损伤程度加重(从轻伤二级到轻伤一级),但"论证"部分更为全面、客观,从法医临床学角度对损伤机制作出了较为科学的论断,可证明陈某某之右侧胫、腓骨骨折并非石某持棍棒殴打所致。

(一)从致伤方式上看,石某虽供称其对被害人右侧小腿曾实施打击,但被害人右侧胫、腓骨骨折形态不符合直接暴力打击的特征

首先,虽然石某供述其曾持随身携带的木制拐杖对陈某某之右侧小腿进行了击打,但以拐杖的常用击打方法即横向挥扫的方式对他人实施打击,其作用力方向与腓骨垂直,腓骨的骨折形态应当为单纯性横行骨折或者横向楔形骨折。在案医学影像学资料显示,陈某某右侧腓骨骨折形态呈斜形骨折,其骨折形态显然不符合棍棒击打的损伤特征。

其次,被害人陈某某除右侧腓骨下端骨折外,还存在胫骨下端骨折。由于胫腓骨下端均属踝关节的组成部分,其中腓骨下端为外踝的组成部分,胫骨下端与距骨共同构成内踝,即便石某持拐杖对陈某某的右小腿进行殴打,受解剖位置所限,石某无法直接对陈某某的胫骨下端进行直接打击。如认定被害人之右侧胫骨骨折系石某持棍棒殴打所致,不但不符合医学常识,更不符合生活常识。

(二)陈某某的踝关节骨折系复合型损伤,直接暴力殴打不能形成,该损伤系扭伤所致

病历资料记载,陈某某的损伤为右侧胫、腓骨下端骨折。辩护人通过审阅相关病

历资料及医学影像学资料，得知其损伤呈现为右侧腓骨中下1/4处斜形骨折，右侧胫骨外后侧骨折，且骨折线呈弯曲成撕脱样。其中右侧腓骨的斜形骨折显然为腓骨遭受轴向扭矩作用形成，右侧胫骨后外侧骨折系扭矩作用下踝关节诸骨扭力传导所致，属于一次性形成的复合型骨折。因此，直接暴力殴打无法形成上述复合型骨折，否则也与外伤性踝关节骨折的损伤机制不符。

（三）陈某某案发当天也认可其右脚的损伤系扭伤所致，并非石某直接殴打所致

案发当天，派出所民警对当事人双方第一时间进行调解，《现场治安调解协议书》也载明陈某某的右脚系扭伤，陈某某对此予以认可并签字。由此可见，陈某某本人对于其右脚的损伤原因系明知且认可。

结合在案两份鉴定书中提到的某公立三甲医院门诊病历的摘要内容也可知，陈某某在就诊当时陈述“被人用棍子打中头部致头部疼痛2小时有余，无头晕，无恶心呕吐，无视物模糊，感到右脚疼痛，活动受限”。其并没有提到右脚曾被棍子击打。

（四）第二份《鉴定书》也证实陈某某的右侧胫、腓骨骨折并非击打等直接外力所致

在本案中，办案机关依据陈某某提供的影像学资料于2020年8月3日将陈某某的伤情委托某市公安司法鉴定中心进行补充鉴定。

第二份鉴定书“论证”部分显示：“综上所检，结合案情及病史资料，被检验人陈某某右踝部受间接外力作用致右侧胫骨、腓骨下端骨折……”由此可见，鉴定机构的鉴定人在对本案的案情和病历资料、医学影像学资料进行全面审查后，对陈某某右侧胫、腓骨骨折的损伤机制进行了分析论证，认为其右踝部系受到间接外力作用导致胫、腓骨下端骨折，从而能够排除被害人的伤情系直接外力击打所造成。

结合石某妻子的证言，本案中被害人陈某某确实存在自身身体失衡摔倒的情况，以及存在摔倒过程中扭转过度造成踝关节骨折的极大可能。

综上，第二份鉴定书中的“论证”部分从法医临床学方面对损伤机制呈现了较为科学的论断，充分证明陈某某之右侧胫、腓骨骨折并非系石某持拐杖殴打所致。

二、抛开伤势成因问题，本案还存在正当防卫因素，可一并审查

2020年8月28日，最高人民法院、最高人民检察院、公安部（以下简称“两高一部”）出台了《关于依法适用正当防卫制度的指导意见》（法发〔2020〕31号），该意见第9条针对防卫行为和相互斗殴如何准确界分的问题作出了具体规定，明确需综合考量案发起因、对冲突升级是否有过错、是否使用或准备使用凶器、是否采用明显不相当的暴力、是否纠集他人参与打斗等客观情节。

本案中，陈某某上门挑衅并且先动手打人，其于法、于长幼伦理都存在明显过错，也正是陈某某的鲁莽行为，导致矛盾不断升级。本案中陈某某承担主要责任，石某承

担次要责任。且木制拐杖系石某因下肢痛风而随身携带使用,并非刻意准备,石某也不存在明显不相当的暴力,其行为整体上是出于防卫的目的。

在此前提下,即便退一步石某击打陈某某造成伤害后果,也不需要承担刑事责任。在陈某某自己扭伤的情况下,石某更不需要承担刑事责任。

三、从社会效果上看,司法公正是社会正义的源头,即便本案最终没有达成和解,检察院也可结合伤势成因、存在防卫情节等因素,依法作出不起诉决定

案发后,石某一方一直积极寻求和解、赔礼道歉,希冀本案得到妥善处理,但因陈某某一方提出的相关无理要求(要求石某下跪道歉,以及不少于50万元的赔偿要求等),在一定程度上浪费了宝贵的司法资源。

司法的公正是社会正义的源头,因此需要司法机关发挥力量,明辨是非,而不是"谁受伤谁有理",更不能鼓励漫天要价的行为。

故即便本案最终没有达成和解,辩护人也希望检察院综合审查本案陈某某的伤势成因、石某的防卫情节,以及石某始终愿意与陈某某一方和解并予以赔(补)偿的良好态度,对石某依法作出不起诉决定。

【心得体会】

一、依靠客观性证据推翻嫌疑人稳定的有罪供述

石某自始至终均供述,陈某某伤势系其拐杖击打所致,有罪供述非常稳定。这一方面是因为二人打斗过程中拐杖确实有打到陈某某,另一方面是因为案发后侦查机关即对石某采取取保措施,不排除其为保持良好态度而受到侦查人员的引导。

一般情况下,嫌疑人的稳定供述很容易得到采信,加上故意伤害导致轻伤的案件本身情节较轻,实践中的量刑也较轻,客观上办案人员不太可能分配大量时间在这类"小"案子上。因此,本案辩护人在前期与承办人的沟通过程存在较大困难,辩护难度较大,而要推翻这些有罪供述,只能依靠客观性证据。石某本人一开始也没打算委托律师,如果陈某某母亲不是坚持要求50万元赔偿,而是提出一个较为合理的赔偿金额,这个案件可能在侦查阶段就已终结程序。因为实在谈不拢,石某只能委托律师介入,因为没有达成刑事和解,公安机关也只能将案件移送至检察院。

审查起诉阶段辩护人阅卷后,根据生活常识判断骨折不可能是一根细细的木质拐杖所造成,但是辩护不能靠直觉,辩护人不仅要"破",还要"立",而立论需要更多的证据,尤其是客观性证据。因此,辩护人在递交第一份辩护意见的同时,递交了调取证据的申请。辩护人只有看到医院CT等影像资料,才能准确判断骨折系如何形成。

较为遗憾的是，侦查机关没能调取到案发现场的监控视频。本案案发于2019年4月15日，移送审查起诉的时间已经是2020年4月。辩护人在与侦查人员沟通的过程中，侦查人员一直对有无调取监控视频的问题语焉不详，最终导致监控没有被及时调取。如果当时侦查机关及时调取监控视频，可能会更清晰地还原事发经过，对伤势成因的论证还会多一份客观性证据。

二、充分利用法医学专业知识最终达到控辩观点一致

本案在退回补充侦查期间重新鉴定的损伤程度较前次鉴定加重，从一处骨折变为两处骨折，损伤程度从轻伤二级加重到轻伤一级，可谓一波三折。虽然该鉴定意见的损伤程度升级，但针对损伤机制的论证对辩方更有利了，基本可支持陈某某的骨折系“扭伤”的辩护观点。

在整个辩护过程中，辩护工作得到“靖霖系”强大法医力量的支持。当时所内同事王生虎律师，帮助审查CT影像资料，提出强有力的专业辩护意见给予了大力支持。靖予霖的前法医徐跃灵君到杭州讲课间隙，介绍了不同骨折的特点，以及各类骨折的法医学知识。正因为有所内法医力量的支持，第二份辩护意见相较第一份意见的辩护观点更为清晰坚定。

辩护人也查阅了法医学教材，学习消化相关法医学观点。比如，针对直接外力和间接外力，为了在辩护意见中表述得更通俗易懂，辩护人进行了举例说明：直接外力一般是通过拳打脚踢、汽车撞击等直接作用于人体的力，如用木棒打击人，导致打击部位骨折的力是直接外力；间接外力是指因力失衡、扭转及通过力传导产生的外力，与直接施加并造成作用点受伤的力存在显著区别。

辩护过程中，辩护人也得到了石某本人的理解和支持。在得知损伤程度鉴定程度升级到轻伤一级后，辩护人跟石某进行了详细交流与沟通，赢得石某的信任与认可，并向检察院递交第二份书面辩护意见，继续做无罪辩护。同时辩护人在与承办人交流辩护意见的过程中，希望承办人能就伤势成因问题听取检察院法医的意见。

最终，控辩双方在专业法医意见的辅助下，达成基本一致的意见。

三、结合司法文件和领导讲话以支持辩护观点

本案辩护重点虽落在陈某某的伤势成因上，但辩护人也没有放弃石某存在防卫因素的辩护，提出退一步的辩护观点：即便伤势系石某击打所致，但鉴于陈某某上门挑衅，在矛盾升级过程中起到关键作用，检察院也可对石某作出不起诉决定。

在辩护人递交第二份辩护意见前夕，恰逢“两高一部”出台了《关于依法适用正当防卫制度的指导意见》，该意见第9条针对防卫行为和相互斗殴如何准确界分的问题作出了具体规定，为相关辩护观点提供了较为有力的支持。

此外,2020 年 5 月 25 日,最高人民法院院长周强在全国两会期间向全国人民代表大会作最高人民法院工作报告时提到,对发生在公共空间案件的审理,人民法院应兼顾国法、天理、人情,明辨是非,惩恶扬善。通过一系列案件审理,人民法院破解长期困扰群众的"扶不扶""劝不劝""追不追""救不救""为不为""管不管"等法律和道德风险,坚决防止"谁能闹谁有理""谁横谁有理""谁受伤谁有理"等"和稀泥"做法,让司法有力量、有是非、有温度。

辩护人也在辩护材料中引用了周强院长的这段话,希冀司法明辨是非,避免陷入"谁受伤谁有理"的误区。

四、自始至终没有放弃和解的努力,以真正做到案结事了

在本案检察院作出书面不起诉决定之前,辩护人已经得到口头通知,检察院将对石某作出不起诉决定。尽管证据已经对辩方越来越有利,但是石某本人及辩护人始终没有放弃过和解的努力,一方面是为了检察院能放心大胆地作出不起诉决定,另一方面更是考虑到石某与陈某某系有血缘的亲戚关系,在尊重当事人意愿的基础上,尽力修复双方关系,亦是辩护工作应有之义。

辩护过程中,双方共同的长辈出面给承办检察官写了一封信,恳请司法机关尽量促成双方协商解决矛盾,化解家庭纠纷,并对石某从轻处理。

承办检察官在审查起诉阶段后期也提供了陈某某代理人的联系方式。石某、陈某某母亲及双方律师专门安排时间协商赔(补)偿事宜,尽力推进本案的妥善处理。最终,双方以均能接受的结果达成了赔(补)偿方案,并将相关协议及时递交给检察院。十天后,检察院对石某作出不起诉决定书。至此,案结事了。

(承办人:何秀珍)

如何找到计算机技术与法律规定的结合点

——葛某某涉嫌非法获取计算机信息系统数据罪不起诉案

【案件概况】

某县公安局经侦查认定:2017 年年底,潘某某、季某(均另案处理)在网上认识,先后合作开设"土豆"(2018 年 1 月 1 日创建第一条注册信息,网址:www. 6tudou. com:9000/download. html。后网站改名为"橙子",网址:www. 517orange. com:9000/adminlogin. html)、"芒果云"(2018 年 4 月 24 日创建第一条注册信息,网址:www. mangopt. com:9000/soft. html)接码平台,季某负责写网站代码,潘某某负责营销、推广业务。"土豆"("橙子")、"芒果云"平台通过收取注册会员预存款,并向注册会员提供由卡商接入平台的不特定手机号、手机验证码服务,以每条验证码信息为 0.06 ~ 0.1 元不等的价格,在预存款中扣除的方式进行盈利。葛某某以"土豆"("橙子")、"芒果云"接码平台普通注册会员身份,向平台事先存入资金,非法获取手机号、验证码口令等数据资源,用于注册各类网络账号后出售。葛某某在"土豆"("橙子")接码平台充值支付手机号、短信验证码的数据资源费用 46,110 元,其获取手机号、短信验证码用于注册网络账号并出售后获利约 7 万元。

葛某某因本案于 2020 年 4 月 24 日被刑事拘留,同日被取保候审。后公安机关于 2020 年 8 月 10 日将本案移送审查起诉。

辩护人接受委托后,听取了犯罪嫌疑人的陈述,查阅了案卷,根据案情与证据、案件技术背景及相关学术理论研究;提出了本案犯罪嫌疑人没有"侵入"相应计算机信息系统的行为,验证码技术不是计算机信息系统的安全防护措施,验证码不是数据,以及单纯取得信息而未复制数据的行为也不属于"获取"等无罪辩护观点;同时提出了犯罪嫌疑人具有自首情节,在共同犯罪中属于从犯等罪轻辩护观点。

2021 年 8 月 2 日,该区人民检察院经层报上级人民检察院请示后,完全采纳了辩护人的意见,认为公安机关认定的犯罪事实不清、证据不足,不符合起诉条件,决定对葛某某不起诉。

【审查起诉阶段辩护意见】

一、葛某某用于申请验证码的手机号系由“卡商”接入涉案接码平台供会员付费使用。平台内的手机号码卡绝大部分系不需要进行实名认证的物联卡，不存在绕过实名认证的情况，但即便需要实名认证，义务也归属于“卡商”，因此葛某某付费取用手机号码的行为不应认定为犯罪

(一)葛某某付费取用手机号码的行为仅是行使会员权利，并不具有刑事违法性

根据同案犯罪嫌疑人潘某某、季某等人的供述与辩解，接码平台上可供使用的手机号码系由上游“卡商”购得后，接入涉案接码平台供付费取用，获利需向卡商分成。根据“卡商”郑某某、屠某某的供述与辩解，其提供的手机号码系其自行从网络上购买获得，而非通过其他手段非法取得。

葛某某作为涉案平台的用户，付费获取“卡商”提供的手机号码，系接受平台提供服务的行为。在手机卡号获取来源合法，溯源明确的前提下，平台用户获得手机号码仅是一个中立的消费行为，不具有刑事违法性，不应被评价为犯罪。

(二)本案大量存在的物联卡本身不需要进行实名认证

所谓物联卡，主要是用于工业生产、物流托运、交通运输、医疗救助等领域的卡。物联卡需以企业名义办理，企业只要提供营业执照即可获取。这类物联卡不需要进行实名制身份认证，且通信运营商对于企业办理物联网卡的数量也没有限制，所以企业可以大批量地办理这种手机卡。

据同案“卡商”郑某某、屠某某等人的供述与辩解可知，本案存在大量不需要进行实名认证的物联卡，因此也就不存在绕过手机卡实名认证的情况。

(三)即便本案中存在部分手机号需要实名认证，此认证义务归属于“卡商”而非平台会员

根据起诉意见书指控，“卡商”还购买了需要实名注册的手机卡，并接入平台供用户使用。辩护人认为，“卡商”系平台手机号的供应方，其对于手机号来源的合法性，手机号是否需要或是否已经实名注册应尽审慎注意义务，即保证手机卡来源的合法合规是“卡商”的义务。葛某某作为平台的用户，并不知道平台手机卡是否经实名认证，甚至不知道本案中的大量手机卡是物联网卡。即便本案有部分手机号未实名认证，作为平台用户，葛某某也无须对此承担认证的义务和责任。

综上，葛某某作为平台会员，在涉案平台付费取用“卡商”提供的手机号码的行为是中立地履行会员权利的行为。且本案存在大量物联卡，其本身即不需要进行实名认证，不存在绕过实名认证的情况。即便部分手机号需要实名认证，该认证义务也应由“卡商”履行。

二、葛某某在接码平台上取得的验证码系身份认证信息而非数据资源

（一）验证码技术仅起到注册用户身份识别的作用，并非计算机信息系统的安全保护措施

所谓验证码，即 Completely Automated Public Turing Test to Tell Computers and Humans Apart，缩写为 CAPTCHA，被译为全自动区分计算机和人类的图灵测试。

验证码的作用在于区分判断访问平台和使用平台功能的主体是“计算机”还是“人类”，当前验证码被普遍应用于各大网站、App，来防止计算机的恶意自动注册、登录、“灌水”、刷票等行为。因此，从本质上看，验证码技术仅是一项识别用户身份的计算机程序功能，并不具有拦截 DDOS（分布式拒绝服务）攻击、域名劫持等对计算机信息系统的攻击行为，不是计算机信息系统的安全防护措施。

（二）本案中的验证码不具有数据的特征，不是数据资源

数据与信息是两个不同的概念，从信息论的角度看，数据是信息的具体表现形式，是信息的载体；信息需要经过数据化处理，转变成系统内的数据才能存储和运输；以公式化的语言表达二者的关系为“数据 = 信息 + 数据冗余”。

所谓信息指的是数据中的可视化内容。以芒果 TV 平台近期热播的综艺节目《乘风破浪的姐姐》的第一期视频为例，该视频的信息就是观众所看到的视频内容。该期视频的数据则指的是储存在芒果 TV 系统后台的一串由冗余的计算机语言、文字、代码、字符等构成的内容。

结合本案，验证码应系用作注册账号的可视化的登录验证信息，而非数字化的文本信息记忆处理、加工过程中冗余的计算机语言、代码、字符等，即涉案的验证码不属于数据。

再者，倘若认定验证码属于数据，那么验证码的权属主体为何？举一例明之，用户使用手机登录支付宝时，支付宝向手机发送的验证码的权属应归于支付宝，还是应归于用户？由于计算机信息系统的数据天然具有权属主体，所以数据主体才能够在数据遭受泄露、复制、修改等攻击行为时行使申请被保护的权利。显然，验证码的权属难以界定，其无明确的权属主体，这不符合数据的特征，因此验证码不属于数据。

综上，本案中葛某某接收的验证码属于身份认证信息，而不是数据资源。

三、本案中的接码软件、平台不具有侵入或与侵入相类似的技术功能，而仅能够接收验证码，不能取得计算机信息系统的数据，这不符合非法获取计算机信息系统数据罪的构成要件

（一）本案中无论是接码软件还是平台，均不具有侵入或与侵入相类似的技术功能

最高人民检察院第 36 号案例（卫某某非法获取计算机信息系统数据案）明确，“非法侵入”的实质内涵是行为人违背他人意愿进入他人的计算机信息系统，既包括

采取技术手段进入,也包括未征得他人同意或者授权进入。很明显,判断是否"侵入"取决于一个人是否虚拟地进入他人的计算机信息系统。

一方面,涉案软件和平台的功能,仅仅是对人类申请手机验证码行为的模仿,系模拟人机交互的过程,并未突破或绕过任何计算机信息系统的安全保护措施,进入计算机信息系统内部。这与通常侵入计算机信息系统,或者通过非法手段取得技术信息的"木马程序""后门软件""键盘跟踪技术""攻击病毒""开放端口""钓鱼软件"等恶意的计算机程序具有显著的差异。

另一方面,根据潘某某、季某等人的辩解,接收验证码所用手机卡系由上游"卡商"持有,"卡商"将手机卡批量录入验证码平台,显然系对验证码平台用户使用该手机卡接收验证码短信的同意或授权。用户通过这些手机号,向爱奇艺等平台发送会员账号的注册申请,爱奇艺等平台的注册程序自动向这些手机号发送验证码口令。此时,验证码是爱奇艺等平台根据提前设定的程序自动、自愿地发送给申请注册的用户,并未违背平台的意愿,用户的申请更不是"非法侵入"平台的行为。

(二)即便认定本案中存在绕过手机卡实名认证的情况,但因手机卡实名认证规定系社会管理规范,而非计算机信息系统的保护措施,因此绕过手机卡实名认证不能等同于"侵入计算机信息系统"

手机卡实名认证规定的立法目的在于防范恐怖活动、遏制电信诈骗,预防和遏制垃圾电子信息、保护用户隐私,建立完善可靠的互联网信用基础等。由此,工业和信息化部根据《全国人民代表大会常务委员会关于加强网络信息保护的决定》和《中华人民共和国电信条例》制定了《电话用户真实身份信息登记规定》,以对手机卡实名认证进行规制。

《电话用户真实身份信息登记规定》属于部门规章,因此,手机卡实名认证规定本质上系社会管理规范,而非计算机信息系统的保护措施。那么,即便行为人绕过手机卡实名认证,也仅仅系违反社会管理规范,不能等同于侵入计算机信息系统。

(三)涉案接码软件和平台接收验证码不同于"获取",单纯地取得信息而未复制数据的行为不属于"获取"

根据通行的国际标准,ISO/IEC 27037:2012《信息技术 安全技术 电子数据识别、收集、获取和保存指南》中对"获取"的概念界定,所谓"获取(acquisition)"是指"在特定的数据集合中进行数据副本创建的过程(process of creating a copy of data within a defined set)";同时该条款的注释亦明确"获取的内容是对于拟获取的数据信息的备份(The product of an acquisition is a potential digitai evidence copy)"。可见,"获取"的技术含义应当是获取者在主观意志的支配下对于既有数据的复制行为。

本案中接码软件和平台仅仅局限于取得验证码信息的功能,而不具有复制、下载计算机信息系统数据的功能,其行为不能等同于"获取"。因此,本案中平台既没有

"侵入"行为也没有"获取"行为,不具备非法获取计算机信息系统数据罪的法定构成要件。

综上所述,辩护人认为葛某某获得手机号码和验证码的行为不属于刑法意义上的"非法获取",其也并未侵入或采取其他与侵入行为相类似的技术手段进入计算机信息系统,更没有获取数据,不构成非法获取计算机信息系统数据罪。辩护人恳请法院依法查清事实,对葛某某作出存疑不起诉的决定。

【心得体会】

一、专业性较强的刑事案件,当事人是最好的老师

本案属于新型计算机网络犯罪案件,专业性较强,辩护人刚介入时可能对于案件技术背景也不甚了解。我们认为,一起刑事案件的辩护工作是需要辩护人和当事人合理分工、相互配合的,所以需要重视当事人的作用。在本案的辩护工作中,当事人就是辩护人最好的老师。辩护人就本案中接码平台的技术原理及"卡商"具体所实施的行为等问题多次和当事人进行了探讨;对于涉案批量注册账号行为的上中下游分工有了具体的了解,对于每一个环节行为中人从事的工作所对应的法律评价也有了准确的判断;找到了辩护的切入点与落脚点,并结合相关法律、司法解释的规定,形成了一套辩护思路。

二、办理新型互联网技术案件,抢先研究并提出专业辩护要点,引起承办人对辩护意见的重视

本案可以说是T市"批量注册账号产业链"的第一案,在此之前当地并未有相似判例。同时本案案发的时间节点亦是互联网黑灰产链条化溯源打击的初期,公安机关的打击力度大、尺度严,断根打击势头正盛,因此辩护人要提出无罪辩护观点难上加难。

但正是由于此类案件新颖且无可参考判例,司法机关承办人员对于涉案产业链和其中相关的专业情况也比较陌生,亦没有可依据的固定办案思路。在此意义上,新型互联网技术犯罪案件仍具有较大的辩护空间,此时就需要辩护人在承办人研究并形成稳定的指控思路之前,抢先提出专业的辩护意见。

本着协助司法机关查清事实、准确适用法律的宗旨,辩护人若在办理这类案件之前已有所研究,那么应在案件移送审查起诉或者提起公诉后,尽快向案件的承办人提出本案需要密切关注的法律要素,从技术本质和法律解释双重角度入手,陈列无罪辩护观点。像在指控批量注册账号产业链各方构成犯罪的案件中,辩护人首先需要就案件的技术特征进行辩护。比如,就网络账号的产业链如何运行、批量注册账号行为的技术属性与功能、所获取的验证码的法律属性等问题,辩护人需要准确、充分地和司法机关进行解释。

如前文所述,司法机关对于新类型案件也比较陌生,如果不构成犯罪,那么案件如何办理下去,司法机关也会慎重地考虑。在本案中,辩护人在案件移送审查起诉后一周内即向公诉人提出了专业意见。在沟通过程中,公诉人诚实地告知辩护人该市并无相应案件的办理经验,并十分欢迎辩护人能够提交极其专业的书面辩护意见,且在口头沟通的过程中公诉人还对辩护人提出的要点做记录,陌生且专业的辩点引起了公诉人足够的重视。

三、要善于将技术要点转化为生活化语言,结合实例增强沟通过程的可接受程度

计算机网络犯罪难免涉及技术类构成要素,这类案件对于控、辩、审和当事人四方都是一种挑战,若存在对于技术要素和法律评价判断上的偏差,则可能造成错案,也可能会对行为人的一生产生影响。因此,辩护人不仅需要对之深究并充分理解,而且需要能够将技术语言用通俗易懂的方式向司法人员讲述。尤其是在部分司法人员本身不具有足够的技术爱好和素养的情况下,辩护人应当尽可能采用生活化语言,使承办人尽可能通俗地理解涉案专业要素的本质、功能和相应法律评价;将有关技术相关的内容转化为更加便于理解的示意和表达,能够增加辩护工作的可接受度。例如,在本案中,首先,辩护人提出验证码不具有与动态口令相仿的身份认证的功能,所以不能被理解为身份认证信息,同时辩护人强调法律规定中的身份认证信息应当具备指向特定公民的功能;其次,验证码和手机号的来源不同、获取时间不同,也不能被理解为计算机信息系统内的数据,此时辩护人以淘宝登录需验证码为例,强调验证码的收发和存储过程,同时解释所谓数据在刑事辩护中所认定的特征;再次,辩护人提出验证码技术只是区分人机的图灵测试,并非计算机信息系统的安全防护措施,并以DDOS(分布式拒绝服务)攻击为例证,强调安全防护措施其应当具备的保护能力;最后,辩护人提出涉案行为不具有“侵入”功能,也没有“获取”数据,并以最高人民检察院指导案例中规定的“侵入”功能的具象化表征帮助承办人更好地理解指控罪名所规制的具体行为。

本案辩护人在与办案机关沟通,包括在辩护意见的撰写过程中,尽量通过简单、通俗的用语解释分析涉案技术要素,并结合具体例证帮助承办机关理解相应的法律要素和技术要素。在办案机关理解相关技术要素的前提下,后续技术性辩护的观点更能得到办案机关的认可,最终得以被司法机关采纳,使辩护人取得令人满意的辩护效果。

(承办人:陈沛文、黄双双、陈一见)

刑事辩护应重视程序辩护

——傅某某涉嫌合同诈骗罪因无管辖权被退回起诉案

【案件概况】

2016年12月26日至2017年3月，被告人傅某某、郑某某明知被告单位A公司（注册地及住所均在H市）不能如期被B公司并购，仍蓄意隐瞒该事实，欺骗并引诱被害人汪某某、成某某、刘某投资被告单位A公司。在被害人成某某、刘某至被告单位A公司考察期间，被告人傅某某、郑某某指使被告单位会计郑某一篡改被告单位相关报表等数据，隐瞒被告单位的真实债务，并多次向被害人表示并购能成功，可以获取利益，被害人信以为真。2017年2月，被告人傅某某以被告单位A公司的名义与刘某签订增资协议及补充协议，而该协议中有关公司重组、并购的条款在签订时就无法履行。2017年3月2日，汪某某、成某某通过甲县C公司的账户向刘某转账人民币900万元，同日，刘某向被告单位A公司的账户转账人民币1000万元。被告人傅某某、郑某某将人民币1000万元投资款用于归还欠款。被害人知道真实情况后，向被告人傅某某、郑某某多次索要投资款，被告单位A公司及被告人傅某某、郑某某以签订还款协议、还款计划为借口，但均未实际履行，也没有任何偿还投资款的实际行为。

傅某某因本案于2018年3月4日被甲县公安局刑事拘留，2018年3月23日转为取保候审。2018年9月26日公安机关将案件移送审查起诉。2018年10月22日因事实不清、证据不足，检察院将案件退回补充侦查，2018年10月29日公安机关将案件重新移送审查起诉。2018年12月14日，检察院将案件嫌疑人起诉至甲县人民法院。

辩护人介入本案时，案件已经被移送至法院。辩护人经过多次与承办法官沟通，法院最终采纳辩护人意见，于2019年8月20日，以甲县并非犯罪行为发生地和犯罪结果发生地，亦不是被告单位住所地和被告人户籍地、居住地为由，决定将案件退回检察院。后因案件未移送至有管辖权法院审理，实质上取得了无罪的辩护效果。

【一审阶段辩护意见】

根据最高人民检察院、公安部《关于公安机关办理经济犯罪案件的若干规定》中关于经济案件管辖权的规定,经济犯罪案件由犯罪地的公安机关管辖。如果由犯罪嫌疑人居住地的公安机关管辖更为适宜的,可以由犯罪嫌疑人居住地的公安机关管辖。犯罪地包括犯罪行为发生地和犯罪结果发生地。本案中,甲县并非犯罪行为实施地,亦非犯罪结果发生地,更非犯罪嫌疑单位所在地、犯罪嫌疑人居住地,因此甲县公安局对本案没有管辖权,甲县人民法院对本案当然也无管辖权。

一、甲县并非所谓的合同诈骗行为的犯罪行为实施地

(一)本案所涉相关协议签订地并非在甲县

刘某称"傅某某是将签好的投资入股协议寄给我,我签好之后又邮寄回 A 公司,紧接着我通过我的中国银行卡将 1000 万元人民币直接打到 A 公司的账户上"。根据刘某的陈述,显然其签订合同的时间和打款时间是高度接近的,故其签订合同地和打款地应为同一地。另刘某陈述自己是在上海浦东一家银行转的款,显然其签订合同地为上海。

但是,《A 公司增资协议》及补充协议均明确协议的签订地是在 H 市,书证作为客观性证据,证明效力显然高于相关言词证据,故此应当认定本案中相关协议的签订地为 H 市。同时,相关协议签订地的判断也能够得到相关证人证言的佐证。嵇某某在其证言中明确"(在 A 公司)我到的时候已经结束了,我问他们已经谈好了吗,他们说都差不多了,后面刘某和傅某某就签投资协议,刘某把协议拿给我,我看到协议约定刘某以个人名义向 A 公司投资 1000 万元",显然嵇某某证言亦证明合同的签订地为 H 市。刘某 2 在证言中则称"后刘某就找投资人并带着我到 A 公司去和傅某某、嵇某某,还有 A 公司财务总监郑某一见面商谈,谈好就签协议",显然根据刘某 2 的证言,相关协议的签订地也是在 H 市。

(二)傅某某、郑某某等人均未曾前往甲县

本案中傅某某和郑某某等人均未曾到过甲县,相关投资事项均是由刘某、成某某等人前往 H 市的 A 公司与傅某某等人进行协商,相关商议行为均是发生在 H 市,故即便是检察机关指控的傅某某所谓"虚构事实隐瞒真相"的行为也是发生在 H 市。

故此,综合上述两点,辩护人认为本案中所谓的犯罪行为实施地并非甲县。

二、甲县亦非所谓的合同诈骗行为犯罪结果的发生地

最高人民检察院、公安部《关于公安机关办理经济犯罪案件的若干规定》第 8 条

第 2 款明确,“犯罪结果发生地,包括犯罪对象被侵害地、犯罪所得的实际取得地、藏匿地、转移地、使用地、销售地”。

第一,相关款项在上海从刘某卡中划转至傅某某相关账户后由傅某某取得,显然本案中犯罪所得的实际取得地是在 H 市,而非甲县。甲县并非犯罪所得的实际取得地、藏匿地、转移地、使用地、销售地。

第二,根据刘某的陈述,涉案的900 万元资金是由甲县 C 公司先转账至其中国银行卡上,然后再加上其本人的100 万元,后由其在上海浦东新区的一个中国银行营业部转账1000 万元至 A 公司。在刘某从上海将钱转账至 H 市之前,危害结果并没有发生,犯罪对象显然没有被侵害,C 公司及刘某并没有失去对资金的控制权。只有当从上海到 H 市的转账完成,才能算得上危害结果的发生。显然犯罪对象被侵害地应当是在 H 市,和甲县亦无关系。

故此,辩护人认为,假使检察机关的指控成立,甲县也并非犯罪对象被侵害地、犯罪所得的实际取得地、藏匿地、转移地、使用地、销售地,故显然不属于犯罪结果发生地。

三、甲县更非犯罪嫌疑单位所在地、犯罪嫌疑人居住地

本案被告单位 A 公司的注册地及住所地均在 H 市,另外两名被告人傅某某、郑某某的户籍地和居住地也都在 H 市。故甲县非犯罪嫌疑单位所在地、犯罪嫌疑人居住地,甲县司法机关对本案不具有管辖权。

综上,辩护人认为甲县既不是本案的犯罪地,也不是犯罪嫌疑人所在地,根据《刑事诉讼法》第 25 条的规定,以及最高人民检察院、公安部《关于公安机关办理经济犯罪案件的若干规定》的相关规定,甲县司法机关对本案并无管辖权。有鉴于此,辩护人就法院对本案的管辖权提出异议,并申请法院将本案移送有管辖权的司法机关管辖。

【心得体会】

一、刑事案件一定要实体辩护和程序辩护并重

以往刑事司法实务一向有重实体、轻程序的问题,程序辩护如果不最终落脚到实体问题上,律师意见很难被司法人员所采纳,难以产生效果。久而久之,很多律师的程序辩护意识就变得非常薄弱,甚至缺乏。但近年来,程序问题越来越得到重视,最高人民法院、最高人民检察院、公安部、国家安全部、司法部联合出台了《关于办理刑事案件严格排除非法证据若干问题的规定》,最高人民法院下发了《人民法院办理刑事案件庭前会议规程(试行)》《人民法院办理刑事案件排除非法证据规程(试行)》

《人民法院办理刑事案件第一审普通程序法庭调查规程(试行)》等规定,对程序问题的规范化进行强调。故辩护律师一定要树立程序辩护的意识,做到实体辩护和程序辩护两手抓。

二、进行程序辩护时,要做到有理、有据、有实例

管辖权是司法机关办理案件时应首先考虑的问题,但司法人员包括辩护律师往往容易有惯性思维,一旦公安机关立案侦查,检察院、法院就很少再去仔细研究是否有管辖权的问题。在本案中,首先,辩护人先引用了最高人民检察院、公安部《关于公安机关办理经济犯罪案件的若干规定》中关于经济案件管辖权的规定,即找到了相应的法律依据。其次,辩护人找了《刑事审判参考》中的蓝海诈骗案——以传真方式进行经济合同诈骗的案件如何确定审判管辖,以及湖北省浠水县人民法院不予受理决定书(2019)鄂1125刑初18号等多个类似的判例来供法官参考。我国虽不是判例法国家,但司法实务人员都非常重视判例,律师应搜集类似判例来加强说服力。最后,辩护人还向法官提供了卞建林主编的《诉讼法学研究》(第21卷)一书中的《论公诉案件的管辖确定——兼论无管辖权与无罪判决的界限》一文,从理论高度帮法官分析应如何审查管辖权的问题。

三、进行程序辩护时,要善于运用庭前会议

庭前会议并非审判必经程序,需视情况决定是否召开,主要解决管辖、回避、非法证据排除、出庭证人名单确定等可能导致庭审中断的程序性事项。庭前会议除了由法院依职权决定召开之外,控辩双方也可以申请召开。本案辩护人多次和法官沟通,表达了该法院对本案无管辖权的意见,也提供了书面材料,并向法院申请召开庭前会议来讨论这个问题。法院也同意了辩护人的申请,召开了庭前会议,充分听取了控辩双方对于本案中该法院是否具有管辖权的意见,为法院最终将案件退回检察院坚定了决心。

(承办人:孙立波、陈浩)

退无可退，只能无罪

——某公司业务涉嫌侵犯公民信息罪存疑不起诉案

【案件概况】

某区公安分局侦查认定：A大数据公司自2018年起，为谋取非法利益，利用向其他公司购买的用户手机数据（包含客户信息、通信数据），通过设置专用查询API端口，非法向其他大数据公司、金融机构等企业提供手机位置核验等服务并收取一定费用。其中，手机位置核验服务只需查询方录入需查询的手机号码和地址信息，即可查询到公民手机号位置与该地址的误差距离，且可多次、连续查询，通过一定时空的分析比对，即可获取该手机用户的精确位置。

2019年8月，A公司数名员工因涉嫌侵犯公民个人信息罪被刑事拘留，其中2人被依法批准逮捕，后经羁押必要性审查被取保候审。

该案是公安部“净网行动”中的重要专案，省、市、区级公安机关均高度重视。律师团队介入案件后，与侦查人员、承办检察官深入沟通交流，并递交多份法律意见及相关依据材料（包括国家标准个人信息去标志化指南、国家关于大数据行业的政策文件、人民银行及工信部等部门颁布的文件、通信业专业机构出具的意见说明、相关司法判例、理论著述等），委托权威法学专家就业务模式的合法性问题进行论证，并就承办人员提出的新的入罪思路、疑问，以及检察机关举行的专家论证会的情况补充递交了数份辩护意见，专业衔接，步步为营。

2020年9月，检察机关在两次退回补充侦查后，采纳了律师的意见，认为侦查机关认定的犯罪事实不清、证据不足，现有证据不足以认定A公司及其员工实施了侵犯公民个人信息的行为，不符合起诉条件，决定对A公司涉案员工不起诉。

【审查起诉阶段辩护意见】

一、涉案业务有合理合法的应用场景，没有违反行政前置性规定，且有人民银行及地方政府的文件支持，该业务本身并不违法

涉案业务主要应用于金融反诈（银行卡申领开户、大额转账、异地消费、申请贷

款等)和社会公共事务,应用场景合理合法。侵犯公民个人信息罪系法定犯,但现有法律法规及部门规章对位置核验服务没有禁止性规定,也没有行政审批要求。相反,人民银行及地方政府基于客观需求,曾多次出台文件支持提供手机位置核验服务。例如,2017 年江苏省公安厅、中国人民银行南京分行、江苏省通信管理局下发《关于印发〈银行卡使用风险管控工作试点方案〉的通知》要求当银行发生 ATM 机取款时,ATM 机所属地区非该银行卡开户地区的,银行确认消费前,应调取该银行卡绑定手机号码所属位置,如与 ATM 机所属位置不符(非同一地市)的或手机为空号无法读取位置信息的,该笔交易不予通过。又如,2019 年《中国人民银行关于进一步加强支付结算管理防范电信网络新型违法犯罪有关事项的通知》规定,收单机构为特约商户安装可移动的银行卡、条码支付受理终端时,应当结合商户经营地址限定受理终端的使用地域范围;应当对移动受理终端所处位置持续开展实时监测,并逐笔记录交易位置信息;对于无法监测位置或与商户经营地址不符的交易,暂停办理资金结算并立即核实。以上官方文件清楚地阐述了位置核验服务的必要性,是开展涉案业务的合法性依据。

二、涉案员工既没有非法获取信息,也没有非法缓存数据,涉案业务输出的信息已依法作“去标识化处理”,不应被认定为犯罪行为

(一)数据入口——A 公司核验服务能力来源渠道合法

A 公司向上游采购的是数据核验的服务能力而非数据本身。这类服务能力均直接或间接地来自三大运营商,而用户在入网时均签订了入网协议,已将信息收集与使用用户个人的权利授权给运营商,运营商系合法获取用户信息。

(二)数据中间处理环节——A 公司仅提供通道服务

在下游输入待核验的请求信息后,A 公司通过应用程序接口(API 接口)直接转发请求信息给上游进行查询,之后将上游反馈的核验结果直接传给下游。在此过程中,A 公司仅作为通道,没有缓存数据形成自己的数据库,不存在非法存储等问题。

(三)数据出口——权威观点及实务判例均认为行踪轨迹应符合“可以直接定位特定自然人具体坐标”的要求,涉案业务输出信息不属于行踪轨迹

检察官首先关注的是涉案业务是否属于“提供行踪轨迹”。关于位置信息是否属于行踪轨迹的问题,最高人民法院研究室喻海松编著出版的《最高人民法院、最高人民检察院侵犯公民个人信息罪司法解释理解与适用》一书认为:“鉴于行踪轨迹信息的入罪标准已极低,实践中宜严格把握其范围,只宜理解为 GPS 定位信息、车辆轨迹信息等可以直接定位特定自然人具体坐标的信息。对于虽然也涉及公民个人轨迹的其他信息,通常不宜纳入其中。”尹振国在《侵犯公民个人信息罪司法适用疑难问

题探析》（载《人民检察》2018 年第 18 期）一文中也突出强调了行踪轨迹应符合“直接性”的要求。在本案检察机关举办的专家论证会中，张明楷教授也认为行踪轨迹应当作狭义理解，与喻海松、尹振国等人的观点一致。

从公开的典型案例看，行踪轨迹信息集中在手机定位、车辆 GPS 定位等能够反映特定自然人活动情况的信息。例如，最高人民法院 2017 年 5 月 9 日发布的“邵保明案”（手机定位）、《刑事审判参考》指导案例第 741 号谢新冲出售公民个人信息案（车辆 GPS 定位）、《刑事审判参考》指导案例第 1009 号胡某等非法获取公民个人信息案（跟踪他人行踪）。朱某某、张某侵犯公民个人信息罪一审判决书［（2017）苏 0591 刑初 814 号］法院认为：“行踪轨迹信息系直接涉及人身安全的公民个人信息，只宜理解为 GPS 定位、车辆轨迹信息等可以直接定位特定自然人具体坐标的信息，民航订票……滴滴打车等信息虽涉及公民个人的轨迹，但上述单个信息反映的内容需结合其他信息及查询者的目的使用，故不宜将上述民航订票……滴滴打车等信息作为单个的行踪轨迹信息计算。”该判决直接反映出实务界也认为行踪轨迹应符合“直接定位特定自然人具体坐标”的要求。

辩护人在下文中详细介绍涉案业务的技术原理，论证无法通过涉案服务定位手机的具体位置，不符合行踪轨迹“直接定位特定自然人具体坐标”的要求，故不应将涉案业务输出信息认定为行踪轨迹信息。

（四）再退一步看，涉案业务输出的是经过“去标识化处理”的“基站位置与查询位置之间的阶梯化距离范围”，也不属于刑法意义下的公民个人信息

最高人民法院、最高人民检察院 2017 年公布的《关于办理侵犯公民个人信息刑事案件适用法律若干问题的解释》（以下简称 2017 年《侵犯公民信息刑事司法解释》）第 1 条规定，“能够……识别特定自然人身份或者反映特定自然人活动情况”的信息才是刑法意义下的“公民个人信息”。第 3 条第 2 款规定：“未经被收集者同意，将合法收集的公民个人信息向他人提供的，属于刑法第二百五十三条之一规定的‘提供公民个人信息’，但是经过处理无法识别特定个人且不能复原的除外。”由此可见，“能否识别特定个人”是判断是否属于刑法意义下的公民个人信息的关键。

本案侦查机关对业务模式的理解存在三个问题，直接影响案件定性：（1）错将手机接入的基站位置当成手机所处位置；（2）错将核验反馈的手机接入基站与输入位置之间的“阶梯化距离范围”，当成“具体的距离差值”；（3）错误认为通过连续、多次核验，即可获取该手机的精确位置。

根据涉案业务的技术原理，以上三个问题的实际情况如下：

1. 核验反馈的是“手机接入的基站位置”与“输入位置”间的距离。

具体原理见图 1：

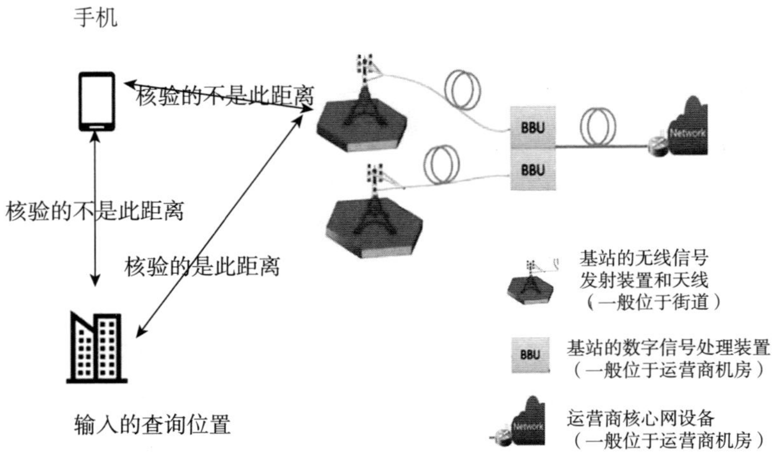

图1　位置核验服务示意

2. 服务最后输出的是基站位置与输入位置之间的"阶梯化的距离范围",而非具体数值,符合去标识化的国家标准要求。在案证据显示,基于用户信息安全性的考虑,涉案业务在设计时就已对输出的核验结果进行了大幅度的"去识别化处理",将手机接入基站与输入位置间的距离划分为5档(0~3km,3km~10km,10km~20km,20km~50km,>50km),仅反馈给下游相应的档位信息,而非两个坐标之间的"误差距离"。依据国家市场监督管理总局、中国国家标准化管理委员会发布的《信息安全技术 个人信息去标识化指南》(GB/T 37964—2019)C.2.8"地理位置的去标识化"一节规定,在中心区范围内通过加减100m的范围,即可得到充足的模糊化结果。A公司反馈的精度最小是0~3km,远超国家标准100m的去标识化处理要求。

3. 无论采用任何方法,即便是连续、多次的核验,也只能确定手机接入的基站位置,无法据此得到具体的手机位置。核验反馈的是"手机接入的基站位置"与"输入位置"之间的阶梯化距离范围,而非手机的位置。故即便是反复、连续的核验,也只能确定手机接入的基站位置。鉴于单个基站的覆盖面积都非常大(即使是在高频段、城市密集区域,单站覆盖半径的设计标准也在450m左右),即便确定了接入的基站,也无法获取手机的具体位置。加上手机接入的基站易发生变化,进一步降低了通过核验服务确定手机位置的可能性。

综上所述,涉案业务输出的是经过"去标识化处理"的"基站位置与查询位置之间的阶梯化距离范围",无法据此识别特定个人,因而不属于刑法意义下的公民个人信息。

三、A 公司要求上下游合作方均须获得用户授权，并履行了应尽的审查与注意义务，其行为不应作为犯罪处理，也不应将下游公司所造成的危害后果归责于A 公司

侵犯公民个人信息罪所保护的法益是公民的个人信息权益，但在信息主体授权的情形下，即不存在法益被侵害的问题（个人信息处理者在授权范围内处理个人信息）。基于该法理，2017 年《侵犯公民信息刑事司法解释》第 3 条第 2 款规定："未经被收集者同意，将合法收集的公民个人信息向他人提供的，属于刑法第二百五十三条之一规定的'提供公民个人信息'……"意即侵犯公民个人信息罪的成立关键在于"是否未经或者违背了被收集者同意"，"信息主体的同意"是违法阻却事由，在被收集者同意的情况下，行为人可以将合法收集的公民个人信息向他人提供。

具体到本案，A 公司要求上下游合作方均须获得用户授权，并在准入审查、合同制约、技术制约、日常监督等方面采取了积极主动的合规措施，做出风险把控与规制。A 公司已在现有法律和技术条件下，尽到其应尽的审查与注意义务。如下游公司导致涉案服务终端被滥用，A 公司事前对服务被滥用一事不知情，事中已采取必要的、目前技术手段能实现的合规风控措施，并且已对核验结果做"去标识化处理"，其主观上既无犯罪故意，也无过失，不应将下游公司所造成的危害后果归责于上游 A 公司。此次位置核验服务涉嫌犯罪，反映出该业务确实存在完善的空间，但是否需要直接上升到刑罚的高度尚需全面考量。刑法作为"最后手段"和"二次性法"，宜保持其谦抑性，控制打击范围，严格入罪，尤其是对于上游公司应当慎之又慎。

四、专家认为涉案业务没有违反国家规定，且遵循了个人信息保护基本原则，位置核验服务具有合法性

国内法学界知名学者曾就涉案位置核验服务的合法性问题开展专家研讨，并形成《专家论证法律意见书》。与会专家一致认为：运营商手机位置核验服务本身没有违反国家规定，具有合法性；核验结果已进行去标识化处理，无法直接定位特定自然人的具体坐标，不属于侵犯公民个人信息罪中的"行踪轨迹"信息；涉案公司在提供位置核验服务的过程中，已经履行法律、行政法规规定的信息网络安全管理义务，采取了必要的合规风控措施，不应以拒不履行信息网络安全管理义务罪追究其刑事责任；涉案公司对下游商户的违法行为没有过失，不应对下游商户违法滥用核验服务而造成的后果承担刑事责任；运营商手机位置核验服务是一种新型业务，遵循了个人信息保护的基本原则，符合我国发展与安全并重的数字经济政策导向，并已经得到有关官方文件的认可，具有合法性。

除上述核心辩护观点外，辩护人还从行业情况、国家发展大数据行业的政策精神、涉案业务在金融反诈及社会公共服务中的特殊作用、国企改革创新中的责任追究

机制等方面进行充分辩护。

【心得体会】

一、办理专业性强的案件,应坚持复合团队导向,善于调动各类资源

本案是通信领域手机基站服务涉及公民位置信息的案件,专业性极强,包括辩护律师在内的司法从业者多为第一次接触。在办理本案时,司法从业者如不掌握相关专业知识,极易混淆基础概念,错误理解业务模式(本案侦查机关即对业务原理的理解出现偏差),进而对案件性质产生误判。然而,检察官因案多人少等原因鲜有精力深入了解行业知识,且容易被侦查机关的思路所影响,所以辩护律师要让检察官听得进意见,要做到有效辩护,务必对行业有充分的了解,吃透业务原理,熟知监管规定,有过硬的"跨界辩护"能力。

为实现当事人利益最大化,辩护律师在本案办理过程中充分调动了各类资源。

首先,组建具有复合知识的律师团队。团队除有公安、检察背景的律师外,还吸纳了具有华为等通信技术公司从业经历的律师,他们分别从侦查、指控、技术角度剖析案件,分工负责,相互配合。

其次,充分发挥当事方的主观能动性。好的辩护需要律师与当事方相互配合、共同努力。在辩护律师引导下,A公司市场部、技术部、产品部、合规部等相关部门从涉案业务使用场景、行业现状、同行对比、技术制约、行业监管、公司合规举措等角度提供意见与资料。辩护律师在与上述人员数十次的会面沟通与探讨中,对该行业有了充分的了解,对业务模式有了准确的认识,找准了案件辩护的切入点。

最后,考虑到本案系业内首例,没有参考判例且存在定性争议,辩护律师积极地寻求专家辅助。法律层面,辩护律师委托全国知名法学专家就业务模式的合法性问题进行论证,形成并递交《手机位置核验服务合法性问题专家论证法律意见书》。技术层面,辩护律师委托通信业专业机构就基站覆盖能力等技术问题出具专业意见。

实践证明,辩护律师、法学专家、行业专家共同组建的辩护团队发挥了巨大的作用,是本案成功辩护的关键。

二、办理新型案件,应坚持实质问题导向,全面了解控方如何"立",继而有针对性地"破"

在办理新型案件过程中,控方随着对案件的深入了解,指控思路也会不断变化调整。尤其是在"捕诉合一"的已批捕案件中,检察官倾向于维持其定罪意见,因而会在一种指控思路被推翻的情况下尝试其他指控思路。这就要求辩护律师紧跟检察官的办案动态,聚焦案件实质问题。本案中,辩护律师根据案件节奏,不定期地打电话

联络检察官，以协助办案的姿态与其沟通（介绍行业情况、解答疑问困惑、提供依据资料），在频繁的交流中全面掌握其指控思路，继而不断调整辩护思路。其中本案承办检察官的指控思路经历了多次调整：

1. 审查批捕阶段，因办案时间紧且受到侦查机关的影响，检察官认为手机位置核验服务可以实现精准定位，获取“行踪轨迹”信息；

2. 审查起诉阶段，经辩护律师充分论证，检察官认识到涉案业务无法实现精准定位，但其认为即便定位信息不属于“行踪轨迹”信息，也属于一般类型的公民个人信息；

3. 检察官认为 A 公司直接或间接从数据商处获取信息检验接口，又将接口提供给下游公司使用，难以有效控制终端的使用情况，具有一定的社会危险性；

4. 除此以外，检察官还曾就涉案业务是否属于征信业务，合法收集信息后对外提供服务是否需要进行二次授权等方面提出疑问。

针对以上检察官的思路变化，辩护律师都及时递交了相应辩护意见，逐一回应。同时，为了易于理解，辩护律师将复杂的业务原理化繁为简，将几个易混淆的站点、距离以图示法呈现。因提交的意见、资料众多，辩护律师将辩护意见、附件逐一编号，汇编成册并标注重点，以方便检察官查阅，防止遗漏。最终，案件指控逻辑被一一破解，疑问被一一化解，检察机关最终对 A 公司及其员工作出不起诉决定。

三、办理疑难复杂案件，应坚持多角度、全方位辩护，做到操作精细化

辩护律师论证涉案业务不构成侵犯公民个人信息罪，单从犯罪构成要件、技术层面上做论证略显单薄。辩护律师只有将涉案业务的行政监管规定、主管部门态度、业务使用场景、同行业务情况、A 公司与其他涉案公司的不同之处等全面呈现给检察官，多角度、全方位地辩护，才能让检察官对案件有立体、全面的认识，有助于其采纳辩护意见。

使用场景方面，辩护律师运用示例法陈述涉案企业具有合理合法的业务场景，列举该时期疫情防控工作中普遍使用的手机号码 14 天/30 天城市轨迹查询服务（与涉案业务原理相同），让检察官直观感受。

行政监管层面，辩护律师经全面梳理，从正反两方面进行论证。辩护律师确认现有法律法规及部门规章对涉案的位置核验服务没有禁止性规定，也没有行政审批要求；相反，查询到多份人民银行及地方政府的文件要求提供手机位置核验服务。

同案处理方面，辩护律师考虑到本案涉及多家公司，充分挖掘 A 公司在业务模式（是否为通道业务，是否存储数据）、数据来源、输出参数、合规程度等方面与其他公司的不同之处，从而避免检察官忽略同案不同涉案主体之间的差异，对案件机械地“一刀切”。

四、办理大案要案，应不拘泥于法律本身，要善于运用社会影响、利害关系辩护

司法机关办案应实现三个效果的有机统一，尤其是对于大案要案，司法机关尤为关注案件的政治效果与社会效果。辩护律师必然重视法律层面的辩护，但对政治效果、社会效果方面的辩护往往重视程度不够。本案中，辩护律师充分利用案件的特殊性，从五个角度阐明利害关系：

第一，本案是业内首例，案件定性对行业具有指导意义，关注度高。

第二，定罪可能导致打击面过大。因A公司所开展的通道业务，只是服务链条中的一环，如果认定A公司属于“非法提供公民个人信息”，则数据链条上的上下游主体、终端都有可能涉嫌犯罪，影响极大。

第三，定罪有悖于现实需求。手机位置核验服务是金融机构风险防控的重要手段，在当前电信网络诈骗犯罪猖獗的当下，手机位置核验服务不可或缺。

第四，形势政策鼓励从宽。国家鼓励发展大数据行业，中共中央发文要求对在尚无明确限制的探索性试验中的失误错误与明知故犯的违法行为区别对待。

第五，宜用发展眼光看待问题。大数据行业属于新兴行业，行业监管规定尚不成熟，希望检察官能用发展的眼光来解决行业发展中的问题，保持刑法的谦抑性，防止“不教而诛”。

基于此，检察机关十分重视本案，专门举办专家论证会，邀请了法学教授、技术专家、人大代表、上级检察院代表、公安机关代表、辩护律师代表等参加会议，就案件的几个争议焦点问题各抒己见，做到审慎定性。

五、办理公司经营行为涉嫌犯罪案件，还应注重防范刑事风险，助力公司合规经营

无论涉案业务模式是否构成犯罪，本案都反映出该项业务在运行过程中存在一定的问题与缺陷。有鉴于此，辩护律师除了完成案件本身的辩护工作外，还同步开展了刑事合规工作：对公司的其他数据产品进行刑事合规评审，对产品分类分级，提供评审意见和解决方案；对数据源、下游客户进行分类分级及法律风险核查，协助公司建立数据来源、数据输出合法性管控机制；结合公司业务特点、法律要求及行业实践，制定覆盖收集、存储、使用、共享、删除等数据生命全周期的管理制度等。辩护律师将以上刑事合规工作也同步反馈给检察官，以表明公司极力做到业务合规的态度。辩护律师不拘泥于案件辩护本身的工作，引导并协助公司逐步搭建完善的刑事合规体系，既赢得了当事方的信任与认可，也拓展了新业务。

（承办人：宋雷昌、郑凯方、曾钧泓、孙宇、刘笛）

如何办理专业性较强的金融犯罪案件

——章某涉嫌逃汇罪、骗取金融票证罪部分无罪、减轻处罚案

【案件概况】

某区人民检察院起诉指控:2012 年至 2013 年,被告单位 A 公司为获取周转资金,利用在某银行取得的信用证授信额度进行虚假转口贸易。在无真实交易的情况下,被告单位 A 公司虚构其作为转口贸易中间商,向境外 B 公司购买橡胶并转卖给境外 C 公司,但境外 B 公司、C 公司实际上均由 A 公司法定代表人、被告人任某设立并控制。具体过程为:被告单位 A 公司向某银行提交伪造的贸易合同、发票、海运提单等商业单证,通过支付人民币保证金的方式,向某银行申请开立以 B 公司为受益人的转口贸易项下的美元信用证。后 B 公司通过信用证贴现的方式取得周转资金,经 C 公司账户汇至被告单位 A 公司某银行账户,主要用于在前期开立的信用证到期时,某银行根据被告单位 A 公司指令,将美元资金汇至 B 公司境外信用证的贴现银行账户完成偿付。2012 年 6 月至 2013 年 12 月,被告单位 A 公司采用上述手段向某银行办理转口贸易项下的美元信用证业务共计 10 笔,造成外汇资金非法出境累计 1452 万余美元。

2012 年至 2017 年,被告单位 A 公司通过支付手续费的方式,使用 D 公司(国有进出口公司)在多家银行取得的信用证授信额度办理转口贸易项下的信用证业务;被告单位 A 公司向 D 公司提供伪造的贸易合同、海运提单等商业单证及人民币保证金,虚构 D 公司与 A 公司境外关联企业之间的转口贸易背景,向银行申请开立转口贸易项下的美元和人民币信用证,后被告单位 A 公司采用前述贴现、转账、偿付手段获取周转资金。2012 年 8 月至 2017 年 4 月,被告单位 A 公司通过 D 公司向银行办理转口贸易项下的美元信用证业务共计 25 笔,造成外汇资金非法出境累计 4073 万余美元,办理转口贸易项下的人民币信用证业务共计 8 笔,累计骗取银行信用证金额人民币 1.34 亿余元。

其间,被告人任某全面负责被告单位 A 公司的日常经营和境内外关联公司的开设与管理,涉及逃汇金额 5525 万余美元,骗取金融票证金额人民币 1.34 亿余元。被告人章某管理被告单位 A 公司业务工作,并通过被告人莫某获取提单记载事项及格

式合同,供被告人董某伪造商业单证并负责审核单证内容,涉及逃汇金额5525万余美元,骗取金融票证金额人民币1.34亿余元。被告人王某管理被告单位A公司财务工作,负责银行授信申请等银行业务、信用证到期偿付事宜并提醒开证,王某于2014年年初离职,涉及逃汇金额2249万余美元。被告人董某负责伪造贸易合同、发票、海运提单等商业单证,制作开证材料,向涉案银行办理信用证开立业务,在A公司境外关联企业的银行账户间操作资金划转,涉及逃汇金额5525万余美元,骗取金融票证金额人民币1.34亿余元。被告人张某负责被告单位A公司及关联企业的账目工作,向涉案银行办理信用证开立、购付汇业务及A公司的资金划转,并向D公司支付开立信用证所需保证金;于2014年年初离职,涉及逃汇金额2249万余美元。被告人莫某自2013年7月起向被告人章某、董某提供提单记载事项信息,并按每份海运提单约3000美元的价格收取费用共计9.1万余美元,涉及逃汇金额3999万余美元,骗取金融票证金额人民币1.34亿余元。

公诉机关认为,章某系A公司股东、副总经理兼业务负责人,应当被认定为主犯。章某在庭审中对自己的行为进行辩解之后,公诉机关认为其态度不好,当庭撤销坦白。如果按照上述指控,章某应按涉嫌逃汇罪"数额巨大"(有期徒刑5~15年)、骗取金融票证罪"情节特别严重"(有期徒刑3~7年)数罪并罚,且不具备任何从轻、减轻处罚的情节,预期刑罚很重。

被告人章某于2019年3月14日被公安机关刑事拘留,同年4月19日被逮捕。辩护人在同年4月29日接受委托后即刻开展辩护工作。在涉案金额巨大、当事人职位高、多人指认当事人的地位作用重要、检察机关态度坚决等不利情况下,辩护人多次研讨方案,通过庭审发问固定有利事实,并抓住《刑法修正案(十一)》公布的契机,向法院提出"不构成骗取金融票证罪、应认定从犯、同案量刑均衡、指控金额错误、具有坦白情节"等多方面辩护意见。

2021年3月10日,某区人民法院公开宣判章某不构成骗取金融票证罪,并认定其为从犯且具有坦白情节,最终降档判处其有期徒刑3年10个月,辩护取得显著效果。

【一审阶段辩护意见】

一、根据开庭审理情况,公诉机关对于章某的相关指控与客观事实存在较大偏差,足以影响对章某的定罪量刑

本案经开庭审理,辩护人归纳公诉机关对章某的整体指控思路为:"章某是A公司核心管理层,任某与章、王二人共同商议并实施了本案犯罪。章某除为公司寻找虚假提单资料之外,还在董某伪造单证过程中负责审核,告知橡胶实时价格以便董某填

写。2013年A公司无真实交易后，为了虚假开证，章某将D公司介绍给任某。”若如此，则章某的主观动机、责任范围、地位作用确实重要。但上述认定与开庭审理过程中所呈现的事实存在较大偏差，辩护人摘录如下，请法院核对庭审笔录、细致审查：

1. 股东地位：任某当庭证实“A公司最开始只有我，后面其他人陆续来公司；章某虽是股东但未出资、未分红”。

2. 公司管理：庭审中任某证实“没有管理群共同商量公司事宜，基本上是我说的算，和其他人是上下级关系”。

3. 知情时间：公诉机关认为章某从最开始就知晓、参与犯罪，但庭审中任某证实“‘开新还旧’是我想到的，没有和谁商量过就直接布置下去，章某最开始不知道、后面知道；在最初A公司以自有旧提单而虚假制单的阶段，章某没有参与”。

4. 审核单证：公诉机关认为章某负责审核单证，但庭审中除章某否认之外，任某、董某均证实“章某不负责审核单证”。

5. 告知价格：公诉机关认为董某制单时的合同价格均来自章某，但董某当庭证实“网上搜索价格，也会问章某”。

6. 介绍D公司时间：公诉机关依据笔录，认为章某介绍D公司给任某是在2013年之后。此时A公司已无真实贸易，看起来章某介绍D公司就是为了犯罪。但在案单据显示，早在2012年A公司就已经开始以D公司名义开证，任某也当庭证实“（A公司）2012年还有真实贸易，章某是正规地介绍D公司，D公司最初进行的也是真实交易”，故章某介绍D公司并非为了犯罪。

正因为公诉机关的指控与客观事实存在较大偏差，足以影响对章某的定罪量刑。辩护人将在此基础上，依次围绕“案件定性、地位作用、犯罪金额、认罪态度”四个部分展开论述。

二、章某介绍D公司的初衷仅为正规开证，后续是由任某个人决定使用D公司名义骗取人民币信用证，章某不应对此负责，不构成骗取金融票证罪

2013年章某按任某要求，几次联系被告人莫某获取过期提单信息。后续董某直接联系莫某获取提单、伪造单证，为A公司骗取美元信用证，章某应当对上述逃汇犯罪行为负责。但时隔2年多之后，被告人任某又决定以D公司名义骗取人民币信用证。章某是否应当对此负责？是否只要章某联系过莫某，则莫某提供给A公司的所有单据无论被用于何罪，章某均需负责？是否存在一定的责任范围？

庭审中公诉机关答辩称“一个动机不代表只有一个故意”“逃汇是择一重罪，不改变骗取金融票证的本质”，上述答辩内容有一定道理，但辩护人认为，该问题最关键之处在于章某的主观认知范围：2015年年底A公司骗领人民币信用证的行为，是否超越了章某2013年联系莫某提供单据，将D公司介绍给任某时的认知范围？基于

下述三个事实,章某不宜对A公司骗取人民币信用证的行为负责。

(一)章某介绍D公司的目的是正规代理开证,且初期开展的确为真实贸易

任某称D公司老板沈某"到我公司来了一趟,和我具体洽谈合作事宜。当时我、王某、章某都在场……我们刚开始谈合作,我和D公司表达A公司是开展真实的进口内销业务……我觉得他应该不知道我们后来做的虚假业务"。任某还称"刚开始几笔进口贸易应该都是真实业务""起初和D公司开展的也有真实贸易,后来由于那几年行情不好,一直亏损没挣钱,所以后来也使用和A公司同样的方式'开新还旧'"。庭审中,任某再次确认章某介绍D公司是为了开展正规业务。上述说法与章某的陈述印证,证实章某介绍D公司并非为了犯罪,而是真实地开证,最初也确实开展真实的贸易。

(二)章某后续未与D公司有业务对接,A公司骗取人民币信用证系任某个人决定并直接安排他人实施

任某称"章某和王某在整个业务过程中都没有和D公司具体联系、当时是中国银行的销售上来推销人民币跨境业务。银行的人告诉我现在国家鼓励企业用人民币进行跨进业务的结算,问我是否有兴趣,于是我就开始在中国银行做一些跨境人民币结算的转口贸易"。董某也证实:"任某通过D公司开展转口贸易……任某联系好,通过提供我这边制作的转口贸易单证。"

庭审中,任某再次确认后续其直接和D公司联系,没有再通过章某,董某也称其申请人民币信用证时章某没有再与其对接。上述证据共同证实后续是任某直接安排董某制作虚假单据、骗领信用证,并未通过章某,章某也没有参与后续的业务对接。

另外,庭审中任某、章某证实,在A公司没有真实业务后,章某虽然没有离开公司,但主要精力都放在期货研究上(购买书籍、在电脑上研究),所以没有再关注其他事宜。

(三)2015年9月骗领人民币信用证的过程中,已由董某与莫某直接对接虚假单据

章某供称"我就起初找莫某要了几次提单信息,后来就把莫某联系方式给了董某,和她说如需要提单信息就直接联系莫某"。莫某也称"一开始是章某接收信息的,后来2014年我回国后章某把我的QQ推送给了董某,让我和她对接了""董某是之后和我联系的,我记得2013—2014年一直都是章某和我联系提单事宜,到2015年之后就是董某和我联系了"。董某也称每次办理银行开证业务"基本都是任某和王某提醒我去办理的";"D公司也是我主要负责联系的";"(任某)是我老板,给我发工资,我只能按照他说的做,而且如果业务中真遇到比如提单出了什么问题,任某说他自己会解决的"。上述证据共同证实,至少在2015年之后是董某直接联系莫某获取单据。值得注意的是,卷宗收录的8笔被骗取的人民币信用证业务中,第一笔发生于

2015年9月30日，此时早已是董某联系莫某获取单据，同时也没有证据证实章某存在“审核单据”的行为，故在骗取8笔人民币信用证业务的过程中，章某无任何犯罪行为。

（四）基于上述三个事实，章某不宜对A公司“不同主体、不同币种、不同银行、不同罪名”的骗取人民币信用证行为负责

无论是此前A公司从事真实转口贸易，还是章某向莫某索要提单信息，帮助A公司虚构贸易背景骗领信用证，A公司申请的都是美元信用证，从未申领过人民币信用证。章某向莫某索要提单信息的最初目的，也是为归还2012年那一笔亏损的橡胶贸易中即将到期的美元信用证资金。此后，任某以D公司名义骗领的只有美元信用证。到2015年9月底，A公司开始利用D公司名义骗领人民币信用证，这时一方面章某客观上没有参与对接行为，另一方面任某也没有和章某商量这件事，此时的情形与先前有很大差别，二者涉及：

1. 不同时间（2013年VS 2015年）；
2. 不同主体（A公司VS D公司）；
3. 不同币种（美元VS人民币）；
4. 不同罪名及法益（逃汇VS骗取金融票证）；
5. 不同银行（某银行VS其他银行）。

由此可见，章某的认知范围限于“A公司骗领美元信用证”以及“为了正规开证而向任某介绍D公司”。A公司后续利用D公司名义骗取人民币金融票证的行为属于“实行过限”，超越了章某的主观放任故意范围，其不应对A公司骗取金融票证的犯罪行为负责。

三、本案所骗取的人民币信用证资金案发前已被全部归还，恳请法院充分考虑骗取金融票证罪的立法趋势和刑事司法政策，审慎认定犯罪，或在刑法修正案生效之后再行判决

《刑法修正案（十一）》已将骗取金融票证罪的入罪标准调整为“给银行或者其他金融机构造成重大损失”，删除了“其他严重情节”，即构成本罪必须以造成实际损失、银行无法回收融资资金为前提。

另外，《刑法修正案（十一）》虽然保留了“其他特别严重情节”，但从逻辑上分析，既然《刑法修正案（十一）》已明确重大损失才入刑，故此处的“其他特别严重情节”必然以“造成重大损失”为前提。由此可见，《刑法修正案（十一）》中规定的“其他特别严重情节”，指的是既达到“重大损失”的基础，同时具有可被认定为“其他特别严重情节”的行为（如对于造成了100万元损失，同时又具有多次骗贷等情节，可考虑量刑升档）。

此外,2020 年 7 月 22 日最高人民检察院《关于充分发挥检察职能服务保障“六稳”“六保”的意见》也明确指出:“对于借款人因生产经营需要,在贷款过程中虽有违规行为,但未造成实际损失的,一般不作为犯罪处理。”

《刑法修正案(十一)》已经充分体现出本罪的立法和适用趋势,强调审慎入罪,最高人民检察院的刑事司法政策也折射出同样的精神。实务中对于“案发前全部归还贷款是否还需以犯罪论处”也一直存在争议(如浙江、山东等地的司法文件明确规定不构成犯罪,详见附件一、附件二)。法院对上述立法和刑事政策动态应予以充分考虑。

四、章某事前未参与决策、事中仅提供部分虚假单据、事后也无任何获利,在犯罪中地位作用较轻,应当认定为从犯

《全国法院审理金融犯罪案件工作座谈会纪要》中规定:“对单位犯罪中的直接负责的主管人员和其他直接责任人员……但具体案件可以分清主、从犯,且不分清主、从犯,在同一法定刑档次、幅度内量刑无法做到罪刑相适应的,应当分清主、从犯,依法处罚。”综合全案证据,法院如果不认定章某为从犯将导致量刑明显失衡,具体如下:

(一)工作内容:章某只是挂名股东、在公司仅负责销售,至多在真实货物交易方面有决策权

本案中,虽然王某、张某供称“章某对于 A 公司的决策和发展方向也有一定影响力”,但日常工作并不直接等同于犯罪活动。法院对于章某是否对公司的全部事务均有决策影响力,在犯罪过程中是否也发挥了决策影响力仍应仔细甄别:

1. 章某仅系挂名股东,不能据此认定其对公司事务均有决策权。虽然章某系 A 公司股东(妻子代持),但任某证实章某并未出资,在公司始终只是领取固定薪资、从未获取分红,其仅是挂名股东。A 公司的工商资料也显示,温某、王某、高某(均系公司员工)均曾任公司股东,因此不能据此认定章某对公司的全部事务都有决策权。

2. 章某在公司仅负责销售,至多在货物真实交易方面有决策权。任某、章某的笔录及当庭供述均证实,章某负责的是真实业务(如谈判外商、判断涨跌、决定买卖),在此方面章某确有决策权。但虚假制单与真实业务不同,任某当庭已明确供述“公司没有管理群共同商量公司事宜,基本上是我说了算,和其他人是上下级关系”,且虚假业务无须通过章某开展,因此章某在本案中并非决策者地位。

(二)犯罪起意:本案是任某为实现融资需求而决意“开新还旧”、骗取银行信用证,章某没有参与决策或提议

在案证据显示,本案系任某一人决意骗取银行信用证。任某称:“2012 年至 2013 年期间橡胶跌价,公司进口橡胶囤积,一直无法出售。眼见开具的信用证快要到期,可公司没有资金能还给银行。由于我用房产和公司做了信用额度的抵押,已经没有

其他融资渠道了,为减少公司的损失,维护公司信誉,我只能利用转口贸易的方式对信用证进行展期。”王某称:“具体信用证付汇业务部分是任某授意我,我再安排财务人员董某、张某去开证,部分是任某直接授意财务人员去开证。”董某也称:“之后老板任某为获得购货资金或其他用途,就通过做转口贸易获取银行的资金,之后 A 公司就没有实体了,一直以做转口贸易为公司主要业务。”由此可见,任某为融资直接授意王某、董某等人提供虚假资料骗取银行信用证,章某并未参与决策。

(三)参与时间:章某是在 A 公司开始骗领美元信用证之后才加入本案

董某供称:“(2012—2013 年之间的 11 笔信用证)其中一部分是 A 公司之前开展真实贸易时留下的提单信息,任某授意我利用这些提单上的信息制作新的假提单……后来因为银行审单严格了,任某就让我向章某索要并使用其他公司真实贸易的提单信息。”任某也证实了上述事实。在案证据显示,A 公司 2012 年就开始骗领美元信用证,而章某是 2013 年联系莫某后才加入本案,可知犯罪初始阶段章某完全未参与,系任某让董某用过期单据制单。

(四)参与程度:章某只是联系莫某提供了虚假单据,其余环节均未参与

庭审证实,章某不负责审核单据,后续制假、申请、贴现环节也均未参与,其在本案中实际上只有一个行为,就是在 2013—2014 年向莫某索要提单资料。要成功实现骗取银行信用证,后续还需要董某等人将该提单信息进行加工、制作虚假提单(卷宗证实莫某所提供的提单与其后续向银行申领信用证的提单版式、抬头均不同)、向银行申请信用证、办理收付汇业务。另外:

1. 在 A 公司以 D 公司名义实施犯罪部分,章某参与程度非常低:即便章某需要 D 公司承担部分责任,但其从未和 D 公司有业务对接,骗领人民币信用证时也没有再联系莫某提供单据,参与程度非常浅,显然起的是次要和辅助的作用。

2. “有时告知董某橡胶价格”不能证明章某的地位和作用重要。公诉机关庭审中将“章某告知董某价格”作为认定其地位和作用重要的一个方面。辩护人认为,一方面,不是所有价格董某都会问章某,大部分价格是其通过网络查询;另一方面,董某询问章某市场行情价是非常普遍、正常的一种行为,章某甚至可能都不知道此举的目的是什么,因此不能用此认定章某地位作用重要。

(五)获利情况:章某只是领取固定薪酬,并未通过本案犯罪有任何额外获利

在案证据显示,章某领取的是固定薪酬,A 公司自 2013 年没有实际经营以来,章某每个月的收入仅有 3000 多元,并没有从本案骗领信用证中获得任何额外收益,这亦可印证其地位作用较弱。

(六)同案对比:章某在犯罪中所起的作用没有明显高于董某等人,应当考虑各被告人之间的量刑均衡

庭审中,公诉机关称已考虑量刑平衡,认定董某等为从犯,但认为章某职位较高、

获取单据重要,不宜定为从犯。但法院应注意:

1."日常职位"与"犯罪地位"二者不能完全等同。章某的职位是比董某高,但在犯罪过程中也不过是和董某一样,受任某指令。章某负责提供单据,董某负责制单和开证,二者分工负责,犯罪中的行为性质相当,量刑不应有如此天壤之别(董某一直取保在外)。

2.单据只是犯罪工具之一,任某不可能因找不到单据而放弃犯罪。章某确实联系莫某提供单据,但不能推导出任某除了通过章某就无法获得单据,任某完全有可能通过其他途径获得单据。

综上所述,法院认定被告人的地位作用,不应只看其公司职位等"名词",而更应关注其在犯罪过程中具体做过什么事情、实际管理过什么人员。A公司实由任某一人决策、掌控,章某仅是挂名股东;本案犯罪行为也是任某一人决策实施,章某等其他人都只是被授意行事;章某提供单据,董某制单和向银行申请开证,二者的地位作用相当,法院应确保同案被告人间的量刑平衡。章某在犯罪中起次要辅助的作用,应被认定为从犯,建议对其减轻处罚。

五、公诉机关指控的犯罪数额错误,本案"骗取人民币金融票证"的数额不宜累计计算,章某也不应对全案犯罪数额负责

(一)就全案而言,本案计算骗取人民币金融票证的数额应以"数额最高一笔人民币信用证金额"为据,不宜累计计算

本案各被告人在骗领人民币信用证的过程中,"开新还旧"的特征非常明显,即"申领新的信用证并贴现,目的是用于归还上一笔即将到期的信用证"。也就是说,借用D公司名义骗领的8笔人民币信用证实质系同一笔融资资金反复"开新还旧"。"开新还旧型骗贷"与一般骗贷行为存在明显差别,具体体现在犯罪金额的计算上。

在一般的骗取信用证行为中,行为人对于历次骗取的信用证资金都属于实际控制(如行为人每次骗取1000万元信用证,共实施8次骗取行为,那么行为人实际控制的金额就是8000万元),此时金额当然应累加计算。但"开新还旧"则不同,被告人虽骗领8次,但从未控制过1.3亿元人民币这么多资金,手上始终只有1000余万元人民币(单笔信用证的限额),实质就是被告人循环使用这1000余万元资金。骗取贷款罪的客体是银行的信贷资金安全,而本案被告人至多只是危害到了1000余万人民币信用证资金的安全,没有也不可能对1.3亿元人民币的资金安全造成危害。

由此可见,被告人造成的社会危害性是涉及单笔信用证的限额1000多万元,如果用骗取"1.3亿人民币信用证的社会危害性"对被告人定罪量刑,累计计算犯罪金额,势必有违罪责刑相适应原则。"开新还旧"的骗贷数额不累计计算,有充分的理论和实务依据:

1.《公安部经侦局关于骗取贷款罪和违法发放贷款罪立案追诉标准问题的批复》(附件三):通过持续“借新还旧”及民间借贷方式偿还贷款的行为,不能简单认定为“其他严重情节”(多次骗贷)。

2.最高人民法院《关于审理诈骗案件具体应用法律的若干问题的解释》第9条规定:“对于多次进行诈骗,并以后次诈骗财物归还前次诈骗财物,在计算诈骗数额时,应当将案发前已经归还的数额扣除……”骗取金融票证同属于诈骗类犯罪,举重以明轻,显然也不宜累计计算。

3.浙江绍兴《关于办理骗取贷款类经济犯罪有关法律适用问题的座谈会纪要》(附件一)、《山东省关于办理骗取贷款犯罪案件相关问题的参考》(附件二)也规定,“开新还旧、以贷还贷的数额一般不应重复认定为骗贷数额”。

4.诸多法院骗贷案例认定“开新还旧”金额不累计计算。如(2015)湖吴刑一初字第774号刑事判决书、(2014)丽青刑初字第123号刑事判决书等(附件四)。

5.多名权威刑法学者也认为不宜累计计算。张明楷在《骗取贷款罪的构造》一文中称“情节严重不应包括开新还旧的数额与次数”;陈兴良在《金融犯罪若干疑难问题的案例解读》一文中称“借新还旧客观上银行也没有发放或增加新的贷款额度”(附件五、六)。

《刑法修正案(十一)》也体现出类似的精神,规定只有造成实际损失的相关行为才入刑,说明“已偿还完毕的骗贷数额不再作为犯罪数额”。

(二)就章某个人而言,其应当仅对A公司使用莫某的提单信息实施逃汇犯罪的金额负责

如前文所述,章某不构成骗取金融票证罪。就逃汇犯罪一节,辩护人注意到,起诉书一方面认定“章某通过莫某获取提单”,另一方面又认定章某对全案逃汇金额5525万美元负责,而莫某仅对2013年7月参与之后的金额3999万美元负责,这体现出公诉机关对章某地位作用的误读。公诉机关认为章某是公司的管理层、参与了犯罪协商,不仅提供单据,还负责审核单据、告知价格,应对全案逃汇金额负责。

但在案证据已充分证实,莫某介入之前,A公司直接用“过期提单信息”虚假制单,章某此时并未参与。

任某供称:“通常我会让董某将原先A公司购买橡胶的提单上面的物流信息照搬下来……制作新的购销合同和发票……后来银行审核力度加大……于是我让章某去青岛联系以前的一些朋友。”董某也称:“一部分是A公司之前做真实贸易时留下的提单信息,任某授意我利用这些提单上的信息制作新的假提单……后来因为银行审单严格了,任某就让我向章某索要并使用其他公司真实贸易的提单信息。”

另外,如前文所述,章某介绍D公司是为正规代理开证,且后续再未参与D公司的业务对接,故对于A公司后续以D公司名义实施的逃汇金额,章某也不宜负责。

六、章某虽当庭进行了辩解,但辩解内容均得到其他被告人印证,其认为自己不构成骗取金融票证罪的观点属于对行为性质的辩解,应当认定其具有坦白情节

在庭审中,章某称"任某安排其对接莫某获取提单,并没有告知实际用途""没有负责审核单证""介绍D公司是为了正规开证""任某以D公司的名义骗取人民币信用证没有告知自己"。上述辩解均得到了同案被告人任某、董某等人的印证。章某在此基础上认为自己不构成骗取金融票证罪,属于对于行为性质的辩解。根据最高人民法院《关于被告人对行为性质的辩解是否影响自首成立问题的批复》的规定,被告人对行为性质的辩解不影响自首或坦白的成立。由此可见,公诉机关当庭撤销章某的坦白情节缺乏依据。无论本案最终如何定性,公诉机关均应当认定章某具有坦白情节。

七、章某在公司不负责收付汇事宜,提供提单复印件也是业内普遍做法,其主观心态属于放任的故意,其系主观恶性较小的初犯、偶犯

首先,章某在本案之前遵纪守法,日常表现良好,并不存在任何的违法犯罪记录。

其次,章某称其在A公司专门负责业务,日常工作就是在征得老板任某同意之后与外商开展业务商谈,决定贸易对象、贸易货物品种及贸易价格。由于A公司实施"业务与财务分离"的制度,因外贸产生的收汇或付汇事宜全部是由公司单证部门(董某负责)和财务部门(王某负责)与银行对接完成,章某在工作中并不接触钱款,不负责外汇收付事宜。

最后,任某当庭证实其在要求章某获得单据时,并没有说明具体用途,故章某仅属于推定明知,系主观恶性较小的初犯、偶犯。

八、案发前A公司已经全部还清本案所骗取的美元和人民币信用证资金,没有给国家造成任何外汇或者信贷资金损失,社会危害性与一般案件存在显著区别,在对章某量刑时应当充分考虑

本案中,A公司骗取美元信用证的初衷是归还即将到期的上一笔信用证资金,与"某地区法院金融刑事审判十大典型案例"中的大乾同实业有限公司逃汇案(虚假转口贸易赚利差)犯罪主体的主观恶性、社会危害性均具有显著区别。另外,A公司将所骗取的美元信用证资金、人民币信用证资金在案发前均已全部还清,没有给国家造成任何外汇资金损失或者信贷资金损失,对国家外汇管理秩序的侵害程度也较轻,A公司的主观恶性、社会危害性与一般案件犯罪主体均存在显著区别。

综上,章某触犯刑律确应受罚,但也应罚当其罪。章某的妻子系家庭主妇,女儿刚上大学,章某系家庭唯一经济支柱。综合全案证据,法院对章某处以过重刑罚显然无法确保罪责刑相一致,对其家庭也是毁灭性的打击。辩护人恳请合议庭查明本案事实、不“唯数额论”,在量刑时充分考虑前述情节,让章某承担与其行为相适应的刑罚。

【心得体会】

一、专业性较强的刑事案件,应当如何制定辩护方案?

本案公诉机关所指控的逃汇罪、骗取金融票证罪均属于金融犯罪。A 公司的犯罪行为涉及国际转口贸易项下的收付汇、建立 NRA(Non – Resident Account,即境外机构境内外汇账户)账户、开立信用证、授信审查、信用证境外贴现、T/T 付汇(Telegraphic Transfer,即电汇)等一系列专业词汇以及贸易环节。面对此类专业性较强的刑事案件,辩护人在制定辩护方案时要做到“两个注重”:

(一)注重利用当事人的行业经验,共同挖掘辩护思路

辩护人办理专业性较强的案件,尤其应当注重与当事人的合理分工、相互配合。此类案件的当事人往往属于业内人士,有着丰富的行业知识和经验,能够在相关专业领域内为辩护工作提供不同的思路和意见。在本案中,章某等人均多年从事国际转口贸易,辩护人前后共计二十余次会见章某,并就相关问题询问了 A 公司员工,查阅了公司资料。通过上述工作,辩护人不仅详细地掌握了监管规范、行业背景、公司现状、贸易环节、信用证开立、资金流转及人员分工等具体情况,还发现 A 公司在“真实转口贸易”与“虚假转口贸易”流程上的显著差异,为章某的从犯辩护提供了有力依据。因此,辩护人充分利用当事人的行业经验,往往能取得意想不到的效果。

(二)注重与当事人分析利弊,共同商定辩护方案

对于专业性较强的疑难复杂案件而言,其最终审判结果比一般案件更加难以预判。据此,辩护人应在充分掌握案情的基础上与当事人详细地分析利弊,共同商定最终辩护方案,确保当事人心中有数,不至于因辩护效果不理想而对辩护人产生误解。本案中,对于 A 公司实控人任某的辩护方案是对逃汇罪进行无罪辩护,那么对于章某的辩护方案应当如何选择?辩护人在查阅了大量法律法规、行政规范、司法文件及实务判例后认为,本案虽然不属于典型的逃汇犯罪,也没有给国家造成外汇损失,但基于 A 公司境内账户与境外 B 公司 NRA 账户之间的跨境交易属性,构成逃汇罪的可能性非常大。章某在此过程中确有参与,且其被指控的逃汇金额远远超过案发地区 1500 万美元的逃汇罪跳档标准,单纯进行逃汇罪的定性或金额辩护的意义有限。相反,章某骗取金融票证罪一节的指控事实具有更大的辩护空间,而且公诉机关仅以职务高等理由不认定章某为从犯,在辩护人看来也不尽合理。一旦被认定为从犯,章某的刑期将具有较大的减轻空间。

经反复评估后,辩护人就个中利弊多次与章某进行分析交流,章某同意采取“骗取金融票证罪无罪辩护 + 力争从犯”的辩护方案,辩护人据此与办案机关进行了多轮沟通。事实证明,辩护人与当事人共同商定的辩护思路完全正确,核心辩点绝大部分被法院采纳,当事人及家属对辩护人的工作也非常满意。

二、利用修法契机开展辩护工作,有哪些注意事项?

本案辩护过程中,恰逢《刑法修正案(十一)(草案)》公布。该草案删除了骗取金融票证罪“其他严重情节”的入罪标准,为本案辩护提供了有利机遇。利用修法契机进行辩护,应注意避免“两个误区”:

(一)“漠视误区”:没有充分利用修法契机提出辩点

有观点认为,《刑法修正案(十一)(草案)》不具备法律效力,故辩护人没有必要利用区区“草案”进行辩护,司法机关也不可能采信。实际上,虽然草案内容不当然代表最终的修订结果,但能够体现出立法趋势,应当引起辩护人的高度关注。本案中,从 2021 年 6 月 28 日《刑法修正案(十一)(草案)》第三次审议稿公布,到 2021 年 9 月 7 日本案法院开庭审理,司法机关和其他诉讼参与人均未提及该修法问题。辩护人当庭提出《刑法修正案(十一)(草案)》的变化,提醒法庭注意骗取金融票证罪的立法趋势、刑事司法政策精神以及实务争议,引起了法庭的重视。

(二)“躺赢误区”:认为不需要与司法机关充分沟通

还有观点认为,既然《刑法修正案(十一)(草案)》已作出相应修改,修法进程又非个人能左右,只能等待修法通过,不需要额外做什么工作。实际上,正因修法的不确定性,辩护人更需要主动与司法机关充分沟通。本案中,辩护人在提出修法变化后,明显感到了法官心中的两大疑虑:一是草案保留了骗取金融票证罪的“其他特别严重情节(有期徒刑 3 ~ 7 年)”,而本案正属于该情形,修法是否对本案有影响;二是修改进程不可预测,而法院的审限是有限的,法院是否应当一直等待。针对这两大疑虑,辩护人在庭后辩护意见、电话沟通中充分表明了辩方观点,并提出法院在修法生效之后再行判决的建议。最终,法院在 2021 年 3 月 10 日公开宣判(同年 3 月 1 日《刑法修正案(十一)》生效),认定全案不构成骗取金融票证罪。

三、职务地位已有多人指证,如何推翻不利指控?

本案中,公诉机关认为章某的地位作用重要,坚持认定其为主犯。对此,辩护人采取了以下辩护方法:

(一)“名词解析”法:区分“公司职位”与“犯罪地位”

章某在 A 公司的职务地位确实很高,多名同案被告人也称其“对公司的决策和发展方向有影响力”。辩护人在详细梳理证据的基础上,向法庭提出“公司职位”与

"犯罪地位"不同,日常工作并不直接等同于犯罪活动。章某负责公司业务,在真实转口贸易过程中确实具有决策权,但骗取美元信用证只需由任某直接安排董某等员工实施即可。公诉机关正是将公司职位和犯罪地位混为一谈,才误认为章某的地位作用重要。上述观点最终得到了法院的认同。

(二)"一体辩护"法:通过庭审还原事实真相

辩护人庭前应当精心设计出庭预案,充分利用发问、质证、辩论环节,当庭固定有利事实。本案中,辩护人通过法庭发问,得出以下有利事实:(1)章某仅系挂名股东,未出资、未分红;(2)公司由任某说了算,其他人均系其下级;(3)"开新换旧"系任某一人决策,章某最开始不知情;(4)任某让章某联系莫某获取提单信息,没有告知真实用途;(5)章某不负责审核单证等;(6)章某是为正规业务而介绍 D 公司。在质证环节,辩护人针对公诉人出示的同案犯不利供述,以法庭发问环节固定的有利事实予以反驳,对庭前供述的真实性提出异议。在法庭辩论环节,辩护人对发问和质证环节进行整合,形成证明体系,并从法理、情理角度提出辩护意见。

(三)"量刑均衡"法:强调同案被告人之间的量刑平衡

根据本案公诉机关的指控,章某的预期刑罚显然非常重。但同案被告人董某、张某二人在案发后便被取保在外,被判处缓刑的概率非常高。辩护人向法庭多次强调,章某虽然职位比董某高,但在犯罪过程中和董某一样受任某指令,章某负责获取提单信息,董某负责伪造单证并向银行申请信用证,二者的实际作用并非天差地别,法院对章某不认定为从犯将导致同案量刑的巨大失衡,最终辩护人获得了合议庭的支持。

附件:(略)

(承办人:曾钧泓、田曳)

技术犯罪的技术辩护

——王某涉嫌非法获取计算机信息系统数据罪、开设赌场罪撤回移送审查起诉案

【案件概况】

A公司系一家数据爬虫公司，其在用户的授权范围内收集用户个人信息为金融借款平台提供数据爬虫服务，即由申请金融借款的借款人授权，该数据爬虫公司爬取相关金融借款人的运营商信息，支付宝信息，淘宝、京东等购物信息，并将相关信息提供给借款人拟借款的金融借款平台，作为对相关借款人进行风控审核的依据。同时，该科技公司自行开发了基于公民个人信息授权的区块链公链项目，打造了自己的数字货币GXC。由于A公司为第三方DApp开发商提供了通用的“开发者中心”及区块链接口，其第三方DApp开发商开发了类似“一元夺宝”的DApp，并在该公司搭建的应用商城中上架。王某系A公司首席技术官，公安机关以非法获取计算机信息系统数据罪、开设赌场罪追究王某的刑事责任。

辩护人在案件侦查阶段介入，与办案人员沟通了解情况，积极会见王某听取其辩解，通过对于涉案软件及技术原理的精细解析，提出无罪辩护意见：首先，认定涉案爬虫软件非法获取计算机信息系统数据的结论存在错误；其次，A公司对于“某得DApp”已尽审查义务，不应认定为涉嫌开设赌场；最后，即便公司涉嫌犯罪，王某也不属于公司涉案项目的主管人员或直接责任人员，不应承担刑事责任。

办案机关高度重视辩护意见。辩护人巧妙地把握王某利用技术帮助公安远程取证，破获特大跨境网络赌博案的立功情节，推动公安机关作出无罪处理。最终公安机关撤回移送审查起诉，对王某作撤案处理。

【审查起诉阶段辩护意见】

辩护人总体认为：从单位层面，A公司既不涉嫌非法获取计算机信息系统数据罪，也不涉嫌开设赌场罪；从个人层面，王某不属于公司中涉案项目的主管人员或直接责任人员，不应承担刑事责任。即便王某的行为涉嫌犯罪，其亦具有其他从轻、减轻情节。

一、A 公司提供的爬虫技术不具有侵入或与侵入相类似的技术功能，且该技术只能够记录经授权的用户个人信息，并不能够取得相应计算机信息系统的数据，不符合非法获取计算机信息系统数据罪的构成要件

（一）A 公司提供的爬虫技术不具有侵入计算机信息系统或与之类似的技术功能

1. 爬虫技术仅仅是模拟人浏览网页的行为

爬虫技术对于网页信息的浏览与用户个人浏览网页的内在逻辑是相同的。所有浏览的信息都是在浏览器与服务器交互过程中，服务器直接发送到用户浏览器上的，因此，爬虫技术不具有“侵入”计算机信息系统的技术功能。

我们通常所说的上网，实际上是浏览器与服务器交互的外在表现。上网分为以下六个步骤：(1)浏览器发送请求；(2)服务器接收请求；(3)服务器生成 HTML（超文本标记语言，可理解为一串代码）；(4)服务器响应请求；(5)浏览器接受响应；(6)浏览器解析 HTML（将代码转化成内容）。经过上述六步，用户就可以在浏览器中浏览网页的初步内容，一般为纯文本内容，用户想要获取图片、视频等还需等待资源的进一步加载。（具体流程见图 1）

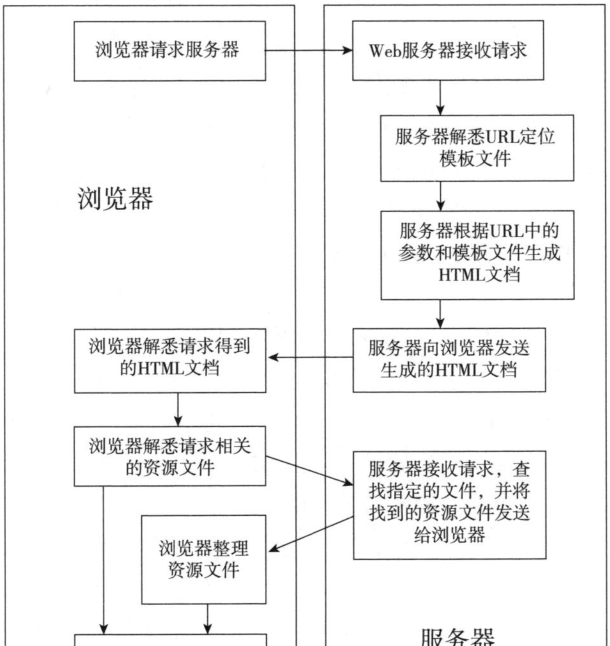

图 1　网页浏览流程

爬虫技术与人为浏览网页的不同点在于:(1)爬虫技术对步骤1进行自动化处理,即使用爬虫程序自动地向服务器发送请求;(2)对步骤6进行简单化处理,即不对HTML进行全面的解析,而是通过程序抓取其中几段特定代码进行解析从而得到目标信息。

这样的爬虫程序与通常具有侵入计算机信息系统,或者通过非法手段取得技术信息功能的“木马程序”“后门软件”“键盘跟踪技术”“攻击病毒”“开放端口”“钓鱼软件”等恶意的计算机程序具有显著的差异。

2. A公司登录相关网站系获得了用户的全面授权

A公司所提供的数据爬虫技术的功能仅仅是对于人为浏览用户个人信息并记录这一行为的模拟。A公司对于相关可获取公民个人信息的第三方软件(如“支付宝”“淘宝”等)的接入,均需要建立在用户授权登陆的基础上,即需要用户自行通过账号、密码或扫描二维码授权,A公司的爬虫机器人方可接入相应的第三方软件并对用户可见的相关个人信息进行浏览和记录。因此,A公司所提供的爬虫技术的运行是建立在用户个人提供登录授权的基础上的,且其爬虫技术的访问范围也是局限于用户授权的范围内对于用户个人可见信息的访问。

综上所述,A公司开发的爬虫程序是对人为浏览网页这一行为的模拟,是浏览器与服务器交互的过程,因此不具有避开或者突破计算机信息系统安全保护措施的“侵入”功能。同时,其登录相关第三方网站的行为也获得了用户的全面授权。因此,A公司开发的爬虫程序,未实施任何非法侵入计算机信息系统的行为。

(二)A公司使用代理IP的行为,其主要目的是避免登录行为被错误识别为恶意攻击,进而提升用户个人体验,这一行为亦不属于“侵入”计算机信息系统

首先,使用代理IP本身并不违法。代理IP服务系《电信业务分类目录》中的B13国内互联网虚拟专用网业务(IP-VPN)的衍生业务,该业务的存在具有合法的行业基础。同时,代理IP的使用也是互联网行业获取信息的通用解决方案,诸如百度、腾讯、阿里巴巴等互联网企业都存在使用代理IP的情况。因此,代理IP的使用也衍生出了专门从事代理行业的企业,开发了许多产品,如芝麻代理、飞猪IP等。

其次,互联网行业使用代理IP进行登录访问的主要目的,是避免单一IP地址多次重复登录的行为被服务器错误地识别为网络攻击,进而触发服务器内部的保护措施,对相关IP地址进行封禁。同时,由于IP地址具有地域化的属性,而A公司用户的IP所在地绝大多数非A公司服务器所在地,如果A公司通过自己的IP地址登录用户的账户信息,则用户端通常会跳出异地登录预警,会使用户产生自己的账户被他人盗取的恐慌感,从而破坏用户的使用体验。因此,A公司通过代理IP使用与用户所在地相一致的IP地址,将会解决上述问题,提升用户体验。

由于爬虫程序自动化访问的特点,当超过服务器承载量的爬虫对同一服务器进行访问,会大量占据服务器的流量,进而影响正常的用户访问体验。因此,不少网站

设计了相应的反爬虫程序,其目的在于避免短时间内爬虫机器人对于服务器流量的挤占,反爬虫程序进而会对超量访问的 IP 地址进行封禁。因此,反爬虫程序的实际目的是对爬虫超量访问的行为进行限制,对象是浏览器对服务器的访问,也就是前述图 1 中步骤 1 的请求。

但由于这种反爬虫程序仅仅是在计算机信息系统登录之处进行 IP 地址的识别,规避反爬虫机制所带来的效果无非是让服务器将机器人识别为用户个人,而不具备任何"侵入"计算机信息系统的功能。同时,这种反爬虫程序主要针对的是具有超量访问情形的"深度爬虫",而 A 公司爬取用户个人信息使用的是"定向爬虫",系在用户授权的情况下,对于服务器进行单次访问的爬虫软件。这种单次访问的爬虫软件所产生的访问量是极低的,不存在对于服务器流量挤占的可能。因此,A 公司使用的爬虫程序亦不会影响第三方网站的权益,不具有任何意义上的不法性。

(三)A 公司仅通过数据爬虫记录授权用户的个人信息,并未对第三方运营商存储、处理或者传输的数据进行复制、下载

根据通行的国际标准,《信息技术 安全技术 电子数据识别、收集、获取和保存指南》(ISO/IEC 27037:2012)对"获取"的概念进行界定。所谓"获取"(acquisition)是指"在特定的数据集合中进行数据副本创建的过程"(process of creating a copy of data within a defined set);同时该条款的注释亦明确"获取的内容是对于拟获取的数据信息的备份"(The product of an acquisition is a potential digital evidence copy)。由此可见,"获取"的技术含义应当是获取者在主观意志的支配下对于既有数据的复制行为,单纯取得信息而并未复制数据的行为不代表获取。

A 公司的数据爬虫仅仅是在用户授权登录的情况下,按照正常人浏览相关个人信息的行为模式进行模拟,并抓取页面上明文的用户个人信息进行记录。随后,A 公司将取得的明文用户个人信息进行数据转化后,向用户指定的第三方网贷平台提供。A 公司在整个行为过程中,并未对于第三方软件供应商的计算机系统内所存储、处理或者传输的数据进行复制、下载。A 公司的数据爬虫仅仅局限于获取信息功能,而不具有复制、下载计算机信息系统数据的功能。

综上所述,A 公司的数据爬虫既不具有侵入或与之类似的技术功能,亦不具有"获取"计算机信息系统数据的功能,不符合非法获取计算机信息系统数据罪的构成要件。

二、本案中涉嫌开设赌场行为的"某得 DApp"并非 A 公司开发、运营,且 A 公司作为该 DApp 运营的区块链公链技术的提供方尽到了审慎监管的义务,不属于"某得 DApp"开设赌场的共犯

(一)本案中涉嫌开设赌场的"某得 DApp"系其他第三方开发者设计、开发、运营

本案中涉嫌开设赌场行为的"某得 DApp"系由第三方应用商 B 公司设计、开发、

运营的,A 公司并未参与“某得 DApp”的开发行为。B 公司作为第三方区块链应用提供商,拥有自己独立的“某得 App”,同时又依托 A 公司所开发的“公信链”这一区块链公链开发了“某得 DApp”。所谓 APP 与 DApp 的核心区别在于,App 是建立在传统的计算机信息网络上,需要由第三方进行中心化管理运营的计算机网络应用程序;而 DApp 则是以区块链技术为基础,建立在区块链上的无法由任何一方进行中心化管理和运营的区块链去中心化应用。这种去中心化应用的开发需要依托区块链技术,在具有交易数据与交易资产的区块链公链上,以智能合约的方式开发、运营。

本案中,A 公司仅为其开发的“公信链”上相关区块链技术及交易数据、交易资产的提供方。A 公司向依托其区块链技术进行“DApp”开发的第三方应用商提供统一的“开发者中心”及区块链接口,将经过审核的“DApp”在其所运营的区块链应用商城(某某城)上进行上架。因此,本案中“某得 DApp”与“某某城”之间的关系,就如同手机软件(App)与手机应用商城(App Store)之间的关系。作为应用商城的运营方,A 公司仅提供统一的基础开发技术支持及相关应用的上架服务。A 公司并非涉嫌开设赌场行为的“某得 DApp”的开发者,亦未实施开设赌场的相关行为。A 公司作为平台提供方,只要尽到对平台“DApp”的审慎监管义务,即不存在任何涉嫌开设赌场共犯的情形。

(二)A 公司作为区块链公链技术的提供方已经尽到了审慎监管的义务,不属于开设赌场的共犯

A 公司上架“某得 DApp”之初,“一元购”行为并未明确被认定为变相赌博,开发、设计“一元购”的应用商亦未被明确认定为开设赌场。且“某得 DApp”早期的“一币夺宝”模式中,“某某城”用户仅仅是通过挖矿行为所产生的“数字货币(GXC)”进行游戏,并不存在实际的资金投入。结合《关于防范比特币风险的通知》《关于防范代币发行融资风险的公告》《关于防范境外 ICO 与“虚拟货币”交易风险的提示》的规定,我国对于“数字货币”的法律属性的认定,强调任何“数字货币”均不具有法偿性与强制的货币属性,不具有与货币等同的法律地位,不能也不应作为货币在市场上流通使用。因此,涉案的“某得 DApp”的“一币夺宝”模式与涉嫌赌博的“一元购”模式存在较大的区别。由于 A 公司的运营部门无法认识到“某得 DApp”是否有涉嫌变相赌博的情形,在这种无意识的情况下,A 公司才将“某得 DApp”在“某某城”上架。

但 A 公司的技术负责人王某出于审慎的态度,在得知“一元购”被明确认定为赌博行为后,即刻向公司管理层汇报了其对于“某得 DApp”可能涉嫌违法的担忧。在公司管理层咨询律师后,公司要求运营部门对于“某得 DApp”进行下架整改;待其完成整改,完全取消与“一元购”变相赌博行为相类似的“一币夺宝”模式后,方将其重新上架。在此基础上,A 公司作为 DApp 平台提供方,已经充分尽到了审慎监管的义务。即便后期经过整改后“某得 DApp”的“一币夺宝”模式亦有涉嫌赌博的情况,但

从A公司的角度而言,“一元购”与“一币夺宝”模式之间亦存在显著区别。“一币夺宝”模式经过整改已经不存在任何有价值的可交换实物,纯粹是虚拟货币之间的兑换与交易,虽然带有一定的博弈性质,但由于无任何对价交换,A公司亦无法认识到“某得”新的“一币夺宝”模式存在赌博的风险。即便在这种情形下,A公司出于对平台负责的态度,依旧在经过慎重考虑后,将“某得”“一币夺宝”的项目进行下架,可见A公司对于“某得”的监管态度始终是审慎的。

而后“某得”进一步整改上线通过区块链虚拟币进行的类似“竞猜”“PK”等游戏,与明确存在赌博嫌疑的“一元购”存在显著的区别,且从未有将类似的区块链游戏作为赌博处理的案例。A公司也是询问过法律顾问及法务人员,进行审慎评估后,才将“某得”相关的项目上架。即便现在司法机关认为“某得”的“竞猜”“PK”模式,依然存在涉嫌赌博的情形,但A公司作为平台方已经尽到了审慎监管的义务;加之区块链游戏及虚拟货币的属性问题本身就是存在极大争议的新问题,即便当时A公司存在一定的认识不足或认识错误,未能预测到司法机关对于相关区块链游戏定性的变化,但这并不能够证实A公司具有放任“某得”实施开设赌场行为的共同犯罪故意,不应将其作为“某得”开设赌场犯罪的共犯处理。

综上所述,A公司并非涉嫌开设赌场的“某得DApp”的开发者,未实施开设赌场的行为;其对“某得DApp”在其DApp平台“某某城”上的上线、运营充分尽到了审慎监管的义务,亦不属于开设赌场的共犯。

三、即便A公司涉嫌单位犯罪,王某也不属于“某某城”项目的主管人员或直接责任人员,对于A公司涉嫌的犯罪行为也不具有决策、支配的作用,即便其对于A公司涉嫌的犯罪行为存在一定的作用,但其情节亦属显著轻微,不宜追究其个人的刑事责任

(一)在王某于2018年7月发现“某得”的涉赌风险并报告管理层之前,A公司对“某得”不存在其涉赌的认识,且在王某主导之下亦将相关涉赌应用下架整改。因此王某不应对上架“某得”“一币夺宝”的行为承担责任

据王某、涂某、黄某供述称,在“某得”在上线两个月后(2018年7月左右),王某发现网易的“一元夺宝”被定性为赌博这一事实,并及时将“某得”可能涉赌的风险告知了黄某、涂某所在的管理层。网易作为互联网巨头公司,其“一元夺宝”产品已经持续运营了4年以上的时间,因此A公司无法意识到“某得”作为“一元夺宝”的相似产品可能存在的涉赌风险,具有合理性。因此,在“一元夺宝”被定义为赌博这一时间节点之前,A公司并不具备对“某得”开设赌场的共犯故意,不具备构成开设赌场罪帮助犯的可能性。

黄某供述称,王某曾负责“某得”第一版本的上线工作。但王某上线“某得”第一

版本时，A 公司本身不具有开设赌场的共犯故意，不构成共同犯罪，王某的行为自然不能被认定为“某得”涉嫌开设赌场的帮助行为，亦无须承担刑事责任。更重要的是，王某在得知“某得”存在涉嫌赌博的风险后，第一时间向管理层进行了报告，并提出了明确的下架意见。而后在王某的推动下，A 公司亦将存在赌博嫌疑的“某得”“一币夺宝”下架。王某作为 A 公司的技术人员，已经完全履行了应有的审慎义务，不宜再追究其责任。

（二）王某得知“某得”完成整改，并咨询公司法务确认整改合规后，其因工作安排全面退出了“某某城”业务板块，全面负责关联公司“算数力科技”“宝盒”项目的开发。自此王某再未参与“某某城”相关的技术工作，其对于“某得”后续的“PK”“竞猜”项目完全不知情，不应对此承担责任

结合王某、涂某、黄某的供述与辩解可知，自 2018 年 7 月王某将“某得”可能涉赌的风险报告管理层并主张下架后，A 公司与“某得”实控人郑某进行了关于“某得”是否下架的讨论，并就“某得”进行了下架整改的操作。此后，由于公司拟将爬虫业务独立运营，拟设立 S 公司负责爬虫业务及其衍生项目“宝盒”的开发。王某应公司要求，全面退出“某某城”项目，并全面负责 S 公司的筹备及“宝盒”业务的开发。因此，王某自 2018 年 8 月后未再参与“某某城”相关业务的开发与运营，仅管理爬虫相关业务。

王某辩解称其作为 A 公司的首席技术官，仅负责对其他项目的技术难题进行技术指导，而涉嫌开设赌场的“某得”不需要技术部门进行开发，仅由运营部门负责上架、下架的审核以及日常运营的监管。这与 A 公司首席运营官范某、运营总监许某、开发组沈某的供述能够相互印证。A 公司员工李某、胡某、周某、孙某、徐某的供述称，王某作为公司高管仅负责技术，“某某城”的应用上下架并不由其负责。同时，2018 年 8 月后王某已经完全退出“某某城”的相关业务板块，因此“某得”涉嫌开设赌场的“PK”“竞猜”功能的上下架、审核维护仅由运营部负责，无须经王某之手。

综上所述，A 公司 2018 年 8 月后涉嫌开设赌场的“PK”“竞猜”项目与王某无任何关联，王某对此从未参与，亦不知情。王某虽为首席技术官，但不属于“某某城”项目的主管人员或直接责任人员，不应当为本案中 A 公司被指控涉嫌开设赌场的“PK”“竞猜”项目承担责任。

（三）王某仅为公司的领取固定工资的高级技术人员，并非公司股东，对于 A 公司涉嫌的犯罪行为并无决策、支配的能力，涉案情节亦属显著轻微，不宜追究其责任

王某并非 A 公司的股东，公司的工商登记信息中亦没有王某的登记信息。虽然公司老板黄某名义上给了王某所谓 4.1% 的公司股权，但王某并未因此取得公司的股东资格，该股权仅仅是王某依据公司的员工股权激励计划而取得的虚拟股权。王某股权由黄某代持这一事实也与黄某、蓝某的供述相印证。因此，王某作为仅领取固

定工资的高级技术人员，其主要的职责仅为协助公司解决相关的技术问题，其对于公司如何提供技术服务，向何人提供技术服务的情况从未参与，亦不知情。因此，即便A公司涉嫌犯罪，但王某对于相关的犯罪行为并不能起到决策、支配的作用，其涉案情节亦属显著轻微，不宜追究其刑事责任。

四、对于王某依法不予起诉亦符合当前保障非公经济，促进复工复产，维持经济持续稳定增长的刑事司法政策

王某毕业于浙江工业大学软件工程专业，平时一贯表现良好，无任何违法乱纪行为。2019年7月，王某准备从A公司离职，并自主创立了M公司，致力于开发互联网潮玩社区项目。自王某被取保候审后，该项目已经获得了天使投资人朱林峰的天使轮投资，项目估值千万元。该项目目前即将上线运营，亟须王某主持大局。如果在这个节点王某被追诉，一方面，公司创始人的污名化会对于社区项目的上线运营产生极大的负面打击；另一方面，王某作为M公司全面负责技术开发、产品运营的团队核心成员，其被追诉意味着公司各条业务线的运营将停滞，部分项目将会终止，投资人亦有可能撤资，社区相关盲盒的供应商亦会因此受到牵连进而产生较大的损失。

本案的处理关乎的已经不再只是王某个人的利益，而涉及多方主体的权益。疫情初缓，为响应国家号召，王某亦积极推进M公司的复工复产，为疫情后的经济回暖做好基础工作。王某所运营的互联网盲盒社区项目亦是互联网产业的新风口，具备巨大的商业价值与市场潜力，如其顺利运营，将会为疫情后的经济复苏提供极大的助力。据此，辩护人恳请公安局从非公经济保护的政策考虑，以《关于政法机关依法保障疫情防控期间复工复产的意见》为导向，对王某作出不起诉决定，把本案的处理结果对M公司未来发展的影响降到最低。

综上所述，辩护人结合王某的辩解及相关的法律、法规，认为本案中认定A公司涉嫌非法获取计算机信息系统数据、开设赌场等罪名，均存在相应的疑点。同时，由于A公司系单位犯罪，王某本身亦不属于涉嫌开设赌场行为的主管人员或直接责任人员；王某作为仅领取固定工资的高级技术人员，对于A公司涉嫌的其他犯罪的相关涉案行为亦不能起到决策、支配的作用，且其涉案情节显著轻微。据此，辩护人恳请检察院全面审查A公司涉嫌犯罪的情况及王某对于相关涉案行为的作用与地位，依法对王某决定不起诉。

【心得体会】

一、合理利用去犯罪标签化与人品辩护，巧抓立功推动撤案

计算机网络犯罪案件的涉案当事人往往具有一定的技术背景，系从事正当行业的高技术人员,其主观恶性通常并不高。因此,辩护人在辩护的过程之中加强司法机关对于上述当事人主观恶性低的认知,辩护将有出其不意的效果。本案当事人王某作为公司的CTO,对于大数据技术及区块链技术有着相当精深的研究。故在与办案机关的沟通过程中,辩护人对当事人的技术水平进行了着重强调,在当事人被取保候审期间第一次做笔录的过程中,公安机关在侦查一个跨境网络赌博的案件,涉及境外取证的问题,面临一些技术操作的困难,因此便在提审的过程之中,向当事人询问了技术方面的建议。基于前期公安机关对当事人人品和社会危害性的认可度较高,辩护人帮助当事人通过协助公安机关调取证据线索取得立功。

我们积极沟通新增立功情节,最终公安机关决定撤回移送审查起诉,作撤案处理。此外,在案件结束之后,当事人也被办理其案件的公安机关聘为外部的信息技术专家,协助公安机关进行一些日常的跨境取证工作,通过自身的技术能力为破获案件争取到一定优势。

因此,辩护律师应当积极挖掘当事人的特殊性,通过去犯罪标签化与人品辩护,确立并强化当事人主观恶性较小的情况,以寻求当事人的立功机会。在办案机关犹豫的状态下,辩护人利用立功等从轻、减轻情节,使办案机关推定作出撤案处理。

二、将技术语言进行便于理解的示例转化,增强沟通过程的可接受程度

技术语言的理解在计算机网络犯罪类案件的辩护过程中值得强调及重视。通常情况下,计算机网络犯罪难免涉及技术类构成要素,辩护人不仅需要对之深究并充分理解,而且需要能够将技术语言用通俗易懂的方式向司法人员讲述,尤其是在部分司法人员本身不具有太丰富的技术爱好和素养的情况下。将技术相关的内容转化为更加便于理解的示意和表达,能够增加辩护工作的可接受度。

本案亦是如此,辩护人在与办案机关沟通的过程中,包括在辩护意见的撰写过程中,尽量通过简单的图示或通俗的用语解释分析涉案技术要素。在办案机关理解相关技术要素的前提下,后续的技术性辩护观点更能得到办案机关的认可。

三、全面评估当事人辩解的合理性,协助当事人做好自我辩护

在该类案件的办理过程中,另一个需要引起注意的地方是当事人的自我辩解。计算机网络犯罪类案件相对其他类型的案件而言,更难通过常识常情进行理解,也不是司法机关常见的犯罪类型。因此,特别是公安机关往往在这类案件的侦查过程中,不得不花费较长时间去提审特定的技术人员,让他们来陈述涉案的技术功能,故为嫌疑人提供更多的自我辩护时间去为自己的技术合理性,为自己没有实施危害性的行为作辩解。因此,此类案件中当事人合理的自我辩解能够对辩护起到很好的效果。

在本案的办理过程,辩护人便全面评估当事人这些技术合理性的辩解,同时辅导

好当事人做自我辩护。这样长时间的辩解相较于我们律师单纯地提交辩护意见或进行沟通,效果更为显著。更进一步而言,律师想要去约见公安民警,约见检察官,实际上在实操层面往往并非易事,即使能够见面最多也仅有不到半个小时的交流时间。本案中的当事人被公安机关连续提审12天,就为了解涉案软件的功能。当事人在如此之长的时间内进行反复的解释和辩解,其效果自然不言而喻。

因此,辩护律师应当重视当事人的自我辩护,在合理的情况下评估当事人的辩解合理性,协助当事人做好自我辩护。

(承办人:徐宗新、陈沛文)

如何利用行政管理规范的变更进行刑事辩护

——黄某某涉嫌非法经营罪被撤销指控案

【案件概况】

2018年4月至2020年5月，黄某某自行搭建VPN软件，有偿为他人提供互联网“翻墙”服务。至案发时，其支付宝流水经统计约为60万元，后公安机关以非法经营罪立案侦查。

辩护人介入后，通过对于非法经营罪构成要件及相关司法解释的精细解析，提出了涉案VPN业务未列于《电信业务分类目录》中，故是否存在“违反国家规定”存疑；因黄某某没有私自设立物理的国际通信信道用于联网，所以也不属于非法经营国际电信业务；即便涉嫌非法经营国际电信业务，其数额也未达到司法解释所规定的追诉标准，故不能构成非法经营罪。

同时，辩护人也对涉案VPN的运行原理进行了细致研究，指出VPN通过在境内服务器与境外代理服务器之间修建一条加密的信息隧道，将用户的数据请求打包加密，以此达到“翻墙”目的。在此过程中，涉案VPN并没有避开或者突破计算机信息系统的安全保护措施，更未非法获取计算机系统数据或对计算机信息系统实施控制，故也不宜以“提供侵入、非法控制计算机信息系统程序、工具罪”等计算机犯罪罪名加以认定。

此外，根据2021年11月国家互联网信息办公室发布的《网络数据安全管理条例(征求意见稿)》，若要追究黄某某的法律责任，宜先对其进行行政处罚。

经公安机关同检察院会商，辩护人的意见得到采纳。最终，公安机关撤销本案，同时因黄某某违法行为轻微且得到及时纠正，故对其也不予行政处罚。

【侦查阶段辩护意见】

一、国际VPN业务不属于属增值电信业务，是否“违反国家规定”需层报认定

一方面，根据2015年工信部发布的《电信业务分类目录(2015年版)》(以下简称

《电信目录(2015)》)第B13项规定,国内互联网虚拟专用网业务(IP－VPN)是指经营者利用自有或租用的互联网网络资源,采用TCP/IP协议,为国内用户互联网闭合用户群网络的服务。该种IP－VPN由于限制国内用户使用,所产生的数据也仅在国内进行传播,并不会通过国家进出口信道,与国外服务器产生数据的交换。《电信目录(2015)》未对国际互联网虚拟专用网业务作出规定,同时,VPN"翻墙"软件除IP－VPN之外,还包括采用MPLS(多协议标签交换)技术的MPLS－VPN,该类VPN也没有体现于《电信条例》等相关法律规定中。故国际VPN"翻墙"软件业务并不属于B13分类下的国内互联网虚拟专用网业务,不属于电信增值业务的分类。

黄某某所经营的国际VPN业务既然未列在《电信目录(2015)》中,则对于其是否存在"违反国家规定"这一要素的问题存在争议。根据最高人民法院《关于准确理解和适用刑法中"国家规定"的有关问题的通知》第2条之规定:"各级人民法院在刑事审判工作中,对有关案件所涉及的'违反国家规定'的认定,要依照相关法律、行政法规及司法解释的规定准确把握。对于规定不明确的,要按照本通知的要求审慎认定……对被告人的行为是否'违反国家规定'存在争议的,应当作为法律适用问题,逐级向最高人民法院请示。"故辩护人认为本案定性需要层报最高人民法院才能加以确定。

另一方面,从非法经营罪设立的本质来看,"非法经营"行为受刑法规制的本质是国家对特许经营权的保护。《电信目录(2015)》中并不包含"国际互联网虚拟专用网业务"这一分类,VPN"翻墙"业务当然无法侵害该领域的"特许经营权",也就不宜以非法经营罪认定。

二、国际VPN业务也不属于经营国际电信业务,故不能构成非法经营罪

根据最高人民法院《关于审理扰乱电信市场管理秩序案件具体应用法律若干问题的解释》(以下简称《电信市场解释》)第1条的规定,"违反国家规定,采取租用国际专线、私设转接设备或者其他方法,擅自经营国际电信业务或者涉港澳台电信业务进行营利活动,扰乱电信市场管理秩序,情节严重的,依照刑法第二百二十五条第(四)项的规定,以非法经营罪定罪处罚"。但本条规定作为认定黄某某涉嫌非法经营罪的依据也不充分。

根据《办理非法经营国际电信业务犯罪案件联席会议纪要》第2条的规定,《电信市场解释》第1条所称"其他方法",是指在边境地区私自架设跨境通信线路;利用互联网跨境传送IP话音并设立转接设备,将国际话务转接至我境内公用电话网或转接至其他国家或地区;在境内以租用、托管、代维等方式设立转接平台;私自设置国际通信出入口等方法。

若要认定VPN"翻墙"业务属于非法经营国际电信业务而成立非法经营罪,就应

当认为搭建 VPN 属于私自设立国际通信出入口，或是所谓的国际信道。根据《计算机信息网络国际联网管理暂行规定实施办法》第 3 条第 3 项之规定："国际出入口信道，是指国际联网所使用的物理信道。"VPN"翻墙"软件的运行的确需要物理信道，但其并未采用私自架设物理上的国际通信线路的方法，而是仍然以我国合法运营商的国际出入口信道进行国际联网，即在既有的通信线路上进行通信。故该行为与"私自设置国际通信出入口"这一方法不相符，因此制作、出售、出租 VPN 软件并不能被认定为经营国际电信业务，也就不能依照非法经营罪定罪处罚。

即使认定黄某某的行为涉嫌"经营国际电信业务"，其也没有达到司法解释所规定的追诉标准。根据前述《电信市场解释》第 2 条及最高人民检察院、公安部《关于经济犯罪案件追诉标准的规定》（已失效）第 70 条之规定，非法经营国际电信业务的追诉起点为经营数额或造成电信损失的数额在 100 万元以上，或者曾受过两次以上行政处罚又进行非法经营活动的情形。在本案中，据黄某某所述的涉案数额也没有达到该追诉标准，其也未曾受过行政处罚，故不宜以非法经营罪追究其责任。

三、涉案 VPN 软件不具备侵入计算机信息系统的功能，不属于"专门用于侵入、非法控制计算机系统的程序、工具"，故也不宜以计算机犯罪的相关罪名认定涉案行为

（一）中国防火长城（GFW）不属于司法解释所规定的"计算机信息系统"，而只是一种技术监管措施

根据最高人民法院、最高人民检察院《关于办理危害计算机信息系统安全刑事案件应用法律若干问题的解释》第 11 条第 1 款之规定："本解释所称'计算机信息系统'和'计算机系统'，是指具备自动处理数据功能的系统，包括计算机、网络设备、通信设备、自动化控制设备等。"计算机信息系统的特征为"具备自动处理数据功能"以及属于"计算机、网络设备"等同类型的硬件设备。

中国防火长城（Great Firewall of China，GFW）的法律地位并不明确。GFW 并非绝对禁止国内用户访问国际互联网，而是在检测到某些关键词时通过一定的技术手段（如 DNS 劫持、封锁 IP）切断本次访问，以实现对于国外某些网站的"屏蔽"。根据前述《电信市场解释》的界定，计算机信息系统应当被理解为由计算机及其相关的配套设备、设施构成的，按照设定的应用目标和规则对数据进行收集、加工、存储、检索等处理的人机系统。如果将计算机信息系统比喻为依照法律处理公共事务的某个行政机关，那么 GFW 就仅是在国境线上设卡拦截的检查站，即只能根据出入境数据内容判断是否允许其通行，故不属于司法解释所界定的"计算机信息系统"。

(二)涉案 VPN 软件不具备侵入计算机信息系统的功能,也不属于"专门用于侵入、非法控制计算机系统的程序、工具"

据辩护人了解,涉案 VPN 技术运用于"翻墙"的基本原理为本地 VPN 客户端对访问请求以其他协议进行加密,通过互联网正常连接至境外机器服务端;境外机器服务端对访问请求进行解密,并由境外机器服务端代理访问境外目标网站,后将访问数据返回本地。VPN 软件之所以能够实现所谓的"翻墙",是因为其采用了数据加密的方式,即将数据用其他协议进行包装;数据包只能够在发出请求 IP 地址的计算机中进行解密,GFW 无法解密该数据包,也就无法对其中的数据内容进行验证,只能让其通过国际网关。所以,VPN 只是一种远程访问技术,通过数据加密、服务器代理等方式访问特定互联网资源。其本身不具备侵入计算机信息系统的功能,当然在实现功能的过程中没有侵入任何计算机信息系统。

具体原因如下:首先,GFW 的功能与原理上文已经阐释,其不是计算机信息系统。其次,通过司法解释的规定可以明显看出,避开、突破计算机信息系统安全保护措施是为了进一步非法获取计算机系统数据或对计算机系统实施控制,也即所避开、突破的措施是为了后续保护计算机信息系统不受非法入侵,而本案中运行 VPN 软件是为了访问境外目标网站,GFW 与境外目标网站没有联系,GFW 显然也不是为了保护境外网站而生。所以,从行为类型上看,涉案行为与"提供侵入、非法控制计算机信息系统程序、工具"的行为相去甚远。最后,通过运行 VPN 软件访问的境外网站数据资源,属于国外互联网的公开数据内容,这类数据无须授权即可正常获取,因而也不存在"未经授权或超越授权获取计算机信息系统数据",不符合上述非法获取或者实施控制的特征。

辩护人认为,黄某某提供的 VPN 软件不具备侵入计算机信息系统的功能,没有避开、突破计算机信息系统的安全保护措施,没有非法获取数据或者实施控制,故也不宜以计算机犯罪相关罪名认定涉案行为。

四、租售 VPN 行为在本质上属于一种违反网络审查秩序的违法电信活动,若要追究黄某某的法律责任,宜先对其进行行政处罚

本案 VPN 软件通过数据加密的方法进行"翻墙"的行为确实与我国互联网管控政策相悖,本质上应当属于违反网络审查秩序的违法电信活动。2017 年,工业和信息化部发布《关于清理规范互联网网络接入服务市场的通知》,其中指出"未经电信主管部门批准,不得自行建立或租用专线(含虚拟专用网络 VPN)等其他信道开展跨境经营活动"。结合国务院先前所颁布的《计算机信息网络国际联网管理暂行规定》第 14 条、《计算机信息网络国际联网管理暂行规定实施办法》第 22 条之规定,对于违规进行跨境经营的行为,公安机关责令停止联网,给予警告,可以并处 15,000 元以下

的罚款并没收违法所得。上述行政法规为相关部门对本案黄某某进行行政处罚及责令关停 VPN 业务提供了法律依据。此外,在上海和湖北有两起同类型的涉及国际 VPN 软件的案例[(2018)沪 0115 刑初 2974 号刑事判决书,(2018)鄂 1003 刑初 150 号刑事判决书],其中已经体现出需先对行为人进行行政处罚的要求,后行为人如拒不改正,则才构成相应犯罪。故辩护人认为若要追究黄某某的法律责任,宜首先对其进行行政处罚。

【心得体会】

一、全面梳理非法经营罪的入罪路径,逐个击破,同时避免转向其他关联犯罪

非法经营罪是多年以来备受诟病的"口袋罪"之一,除了《刑法》第 225 条中规定的三种典型方式外,各类司法解释还规定了近 20 种以非法经营罪处罚的行为模式。对于本案中黄某某的行为,司法实践中存在两种认定路径:一是将国际 VPN 业务认定为电信增值业务,继而认定行为主体在没有取得经营许可证的情况下构成非法经营罪;二是将国际 VPN 业务认定为国际电信业务,依据相关司法解释的规定,以非法经营罪定罪处罚。故我们需要针对不同路径逐个分析。

首先,辩护人对于《电信目录(2015)》第 B13 项所规定的国内虚拟专用网络业务与本案的国际虚拟专用网络业务进行区分,无论是用户群组还是数据传输范围,两者都存在不同之处。公安机关在未对国际 VPN 作出明确界定的情况下,显然不能将其简单归入 B13 类业务之中,故不能认定其为电信增值业务,也就不能以此认定黄某某构成非法经营罪。

其次,辩护人对于涉案行为是否属于非法经营国际电信业务也进行了多层次分析。司法解释列举了经营国际电信业务的不同手段,"租用国际专线、私设转接设备"在本案中不存在,所以只需讨论涉案行为是否属于"其他方法"。随后辩护人根据会议纪要中对于"其他方法"的解释,进一步缩小范围至"私自设置国际通信出入口"。辩护人再根据行政法规对于"国际通信出入口"的解释,将其限制为"国际联网所使用的物理信道"。通过这三个层次的解释,最终辩护人将判断标准锁定为涉案 VPN 业务是否涉及私自搭建了国际联网的物理信道。显然,根据涉案 VPN 的运行原理,行为主体并未私自架设物理上的国际通信线路,仍然采用我国合法运营商的国际出入口信道进行国际联网,即在既有的通信线路上进行通信,故涉案行为不属于非法经营国际电信业务。退一步而言,根据相关追诉标准,非法经营国际电信业务的入罪起点为 100 万元,本案也没有达到数额,所以不能通过此项路径构成非法经营罪。

最后,VPN 类案件在司法实践中除了以非法经营罪认定以外,还存在以提供侵

入、非法控制计算机信息系统程序、工具罪认定的情况。司法机关在参考其他地区的案件办理情况后,往往会“双管齐下”认定,因此我们还需要避免案件转向其他关联罪名。在本案中,辩护人除了否定非法经营罪的成立之外,还通过对 VPN 技术运行原理的解释分析,提出该 VPN 软件不具备侵入计算机信息系统的功能,没有避开、突破计算机信息系统的安全保护措施,没有非法获取数据或者实施非法控制,因此涉案行为也不能构成其他计算机犯罪相关罪名。

结合上述三项辩护意见,辩护人将可能认定犯罪的路径逐个否定,为本案取得良好辩护效果打下基础。

二、评估当事人辩解的合理性,协助当事人做好自我辩护

在新类型网络犯罪案件的办理过程之中,辩护人除了做好本职辩护工作以外,还需要全面评估当事人对于涉案技术合理性的辩解,对当事人做好相应法律辅导,帮助其自我辩护。因为此类案件相对来说比较新,其对司法机关也并不是很常见,甚至司法机关也是第一次办理,所以会较为慎重,用较长时间进行讯问或调查,因此使当事人有更多的机会进行自我辩护。当事人的自我辩解效果与辩护人提交法律意见和沟通同样重要。

在本案中,当事人前期被取保候审后,也需要多次前往办案地去做笔录。辩护人通过与当事人进行沟通,逐项评估当事人辩解的合理性,并依据重要程度排列,在讯问过程中予以强调。比如,本案中 VPN 业务的类型、搭建 VPN 的方法以及 VPN 的运行原理都是较为关键的因素,当事人在多次讯问中将这些问题向公安机关阐释清楚,无疑也进一步推动了案件发展。

除此以外,在当事人的自我辩护中,还可以加入当事人人品、品格的辩护。在本案中,当事人也属于高智商、从事正当行业的高技术人员,其主观恶性并不高,这些因素也能够进入司法机关的考虑范围,对整体辩护产生良好的促进作用。

三、新类型案件可以已决判例作依据,为控辩双方找寻共同出路

辩护人在与当事人齐心协力的基础之上,除了否定认定为犯罪的判断,如有可能,还需要找到控辩双方都可以接受的共同出路,指引案件的办理方向。

如前文所述,司法机关对于新类型案件也比较陌生,如果不构成犯罪,那么案件如何办理下去,司法机关也会慎重考虑。对此,辩护人也可以找寻方向,提出意见。在本案中,辩护人检索到两起分别发生于上海和湖北的同类型案件,将其作为辅助材料提供给司法机关。在这两起案件中,行为人同样经营 VPN 业务,在初次被发现违法后,均被处以行政处罚,被要求关停、改正。在此情况下,行为人拒不改正、继续经营,最终被以“拒不履行信息网络安全管理义务罪”定罪量刑。通过这两起案件可以

看出,需先对经营 VPN 业务进行行政处罚,如存在拒不改正的情况,则可能再构成其他犯罪。

最后,经营 VPN 业务的行为的确被我国所禁止,多部行政法规、文件中均已提到不得私自开展跨境互联网接入服务,故其在本质上属于一种违反网络审查秩序的违法电信活动。因此,根据相关法规的规定,对其进行相应的行政处罚也是有依据的。

四、及时跟进相关法规的变化,争取最好的处理结果

目前法律体系针对新类型案件的规定可能存在诸多不完善之处,这也就意味着随时可能出现新的法规对其进行明确,所以辩护人应对此保持敏感,及时跟进。在本案办理过程中,辩护人先前提供的依据为 1997 年、2017 年的相关法规,而在 2021 年 11 月,国家互联网信息办公室发布了《网络数据安全管理条例(征求意见稿)》,其中第 41 条第 2 款规定:“任何个人和组织不得提供用于穿透、绕过数据跨境安全网关的程序、工具、线路等,不得为穿透、绕过数据跨境安全网关提供互联网接入、服务器托管、技术支持、传播推广、支付结算、应用下载等服务。”第 66 条规定:“个人和组织违反第四十一条的规定,由有关主管部门责令改正,给予警告、没收违法所得……”尽管上述条例还未生效,但已经明确了对于所谓提供“翻墙”服务行为进行行政处罚的方向。

辩护人在此条例发布之后,及时与司法机关沟通,提交补充辩护意见,不仅使当事人免除承担刑事责任,还进一步为其争取到最轻缓的行政处罚,充分保障了当事人的合法权益。

(承办人:陈沛文、张警语)

不作为犯罪的义务来源辩护

——李某某涉嫌拒不履行信息网络安全管理义务罪转行政处罚案

【案件概况】

李某某创立了大连某网络科技公司，主营IDC业务和国际VPN业务。2020年7月，该公司因违规经营国际VPN业务被闵行区网安支队责令整改并进行行政处罚，其后，李某某便关停了相应业务。2020年10月，之前曾有过合作的孟某找到李某某说计划在深圳搭建一条“深港专线”，用作某游戏平台的加速器，请求李某某为其提供技术支持。李某某将原先关停的VPN网站提供给孟某，并介绍了一位技术人员给孟某，负责具体的策略编写及加密算法设置等工作。李某某陪同技术人员一起前往深圳帮助孟某完成了服务器的上架和部署，后随即返回。2021年3月，孟某由于为他人提供国际联网服务被公安机关立案侦查，公安机关随即找到李某某，以拒不履行信息网络安全管理义务罪对其刑事拘留。

辩护人介入后，经多次会见李某某，并深入研究了该罪名的构成要件，提出李某某原先受到的行政处罚与本案无关，且其客观行为从属于孟某，主观上没有本罪故意，故不存在“拒不改正”的情形。辩护人以此向公安机关申请取保候审，并得到同意。

其后，辩护人多次与公安机关沟通，向其充分解释了先前针对公司主体的行政处罚的效力不能及于本案中李某某个人，以及本罪中“拒不履行”等法律用语的含义；同时依据相关法律规定，建议对李某某进行行政处罚。

最终，辩护意见得到采纳。2022年1月，公安机关撤销案件，对李某某作出行政警告以及罚款15,000元的处罚。

【侦查阶段辩护意见】

一、李某某所创立的网络科技公司此前已根据监管部门责令内容采取了改正措施，前次行政处罚与本案无关

据李某某陈述，其曾创立大连某网络科技有限公司，主要经营IDC业务以及国

际 VPN 业务。2020 年 7 月,因违规经营国际 VPN 业务,李某某所创立的网络科技有限公司被闵行区网安支队责令整改并进行行政处罚。后李某某根据责令整改通知书等文书的要求将该公司相关业务关停,履行全部行政处罚,并于 2021 年 2 月 2 日将该公司申请简易注销。

从刑事处罚范围看,拒不履行信息网络安全管理义务罪的增设确是立法的必要扩张,但在其他相关立法对"信息网络安全管理义务"的规定不甚完备的情况下,刑事司法应当通过目的性限缩解释保持适度的谦抑,审慎认定"拒不改正"等构罪要件。对此,"两高"《关于办理非法利用信息网络、帮助信息网络犯罪活动等刑事案件适用法律若干问题的解释》(以下简称《网络犯罪解释》)第 2 条对"经监管部门责令采取改正措施而拒不改正"进行了一定的限制。最高人民法院周加海、喻海松两位法官在介绍《网络犯罪解释》的制定背景时也指出,要坚持安全与发展并重,兼顾网络安全和网络服务业发展的需要,既要促进网络服务提供者认真履行义务,也要坚持实事求是和刑法谦抑原则,以确保相关刑事责任的追究依法、妥当、合理,确保网络服务业健康、有序地发展。

值得注意的是,根据《网络犯罪解释》的规定,"拒不改正"的主体应是受到责令的主体,"拒不改正"行为所针对的对象应是责令整改的具体、明确的内容。就本案而言,受到责令的主体已经申请注销,责令整改的具体内容已经被履行完毕。李某某的网络科技公司完全按照监管部门的要求采取了全套的改正措施,没有体现出"拒不改正"的主观心态,前次整改及处罚也已经全部结束。在主体与内容均不相符的情况下,辩护人认为李某某的公司前次所受的行政处罚与本案行为没有关联。

二、涉案行为是由孟某主导、安排,李某某与孟某并非合伙关系,而是从属关系

据李某某陈述,之前曾有过合作的孟某 2020 年找到李某某,说计划在深圳搭建一条"深港专线",用作某游戏平台的加速器,请求李某某为其提供技术支持。李某某答应后,将原先关停的 VPN 网站提供给孟某,并介绍了一位技术人员朋友给孟某,负责具体的策略编写及加密算法设置等技术工作,李某某与该技术人员一起前往深圳帮助孟某完成了服务器的上架和部署,后随即返回。对于该线路、游戏加速器之后的具体运营,李某某没有参与。

故辩护人认为本案的全部行为是在孟某的主导、安排下进行,本质上是孟某的个人行为。李某某仅为其介绍了技术人员,提供了一定的技术协助,但未参与实际运营。李某某与孟某之间在涉案"深港专线"游戏加速器的运营上不是合伙关系,而是李某某的行为从属于孟某,相应地,其刑事责任也应从属于孟某。孟某未经监管部门责令整改或受过行政处罚,不满足本罪构成要件。孟某不能构成本罪,故从属于孟某

的李某某也就不能构成本罪。

三、李某某相信孟某具备搭建资质，主观上没有拒不履行安全管理义务的故意

据李某某陈述，其曾经查看孟某的海外代理账号，该账号代理权限非常高，故其认为孟某作为阿里云海外代理，具备搭建深港专线的资质。据了解，阿里云近年来的确研发了"全站加速"等加速器性质的产品，并且市面上还有腾讯公司研发的"腾讯网游加速器"、迅游网络科技公司研发的"迅游加速器"等多项产品。此类产品的原理是在各个地区部署加速服务节点，将用户的访问请求中转至最优节点，再连接到游戏服务器上，即为用户搭建了一条专用绿色通道，以实现游戏加速服务。所以李某某此项陈述符合常理，应当予以采信。

拒不履行信息网络安全管理义务罪中的主观要件通常认为只能是直接故意，从立法过程关于本罪名称的确定上看，"拒不履行"所表达的也是对于法律规范的直接对抗。在本案中，李某某相信孟某有资质搭建海外线路，且这种相信建立在一定的事实基础之上，具有一定的根据，故其在主观上已经考虑到了其负有的安全管理义务。故申请人认为，上述事实足以排除李某某"拒不履行义务"的主观故意，故其不构成本罪。

四、李某某即使存在"拒不改正"的行为，也不满足"有其他严重情节"的构成要件

本罪除了"经监管部门责令改正而拒不改正"的要件以外，还需满足法条规定的相应情形。《刑法》第 286 条之一第 1 款规定："网络服务提供者不履行法律、行政法规规定的信息网络安全管理义务，经监管部门责令采取改正措施而拒不改正，有下列情形之一的，处三年以下有期徒刑、拘役或者管制，并处或者单处罚金：(一)致使违法信息大量传播的；(二)致使用户信息泄露，造成严重后果的；(三)致使刑事案件证据灭失，情节严重的；(四)有其他严重情节的。"由于涉案运营 VPN 的行为不涉及前三项情形，则只能判断其是否具有"其他严重情节"。

"两高"《网络犯罪解释》第 6 条规定："拒不履行信息网络安全管理义务，具有下列情形之一的，应当认定为刑法第二百八十六条之一第一款第四项规定的'有其他严重情节'：(一)对绝大多数用户日志未留存或者未落实真实身份信息认证义务的……"

在本案中，李某某即便存在"拒不改正"的行为，也仅是没有按照责令整改或行政处罚的内容，将 VPN 网站提供给了孟某，但以此行为认定李某某涉嫌本罪的依据不足。根据上述司法解释的规定，要认定李某某构成本罪，不仅要求李某某"经监管

部门责令改正而拒不改正",还需造成未留存日志、未认证身份的结果。李某某"提供网站"的行为并不会当然导致"对绝大多数用户日志未留存或者未落实真实身份信息认证义务"的结果发生,而只有在孟某实际运营该 VPN 的过程中才可能导致该结果。换言之,李某某的行为与结果之间介入了"孟某运营 VPN"这一异常因素,中断了李某某的行为与结果间的因果关系,因而不能将相应结果归责于李某某。也就是说,李某某虽然没有完全履行责令整改或行政处罚的内容,其单纯地"提供网站给孟某"的行为即使可以被认定为"拒不改正",但并没有相应的危害结果发生,不满足"有其他严重情节"这一要件,进而不能构成本罪。

【心得体会】

一、仔细研究"冷门"罪名构成要件,逐一分析不满足要件的各项可能

本案中的拒不履行信息网络安全管理义务罪于 2015 年《刑法修正案(九)》中新增,属于较为"冷门"的罪名,在本案办理之时,中国裁判文书网上可检索到的案例全国只有 4 起。同时,由于本罪相关的法律规定、司法解释尚不完备,所以在适用本罪的过程中,存在诸多问题和疑问,辩护人也就需要针对其各项疑问逐一分析,提出各项不构成本罪的可能。

拒不履行信息网络安全管理义务罪的犯罪主体为"网络服务提供者",客观行为为"不履行安全管理义务"、"经监管部门责令采取改正措施而拒不改正"以及存在法条所列举的"下列情形之一",辩护意见也就依次展开。

首先,根据本罪《刑法》法条以及"两高"《网络犯罪解释》第 1 条之规定,"网络服务提供者"包括了提供各项网络服务的"单位和个人"。自然人和单位在法律上存在区别,本案中李某某与李某某所创立的网络科技公司也是如此。《网络犯罪解释》第 2 条也明确,"监管部门责令采取改正措施"是指具有信息网络安全监管职责的部门,以责令整改通知书或者其他文书形式,责令网络服务提供者采取改正措施。据此,辩护人提出 2020 年之前的行政处罚的对象是李某某所创立的网络科技公司,内容为要求关停相关业务。就该次行政处罚而言,该公司将 VPN 业务关停并申请简易注销,已经完全履行了责令整改的要求。而后李某某虽然将关停的 VPN 网站提供给他人,但李某某个人与受到行政处罚的主体(网络科技公司)显然并非同一主体,故前次行政处罚的效力并不及于李某某个人,即前次行政处罚与本案无关。在此基础之上,李某某个人未经行政处罚,当然也就不能成为本罪的主体。

其次,根据《网络犯罪解释》"拒不改正"是指针对明确、具体且具有可行性的整改措施而不改正。辩护人据此提出,除开前述主体不同以外,对于整改的内容李某某的网络公司也已经履行完毕。同时,辩护人依据最高人民法院法官对于该《网络犯

罪解释》的理解与适用一文，提出对于此项标准的认定应当适度严格以体现刑法谦抑原则，在刑事政策上也找到基点，促进案件的良好发展。

最后，要构成本罪还需满足法条所规定的“下列情形”，其中前三项“致使违法信息大量传播”、“致使用户信息泄露”以及“致使刑事案件证据灭失”可以排除，案件便聚焦于是否具有“其他严重情节”。《网络犯罪解释》第6条对此虽有所列举，但也并不明确，其中有一项为“对绝大多数用户日志未留存或者未落实真实身份信息认证义务”。因为涉案专线在运营过程中的确未对用户日志进行保存，且也未采取实名制认证，故可以被解释为“其他严重情节”。但本案中，李某某的行为仅是将VPN网站提供给他人，并不参与实际运营，所以辩护人提出李某某个人不具有保存日志、认证身份的义务，故不存在这一严重情节，不能构成本罪。

通过上述对于该罪要件的三项分析，辩护人最终提出了李某某不构成犯罪的辩护意见。

二、利用共同犯罪“从属性”、因果关系等学说理论进行辅助论证，加强说服力

尽管刑法理论与司法实践之间存在一定的鸿沟，但也并不妨碍各类学说理论在案件中起到积极作用。以一些较为成熟的理论观点作为辅助，可以加强整体观点的说服力。

在本案中，辩护人先是引入“共犯从属性说”，这是西方客观主义共犯理论中关于正犯和共犯关系的一种学说，认为正犯是共同犯罪的核心，其他共犯都具有从属于正犯的性质。尽管该学说在我国未得到官方承认，尤其有观点提出我国《刑法》第29条第2款对于“被教唆人没有犯被教唆的罪”，仍然规定需要对教唆者进行处罚，以此来否定共犯从属性。但该学说已经非常成熟，可以作为辩护意见的支撑。依据共犯从属性原则，帮助犯的成立以实行犯实施犯罪为前提。在本案中，李某某将VPN网站提供给孟某，由孟某实际运营，即便将其视为共同犯罪主体，孟某即是实行犯，李某某为帮助犯。由于拒不履行信息网络安全管理义务罪要求行为人在受责令整改后拒不改正，而实行犯孟某不具有这样的情形，所以孟某不能构成该罪。在此基础上，实行犯不构成犯罪，仅提供帮助的李某某也就不能构成本罪。

此外，由于我国刑法在一些方面继承了苏联刑法理论，并且许多问题没有明确定论，因果关系问题长期以来都存在争议。辩护人便以介入因果关系理论来否定李某某的行为与“未留存用户日志、未进行用户身份认证”的结果之间的因果关系。辩护意见提到，如果行为主体要满足拒不履行信息网络安全管理义务罪的要件，则需具有对绝大多数用户日志未留存或者未落实真实身份信息认证义务的“其他严重情节”。李某某单纯将VPN网站等技术提供给孟某并不足以引起该危害结果，孟某的实际运

营才可能导致该结果,所以李某某的行为与结果之间介入了“孟某运营”这一因素,中断了因果关系,该危害结果就不能归责于李某某。

上述两项刑法理论的引入单独看似乎“势单力薄”,但作为论证李某某不构成犯罪的辅助理由,也取得了一定的效果,这也是辩护人全面挖掘辩点的职责所在。

三、充分探寻正当化节点,以功能、目的的正当性否定行为违法性

在计算机网络犯罪案件的办理过程中,由于案件背景中包含了诸多技术问题,辩护人必须要去充分探寻所有程序、技术、功能的正当化节点,以此作为依据和素材进一步否定当事人行为的违法性。

在本案中,辩护人对于李某某为什么要提供技术帮助,以及他所提供的技术能够实现什么结果进行了研究。这包括李某某所创立的网络科技公司与孟某先前就进行过合作,李某某知晓孟某是阿里云高级海外代理,同时市面上也有大批提供专线加速服务的网络公司。无论是从资质上还是从功能上,李某某的行为都是在合理、正当的范围之内,并不存在直接对抗法律规范“拒不改正”的主观故意,从而可以再次论证其行为不能构成该罪名。

(承办人:陈沛文、李军、张警语)

历经两次无罪判决的故意伤害案

——赵某被控故意伤害罪法院判决无罪案

【案件概况】

2014年12月，L省H市人民检察院指控，赵某于2014年2月因琐事用剪刀将Y某左臂扎伤；经鉴定，Y某左上臂皮肤裂伤，属轻伤二级，应以故意伤害罪追究赵某刑事责任。

H市的冬天本没有那么寒冷，但无情的故意伤害罪指控为赵某及其家人平添了一分寒意。2015年1月本案在H市人民法院公开开庭审理。庭审中承办律师提出，Y某的损伤与医用弯头剪刀的扎伤结果不符，无法排除Y某的损伤后果系切割所致的合理怀疑。本案没有对可能遗留在剪刀上的指纹等人体生物识别信息和血迹等生物样本进行鉴定。与本案没有丝毫利害关系的目击证人M某1等人证言一致证实，赵某没有对Y某实施过任何伤害行为。在案证据不能形成指向赵某实施伤害的完整证据链，指控赵某犯故意伤害罪事实不清，证据不足。

2015年7月，本案一审宣判。H市人民法院判决认定赵某持剪刀将Y某划伤，公诉机关指控的事实及罪名成立；但被告人赵某的行为属于情节显著轻微且危害不大，不应被认为是犯罪，因此判决被告人赵某"无罪"。承办律师认为，判决以《刑法》第13条后半段的"但书"规定来出罪是错误的。此"无罪"，非彼"无罪"，虽然都是"无罪"两字，但完全大相径庭。赵某认为法院认定其持剪刀伤人的事实严重错误，不认可所谓的"无罪"判决，提起上诉。同时，H市人民检察院也提出了抗诉，认为一审判决在认定事实上有错误，应认定赵某犯故意伤害罪，并处以刑罚。

2015年12月，本案二审在A市中级人民法院公开开庭审理。承办律师结合侦查机关补充的新证据，以及承办律师申请出庭的专家证人的意见，围绕争议焦点，继续发表了无罪意见。A市中级人民法院于2015年12月作出裁定，以事实不清为由，将本案发回H市人民法院重审。

2016年3月，本案发回重审后原审法院公开开庭审理。庭审中，承办律师继续强调，"被害人"Y某及Y某一方的七个证人有相互交流串证的可能和条件，足以影响陈述及证言的客观真实性，不能形成有效证明力。法院不应无视有利于被告人的证据,即证人M某1等人的证言,因为他们的身份相对中立,证言证明力较强。尤其是他们的证言能佐证赵某无罪的辩解,足以认定Y某在案发现场根本就没有受到任何伤害。Y某的左上臂损伤与剪刀的成伤机制不一致,系切割伤所形成的合理怀疑不能被排除。公诉机关指控赵某用剪刀将Y某左臂扎伤,涉嫌故意伤害罪事实不清、证据不足,应宣告赵某无罪。

冬去夏至,又经历了一年多的等待后,2017年6月,H市人民法院对本案进行宣判,发回重审的无罪判决书认为,公诉机关指控赵某构成故意伤害罪的主要证据之间存在矛盾和疑点。法院综合公诉机关、被告人及其辩护人提供的证据,不能认定被告人赵某用剪刀将Y某的左上臂扎伤的事实。依据疑罪从无的原则,法院根据现有证据不能认定被告人赵某犯故意伤害罪。经法院审判委员会讨论决定,依据《刑事诉讼法》(2012年第二次修正)(已被修改)第195条第1款第3项之规定,判决赵某无罪。宣判后H市人民检察院未抗诉。H市人民法院的无罪宣告,充分贯彻了证据裁判、疑罪从无的刑事司法原则。本案历时三年多,赵某及其家人承受的煎熬,承办律师作出的努力,非笔墨所能尽述,最终的无罪判决为这一路的艰辛画上了圆满的句号。

【发回重审阶段辩护意见】

公诉机关指控赵某用剪刀将Y某左臂扎伤的事实不清、证据不足。公诉机关在审查、判断和采信证据上存在重大问题,无视证据间的重大矛盾、疑点,以及被告人赵某的无罪辩解,忽略对认定事实有利的证据。同时,公诉机关指控的证据无法形成一个完整的证明体系,远未达到司法审判定罪量刑所要求的“事实清楚,证据确实、充分”的证明程度,本案缺少据以定罪的充分依据。为避免错判,请合议庭慎重审查本案全部证据,尤其应对本案被害人一方的言词证据存在的疑点和矛盾予以高度关注。

一、“被害人”Y某的陈述在主要情节上具有多变性、矛盾性、不稳定性,缺乏真实性,不应采信

1. Y某对于赵某如何用剪刀扎他的情节描述前后矛盾、多变,缺乏真实性和可信度。

“被害人”Y某曾陈述:“我就被赵某用剪子给我左胳膊划两下,我把剪子抢下来后,他们就把我打倒了。”Y某另陈述:“接着赵某就拿把剪子扎我右胳膊处几下,随后又把我左胳膊划一下。然后我就把他手捏住了,就把剪子抢下来了。”对比Y某前后两次的陈述内容可以看出,Y某对其受伤的部位,以及左胳膊被扎一下还是两下的陈述,前后矛盾。

2. Y某陈述中讲赵某先扎其右胳膊几下的事实，与Y某本人提交的物证（案发时Y某所穿的内衣和棉衣）右胳膊处没有被扎后应有的破裂口相互矛盾。

“被害人”Y某陈述：“赵某用剪子扎我右肩膀处，我当时没受伤，但是我的衣服被扎破了。”从Y某的伤情以及当时被扎的程度看，显然其伤口较深，如果赵某先扎右胳膊，则衣服右臂处必然会有破损，因为左胳膊处衣服的破损明显，右臂被扎处衣服反而未有破损，明显不符常理。

综上，如果真的有被医用剪刀扎伤的事实，Y某应该对受害经过有清晰一致的陈述，其陈述不应该反复无常，前后严重矛盾。且Y某在原一审庭审中的陈述还暴露出了多处与之前两次笔录陈述完全矛盾之处，对存在的矛盾又无法合理解释。因此，Y某的陈述在主要情节上缺乏真实性，不应被采信。

二、“被害人”Y某一方的七名证人，作为“被害人”的近亲属、朋友、员工具有强烈的必置赵某承担刑事责任之目的动机，所谓的相互印证，是“陷害”下的“虚假印证”，不应采信

首先，辩护人认为，不能以若干证言的机械相加就增加证据的充分性。通过公诉人的庭审举证，不难看出公诉机关用来指控的言词证据，证人M某（Y某妻子）、Y某1（Y某儿子）、N某（Y某生意伙伴）、L某1（N某朋友）、L某2（Y某司机）、L某3（Y某司机）、Z某（Y某员工）七人均与“被害人”Y某一方具有利害关系或与被告人赵某有利害冲突。其中，“被害人”Y某，证人Y某1、L某2、L某3、Z某五人，因故意伤害赵某父子已被法院定罪判刑。因此，上述7人的证言可信度极低，依据最高人民法院《关于适用〈中华人民共和国刑事诉讼法〉的解释》（已失效）（法释〔2012〕21号）第109条，与被告人有利害冲突的证人所作的不利于被告人的证言，应当慎重使用。

其次，N某所讲的是赵某父子已经被打，只是后来赵某才拿了把剪子，这与Y某一方其他证人所称赵某先拿剪子，后被抢下，之后赵某才被进来的人打的事实是完全矛盾的。N某指证赵某用剪子扎Y某的事实不具有真实性。另外，原一审“被害人”Y某当庭证实M某当时根本就没有出现在案发现场，本案在场证人也证实M某根本没有进入过案发现场，那么M某是如何目击到诊所里所发生的情况的？因此，M某所谓看到Y某被赵某用剪刀扎伤的证言是虚假的。

综上所述，上述证人证言描述的现场情况竟多达七个“版本”，相互间的矛盾之处又明显突出，且这些矛盾又无法得到合理解释。出现矛盾的原因只能有一个解释：这些人在故意回避真实的案件情况，且他们有相互交流串证的可能和条件，足以影响证言的客观真实性。因此，七人证言的可信度极低，不能形成有效证明力，不应被采信。

三、公诉机关所指控的致伤工具医用剪刀,不具有证明力,本案证据体系存在硬伤

本案二审开庭前,侦查机关 H 市公安局将剪刀斑痕委托某司法鉴定中心进行 DNA 检验,检验结果为“非人类血迹和组织样品”,因此剪刀斑痕无法与 Y 某进行个体同一性对比分析。该 DNA 检验报告足以说明本案“被害人”Y 某和七名证人一致指证的赵某的伤害手段、致伤工具(医用剪刀)与 DNA 检验报告结果存在严重矛盾。本案 Y 某一方的七名证人的证言,均是围绕赵某持医用剪刀扎 Y 某左上臂导致 Y 某受伤这个事实而证。那么,在具有合法性、真实性、关联性的 DNA 检验报告面前,Y 某的陈述和 Y 某一方七名证人的证言完全缺乏真实性,不应被采信。但该 DNA 检验报告恰恰可用于印证赵某无罪辩解的真实性。

据此,DNA 检验报告导致公诉机关认定的赵某与 Y 某左臂损伤之间具有直接联系的物证缺乏证明力。本案认定赵某构成故意伤害罪的定罪证据体系崩塌,物证医用剪刀不具有任何证明力,更不应作为认定待证事实的定案依据。

四、Y 某的左上臂损伤与成伤机制不一致,无法证明案件的待证事实,Y 某左上臂损伤的形成与医用弯头剪刀的扎伤结果不符,系切割所形成的合理怀疑不能排除

其一,辩护人通过查看司法鉴定意见中 Y 某的伤情照片,思考如果是在案发时“争执打斗的状态下”,行为人使用“弯头的医用剪刀”能否形成 Y 某左臂上这么平行整齐的伤口,这是非常值得质疑的。有鉴于此,辩护人在原一审审查起诉阶段委托天津市某司法鉴定中心,作出了文证审查意见书。该意见书分析认为,Y 某所述的左上臂剪刺作用形成的剪刀伤与 Y 某左上臂呈现的锐器切割伤的性状特征完全不符,Y 某左上臂的切割伤的形成与医用弯头剪刀的扎伤结果不符。据此,辩护人无法排除 Y 某的左上臂损伤是切割伤的可能。

其二,本案二审庭审时,辩护人特申请了有专门知识的人胡某某法医出庭,就 Y 某左上臂的损伤是否为医用剪刀所形成提出了专家意见。胡某某法医就 Y 某的左上臂损伤的成伤机制进行了详细的分析论证,认为左上肢两处损伤边缘整齐,符合刃面锋利的锐器(如刀具)致伤形成,剪刀不能形成此种损伤。

五、公诉机关在对证据的采信与运用上存在重大问题,无视有利于赵某的证据,即与本案没有丝毫利害关系的目击证人 M 某 1、M 某 2、H 某、L 某等人的证言,他们一致证实赵某没有对 Y 某实施过任何伤害行为

鉴于本案中“被害人”一方与被告人一方存在利害关系,双方的陈述及辩解大相径庭。因此,本案审查、判断客观中立的现场目击证人的证词就显得格外重要。证人

M某1、M某2、H某、L某由于身份的独立性，他们的证言相对中立，他们所反映的情况应当是比较客观公正的。他们的证言尤其能佐证赵某的无罪辩解，足以认定Y某在案发现场根本就没有受到任何伤害。

六、赵某自始至终坚持无罪辩解，从未作出有罪供述，否认其用剪刀扎伤Y某

被告人赵某的无罪辩解始终是稳定和一致的。赵某的无罪辩解与证人Z某1、×某的证言内容具有一致性，且与涉案双方均没有利害关系的证人M某1等案发现场其他目击证人的证言可相互印证，足以认定Y某在案发现场根本就没有受到任何伤害，公诉机关指控的被告人赵某用剪刀将Y某扎伤的情形不存在。

综上，在案证据没有达到《刑事诉讼法》规定的“犯罪事实清楚，证据确实、充分”的定罪标准，认定赵某犯故意伤害罪的事实不清、证据不足。辩护人希望合议庭坚决贯彻“疑罪从无”原则，依法对赵某宣告无罪。

【心得体会】

一、风雨后，见彩虹——无罪辩护，需要辩护律师有坚定的信念和对抗的勇气

本案从承办律师接受委托，到法院最终作出无罪判决，用时三年多走完了一整套司法程序。本案经历了调查、取保候审、审查起诉、一审判决、检察院抗诉、被告人上诉、二审、发回重审等一系列司法程序，这对当事人的信心，对辩护人的意志都是一种考验。承办律师在审查起诉阶段介入案件后，始终同当事人保持一致，不放弃，坚决进行无罪辩护；审判过程中不接受任何妥协，最终争取到了无罪判决。因此，辩护律师了解到案件可能存在无罪的情况后，一定要用无罪的眼光去审视案件，从每一个细节处寻找当事人无罪的理由。成功的无罪辩护，更需要辩护律师有坚定的信念和对抗的勇气。无罪判决中的“无罪”两字承载着一个家庭的希望。三年多来，赵某背负着涉嫌犯罪的沉重压力，终获一纸无罪判决，洗刷了冤屈。本案虽是一起涉嫌轻伤的故意伤害案，但很具有典型性，两次无罪判决在司法实践中也是较少见的。该无罪案例入围了中国法学会案例法学研究会和中国政法大学刑事辩护研究中心联合举办的“2017年度（第三届）十大无罪辩护经典案例”评选活动的候选案例。

二、以子之矛，攻子之盾——申请证人出庭和积极质证，攻破控方的有罪证据体系

本案“被害人”Y某及其一方的七名证人均一致指证，是赵某用剪刀将“被害人”

Y某扎伤。从形式上看,赵某用剪刀将Y某扎伤的事实已经“铁证如山”,定案证据貌似“板上钉钉”。针对公诉机关举证的关键定罪证据,如何才能打破不利于被告人的言词证据限制,承办律师通过申请控方证人出庭和积极质证,攻破控方的有罪证据体系。庭前承办律师对七名证人现场目击的情况进行了梳理和摘录,完成了全面的比对和分析;又申请控方证人到庭,并在庭审中通过发问使证人暴露了证言间的矛盾和虚假。质证阶段,承办律师先指出上述证人皆系与“被害人”Y某具有亲属关系、密切关系的非中立第三人,且与赵某有利害冲突,因此言词证据缺乏可信度,证明力较低。承办律师再重点指出上述证人证言矛盾百出,案发现场的情况描述竟有多个不同“版本”,并逐一揭示七人的证言各自存在的诸多矛盾点,因此证言缺乏可信度,不能形成有效证明力。

面对“被害人”Y某的陈述,在庭审中的法庭发问环节,承办律师先向“被害人”进行了详细的发问,当庭指出“被害人”在关键情节上的陈述前后严重矛盾,庭审中的多处陈述与之前的笔录内容完全矛盾,缺乏真实性。质证阶段,承办律师再向合议庭展示“被害人”陈述在主要情节上具有多变性、矛盾性,其陈述不稳定且真实性存疑。最终,发回重审阶段的无罪判决中,法院对“被害人”的失真陈述及7个证人的失真证言均未采信。

三、他山之石,可以攻玉——立辩方的无罪证据,有效运用专家辅助人制度

为了增强无罪辩护效果,承办律师同时进行了积极举证,展示辩方的无罪证据,先破后立,有破有立。本案承办律师要想辩护成功,关键是要能用新的证据说话,靠辩护律师收集新的证据,构建辩护事实,来抗辩公诉机关已经形成的证据体系。审查起诉阶段阅卷后,承办律师查阅了司法鉴定意见中“被害人”左上臂的损伤照片,其皮肤损伤为两处纵形条状、互相平行略呈弧状的创口。承办律师根据两条创口不直,略呈弧形,长度不同,间距不等等情况分析,对其损伤是否为医用剪刀所形成存在重大疑问。

在审查起诉阶段,为促使检察机关同意成伤鉴定申请,承办律师积极寻找外力支持,先委托天津市某司法鉴定中心作出文证审查意见,意见认为Y某左上臂的切割伤的形成与医用弯头剪刀的扎伤结果不符。随后承办律师将文证审查意见附在鉴定申请后提交检察机关,但H市人民检察院坚决不同意承办律师的鉴定申请。在案件一审和二审审判阶段,承办律师又屡次提出成伤机制鉴定申请,但审判机关始终未同意。为此,案件经由二审上诉、抗诉至A市中级人民法院审理后,承办律师又委托法医专家作为有专门知识的人出庭,就Y某左上臂的损伤是否为医用剪刀所形成的提出专家意见。法医专家在庭审中就Y某的左上臂损伤的成伤机制进行了详细的分析论证,认为“被害人”左上肢两处损伤边缘整齐,符合由刃面锋利的锐器(如刀具)

形成，剪刀不能形成此种损伤。专家证人的出庭加强了辩护观点。文证审查意见的作出及有专门知识的人出庭进一步强化了本案的成伤疑点，重构了新的案件事实，最终扭转了本案的“乾坤”，达到了出罪目的。因此，辩护律师在办案过程中，如果能够运用好专家辅助人制度，可以最大限度地维护被告人的合法权益。

四、借力打力——有效运用侦查机关收集的新证据，为无罪辩护提供弹药

对被害人提供的所谓“凶器”物证——医用剪刀，侦查机关就剪刀上的斑痕委托鉴定机构进行了DNA检验，检验结果为“非人类血迹和组织样品”，因此无法与“被害人”Y某进行个体同一性对比分析。DNA检验报告的结果导致公诉机关认定的赵某与Y某左臂损伤间具有直接联系的物证缺乏证明力。在二审及发回重审的庭审中，承办律师始终紧抓侦查机关后收集形成的有利于被告人的新证据——DNA检验报告的证明目的不放，这对发回重审后法院作出无罪判决也产生了实质性的辩护效果。

五、不偏不倚——伤害案件辩护中不应忽视中立证人证言的证明力

本案发生时现场还有多位目击证人目击了案发的经过。因他们处在旁观者的地位，证言相对中立，所反映的过程、情况无疑更可靠、更可信，证明力较强，能对查清事实起到积极的作用。尤其是他们的证言能与被告人的无罪辩解相印证，足以认定Y某在案发现场根本就没有受到任何伤害。最终，法院在发回重审阶段的无罪判决中对中立方的证人证言予以采信。

（承办人：邹广杰）

是“合同纠纷”还是“合同诈骗”

——张某某涉嫌合同诈骗罪侦查阶段撤销案件案

【案件概况】

张某某曾担任某县有水泥厂的股东及法定代表人。在水泥厂筹建期间，工人修改变压器铭牌上的容量数额，由原来的16,000kVA修改为12,500kVA，并以修改后的容量与供电局签订供电合同，选择供电方式为按变压器容量供电。张某某退出公司多年后，因上述事项涉嫌合同诈骗罪被当地公安局立案侦查，并被要求承担900余万元的欠缴电费以及欠缴电费三倍的违约金。

本案律师在张某某接受第一次讯问前介入，向张某某提供了法律咨询服务，并劝张某某主动到办案机关说明情况。2019年7月25日，律师陪同张某某主动到办案机关说明情况，张某某于当天下午办理取保候审手续。之后，根据张某某的讲述，以及在办案机关了解到的案件情况，辩护人就案件事实、定性、处理方式等方面的问题，向办案机关递交了详细的辩护意见。

在张某某被取保候审未满一个月时，公安机关将本案报请检察机关审查批捕。律师知情后，又继续到当地电力部门、企业沟通了解电力部门的诉求，并向检察机关递交了不予批准逮捕的律师意见书；在之前递交辩护意见的基础上，又向检察机关说明了本案涉嫌用刑事手段插手经济纠纷等新的意见。最终，检察院不批准逮捕张某某。

在辩护工作外，辩护人也与张某某一起与当地电力等政府部门沟通，表示愿意承担政府损失，缓解各方面的压力。

2019年12月9日，公安机关因不应追究刑事责任撤案。

【辩护意见】

一、本案仅涉民事纠纷，不能、不应由刑法予以调整，不应作为刑事案件进行侦查并追究刑事责任

（一）与甲县供电公司沟通的基本情况

2019年7月30日，辩护人与甲县供电有限公司（以下简称供电公司）进行了沟

通,听取其意见,该公司的总体意见是:(1)从民法层面而言,该公司与A水泥公司(现B水泥厂)是供用电合同关系,合同的双方主体是供电公司与现在的B水泥厂。张某某并非合同主体,该公司要解决该事项也只能针对现在的B水泥厂而不能针对张某某个人。(2)水泥厂一方虚报变压器容量已经构成合同违约,违约情形属于《供电营业规则》第100条第2项“私自超过合同约定的容量用电”,根据该规定,厂方应当承担“除应拆除私增容设备外,属于两部制电价的用户,应补交私增设备容量使用月数的基本电费,并承担三倍私增容量基本电费的违约使用电费……如用户要求继续使用者,按新装增容办理手续”的责任。故B水泥厂应补交从变压器使用时至调整容量时共计使用月数的基本电费及三倍违约使用电费,至于张某某在其中如何承担责任是水泥厂内部协商的问题。(3)根据《供电营业规则》第100条第2项的规定具体计算,该公司损失的基本电费是950万元,三倍违约使用电费为2850万元,合计3800万元,这部分系国有资产的损失,理应被追回。如果双方无法协商将走民事诉讼法律途径解决。水泥厂一方是否构成违约、如何履行违约责任由人民法院依法裁判,即便不判赔上述数额乃至于一分不赔,只要法律上有依据、经过审判机关裁断,该公司也可以接受。(4)该公司也不认为张某某个人或水泥厂一方已经涉嫌刑事犯罪,是否构成犯罪由司法部门依法侦查,该公司只考虑追回上述电费。

辩护人赞同供电公司对合同关系主体系该公司与B水泥厂的认识,张某某个人不属于合同主体。但是,本案的争议焦点就在于是否存在“国有资产的损失乃至于巨额损失”。曾经的A水泥公司、现在的B水泥厂存在的违约行为是否属于《供电营业规则》第100条第2项“私自超过合同约定的容量用电”的情形,辩护人存在不同的看法,具体理由在下文阐述。

(二)本案只属于一般的合同违约,不属于《供电营业规则》第100条第2项规定的违约用电情形

1.水泥厂一方与供电公司建立了供用电合同关系,其虚报变压器容量违背了诚实信用原则,构成合同违约

水泥厂与供电公司签订《供用电合同(高压)》,确立了供用电合同关系。根据合同约定,基本电费按变压器容量计算。水泥厂名义上的变压器容量为12,500kVA。实际上水泥厂一方虚报了变压器容量,把大容量160,000kVA申报成了12,500kVA,并更改了变压器铭牌,使供电公司只按照12,500KVA收取基本电费。若按16,000kVA的变压器容量,每月27元/kVA的标准计收,则每月的基本电费应是432,000元;按照水泥厂申报的12,500kVA的变压器容量,每月27元/kVA的标准计收,每月的基本电费应是337,500元,上述不同变压器容量计收的基本电费每月相差94,500元。按照合同法的相关规定,用电方未如实申报变压器容量,导致供电方把本应按照16,000kVA标准收取的基本电费按照了12,500kVA收取,使供电方存在损失。但这

个损失不是用电方超过合同约定的用电量用电或者窃电造成的损失,而是其违背了诚实信用原则给供电公司造成的损失。

2. 水泥厂方虚报变压器容量的行为给供电公司造成的“损失”系民事契约关系中预期收益的损失,不属于《供电营业规则》第100条第2项“私自超过合同约定的容量用电”的损失

《供电营业规则》第100条规定“危害供用电安全、扰乱正常供用电秩序的行为,属于违约用电行为”,《电力供应与使用条例》明确列举了六项违约用电情形。本案中水泥厂一方变更变压器铭牌容量,以相对较低的容量作为计收基本电费的标准向供电公司申报,与供电公司签订合同的行为,并未危害供用电安全,属民事欺诈,违反了合同法的诚实信用原则。既然双方约定按照变压器容量计收基本电费,不管用电方是否用完了变压器容量范围以内的电,都需要按容量标准交费,不应以实际用电量低于变压器容量来进行合同抗辩,这在合同法上是完全成立的。供电公司完全有权利依据《供用电合同(高压)》向仲裁机构或者人民法院主张,用电方未如实告知变压器容量导致少收了差额部分的电费。但是,差额电费属于电力公司的“合同预期收益”,类似于对赌协议,愿赌服输,不管用电方是否实际用完了变压器容量的电都要按容量交费。但这不代表电力公司已经实际供应变压器容量的电量,用电方也实际消耗了所供应的电量。《供电营业规则》第100条第2项的违约情形规定的是“私自超过合同约定的容量用电”,凸显的是实际用电量超出了合同约定量,即供电公司实际供电却未获得对价,用电方实际用电却未支出该电费,供电公司的损失是供电的有形、实际损失,而不仅仅是基于违反合同约定的“合同收益损失”。

3. “私自超过合同约定的容量用电”必须满足两个条件:用电方申报的容量虚假、实际使用的电容量超过了申报的虚假容量,本案不符合这一情形

综观所有的电力法规,供电公司的利益受损无非两大方面:违约用电及窃电,但实际上还应该有第三种类型:一般性的合同违约。本案只属于一般性的合同违约,用电方确实需要补交变压器的真实容量与申报容量之间的差额电费。因为不管用电方是否实际消耗了相应的电量,供电方按照合同约定就该按照变压器容量来收取电费,不管既有约定对某一方有利或不利都应照此执行。类似于座机费、电话费、电视费包月或包年费,这一费用不管实际用量如何只按照合同约定来收取。但是,《供电营业规则》第100条第2项“私自超过合同约定的容量用电”必须满足用电方申报的容量虚假和实际使用的电容量超过了申报的虚假容量两个条件,只有二者同时具备,才属于“私自超过合同约定的容量用电”;即此时电力公司的损失是供电的实际损失,因为电力已经被用电方实际消耗。正因如此,《供电营业规则》才规定了带有惩罚性质的“三倍私增容量基本电费的违约使用电费”。这与《合同法》中规定的违约金具有本质区别,《合同法》中规定的违约金上限是“造成损失的30%”,强调的是“造成损

失”。《供电营业规则》中的“三倍私增容量基本电费的违约使用电费”也说明这是供电公司的电力实际损失,而不是预期收益的损失。更为关键的是,要高度重视《供电营业规则》第100条第2项中的规定:“除应拆除私增容设备外……如用户要求继续使用者,按新装增容办理手续”,这更是说明这个违约情形中用电方确实是存在显性的“增容设备”,并且这个“增容设备”可以继续使用。但本案中不存在任何“增容设备”,仅仅是用电方把容量高的铭牌改为了容量低的铭牌导致基本电价的收费标准有误差,确实不代表供电公司据此供电造成了有形电力的损失和消耗,其损失的仅仅是合同上的预期收益,不是电力的实际损耗。

4. 本案的合同违约不属于《供电营业规则》第100条的任何一种违约情形

仅仅从财产的多寡变化而言,财产的积极增加与应支付债务的免除都能达到让当事人获益的效果。比如,某人获得1000元奖金是财产的积极增加使之获益,其被免除1000元应付债务无形中也使之获益。正因如此,在《合同法》层面而言,水泥厂一方确实被免除了16,000kVA与12,500kVA之间的基本电价的债务,客观上获益了。水泥厂一方的获益也意味着供电公司的财产受损,但此处财产受损的原因是水泥厂违反了诚实信用原则使供电公司未收取本应收取的基本电价,不能推导出水泥厂一方私自增容、超过合同约定的容量用电,更不能推导出供电公司据此多供应的电力被水泥厂消耗而未支付对价。因此,本案中,水泥厂一方的责任属于合同违约,理应补齐基本电费的差额,并应承担此部分损失30%以内的违约金。但是,这绝不属于《供电营业规则》第100条第2项的情形,也不属于该条规定的任何一种情形,因为水泥厂不存在任何“增容设备”。

综上所述,从立法目的、立法原旨来解读《供电营业规则》第100条,可以看出该条规定的六种违约情形均符合供电公司已经实际供应了电力而未能收到电费,用电方实际消耗了电力而未支付电费,所有的损失都是电力消耗的实际损失。只有在这种情况下造成的损失才适用带有惩罚性质的加收两倍或三倍违约使用电费,这才是“国有资产的损失”。因为电力这一国有资产确确实实被供应、消耗,供电公司却未收到对价。反观本案,供电公司并未因变压器铭牌从16,000kVA改为12,500kVA而过量供电,且未出现水泥厂超量用电而未支付对价。本案只属于一般性的合同违约,用电方需要补交变压器真实容量与申报容量之间的差额电费。

(三)相关的电力法规均明确区分了用电违约行为与窃电行为及犯罪行为的界限,本案明显不属于刑事犯罪

国务院1996年4月17日发布的《电力供应与使用条例》(已被修改)第30条规定:“用户不得有下列危害供电、用电安全,扰乱正常供电、用电秩序的行为:……擅自超过合同约定的容量用电……”第31条规定:“禁止窃电行为。窃电行为包括……”第40条规定:违反本条例第30条规定,违章用电的,供电企业可以根据违章

事实和造成的后果追缴电费,并按照国务院电力管理部门的规定加收电费和国家规定的其他费用;情节严重的,可以按照国家规定的程序停止供电。第41条规定:违反本条例第31条规定,盗窃电能的,由电力管理部门责令停止违法行为,追缴电费并处应交电费5倍以下的罚款;构成犯罪的,依法追究刑事责任。由此可见,国务院在制定电力法规时已经清楚划分了用电违约行为、窃电行为与犯罪行为的区别,并且只有构成犯罪的窃电行为才被依法追究刑事责任。违约用电行为根本未被规定"构成犯罪的,依法追究刑事责任",这说明违约用电行为充其量都是民事违约,不能、不应用刑事法规予以调整。

同时,电力工业部1996年5月19日发布的《供用电监督管理办法》第28条也规定:电力管理部门对危害供电、用电安全,扰乱正常供电、用电秩序的行为,除协助供电企业追缴电费外,应分别给予下列处罚……擅自超过合同约定的容量用电的,应责令其改正,给予警告;拒绝改正的,可下达中止供电命令,并按私增容量每千瓦(或每千伏安)100元,累计总额不超过五万元的罚款。第29条规定:"电力管理部门对盗窃电能的行为,应责令其停止违法行为,并处以应交电费五倍以下的罚款;构成违反治安管理行为的,由公安机关依照治安管理处罚条例的有关规定予以处罚;构成犯罪的,依照刑法第一百五十一条或者第一百五十二条的规定追究刑事责任。"由此可见,《供用电监督管理办法》从供用电监督的立场出发,对于违约用电行为也仅仅是规定给予最高5万元的行政处罚,而非作为刑事犯罪线索移交司法机关处理。只有盗窃电能的行为才在行政处罚的基础上分别适用治安管理或者追究刑事责任。

并且,电力工业部1996年10月8日发布的《供电营业规则》共计10章107个条文,其第八章专门规定了"供用电合同与违约责任",第九章专门规定了"窃电的制止与处理"。第八章"供用电合同与违约责任"只规定了有哪些违约情形、应当如何处理,从未规定"构成犯罪的,依法追究刑事责任";而第九章"窃电的制止与处理"第102条则规定"窃电数额较大或情节严重的,供电企业应提请司法机关依法追究刑事责任"。

综上所述,本案中水泥厂更改变压器铭牌容量的行为,充其量属于合同违约行为,其未履行"诚实信用"的缔约义务,但实际上也并未"私自超过合同约定的容量用电"。其行为也并不符合所有上述电力法规中对"窃电"行为的规定,不属于"窃电",当然不能被追究其刑事责任。

(四)辩护人搜索公开判例,没有搜到一份将涉案行为定性为犯罪的判决,请办案机关对本案定性予以重视

辩护人通过在"中国裁判文书网""无讼案例"搜索后发现,涉案水泥厂"将变压器容量铭牌改小后,按小容量签订供电合同,实际用电未超过合同约定容量"的行为,没有任何判例认定为构成犯罪,最多将类似的"实际增加变压器容量"的行为定

性为违约行为。

1. 辩护人将本案的所有关键词在裁判文书公开网站搜索判决后发现，与本案类似的行为没有一例被认定为刑事犯罪

辩护人输入“变压器容量”“变压器 + 容量 + 增容”“私增变压器容量”“私增用电容量”“私增容量”“用电容量私增”“变压器 + 容量 + 增加”“变压器 + 诈骗罪”“变压器 + 合同诈骗罪”等关键词组合，在“无讼案例”中进行检索，发现存在上述关键词的刑事判决，主要是涉及职务犯罪[如(2015)永靖刑初字第64号案中，被告人作为国家工作人员，没有认真履职，没有审查出虚高申报变压器容量的行为，被判构成玩忽职守罪]、骗取补贴或者奖励金诈骗犯罪[如(2015)蓟刑初字第0118号案中，陈一×通过虚报变压器容量和位置骗取国家补偿款，被判构成诈骗罪]或者与本案行为没有任何相似之处的诈骗犯罪，但没有任何一个判决将本案的类似行为认定为犯罪。

2. 搜索结果涉及的“实际增加变压器容量”判例，被判补缴的电费金额都达到了盗窃罪或诈骗罪的立案标准，但没有一例被认定构成犯罪

如在(2017)新40民终2143号案中，被告(用电企业)因私自增容，被判补交基本电费21,937.5元。根据新疆维吾尔自治区高级人民法院《〈关于常见犯罪的量刑指导意见〉实施细则》，新疆诈骗罪的立案标准为3000元，盗窃罪的立案标准为2000元。补缴电费额已经远超上述立案标准，但被告未被认定构成犯罪。另外，如在(2009)浙台商终字第398号判决中被告企业应补缴基本电费17,480元，在(2009)浙台商终字第399号判决中被告需补缴基本电费23,520元，上述金额也已达浙江省刑事犯罪的立案标准，但判决中的被告没有被定性为犯罪。因此，即使“实际增加变压器容量”的行为已经达到盗窃罪或诈骗罪的立案标准，司法实践中法院也并没有将其认定构成犯罪。

3. 实践的判例中，法院都是将“实际将变压器增容”认定为《供电营业规则》中的法定违约行为，而没有将“少报变压器容量且用电量未超申报容量”的行为定性为法定违约行为，因此本案行为仅为“约定违约行为”

辩护人检索判例后发现，涉及容量变更问题，如上述第2点中的三个判例都是用电企业私自将变压器实际增容，被法院判决构成违约，因而承担补缴基本电费和违约金的责任，与本案行为并不相同。辩护人认为本案的行为危害性较修改变压器容量更小，仅仅是一般的民事约定违约，并不能构成适用《供电营业规则》的法定违约。

(五)供电公司知道实情后，也认为原A水泥公司的行为是民事违约行为，并不认为A水泥公司涉嫌刑事犯罪

2019年4月13日，供电公司向B水泥厂发送《催交电费通知单》，认为B水泥厂(原A水泥公司)在2009年11月至2017年3月采用更换变压器铭牌的方法窃电，应

当补缴基本电费9,491,850元,并承担《供电营业规则》第102条规定“供电企业对查获的窃电者,应予以制止并可当场中止供电。窃电者应按所窃电量补交电费,并承担补交电费三倍的违约使用电费”的责任,违约使用电费为28,475,550元。

供电公司依据以上的计算方式和引用条款,认为B水泥厂(原A水泥公司)存在窃电行为,明显是错误的。在此,辩护人更想说明的是供电公司在知道A水泥公司更换变压器铭牌后,也仅认为该行为是一种民事违约行为,但辩护人同时认为,该行为并非要承担3倍违约使用电费的“窃电”法定违约行为。既然修改变压器铭牌的行为都不构成法定违约行为,那么就更谈不上构成刑事犯罪了。

总之,近年来民刑交叉、行刑交叉领域已经出现过多起诸如“天津气枪大妈”案件,王立军非法经营案件等舆情关注、高层关注的案件,舆情关注的焦点集中于刑法的什么领域?边界在哪里?刑法是谦抑的,这是所有刑法学理论界、实务界的共识和遵循的原则。刑法是最后法,也就是说,只有在其他部门法不能调整的情况下才能适用刑法。但本案的行为无论是依据《电力供应与使用条例》,还是《供用电监督管理办法》,都仅仅属于违约用电行为,无须也不应上升到刑法层面进行调整。供电公司是否受到损失、受到的是何种性质的损失,应由民法进行调整,合同双方可以通过仲裁、诉讼或者协商解决。对于个人在民法层面上应负的责任和义务,张某某均不推诿,愿意积极弥补。

(六)张某某被他人控告合同诈骗罪有特殊的背景和原因,望法院予以重视并明查

张某某辩称,据其所知,其被多人控告有多方面原因。第一,其和傅某甲的弟弟傅某乙有民事纠纷,起初傅某乙等举报是希望以此逼张某某作出民事案件的让步。但之后因傅某乙与张某某等人出现债务纠纷,傅某乙犯非法吸收公众存款罪,被判有期徒刑4年,并处罚金30万元。之后,傅某乙和其亲属等将刑事判决结果归咎于张某某,才开始大规模举报。第二,张某某在上述刑事案件中享有巨大债权,部分债权人希望通过举报张某某涉嫌刑事犯罪,让张某某放弃债权。还有诸多其他特殊背景和原因,导致张某某被举报和控告,张某某的正常生活和工作受到了严重影响,因此十分烦恼。

综上,本案只属于民法调整的范畴,不能、也不应由刑法予以调整,不应作为刑事案件进行侦查并追究刑事责任,辩护人请法院考虑张某某被他人控告涉嫌合同诈骗罪有特殊的背景和原因,对本案予以重视并明查,厘清民法与刑法的边界,让案件回归民法领域定分止争。

二、从犯罪构成上,本案的行为主体应当是单位,即A水泥公司(现更名为B水泥厂),且张某某主观上缺少诈骗故意,电力公司也未陷入错误认识,本案行为不构成犯罪

(一)本案的行为主体应当是单位,即A水泥公司

1. A水泥公司实施了购买变压器、申报用电和签订供电合同等涉案行为

在本案中,向乙市重变电器有限责任公司(以下简称乙市公司)购买变压器的是A水泥公司,与供电公司申报用电并签订《供用电合同(高压)》的也是A水泥公司。

2. 即使修改变压器铭牌后会有额外收益,该收益也属于A水泥公司

即使A水泥公司修改了变压器铭牌后向电力公司申报用电,会产生额外收益,收益也属于A水泥公司,不会属于张某某个人。

3. 以单位名义实施,所得收益归属单位的行为,应当被定性为单位行为

(1)从民事角度,A水泥公司符合民事主体身份,以其名义实施的行为应当由公司承担责任。

(2)从刑事角度,即使A水泥公司涉嫌犯罪,也是涉嫌单位犯罪。最高人民法院《关于审理单位犯罪案件具体应用法律有关问题的解释》第3条规定:“盗用单位名义实施犯罪,违法所得由实施犯罪的个人私分的,依照刑法有关自然人犯罪的规定定罪处罚。”《全国法院审理金融犯罪案件工作座谈会纪要》规定:“以单位名义实施犯罪,违法所得归单位所有的,是单位犯罪。”本案中,行为人以A水泥公司名义实施行为,所得归属A水泥公司,即使构成犯罪,应属于单位犯罪。

因此,无论从民事角度或刑事角度,本案的行为主体都是A水泥公司。

(二)张某某主观上没有犯罪故意,电力公司也未陷入错误认识,更未遭受损失,故本案行为不构成合同诈骗罪

1. 张某某主观上对被控诈骗行为毫无所知

张某某时任A水泥公司的董事长,对变压器的设计、采购、安装、申报及签订供用电合同的事项并未审批、参与,其事前并未指使、安排公司员工把16,000kVA的变压器铭牌改为12,500kVA并按照12,500kVA的容量向供电公司申报安装,以此作为电费的计量标准。由于事中不知情、事后无追认、默许行为,张某某不具备合同诈骗罪的主观故意要件。

(1)张某某直到被多人举报,向乙市公司吴总、严某、邓某某等了解具体情况后,才知道修改变压器铭牌一事

张某某向辩护人辩称,其知道涉案变压器事件是在转让所持有的公司股权之后的五六年,原公司电力车间负责人傅某丙打电话给张某某,说如果不给钱就去举报修改变压器铭牌一事,张某某才知道涉案事件。后因自己被傅某乙等多人举报,张某某才开始重视涉案事件,并向乙市公司吴总打电话了解情况,从吴总处得知当时去乙市

公司办理变压器签约等事宜的是严某。

此外,张某某也打电话给邓某某(安装公司变压器等设备的时候,邓某某还不是A公司的员工,是兴奥公司派来完成安装其出售的设备预埋线路等一些前期工作)核实情况,了解到当时提出更换变压器铭牌的是傅某丙(当时的电力车间主任)和傅某甲。傅某甲、傅某丙、严某一起讨论修改变压器铭牌事宜时,邓某某和钟工也在场,且当时修改完的铭牌就放在傅某甲房间。

张某某向严某(当时的技术总工,负责设备的招标与设计公司的沟通、生产线的布置、设备的配置等技术上的事情)打电话了解情况时,严某称具体的事情记不清了,但记得当时是傅某丙或傅某甲提出修改铭牌,并且四人(傅某甲、傅某丙、严某、邓某某)就此事碰过多次头;提出去乙市公司修改铭牌的肯定是傅某甲,去乙市公司签订合同的是严某本人。

因此,如果张某某的辩解属实,那么张某某在跟以上几人具体核实后,才逐渐开始确定存在变压器铭牌被修改一事。

(2)在变压器设计、采购、安装、申报用电之前和过程中,张某某并不知情,更没有指使或安排

张某某向辩护人辩称,其不知道变压器的上述具体事宜,理由是:第一,关于张某某的职责。其作为大股东不参与公司的具体经营,傅某甲负责公司的具体经营,技术总监严某负责设备招标、生产线的布置、设备的配置等技术事宜,傅某丙是电力车间负责人。第二,关于签字。因为张某某长期不在甲县,其很多签字是由他人代签。其偶尔来甲县时,员工看到董事长来了,会让张某某签一些合同,但出于对傅某甲的信任,张某某几乎不注意合同的具体内容。第三,对于变压器。张某某至今未见过涉案变压器,且其对技术一窍不通,在上亿投资的厂区内,其作为董事长也不可能去关心一个不到百万元价值的变压器。

辩护人了解的书证也可以证实张某某的以上辩称。第一,关于职位。甲县人民政府会议纪要第一期《县政府60万吨水泥厂迁建技改项目专题会议纪要》记载:2007年12月4日县政府召开该专题会议时,水泥厂一方参加该会议的人员有时任董事长张某某,时任总经理傅某甲。第二,关于职责。绥政通(2007)3号文件《甲县人民政府关于成立60万吨水泥厂迁建技改项目建设协调领导组的通知》(2018年1月7日)中,水泥厂一方成为该协调领导组成员的只有时任总经理傅某甲,这说明张某某并不负责A水泥公司的具体事宜,而由傅某甲全权负责;A水泥公司与乙市公司2008年7月23日签署的《补充合同》时,代表A水泥公司签署合同的是总工程师严某。第三,关于合同中的签字。目前张某某和辩护人尚未看到A水泥公司与乙市公司的第一份合同,也未看到A水泥公司向供电公司申请新增变压器的相关申请、合同等书证,暂不清楚上述合同是否系张某某签署合同。即便是张某某签署合同,也需

要调查落实张某某在何种情况下签署,在签署之前和签署时是否了解内情。

因此,张某某的辩解具有合理性且有客观证据的支持,其不具备诈骗犯罪的主观故意。

(3)在变压器设计、采购、安装、申报用电后,张某某也没有追认、默许的行为

之前已经提到,张某某被傅某乙等多人举报后才开始重视涉案事件,并开始向乙市公司吴总、严某、邓某某等了解具体情况,逐渐知道当时变压器铭牌被改等事宜,但出于公司已经转让等原因,张某某已经无力改变。因此,张某某的辩解如果成立,那么可以说明在变压器设计、采购、安装、申报用电之后,张某某也没有追认、默许行为。

因此,张某某事前、事中不知情,事后没有追认、默许行为,不具备诈骗犯罪的主观故意。

2. 供电公司未陷入、也不可能陷入错误认识

成立合同诈骗罪需要“对方陷入错误认识”。根据《供电营业规则》等相关规定,供电公司只要履行了竣工检验职责,就必然能够发现、应该发现该变压器的真实容量,其不可能被骗但依然出具验收报告,否则说明其认可该行为。

(1)《供电营业规则》规定,电力营业机构统一办理受电工程设计的审核、施工中间检查、竣工检验等业务。根据《供电营业规则》第17条的规定,供电企业的用电营业机构统一归口办理用户的用电申请和报装接电工作,包括用电申请书的发放及审核、供电条件勘查、供电方案确定及批复、有关费用收取、受电工程设计的审核、施工中间检查、竣工检验、供用电合同(协议)签约、装表接电等项业务。

(2)在实际操作中,供电单位会对变压器各项参数进行详细检测和实验,对真实容量是明知的。根据辩护人了解,供电单位向企业供电前,会对企业的电力线路、变电设备线路抗阻、变压器参数和性能情况等进行详细检测和实验;根据上述流程得出的详细数值,供电企业应当知道变压器的真实容量。

(3)供电公司明知变压器的容量,但依然与A水泥公司签订合同,说明其认可供电合同中变压器的容量,并未陷入错误认识。根据以上分析,供电公司应当明知涉案变压器容量,但仍然与A水泥公司签订了供电合同,说明其对合同中变压器的不实容量是认可的,并没有陷入错误认识。

3. 虽然变压器的实际容量被更改,但A水泥公司实际用电量从未超过12,500kVA

根据张某某的辩称和提供的相关材料,A水泥公司和B水泥厂的月最高负荷从未超过12,500kVA。另外,根据《国家发展改革委办公厅关于完善两部制电价用户基本电价执行方式的通知》第5条的规定:“电网企业要通过多种形式,帮助用电企业广泛知晓完善后的基本电价执行方式,主动为用电企业申请调整计费方式、减容、暂停提供方便,确保相关措施落实到位,让用电企业真正得到好处。”A水泥公司和B

水泥厂的实际每月负荷未超过10,000kVA，供电公司应根据通知精神，主动为企业申请减容，让企业真正得到好处，而本案中并没有，反而让多缴电费的企业涉嫌刑事犯罪。

综上，从犯罪构成上讲，本案行为并不构成犯罪。

三、若本案要成立诈骗犯罪，应当对本案涉及的所有人员、单位进行全方位调查，才能形成完整的证据闭环锁链，确定各方的地位、作用

退一步讲，本案若成立合同诈骗罪，即使张某某参与到案件当中，但仅靠其个人行为显然无法完成和得逞，必须有其他单位或个人的配合。故辩护人认为，应当全面调查乙市公司是否存在帮助行为，A水泥公司的时任领导、主管人员和相关部门负责人是否存在共谋及共同行为。这样才能形成完整的证据闭环锁链，查清案件，分清各个人员、单位在本案中的具体地位、作用，达到全面公平的定罪、量刑。

四、即使张某某构成犯罪，但其有自首情节，也未违反取保候审规定，对其没有逮捕必要

（一）即使张某某构成犯罪，其也有自首情节，可以在十年以下量刑

2019年7月25日，张某某自动到甲县公安局投案，如实供述自己的行为。如果其构成犯罪，根据我国《刑法》第67条和相关司法解释之规定，公安检察机关应当认定张某某有自首情节，对其可以在十年以下量刑。

（二）张某某未违反取保候审规定，对其不羁押不致产生社会危险性，对张某某没有逮捕必要

张某某在取保候审期间，严格遵守我国《刑事诉讼法》第71条关于取保候审的相关规定。且根据我国《刑事诉讼法》第81条、《人民检察院审查逮捕质量标准》《最高人民检察院、公安部关于印发〈最高人民检察院、公司部关于逮捕社会危险性条件若干问题的规定（试行）〉的通知》之规定，张某某也不属于必须逮捕的情形。

（三）公安机关在首次讯问后就办理取保候审，不满一个月就提请批准逮捕，有违法理和常理，请贵院慎重审查

自2019年7月25日张某某首次到案接受讯问（当天办理取保候审）至公安机关报请人民检察院批准逮捕，时间不足一个月。根据我国《刑事诉讼法》第71条之规定，一般仅在犯罪嫌疑人违反取保候审期间的规定时，公安机关才有可能提请批捕，但张某某在取保候审期间，严格遵守相关规定，公安机关此时报捕有违法理、常理。本案时间长久、背景复杂、证据众多、相关人员遍及全国各地，在仅有张某某一次供述的情况下，人民检察院若对张某某予以批准逮捕，造成错案的风险巨大。

因此，即使张某某构成犯罪，也没有逮捕的必要。

关于本案的处理，除了上述法律层面的分析，辩护人最后陈述两点意见：

第一，协调案件责任为重，谨防日后背锅担责。本案时间跨度长、水泥厂经营主体发生变更、涉及人员众多、民刑交叉极为复杂，公安机关前期接到举报后迟迟不予立案就是因为罪与非罪争议极大。后公安机关在对张某某采取取保候审措施不足一月，讯问调查仅有一次，张某某并未违反取保规定的情况下就匆忙报捕，明显是基于案件协调的压力。辩护人到供电公司沟通的时候也了解到本案在甲县已经召开过多次协调会，在司法体制改革凸显办案主体司法责任制的背景下、在案件责任终身负责制的要求下，辩护人相信检察机关的领导及承办人一定能严把案件事实关、证据关。

第二，假设本案供电公司乃至于国有资产确实存在损失，以刑事来“推动”民事绝非正确可行的途径。面对本案不合常理的侦查及报捕过程，辩护人不禁揣测，公安机关报捕张某某是否意图以采取强制措施的压力逼迫其偿还供电公司的“损失”。在上次与供电公司沟通后，辩护人向公安机关提交了本案不构成刑事案件的辩护意见，供电公司可能认为挽损受阻，可能会设想以刑事手段来推进挽损，假设如此，这是对形势的严重误判，是对手段的错误决策，水泥厂名称从“A”变为了“B”，法定代表人从张某某变更为了傅某丁，本案甲供电公司的缔约损失能否挽回，关键不在于张某某是否配合，而在于供电公司能否正确地理解本案法律关系并提出合法合理的解决方案。如果其按照《催缴电费通知书》认定是“窃电”行为，那么毫无疑问，其适用的法律条款明显不当。辩护人也听取了现B水泥厂法定代表人傅某丁的意见，傅某丁的意见非常明确：主体只可能是现在的B水泥厂，水泥厂存在违约但绝未窃电；违约的950万元可以偿还，所谓的三倍违约款绝无可能偿还，因为本案没有适用“三倍违约款”的法定违约情形，B水泥厂坚决不会交三倍违约款。由此可见，交费的主体无论是申请仲裁还是向法院起诉，乃至于未来申请法院强制执行，都只可能是现在的B水泥厂。逮捕张某某不能逼迫到傅某丁，不可能让张某某为了自由就违心向傅某丁承诺所有款项由他来承担。首先，自由固然重要，但张某某有其底线和基本原则，其既然不知情、未指使，为什么要遭受如此无妄之灾且要承担如此巨额的经济负担？其次，难道赔付了损失就不构成犯罪？2850万元并非小数，关键是一旦按照供电公司认定的“窃电”性质，难道民事上偿还损失在刑事上就不构成犯罪？没有任何人敢承诺只要赔付就不追究刑责。在此种情况下，不仅仅是张某某，换成任何一个人都不会有意愿来积极赔付。最后，纠纷不宜久拖不决。假设傅某丁不配合、不执行的话，供电公司岂不是更加骑虎难下，停电对B水泥厂显然不适宜。总而言之，想用刑事压服民事，不会达到预期目的。如果供电公司能够认同辩护人的分析及主张，即认为本案确实只存在约定违约情形，要求张某某及B水泥厂赔付缔约损失950万元。这是符合法律规定的，张某某及B水泥厂也可以接受并积极履行违约责任。如此，案件回归到民事纠纷的本位，张某某、傅某丁、供电公司三方都可以迅速达成协议并履行完毕,让拖了十年之久的纠纷画上句号,于各方都有利。

总而言之,本案的最优解决方案是让刑事的归刑事,让民事的归民事。不越权不擅为,既保障相关各方的权利,促成纠纷的合理、合法、迅速地解决,定分止争,也实现法律效果和社会效果的双赢,更保障案件质量经受得住历史的检验。

【心得体会】

一、对于提前介入辩护的案件,全程留痕,保障当事人权益同时防范执业风险

《刑事诉讼法》第 34 条第 1 款规定:“犯罪嫌疑人自被侦查机关第一次讯问或者采取强制措施之日起,有权委托辩护人……”根据上述规定,在公安机关通知其第一次讯问时,本案委托人张某某因无法委托律师作为辩护人参与案件,就委托律师提供法律咨询服务。

至第一次讯问前,律师的工作全程留痕。首先,律师给张某某提供法律咨询时,向其介绍了诈骗罪相关的法律规定以及刑事诉讼中的程序规定,以便其准确地回答办案机关的问题。其次,律师要求张某某主动到案并配合办案机关工作,并通过录音录像方式全程陪同其到案,保证其主动到案的情节可以被固定。最后,律师也要时刻注意执业纪律,绝对防止出现帮助当事人毁灭、伪造证据以及威胁、引诱证人违背事实、改变证言或者作伪证的行为,防止执业风险。

二、不能急于递交录音材料证据,要寻求合适时机再递交,防止好牌被打乱

对于变压器铭牌修改一事,当事人有与涉事人员沟通的录音材料,可以证明其事前并不明知,而是案发后才知道,因此当事人希望辩护人尽早递交录音证据,以证明其清白。但录音材料属于言词证据,在侦查阶段,言词证据具有不稳定性,极易被推翻。故律师团队经研究,决定待案件审查起诉阶段律师阅卷后,再看情况提交录音证据。这样一方面可以防止该录音证据内容被推翻,另一方面律师可以根据公安机关搜集的证据情况,看如何提交、如何解释更为有利,以充分保障当事人的合法权益。

三、对于专业性强的案件,办案团队要有分工,研究要全面深入

从专业层面,本案涉及电力的专业知识,包括电力设备的构造、运行模式,电力收费的方式(如两部制电价的计算方式等)等。辩护人并没有电力专业背景,故除了搜索相关专业知识书面材料外,还向电力营销、线路安装、电力维护等不同电力部门的专业人员请教;在自己弄清专业问题后,还要组织成易于理解的语言,再讲述给同样缺乏专业知识的办案人员,这样才能让办案机关了解案件的所有细节,公正裁判。

从法律层面，本案涉及行政法、民法、刑法的交叉，三方面法律都非常庞杂，需要投入大量时间。因办案时间紧，律师团队进行了分工，一位负责行刑交叉部分（《电力供应与使用条例》等相关规定中关于违约、窃电与犯罪的规定），一位负责刑民交叉部分（如“法定违约”与“约定违约”的论证），在分头研究后再进行团队讨论，发现问题、解决问题，最终提出一套完整的法律论证意见，为当事人争取到最大权益。

四、提出辩护意见要有理、有礼，但也要有力、有利

本案存在办案机关使用刑事手段干预经济纠纷的可能，故辩护人在提出专业、平和的辩护意见同时，也要表明当事人和辩护人的态度。对于当事人愿意履行民事赔偿，但是如果办案机关以刑事手段干预经济纠纷，最终导致错案发生的情况，办案机关也应当承担相应责任；其不仅仅要有愿意协商的态度，同时也应该有坚持的立场和原则。故在办案主体司法责任制的背景下、在案件责任终身负责制的要求下，辩护人也相信办案机关一定能严把案件事实关、证据关。最后，辩护人也提出了有利于多方的解决方案，表示与办案机关一样，希望案结事了。

（承办人：武广轶、谢可明、楼安翔）

如何认定涉毒类犯罪中的主观明知

——李某涉嫌运输毒品罪不起诉案

【案件概况】

李某在云南某快递点,将两个装有腌菜罐子的包裹从云南寄递至武汉,收件人为万某。万某在领取快递包裹时被公安机关抓获。侦查人员从该包裹内搜查出疑似毒品“麻果”49袋,净重1058.72克,经鉴定检出毒品甲基苯丙胺成分。李某在案发后逃匿,数月后,李某又到公安机关投案,辩称其受朋友“阿勇”的委托寄递包裹,但对藏匿毒品“麻果”的事情并不知晓。

李某以高度隐蔽的方式运输毒品,归案后否认其明知邮寄的包裹中藏有毒品,如何认定其主观故意?辩护人在审查起诉阶段介入,与检察机关多次沟通,提出在案证据无法直接证明李某主观明知毒品存在,且本案不存在推定主观明知的情形等辩护意见,该意见被检察机关采纳,案件获得不起诉处理。

【辩护意见】

辩护人总体认为:本案无直接证据证明李某对受“阿勇”指使邮寄的包裹里藏有毒品的事实主观明知,且本案也不符合主观明知推定的法定情形。根据刑法主客观相统一的原则,本案不符合运输毒品罪的构成要件,故检察机关应对李某作出不起诉的决定。

一、李某对受托寄递的包裹是否藏有毒品并不知晓,主观上不具有犯罪的故意

嫌疑人李某的供述证实其受“阿勇”指使邮寄包裹时,“阿勇”既未明确告知其藏有毒品的事实,其本人也未打开包裹进行查看,故此证据可以证明李某主观上并不知晓邮寄的包裹内装有毒品的事实。

嫌疑人万某的供述证实,万某虽然是收货方,但却与李某并不相识,无证据证明双方存在毒品交易、毒资支付的联络行为,故可以反向推定出李某系被人利用寄递包裹,主观上不可能知道幕后交易的行径。

二、本案不存在推定李某对毒品主观明知的情形

根据《全国部分法院审理毒品犯罪案件工作座谈会纪要》关于主观明知推定的规定，嫌疑人李某不符合该纪要规定的情形。

（一）李某未获取不同寻常的高额报酬

结合李某的供述与辩解，以及公安机关第二次补充侦查提交的《情况说明》可知，“阿勇”微信转账给李某200元，而李某帮“阿勇”邮寄腌菜的费用在100元左右。从常理来讲，至多100元的报酬显然不属于“不同寻常的高额报酬”，李某为了至多100元的报酬而冒着被刑事处罚的风险去邮寄毒品，是不符合常理的。

（二）李某未采取高度隐蔽的方式寄递毒品

根据李某的供述与辩解“我是用一个袋子把阿勇给我的两个罐子装在一起的”可知，李某仅仅是将需邮寄的两个罐子用袋子装在一起，未进行其他的复杂包装，即便认为罐子存在高度隐蔽的情况，也是属于“阿勇”的行为，与李某无关。

（三）李某未用虚假身份或地址办理托运手续

根据在案证据中李某的供述与辩解，以及书证包裹邮寄单照片可知，李某在邮寄包裹时，使用的是其本人的真实姓名及地址，不存在使用虚假身份或地址的情况。

三、根据主客观相统一原则，李某仅有客观寄递毒品的行为，但主观上并不明知，且也不符合明知推定的情形，故不符合运输毒品罪的构成要件

在客观方面上，公安机关确实在李某向万某邮寄的物品中查获了毒品，这一事实有在案物证予以证明。但是，在主观方面，李某辩解称自己不知道邮寄的物品中藏有毒品，且本案没有证据可以证明李某明知包裹中的毒品存在，本案也不存在可以推定李某主观明知毒品存在的情形。刑法的主客观相统一原则要求司法机关在对行为人追究刑事责任时，必须同时具备主客观两方面的条件。本案李某在主观上不明知邮寄物中藏有毒品，因此本案不符合该主客观相统一原则，在现有证据的情况下，司法机关不宜追究其刑事责任。

【心得体会】

一、不能仅凭嫌疑人辩解判断主观明知问题

运输毒品属于直接故意犯罪，行为人主观上必须明知是毒品而运输，否则不构成本罪。实践中，嫌疑人到案后常以主观上不明知是毒品而进行辩解。在此情况下，判断嫌疑人主观上是否明知就成为定案的关键。对此不能仅凭其辩解，而应当依据嫌疑人实施毒品犯罪行为的过程、方式，毒品被查获时的情形等证据，结合其年龄、阅历、智力等情况，进行综合分析判断。

二、主观明知推定的辩护切入点在于合理性解释

在无直接证据证明行为人主观明知的情况下，案件有符合推定明知的条件时，司法机关也可以根据案件具体情形推定行为人主观上系明知。为有效打击毒品犯罪，防止行为人到案后否认明知而逃避刑事处罚，2008年12月最高人民法院印发的《全国部分法院审理毒品犯罪案件工作座谈会纪要》列举了九种可以推定行为人主观明知的具体情形：具有下列情形之一，被告人不能作出合理解释的，可以认定其"明知"是毒品，但有证据证明确属被蒙骗的除外：(1)执法人员在口岸、机场、车站、港口和其他检查站点检查时，要求行为人申报为他人携带的物品和其他疑似毒品物，并告知其法律责任，而行为人未如实申报，在其携带的物品中查获毒品的；(2)以伪报、藏匿、伪装等蒙蔽手段，逃避海关、边防等检查，在其携带、运输、邮寄的物品中查获毒品的；(3)执法人员检查时，有逃跑、丢弃携带物品或者逃避、抗拒检查等行为，在其携带或者丢弃的物品中查获毒品的；(4)体内或者贴身隐秘处藏匿毒品的；(5)为获取不同寻常的高额、不等值报酬为他人携带、运输物品，从中查获毒品的；(6)采用高度隐蔽的方式携带、运输物品，从中查获毒品的；(7)采用高度隐蔽的方式交接物品，明显违背合法物品惯常交接方式，从中查获毒品的；(8)行程路线故意绕开检查站点，在其携带、运输的物品中查获毒品的；(9)以虚假身份或者地址办理托运手续，在其托运的物品中查获毒品的；(10)有其他证据足以认定行为人应当知道的。

本案中，李某虽然采取高度隐蔽的方式邮寄藏匿毒品的包裹，但其辩解称邮寄包裹系受人之托，邮寄之前，委托人已对邮寄物进行了包装隐藏，其在拿到邮寄物后并未再次进行包装。对于委托人"阿勇"是否真实存在，在案证据有李某与"阿勇"关于邮费的转账记录为证，李某的辩解可以被认定为合理解释，从而无法适用上述会议纪要规定的情形推定其主观明知。

三、辩护方案全面展开，践行"五化"服务

在本案中，辩护人准备了无罪和罪轻两套辩护方案。罪轻辩护方案从自动投案、受雇佣、受指使和毒品定性定量鉴定超期，以及物证保管链条缺失等方面入手，为嫌疑人争取从轻、减轻处罚的量刑；无罪方案从在案证据无法直接证明嫌疑人主观明知，且本案不存在推定嫌疑人主观明知的情形入手，论述在案证据无法达到主客观相一致的定罪标准，不能认定李某构成运输毒品罪。

本案涉案毒品数量1公斤多，或使李某面临无期徒刑或以上的刑罚，辩护人从"当事人利益最大化"的角度出发，与李某沟通协商后，决定采用无罪辩护方案；在与承办检察官的多次沟通中，传达了李某的辩解意见，着重强调了在案证据无法直接证明或推定李某对运输毒品主观明知的意见，得到了承办检察官的认可。最终检察委

员会讨论决定对李某不起诉，案件取得实质性成果，当事人对律师的工作也非常满意。

（承办人：曹朝军、唐健、陈宇轩）

抓住合同本质，明晰合同诈骗罪构成

——石某涉嫌合同诈骗罪不起诉案

【案件概况】

石某是A公司的实际控制人，A公司从事国际贸易，有客户资源，但没有足够的资金开展后续的经营。石某的好友张某是B公司的实际控制人，也是C公司的员工。B公司具有中国出口信用保险公司的额度，C公司作为国有企业，空闲资金雄厚，但按照规定不得对外借贷，且为了实现企业的盈利，对员工具有业绩要求。张某为达到C公司的业绩要求，找到石某提出由A公司与C公司签订《商品购销合同》，由A公司向C公司供货，C公司给付A公司货款。C公司与B公司签订《采购合同》，由C公司向B公司供货，并在提单日90天内付款。此外，B公司与C公司签订《采购代理协议》，C公司需要从B公司指定的A公司采购产品。这样既能够解决A公司资金不足的问题，又能够帮助C公司实现"以钱生钱"。

从交易流程和资金流向看，A公司收到C公司货款，后从厂家购买产品、将产品销往其联系的国外实际客户，在收取国外客户货款后，将货款和销售的部分利润给付B公司，B公司在提单日90天内将前述款项给付C公司。这样，在A公司、B公司和C公司之间形成闭合循环。

2016年7月18日与2016年8月8日，A公司分别与C公司签订合同，约定由C公司向A公司支付价款人民币9,520,000元和10,500,000元，A公司交付160吨糖精钠和150吨无水糖精钠。两份合同共20,020,000元。

A公司在向C公司交付110吨糖精钠后，由于资金不足、环保治理导致采购不到相应产品等问题，对剩下的50吨糖精钠和150吨无水糖精钠没有完成交付，故不能偿还C公司借款。C公司遂以A公司骗取资金、以石某涉嫌合同诈骗罪为由报案。

2019年6月，石某因涉嫌合同诈骗罪被某市公安局刑事拘留，7月因某市检察院以证据不足，不予批准逮捕，石某被取保候审。

2020年7月，石某涉嫌合同诈骗案被移送某区人民检察院审查起诉，次年1月，该检察院作出不起诉决定。检察院认为现有证据不能证明石某有非法占有的目的，故依法不予起诉。

【审查起诉阶段辩护意见】

一、客观之辩：A 公司行为不符合合同诈骗罪的客观要件

（一）A 公司与 C 公司签订的合同不属于经济合同，不属于合同诈骗罪的规制范围

在 2015 年 9 月 1 日之前，企业间互相拆借融资的行为属于非法行为，故企业之间往往通过签订买卖合同的形式来规避借贷的实质。因欠款不还行为提起的买卖合同诉讼，往往直接被法院认定为借贷行为，被“以合法形式掩盖非法目的”的原因而归于无效。2015 年 9 月 1 日起施行的最高人民法院《关于审理民间借贷案件适用法律若干问题的规定》明确了企业间拆借融资属于合法行为，相关合同亦认定为有效，但是设置了苛刻的前提条件，即要求款项用于生产经营。因此，在 2015 年 9 月 1 日之后，法院在实践中仍然基于双方真实意思表示，将涉案的款项往来认定为借贷。

辩护人查阅相关民事判例发现，在 2015 年之后，法院审查涉案合同是否属于买卖合同，是否具有经济合同性质，是从当事人的交易目的、合同价款是否合理、标的物是否实际交付流转以及交易过程是否符合常理等方面进行。确定合同属于经济合同之后，法院才能根据案件的具体情况对是否构成合同诈骗罪进行判断。

不是所有签订的买卖合同都是真实的买卖合同，将借款合同隐藏在买卖合同之下，表面为买卖合同实质为借款合同的情况不在少数。分清买卖合同和借款合同是区分合同诈骗罪和民事纠纷的关键所在。

在之前已有的判决之中，如（2016）粤 01 民终 7734 号判决、（2017）京 0108 民初 34665 号判决以及（2019）渝 05 民终 4748 号判决，法官经过对买卖双方签订的合同，以及实际交易情况的审理，最终认定涉案合同所涉的法律关系是融资性关系。在（2016）粤 01 民终 7734 号判决中，首先，法院审查涉案各方签订的合同，认为各公司之间实际形成了一个闭合性的循环交易关系。其次，法院认为各合同的交易价款逐步递增，即在同一天内，行为人以低价出售和以高价购买的方式同时完成各方之间的交易。最后，法院认为，以低卖高买的方式从事亏本的交易，这明显不符合买卖合同以营利为目的的交易特征，不符合一般的交易常理，最终法院认定该案产品购销合同所涉的法律关系实为融资性贸易关系。在（2017）京 0108 民初 34665 号判决中，法院认为系列合同是否能够被认定为融资性贸易，应当从以下两个方面判断，一方面是该系列合同是否构成封闭的交易回路（系列合同的参与方两两之间的合同首尾相连构成闭环）或准封闭的交易环路（系列合同的参与方两两之间的合同首尾虽然不构成闭环，但至少有两方存在相同的实际控制人，将该两方视为一方时亦构成封闭交易环路），系列合同约定的资金流动方向与约定的货物移转方向是否相反，货物是否真实

存在无关紧要;另一方面是各方均认可或有确切证据证明,各方均明知系以融资为目的而签订系列买卖合同,即参与各方明知哪方是资金出借人,哪方是资金实际使用人,哪方是资金通道。同样,在(2019)渝05民终4748号判决中,法院认定融资性买卖仅是表象,涉案公司的真实意思表示是融资、借款。

本案中,从合同的形式和内容来看,A公司与C公司签订的买卖合同规定了双方具体的权利义务,约定了交付的标的物以及支付金额的时间。在标的物交付流转和交易的过程也有相应的单据予以证明。C公司通过交易单据和相关文件证明A公司对于签订的160吨糖精钠只交付了110吨,剩余50吨糖精钠和第二次签订的合同中的150吨无水糖精钠没有履行交付义务。来往的交易记录能够证明A公司对C公司履行了交付义务,但C公司对交付标的物的查验和风险等问题并不关心,没有尽到收货方的职责。从C公司对标的物接收的表现来看,C公司对于此合同并不是真正地想要履行,也不是想真正地得到这批糖精钠和无水糖精钠。因此司法机关不能简单地将C公司和A公司签订的合同认定为经济合同。

C公司作为国有企业,根据《中央企业违规经营投资责任追究实施办法(试行)》第9条的规定:中央企业经营管理有关人员违反规定,未履行或未正确履行职责致使"违反规定开展融资性贸易业务或'空转''走单'等虚假贸易业务"及"违反规定提供赊销信用、资质、担保或预付款项,利用业务预付或物资交易等方式变相融资或投资",造成国有资产损失或其他严重不良后果的,将会受到责任追究。基于这一规定,国有企业向民营企业借款时经常采取名为签订买卖合同,实为借款合同的交易模式。在本案中,C公司就是通过与A公司签订买卖合同的方式来达到规避国有企业不能对外借款的规定,用这种交易形式来获得稳定的利息,从而实现自身企业利润的增长。

同时,辩护人通过检索C公司判决发现,C公司采取名为买卖合同、实为借贷合同的贸易方式,与其他公司进行过大量的融资合作,并被生效判决确认为双方关系为借贷。涉案合同与之前C公司与其他公司签订合同相似,将涉案合同 认定为借款合同是完全合理的。本案中,C公司与A公司签订合同之后,只负责直接将资金 交给A公司,仅关心资金及高额利息能否及时回笼,不关心货物是否实际存在以及货物是否实际发出等,也不参与实际的产品销售和经营,不承担货物验收、市场变化等任何经营风险。由此来看,C公司与A公司签订的合同不是经济合同,而是融资借贷合同,不能够被认定为合同诈骗罪中"合同"的范畴。

(二)C公司没有陷入对合同的错误认识

在融资性贸易的业务中,当事人双方或者三方基于各自的利益,优先考虑从事融资活动,事前对于融资的细节,包括对贸易的名目、吸收的主体、形成的贸易闭环以及走账和还款等都会进行详细的商议。

在本案中,C公司要求与其合作的公司必须要在中信保具有额度。A公司的实际控制人石某利用B公司具有中信保额度的便利,与C公司进行合作。C公司的法人对B公司进行考察,通过此种方式来证明其与A公司签订合同时尽到了注意义务。C公司在对B公司进行考察之后,分别在2016年7月1日和2016年8月6日与A公司签订两份大额买卖合同,并于2016年7月18日打款9,520,000元,于2016年8月8日打款10,500,000元,共计20,020,000元。第二份大额合同签订时,A公司与C公司尚未完成第一份大额合同的履行。根据A公司的石某和C公司的前员工张某的供述可以看出,A公司和C公司在2015年已经开始进行合作,到2016年7月双方签订第一份大额合同时,双方已经进行了9次合作。合作是采用名为签订贸易合同实为借款的方式,A公司将资金和利润分别转账给B公司后,由B公司转账给C公司。这两次大额合同的签订,仍然是按照前9次的合作模式进行。C公司的法人代表张某某对此具有认知能力,能够明晰A公司与C公司在2016年签订的两份合同实质上是融资借贷合同。A公司到期不能还款和支付利息时,C公司想用“合同诈骗罪”来弥补损失。综合A公司与C公司的多次合作来看,C公司对于合同并没有产生错误认识,不符合合同诈骗罪主观上要求被害人产生错误认识的构成要件。

C公司在向A公司出借资金的时候,没有受到强制,签订合同和给付资金的时候意思自由。C公司作为签订合同的一方,在与A公司签订正式合同之前,经过了几个月的思考,相比于A公司,C公司在这份合同的签订中更具优势地位。C公司在签订合同时应当预估合同的风险,即使不能明确估计,但C公司也应明知自身并不需要货物,其与A公司签订合同的目的是通过借款来实现高额利润的取得。一旦因为借款风险导致资金不能回款,C公司应当自己承担责任。

二、主观之辩——A公司不具有非法占有的故意

A公司在与C公司签订合同的过程中,已经对此合同属于融资性借贷合同达成一致意见。C公司与A公司前9次履行小额合同,对2016年7月5日应当交付的160吨糖精钠只交付了110吨的情况,认为是A公司履行小额合同或者部分合同来取得大额合同后,非法占有C公司资金的行为。A公司作为C公司的长期合作伙伴,未完成160吨标的物的全部交付,并不是由于A公司具有非法占有的目的。A公司与C公司签订的是借贷合同,不会再进行实际的标的物流转。借款合同本身就存在一定的风险,对于资金的利用以及市场的变化,对企业的发展都有一定的影响和作用。A公司的资金不能回笼,不代表A公司具有非法占有的目的。市场的风险结果不能归结于个人,更不能因产生不利结果就主观地将A公司认定为具有非法占有目的。

C公司认为,A公司的实际控制人石某隐瞒自己的真实身份,与其丈夫王某假装

B公司的负责人,租赁场地、发放假名片等行为,使自己对石某和王某的身份产生了错误认识,属于“骗”的行为。但石某和王某采取这一行为的目的是促成与C公司的合作,是为了从C公司获取资金实现A公司资金的流动。根据对A公司的业务调查,A公司和生产厂家、国外客户进行了真实交易,也具有履行真实合同交易的意图。

在C公司将资金打给A公司之后,A公司将一部分资金用于自身经营和招待客户,虽然资金没有完全用在生产经营和国外客户的合作上,但是A公司采取这种行为也是为加强与客户的合作,促进其与国外客户实现大额的交易,也不具有将款项据为己有的目的。

A公司在不能如期对C公司进行还款之后,也并没有逃避履行,而是积极地与其他公司展开合作,并与C公司签订还款计划,进行积极还款等行为。这证明A公司经营秩序正常,并为履行债务积极努力,在C公司报案之前,A公司一直在还款,这不能证明A公司具有诈骗的故意。

【心得体会】

一、厘清融资性贸易、合同纠纷和合同诈骗罪

融资性贸易的类型之一是循环贸易,又被称为“封闭式循环买卖”“循环交易”等,是对三方或三方以上的企业间进行的封闭式买卖交易的统称。这种交易模式的主要目的是规避法律的强制性规定和虚增交易量。如在本案中,A公司作为供货方与C公司签订供货合同,B公司作为购货方与C公司签订购货合同,C公司是出借资金方,A公司是融资方。整个货物流转方向为:A→C→B→A;资金流转方向为:C→A→B→C,形成了封闭式循环买卖,不仅为C公司在表面上增加了业务量,获取利润,而且为A公司进行了隐秘的融资。这种循环式的融资性贸易,实质为借款合同,买卖双方并无真实的买卖货物的意思,且上游供应商和下游客户通常为同一实际控制人控制,或上下游之间存在特定利益关系,经常“走单、走票、不走货”。

融资性贸易引起的纠纷属于合同纠纷。合同纠纷是指在合同订立和履行过程中,主观或客观方面的原因造成该合同规定的双方的权利义务不能被履行或不能被全部履行而产生的争议。当发生普通的合同纠纷时,相对人一般通过协商、仲裁、提起民事诉讼等方式定分止争,不会诉诸刑事救济措施维护自身权益。如果在合同的订立、履行过程中,一方当事人存在欺骗行为,使对方产生错误认识并做出意思表示,那么这种合同纠纷就与合同诈骗罪产生了相似现象。行为人期望通过实施这种行为促进合约的签订,以此来达到谋取高于正常履行合同所得利益的目的,即通过合法的合同行为谋取不合理的利益。

合同诈骗罪是行为人以非法占有为目的,在合同签订、履行过程中,虚构事实、隐

瞒真相的欺骗行为(具体表现为《刑法》第224条前四款规定的行为方式)使相对人产生认识错误,并基于认识错误处分财产。

从合同诈骗罪的客观行为来看,合同诈骗的“合同”是合同法领域的子集,该合同必须具有财产流转的特征,具有因行为人的欺骗行为而破坏国家市场经济秩序的可能性。从合同诈骗罪的客体来看,合同诈骗罪侵犯的复杂客体,包括既侵犯了合同他方当事人的财产所有权,又侵犯了市场经济秩序。从合同诈骗罪的主观方面来看,行为人必须要有以非法占有财产的主观故意。“以非法占有为目的”是诈骗类犯罪的典型要件,也是区分罪与非罪的关键所在。

二、正确区分融资性借贷行为和合同诈骗行为

在现有的规定之中,国有企业不能对外进行借款。在民间借贷合法的环境下,国有企业也开始通过“名为买卖、实为借贷”的交易方式来达到规避国家政策向其他企业借款的目的。融资性借贷合同和经济合同之间有较多的相似之处,区分二者关键在于正确区分融资性借贷行为和合同诈骗行为。

(一)涉案合同具有经济合同的形式及内容

这种在出资方与融资方之间签订的买卖合同,从合同的形式及内容上看,有具体的标的物、交易时间和支付方式,写明了双方的权利和义务。为了增加合同的真实性,这种融资性的借款合同通常会附随双方交易所需要的完整单据。涉案合同从形式和内容来看,完全符合经济合同的要求,也落入对于合同诈骗罪的规制范围内。

(二)融资借贷合同本身的风险引发纠纷的产生

这种名为买卖实为融资的合同,本身就在出资方和融资方之间存在一定的风险。融资方为了筹集资金生产经营,经常以借款的方式进行。国家为促进经济的发展施行一部分针对企业的融资政策,即使是在这种环境下,企业想从银行完成贷款融资也仍然面临一定的困难。银行从审核到走流程到最后发放贷款,需要经历很长的时间。企业无法经受住如此长时间的拖延,只能选择民间借贷的方式快速实现企业融资。

企业之间签订借贷合同本身就具有较大的风险。市场日益变化,企业在市场中的身份和地位也一直在变化。企业在这种不确定的环境中,无论盈亏都是正常现象。但是出资方的目的是通过这种方式来获取利润,如果融资方的亏损直接导致自己企业的资金无法回笼,不仅无法得到利息,本金的偿还更是一个问题。因此,出资方为了避免资金的亏空,经常会在融资方无法偿还贷款时以合同诈骗罪的名义起诉。

(三)合同涉及的不真实凭证为认定“诈骗”提供了可能

出资方和融资方为规避国家政策而签订了买卖合同,为了使这一虚假交易更具有真实性,双方会在签订合同之后,按照合同的内容完善所需要的各项文件和单据。双方在这种长期的合作关系中对于如何伪造合同、伪造公章已经非常熟练,也完全符

合双方签订合同中要求履行的程序。这些完备的材料也成为出资方控告融资方构成“合同诈骗罪”的有力证据。

签订合同的其中一方不具有大额合同履行能力，但是想通过此种方式谋取非法利益的，会先与对方签订小额合同或者部分履行合同来获取对方的信任。上述一方若在合同签订时就具有非法占有的目的，符合合同诈骗罪的构成要件。但在以买卖合同为掩饰，以借贷合同为实质的交易方式中，一方不履行合同的原因并非具有非法占有的目的。借款合同本身存在一定的风险，资金的增减不是依靠一方的行为确定的，出资方在签订合同时应该能预估到一定的风险。如果融资方在签订合同时不具有非法占有的目的，自然不具有构成合同诈骗罪中的主观意图。

（承办人：周娜）

村委会能否构成单位犯罪

——陈某某被控非法占用农用地不起诉案

【案件概况】

侦查机关认为:2013 年 4 月,某村委会书记陈某 1 和村长陈某 2 组织村民代表开会决定,违占土地面积约 60 亩耕地,建设某小区作为安置房。村建理事会于 2014 年 4 月开始成立,陈某 3、陈某某、陈某 4、陈某 5(已取保)、陈某 6(已取保)、陈某 7(已取保)、陈某 8(已取保)、陈某 9(已取保)等成员共计 11 人,未经批准擅自占用某街道某村土地作为某小区项目用地。经 F 市国土资源局实地勘测及鉴定,陈某 3、陈某某、陈某 9 等 11 户村民违占土地面积约 60 亩耕地,其中 14.28 亩耕地种植条件被严重破坏。其中陈某 1 和陈某 2 组织开会决定建设某小区项目,并挑头成立村建理事会。村建理事会中陈某 3 为会长,陈某某和陈某 4 为副会长,统筹负责某小区的建设推进及后期售卖等工作。陈某 5、陈某 6、陈某 7、陈某 8、陈某 9 等人协助陈某 3、陈某某、陈某 4 进行建设管理工作。鉴于陈某 1、陈某 2、陈某 3、陈某某和陈某 4 在建设某小区中起主要作用,其余人等主要按照村建理事会的安排开展工作。侦查机关以前述人员涉嫌非法占用农用地罪移送审查起诉。

辩护律师于审查起诉阶段介入,经了解基本案情及阅卷后,提出本案关键证据存在问题、系单位犯罪、嫌疑人犯罪情节轻微等辩护意见。辩护人多次与承办检察官沟通,最终人民检察院对当事人作出不起诉的决定。

【审查起诉阶段辩护意见】

一、案涉地块为已办理建设项目规划选址和用地预审的村留用地,建房符合《某街道土地利用总体规划图》(2006—2020 年)用途,而非非法占用一般耕地

首先,《某街道土地利用总体规划图》(2006—2020 年)(侦查卷第 4 卷第 73 页)明确案涉地块属于“允许建设用地区”。

其次,L 市国土资源局《关于 × 港某村、S 村未经审批建住宅小区情况的报告》(× 国土资〔2015〕192 号)(侦查卷第 4 卷第 5 ~ 6 页)证实,2011 年 8 月,L 市人民政

府以专题会议纪要(〔2011〕153 号)原则同意,将某街道××路南侧(某有限公司项目用地东侧)安排约 60 亩分别作为某村和 S 村留用地。2011 年 10 月 12 日,某村委会以某小区(某村留用地)的项目名称报经市城乡规划局批准并办理了建设项目选址意见书,用地面积为 32.93 亩。L 市国土资源局《关于×港某村、S 村建设住宅小区核查情况的报告》(×国土资〔2015〕324 号)(侦查卷第 4 卷第 10 页)亦证实,某村村建住宅小区地块符合 L 市土地利用总体规划。

最后,案涉人员陈某 2、陈某 3 等的陈述亦证实,该 32.93 亩回拨地系因村民对征地的补偿费用为每亩 5 万元不满意,不支持征地,L 市政府开会决定同意给村民的拨地。

由上文可见,政府回拨给某村的 32 亩土地目的及本意就是让村民在其上建设安置房,且建设项目用地预审意见书也载明该地块的性质为"土地用途为商住用地",即村委会组建村建理事会在该地块建房并未改变土地用途,也符合政府回拨土地的本意。显然,本案的实际情况有别于其他的非法占用耕地的行为。

二、F 市国土资源局鉴定本案中 14.28 亩耕地种植条件严重毁坏,未扣减其中的 7.02 亩留用地,即本案种植条件严重毁坏的耕地面积应为 7.26 亩

F 市国土资源局于 2015 年 12 月 21 日作出的《耕地种植条件毁坏程度鉴定书》显示,案涉地块建筑物占地面积 17.71 亩(其中耕地 14.28 亩);鉴定结论为:其中 14.28 亩耕地种植条件严重毁坏。

首先,L 市国土资源局《关于某村、S 村建设住宅小区核查情况的报告》(×国土资〔2015〕324 号)证实,某村建理事会建设的"××××××花园"用地面积共 60.7 亩,其中 31.02 亩土地为某村留用地,14 幢房屋建筑占地总面积 17.3 亩,地类属于一般耕地 13.95 亩,其中有 7.02 亩一般耕地是属于某村留用地范围内。故,本案最终认定耕地种植条件严重损坏的 14.28 亩应扣减其中的 7.02 亩留用地,即本案实际严重破坏种植条件的一般耕地面积为 7.26 亩(14.28 - 7.02 = 7.26)。

其次,本案被严重破坏种植条件的 7.26 亩一般耕地,在案发前已被村民挖鱼池养鱼,种植条件已经遭到一定程度的破坏。关于这节事实,从案涉人员的陈述中可以得到印证。且陈某某等人仅系回填鱼池,与一般破坏耕地行为的主观恶性明显不同。

根据最高人民法院《关于审理破坏土地资源刑事案件具体应用法律若干问题的解释》(法释〔2000〕14 号)第 3 条规定的面积及情形,本案占用的一般耕地面积 10 亩以下,情节较为轻微,未达立案追诉标准,可以比照对 S 村一样,予以行政处罚。[详见《L 市人民政府〈违建处理有关问题协商会议纪要〉》(〔2015〕115 号)]

三、村建理事会系村委会为村集体利益组织决定成立，本案系村委会构成单位犯罪

在案证据证实村委会为支持征地工作，召集村民代表开会决定把政府的回拨地拿来建设村民安置房以补偿给村民，并成立村建理事会监督该建房项目，即村建理事会系村集体利益组织决定成立。《刑法》第30条虽未明确将村民委员会列举为单位犯罪的主体，但该条款的规定仅是对该罪的犯罪主体概念所作的概括性规定，并非单位犯罪的主体只有该条所列举的五类。且最高人民法院、最高人民检察院发布的《关于办理商业贿赂刑事案件适用法律若干问题的意见》第2条规定已明确了村民委员会刑法意义上的单位性质，故以村民委员会的名义实施犯罪的，可以以单位犯罪论处。因此，村建理事会系村委会组织村民推举产生的代表成立，是为村建安置房服务的，非为谋取非法利益，本案若构成犯罪亦是村委会构成单位犯罪。

四、陈某某等人系为村集体利益，并非为个人谋取利益，其不具有非法占用农用地的主观故意

首先，村委会和村民都没有意识到建房审批手续会办不下来。村民是基于对政府的信任，基于可以从村建房得到补偿，才同意配合政府征迁。本案村建理事会也是为村征迁工作顺利开展，为村民早日入住合格的安置房，由某村委会组织11个宗族推举11名代表成立的，目的是为更好地监督某小区的工程建设。

其次，陈某某等村建理事系为村集体利益，并非为个人谋取非法利益，其不具有犯罪的动机。陈某某仅是其中的一名代表，即陈某某是被动推举为代表而参与理事会协助建房。其虽名为副会长，但与其他理事一样领取的仅是值班一天100元的劳务报酬。

最后，陈某1、陈某3等的陈述亦证实，某村建住宅小区已经选址核准和预批，村民一致认为获批是肯定的，只是时间问题，故村建理事会为减小村民住房的压力才加快建设。尤其是在L市国土局对村建理事会作出行政处罚40万元的决定后，他们都以为交完行政处罚的罚款后，某小区的相关手续很快就可以补办下来，所以，很快就将40万元罚款交了。

因此，村建理事会系村委会组织村民推举产生的代表成立，是为村建安置房服务的，非为谋取非法利益；陈某某个人也没有从中获取任何“好处”，其不具有非法占用农用地的主观故意。

五、陈某某在村建理事会中是协助会长工作和监督工程质量，工作性质与其他理事会成员差异不大，与其他未被起诉的理事会成员作用相当，对其处罚可以参照其他理事

陈某某虽名义上系村建理事会的副会长，但其所做之事，在本案所起到的作用与

其他理事成员差异不大。综观本案,陈某某的工作仅工程质量监督,与其他人一样领取补贴,一样协助会长陈某3的工作。由此可见,陈某某在村建理事会的地位与其他理事成员并无显著差别,皆是协助会长陈某3的工作,其虽名为副会长,但从工作内容、工作性质上看,可以与其他理事相同对待。

六、陈某某具有自首、初偶犯等一系列从宽处罚情节,即便犯罪也属情节轻微,符合轻罪不起诉条件

首先,陈某某具有自首情形。在案证据警方记载的到案经过证实,2019年7月26日,陈某某主动到F市公安局××港边防派出所投案,到案后一直如实交代自己参与的事情经过,应认定其为自首,依法可以从轻、减轻或者免除处罚。

其次,陈某某系为村民集体利益,非为个人谋取不法利益,系偶犯初犯,主观恶性小。

最后,陈某某在本案中从事的是协助理事会长的工作,主要是听从他人安排,地位作用较小,情节较轻微。

七、进一步而言,本案在已经接受行政处罚后,是否要上升至刑事层面予以评价,尚有待商榷

本案虽然建房手续尚在报批阶段,但其已经通过预审,不能简单地将没有审批手续即认定为犯罪。没有审批手续便建房的确违反土地管理法规,某村建理事会已经受到相应的行政处罚;那么,是否一定还要深究将这种为配合政府征迁工作,为村集体谋福利的善意行为评价为刑事犯罪,辩护人认为有待商榷。

综上所述,本案鉴定意见的种植条件遭严重破坏的14.28亩一般耕地面积,应扣减其中的7.02亩村留用地,即种植条件遭严重破坏的一般耕地面积应为7.26亩,未达刑事立案标准;陈某某等人系为村民集体利益,在个人没有主观故意、未获任何利益、已经接受行政处罚的情况下,是否还要对其追究刑事责任,尚有争议;同时考虑到陈某某具备自首、偶犯初犯、主观恶性低、地位作用小等法定减轻、从轻情节,亦鉴于其年事已高等身体、心理状况,辩护人建议人民检察院对其作出不起诉决定。

【心得体会】

一、辩护律师要有“无罪思维”,有质疑精神

对于接手的任何一个案件,辩护律师介入时的第一思维都应当是出罪思维。律师一定要有质疑精神,只有在全面审查了全案证据后,确实构罪的情况下,才再考虑重罪与轻罪、罪轻的问题。在审查在案证据时,尤其需要注意的是,《刑法》第13条的但书条款，其亦是很重要的出罪事由之一。辩护人带着出罪思维，认真审查全案证据，才能柳暗花明。本案中，非法占用的耕地并非基本农田，进行扣减后，未必符合入罪条件；本案中，在构成单位犯罪的情况下，对于此等执行单位意志的自然人，可能出现罪轻不用处罚的情形。在出罪思维的推动下，辩护律师才更有方向，并朝这个方向努力为出罪而辩护。

二、辩护律师要为当事人合法利益最大化努力

我们介入时该案已到审查起诉阶段，该案共有 11 名嫌疑人，10 名嫌疑人的律师都认为该案的目标是争取缓刑。我们的当事人（取保候审）及其家属也认为能判缓刑就好。但是，我们了解案情和阅卷后，提出现阶段应该以尽力争取不起诉为目标。后经过团队律师的详细阅卷及充分论证，提出本案鉴定意见存在问题、系为集体利益的单位犯罪、具有自首且并非为谋私利而为、初犯、情节显著轻微等辩护意见，经多次与承办检察官沟通，当面陈述意见，人民检察院为慎重起见，亦将案件退补，要求补侦相关证据，以验证律师意见是否有证据支持。最后，案件经过召开听证会，律师的辩护意见被采纳，最终当事人获不起诉而结案。

三、充分利用大数据进行类案检索，突破核心问题

该案在办理过程中，“村委会能否构成单位犯罪”是本案的争点。公安部的公复字〔2007〕1 号《关于村民委员会可否构成单位犯罪主体问题的批复》，认为对村委会名义实施犯罪的，不应以单位犯罪论。团队律师认为这种观点失之偏颇，随即运用大数据进行了深入的类案检索，在收集到的肯定与否定皆有的案例基础上，再运用法理进行充分论证，认为村委会可以是单位犯罪的主体，该案应当认定村委会构成单位犯罪，嫌疑人仅是履行职务行为。最后该意见被采纳。

四、灵活运用刑事法条，原则性的规定在其他不同的犯罪中亦可适用

本案中，关于村委会是否可以作为单位犯罪的主体，辩护人通过检索发现，最高人民法院、最高人民检察院发布的《关于办理商业贿赂刑事案件适用法律若干问题的意见》第 2 条规定已明确了村民委员会刑法意义上的单位性质，故以村民委员会的名义实施犯罪的，可以以单位犯罪论处。因此，在案例检索报告的基础上，我们——辩护人增加了法条规定。让办案单位更容易接受这种有法律依据的辩护意见，这为后来的听证奠定了基础。

五、当法律规定未必充分时，应当充分使用法理进行说理

在法律规定不是非常明确的情况下，在案例不统一的情况下，如何说服承办人如

果本案构成犯罪,本案系主观恶性小,犯罪情节显著轻微,可以不作为犯罪处理。如果将本案中所有有利情节发挥到极致,这需要法理的支持。经过反复斟酌,几易其稿,最后,我们提交了分析充分的案例检索报告及详细展开法理进行论证的辩护人意见。通过四个维度的精细阐释,最终达到了我们想要的结果。

(承办人:翁京才、陈柳明)

努力争取各种不起诉可能

——胡某某涉嫌猥亵儿童罪被附条件不起诉案

【案件概况】

某县公安局侦查认定:2019年6月初至7月中旬,犯罪嫌疑人胡某某在明知被害人吕某某未满14周岁的情况下,多次在出租房及家中,用手抚摸、用嘴亲咬被害人吕某某的乳房。

胡某某因本案于2020年8月21日被某县公安分局刑事拘留,2020年8月28日,胡某某被取保候审。在辩护律师介入前,胡某某已制作多份笔录,如实供述了主要犯罪事实。辩护人接受委托时,案件即将报捕,辩护人介入后第一时间固定胡某某的自首情节,并为其争取到取保候审。

2020年9月10日,某县公安分局将案件移送至某县人民检察院审查起诉。起初检察机关认为,本案被害人系幼女,胡某某猥亵行为达三次,情节恶劣;当地各检察院从未作出此类案件不起诉决定;检察机关第一时间与司法局对接社会调查,准备向法院作出缓刑量刑建议。辩护律师介入后,先后提交了审查起诉阶段辩护意见、上级人民法院判决认定当事人在接受公安机关询问时主动供述犯罪事实为自首的案例、全国各地同类型不起诉案例、胡某某品行良好证明等辩护材料。检察院审查后不采纳相对不起诉的意见,辩护律师继而提出附条件不起诉的辩护方案,同时提交了相关材料。

2020年10月26日,某县人民检察院经审查后,采纳了辩护律师的意见,决定对胡某某附条件不起诉。

【审查起诉阶段辩护意见】

一、胡某某与吕某某双方基于男女朋友关系自愿发生亲密行为,且未造成严重后果

据辩护人了解,胡某某与吕某某确定男女朋友关系后,双方自愿发生亲密行为,具体分析如下:从事前行为看,胡某某称系吕某某主动提出要找他玩,与吕某某陈述

"张某某提出把他约出来,看长什么样子"互相印证。从事中行为看,胡某某和吕某某均陈述二人在一起仅有牵手、搂抱、亲吻、抚摸的亲密行为。从事后行为看,在二人发生第一次、第二次亲密行为后,胡某某均把吕某某送回家,在发生第三次亲密关系后,二人在床上抱在一起至下午1点半左右再穿好衣服离开。

综上所述,三次亲密行为均发生在胡某某与吕某某恋爱期间,且均在双方自愿的前提下,与以暴力、胁迫或者其他方式强制猥亵明显不同,胡某某社会危害性小,犯罪情节轻微,且对被害人没有造成严重危害后果。

二、案发时胡某某未成年,依法应当从轻或者减轻处罚

本案案发时,胡某某未满18周岁,系未成年人,依法应当对其从轻或者减轻处罚。最高人民法院、最高人民检察院、公安部、司法部《关于依法惩治性侵害未成年人犯罪的意见》(法发〔2013〕12号)第27条规定,已满14周岁不满16周岁的人偶尔与幼女发生性关系,情节轻微、未造成严重后果的,不认为是犯罪。参照该规定,本案案发时胡某某虽已满16周岁不满18周岁,但系偶尔与幼女发生亲密行为而非性关系,又属于情节轻微、未造成严重后果,对其不作犯罪处理更能体现罪刑相适应原则。

三、胡某某在接受公安机关询问时,主动供述主要犯罪事实,依法应当构成自首

胡某某在尚未受到公安机关讯问、未被采取强制措施前,在接受公安民警询问时,没有拒绝、阻碍、抗拒、逃跑行为,始终予以配合,主动供述了主要犯罪事实。根据法律规定,胡某某应当依法认定为自首,且其自愿认罪认罚,认罪态度好。

四、胡某某系初犯、偶犯,是在校大学生,并准备服兵役,主观恶性小,不具有人身危险性

胡某某无前科劣迹,平时表现良好,是在校大学生,正准备服兵役。此次因年少无知、法律意识淡薄,因而不慎涉嫌犯罪,其不具有人身危险性。且胡某某自愿认罪认罚,依法可以从宽处理。吕某某也在询问笔录中表示其和胡某某因为早恋才会发生不当行为,双方均有过错,其愿意原谅胡某某的行为。

五、比本案情节更严重的相近地区同类型案例,作不起诉处理

结合本案猥亵行为、违背被害人意愿程度、造成后果、自首等相关情节,对比浙江、上海地区同类型案例,辩护人发现犯罪情节比本案更为严重的案例,具体表现为猥亵行为更为恶劣、以暴力手段违背被害人意愿、造成被害人轻微伤等,承办案件的

人民检察院亦作不起诉处理。恳请检察院综合考虑本案犯罪情节与自首情节,对胡某某从宽处理。

【心得体会】

一、善调整

第一,辩护意见应当全面。辩护人认真查阅案件材料后分析本案中当事人存在的有利与不利之处。在审查起诉阶段的辩护意见中,辩护人对每一次的亲密接触的事前、事中、事后行为进行论证分析,并详细提出对胡某某有利的各项情节,同时提供相关自首情节认定的生效判决书与省内检察院作出的同类案件不起诉决定书。

第二,辩护意见应当充分。本案事实相对清楚,最终量刑欠缺明确的法律条文和同地区相似案例的生效文书可供参考,故辩护人应重视人品辩护,努力说服检察机关,考虑到胡某某仍是一名在校大学生,即将服兵役等情况,依据教育为主、惩罚为辅的原则,对其贯彻教育、感化、挽救的方针,从宽处理。

第三,辩护方案应当随机应变。检察机关在认定案件情节恶劣的情况下,显然不可能采纳相对不起诉的意见。故辩护人及时调整辩护方案,向检察机关提出附条件不起诉的辩护意见,更容易被接受、采纳。

二、勤沟通

第一,沟通形式多样化。本案辩护人将书面形式与口头形式有机结合,通过当面方式与电话方式交替数次与承办民警、承办检察官进行充分交流、沟通。

第二,沟通内容有效化。当面沟通不仅能促进充分探讨、深入交流,而且能帮助辩护人更直观地掌握检察机关对辩护意见的态度,若检察机关认可,辩护人可进一步强化,若检察机关不认可,辩护人应有针对性地予以回应,如有必要需对辩护意见进行调整,进一步做好证据整理、案例收集工作。

第三,沟通细节细致化。沟通前需准备充分,递交书面材料应当整洁、美观、全面,从细节打动检察机关,体现辩护人的认真态度,从而检察机关会更愿意倾听辩护人的意见。

三、多说情

一方面,关于被害人过错。被害人过错能在一定程度上影响当事人量刑。辩护人在阅卷时注意到三个方面:(1)本案案发于双方恋爱期间,双方均自愿;(2)被害人笔录中承认自己存在过错;(3)被害人笔录中明确声明愿意原谅胡某某。经分析,辩护人客观、独立、准确地提出被害人存在过错的意见。

另一方面,关于胡某某情况。在对案件事实无异议的情况下,如何在维护胡某某合法权益和保证案件真正达到法律效果和社会效果相统一之间达到平衡就成为本案关键性问题。胡某某系在校大学生,正准备服兵役,辩护人经检索案例,发现全国各地有多起对大学生不起诉的案件。同时辩护人还搜集了大量证据,以证明胡某某的一贯良好表现,不仅表现了辩护人要求不起诉的决心,也激发了检察官对胡某某的同情心。最终本案实现了完美的平衡,在对胡某某进行教育惩戒的同时最大限度地维护了其合法权益,辩护律师的价值得到了体现。

(承办人:范望平、应李敏)

深入审查证据，发掘有利情节，化解社会矛盾

——张某某涉嫌非法吸收公众存款罪不起诉案

【案件概况】

某市公安局经侦大队侦查认定：2013年1月至2013年5月，王某A及被不起诉人张某某在犯罪嫌疑人叶某、赵某的指使下，在济南市以出售犯罪嫌疑人赵某的香港某公司理财产品为名进行非法集资活动，宣称月息3%，三个月为一个兑换周期。被不起诉人张某某先后发展于某1、李某、王某B、齐某等投资人，吸收社会公众存款合计110.8万元，吸收资金被张某某、王某A转入至犯罪嫌疑人赵某、叶某等人控制的银行账户，王某A、张某某依据业绩从赵某处领取奖金。据此，张某某被指控其上述行为涉嫌非法吸收公众存款罪。

2019年8月21日，张某某被某市公安局取保候审，2020年8月21日被某市公安局监视居住，2021年2月20日被某市某区人民检察院取保候审。

2021年2月中旬，本案被移送至某区人民检察院审查起诉。辩护人第一时间联系检察官进行阅卷。辩护人通过详细审阅案卷对案件事实有了清晰的了解。案件办理过程中，辩护人多路并进，一方面与承办人员沟通，向检察机关提交审查起诉阶段辩护意见和补充辩护意见；另一方面与侦查机关沟通，协调当事人与投资人之间达成刑事和解协议。历时两年有余，最终于2022年2月17日，某区人民检察院对张某某作出不起诉决定。张某某拿到期盼已久的不起诉决定书，案结事了，定分止争，实现了本案法律效果与社会效果的良好统一。

【审查起诉阶段辩护意见】

一、本案危害后果发生的直接原因是张某某的老板叶某与赵某合作，以及其上级领导王某A的指使，张某某在本案中系从犯

根据公安机关出具的《提请批准逮捕书》所调查的情况，及王某A、张某某的讯问笔录等在案证据可知，张某某所在公司的老板叶某与赵某合作开展某理财项目，并安排王某A与张某某做市场。2013年总经理王某A将这一安排告知张某某，并指导

张某某联系于某 2 等人。王某 A 作为张某某的直属领导，指导张某某拓客方式、管理转账账户、进行理财活动等。张某某在后续与其他投资人的接洽中，也都是王某 A 向其传授方法并提供资金（给于某 A 的 1 万元利息是王某 A 交予张某某的）。公司后续的促销活动，也均是王某 A 告知张某某去做。因此，即便张某某涉嫌共同犯罪，其地位也是从属于王某 A 的从犯，根据《刑法》第 27 条关于从犯的规定“对于从犯，应当从轻、减轻处罚或者免除处罚”，根据《山东省常见犯罪的量刑指导意见》第三部分第 10 条的规定“对于从犯，应当综合考虑其在共同犯罪中的地位、作用等情况，减少基准刑的 20% ~50%；犯罪较轻的，应当减少基准刑的 50% 以上或者依法免除处罚”。

二、张某某系主动投案，并如实供述自己所实施的行为，积极配合司法机关及时查清本案，应当依法认定其为自首

在案证据卷 1 第 17 页某市公安局取保候审决定书显示，本案发生后，张某某向公安机关主动投案，具有自首情节，如实供述其在王某 A 的指使下推销某理财项目产品非法吸收公众存款的犯罪行为，一方面讲清投资人的投资情况，另一方面讲清款项去向，使公安机关在短期内即查清本案，根据《刑法》第 67 条之规定，对其应当减轻处罚。根据《山东省常见犯罪的量刑指导意见》第 19 条第 1 款第 2 项的规定，“主动投案构成自首的，可以减少基准刑的 30% 以下”。

三、主动赔偿被害人，与被害人达成和解，得到了被害人的谅解

《山东省常见犯罪的量刑指导意见》第 25 条规定，“对于积极赔偿被害人经济损失并取得谅解的，综合考虑犯罪性质、赔偿数额、赔偿能力以及认罪、悔罪程度等情况，可以减少基准刑的 40% 以下”。该意见第 26 条规定，“对于当事人根据刑事诉讼法第二百七十七条达成和解协议的，综合考虑犯罪性质、和解原因以及认罪、悔罪程度等情况，可以减少基准刑的 50% 以下”。

张某某在卷 1 第 32 页的申请中表示为了及时清退资金，主动提出“愿意用我的房产赔偿投资人的全部损失”，并于 2021 年 1 月 5 日签署查封决定书，将其仅有的一套位于潍坊市的房产交由公安机关处置，对投资人债权的偿还予以保障。同时，张某某与投资人积极沟通，投资人于某 1 在 2021 年 1 月 13 日出具说明，内容为“我不再追究张某某的责任，不再追究欠款之事”。因此，应当认定张某某的悔改表现十分显著，应在具体的法律处理上得到充分体现。

四、张某某听王某介绍理财产品后，与投资人于某2一同购买了赵某的某理财项目产品，张某某购买的理财到期后已还本付息，张某某在本案中行为的恶性相对较小，也应当酌定从轻

张某某对于该理财产品的理解，均来自上司王某A的介绍。王某A在安排张某某做市场前，告诉张某某这个理财产品“收益很高可以买”。因此张某某和于某2一起买了这个产品，张某某自己投资了10万元，且到期后正常取回本息。这也使张某某对该理财产品的真实性有了很大信心。

根据于某2等投资人的询问笔录可知，他们对理财产品关注的点只在于高收益率，对于理财产品的其他方面均不关注。其作为社会经验丰富的中年人，应当知晓“理财有风险，投资需谨慎”的道理，但却没有尽到对理财产品风险的注意义务。正是在上述情况的综合影响下，张某某继续在王某A的指导下从事该理财产品的推销，而其他几位投资人也纷纷主动去投资。

上述情况显示出张某某在从事该理财产品的营销之时，一方面，不懂这种营销行为违反法律，也是受到了公司上级的蒙蔽，才继续从事该工作行为；另一方面，其本人也投入了10万元的自有资金，相对而言，张某某的主观恶性较小，亦应当作为酌定从轻处理的情节。

五、犯罪数额方面，张某某与于某2返还投资人齐某某6.99万元投资款，对此，在量刑时也应当予以考量

于某2垫付了6.99万元的投资款本金，由张某某退款给齐某某。根据齐某某的笔录中所讲，其是经于某1介绍认识张某某，并与于某1合伙投资13万元购买某理财项目，并未经过于某1。因此，于某2所垫付的这部分投资款，实际上是张某某弥补齐某某投资款损失的行为。这个补偿行为一方面显示出张某某主观恶性较小，另一方面，根据最高人民法院《关于审理非法集资刑事案件具体应用法律若干问题的解释》(2010年)第3条第2款“非法吸收或者变相吸收公众存款的数额，以行为人所吸收的资金全额计算。案发前后已归还的数额，可以作为量刑情节酌情考虑”和最高人民法院、最高人民检察院、公安部《关于办理非法集资刑事案件若干问题的意见》第5条“非法吸收或者变相吸收公众存款的数额，以行为人所吸收的资金全额计算。集资参与人收回本金或者获得回报后又重复投资的数额不予扣除，但可以作为量刑情节酌情考虑”的规定，对于已归还的6.99万元资金，虽然不能直接从王某和张某某所吸收的涉案金额中直接扣除，但也应当酌情考虑，对张某某个人从轻处理。

六、案件的处理建议

综上所述，鉴于目前张某某犯罪主观恶性较小，主动投案具有自首情节，积极认

罪认罚，倾全家资产积极赔偿投资人损失，并与投资人达成和解，取得了谅解。这在非法吸收公众存款案件中是不多见的，在这类案件偿债率普遍不高的背景下，本案能够如此妥善处理，避免造成群体性事件是极其难得的。这种处理方式既保障了投资人及时挽回损失，又有力地维护了社会稳定，应当给予积极努力偿还投资人损失的张某某在法律规定范围内最大限度地减轻处理。因此，我们恳请司法机关根据本案的实际情况，同时根据2021年3月1日开始实施的《刑法修正案（十一）》对《刑法》第176条“非法吸收公众存款罪”新增之规定“有前两款行为，在提起公诉前积极退赃退赔，减少损害结果发生的，可以从轻或者减轻处罚”以及最高人民法院《关于适用〈中华人民共和国刑事诉讼法〉的解释》关于当事人和解的公诉案件诉讼程序的相关规定，对于张某某可以从轻或者减轻处罚。

综上，恳请检察官充分审查，即便张某某构成非法吸收公众存款罪，鉴于有以上法定以及酌定从轻减轻情节，建议检察院向法院提出对于张某某免予刑事处罚或者适用缓刑的量刑建议。同时，在具备一定条件下，检察院是否能考虑对其作出不起诉的决定，对此仅供商榷。

【审查起诉阶段辩护意见】

关于张某某涉嫌非法吸收公众存款案在事实认定和法律适用方面的问题，之前已经向检察院提交审查起诉阶段辩护意见等书面意见详细论述过，建议对张某某作出不起诉处理，在此不再赘述。下面就其他方面的事实与法律问题发表意见，供检察院予以审查。

一、河南公安来潍坊对张某某进行侦查时，张某某和辩护人便已经向公安机关如实告知其有另案由某区人民检察院在办，并未隐瞒

2021年3月25日，河南公安传唤张某某接受调查，辩护人赶往潍坊第一时间与承办警官沟通，将某区人民检察院在办理张某某涉嫌非法吸收公众存款案的情况向其作出说明。

与此同时，辩护人根据《公安机关办理刑事案件程序规定》第21条第1款“几个公安机关都有权管辖的刑事案件，由最初受理的公安机关管辖。必要时，可以由主要犯罪地的公安机关管辖”之规定，与承办警官沟通能否将这一案件进行并案，由济南市某区侦查机关进行办理。出于案件办理的进度考虑，河南办案机关并未进行并案。

二、本案相对于张某某被判开设赌场罪案，属于漏罪，但由于另案已经作出缓刑判决，如果本案被诉至法院，应由审理本案的法院作出判决时，对之前判决进行处理

河南省某县人民法院(2021)豫0423刑初356号刑事判决书认定的张某某的涉案行为发生于2015年11月至2016年6月，而本案起诉意见书所认定的张某某涉嫌非法吸收公众存款的涉案行为发生于2013年1月至2013年5月，早于河南所审理案件的案发时间，属于漏罪。

三、即便本案被诉至法院并对张某某作出有罪判决，撤销之前缓刑判决并罚后，符合缓刑适用条件的仍然可以对其适用缓刑

《刑法》第77条第1款规定："被宣告缓刑的犯罪分子，在缓刑考验期限内犯新罪或者发现判决宣告以前还有其他罪没有判决的，应当撤销缓刑，对新犯的罪或者新发现的罪作出判决，把前罪和后罪所判处的刑罚，依照本法第六十九条的规定，决定执行的刑罚。"

因此，即便认定张某某构成非法吸收公众存款罪，相对于其前面的缓刑判决，也是属于漏罪，数罪并罚后如果符合缓刑的适用条件，仍可对其适用缓刑。之前提交给检察院的辩护意见中曾指出张某某的犯罪情节较轻，具有法定、酌定的从轻或者减轻情节，根据现有非法吸收公众存款罪的量刑规定，符合不起诉的条件，即便法院对其作出有罪判决，亦可给予较轻的量刑。

参考最高人民法院于1985年8月21日颁发的《关于人民法院审判严重刑事犯罪案件中具体应用法律的若干问题的答复(三)》(已失效)中的规定，在依照1979年《刑法》第65条对漏罪定罪判刑，并对漏罪和原已判决之罪实行数罪并罚后，如果仍符合缓刑条件，仍可宣告缓刑。该司法解释的立法根据在1997年《刑法》修订后并没有发生根本性变化，因而至今我国《刑法》仍然采用的是缓刑考验期间发现漏罪一律撤销缓刑的立法模式。具体表现为《刑法》第77条第1款规定，被宣告缓刑的犯罪分子，在缓刑考验期限内发现判决宣告以前还有其他罪没有判决的，应当撤销缓刑，对新发现的罪作出判决，把前罪和后罪所判处的刑罚，依照《刑法》第69条的规定，决定执行的刑罚。

《刑法》规定对漏罪进行并罚时，撤销缓刑是为了适用刑罚的适当性，而具体到本案中，即便对张某某两案并罚仍然可以适用缓刑，因此检察院如果依法作出不起诉决定，也不会影响到刑罚的适当性，不会放纵犯罪，亦可对张某某起到刑法惩罚与教育之功效。

综上所述，结合本案，即便认定张某某构成非法吸收公众存款罪，撤销之前缓刑进行并罚，考虑到司法实践和刑法学界通说中，在此案中是参照数罪并罚的做法，而非严格按照数罪并罚的量刑计算方式,因此对张某某再次适用缓刑不存在法律障碍。故辩护人建议检察院依法对张某某作出不起诉处理,实现法律效果与社会效果的良好结合。

【心得体会】

一、基础:围绕犯罪构成深入审查证据,不放过一切对当事人有利的辩点

辩护人在获悉本案移送至检察机关审查起诉后,第一时间开展阅卷工作,仔细审查后发现本案存在如下证据问题:第一,张某某、王某A等所吸收资金流向尚未查清,在案证据中只有嫌疑人供述,表示资金已经转到公司指定账户,但没有任何更细致的证据证明资金去向;第二,同案犯之间的地位与作用问题,辩护人从案卷中发现多处细节,证实张某某开展业务时多次受同案犯王某A的指挥,王某A所拿到的30余万元奖金,也远高于张某某的所得款项,在张某某奖金数额尚未查清之际(这也关系到退赔数额的认定),不宜将二人视作同等作用和地位;第三,涉案资金中大部分是由所谓投资人发展吸收而来,在案证据难以确定是否应将该行为人认定为犯罪嫌疑人。

辩护人在办理非法集资类犯罪案件时,要注重通过围绕构成要件分析证据体系,尤其是要注重资金的来源和去向。

非法吸收公众存款罪侵犯的客体是国家的金融管理秩序。从资金来源上看,犯罪对象是公众存款,也即不特定多数人的存款。如果以单位的名义吸收本单位人员的存款,如内部集资的行为,或者未向社会公开宣传,在亲友间针对特定对象吸收资金的,不构成本罪。从资金去向上看,本罪保护的客体是国家金融秩序,如果行为人的资金吸收行为控制在特定范围内,资金的流转行为没有侵犯金融机构的信贷垄断,没有破坏现有的金融秩序;如果能够有证据证明所吸收的资金并未用于高风险行为,而是用于实际的生产经营,应当认为是没有对国家关于货币的流通管理秩序造成破坏,这也是本罪与集资诈骗罪的关键区分点之一。

此外,在本案办理过程中,《刑法修正案(十一)》对非法吸收公众存款罪作出了较大幅度的调整,辩护人深入研究,将其中有利于从轻处理本案当事人的条款梳理出来,提供给检察官参考。同时,辩护人也向承办检察官提出,在公司高层尚未到案的情况下,对作用和公司地位较低的张某某采取轻缓处理,更有利于解决社会矛盾,承办检察官也对该意见予以认可,并表示可以考虑作不起诉处理。

二、助力:案件横生变数,及时向承办机关补充交流辩护意见

2021年4月,河南某地警方突然以涉嫌开设赌场罪,带走尚处于取保候审期间

的张某某，后经律师的精细化辩护，成功为其争取到缓刑的良好结果。但这一事件却给当下的案件带来变数，蒙上阴霾，承办案件的检察官担心前面已经生效的缓刑判决会影响数罪的量刑，决定将本案提起公诉至法院。

辩护人与承办检察官沟通了解其想法后，立刻查阅相关法律规定和学界理论，撰写补充辩护意见，论证本案相对于河南已判决案件应当认定为漏罪，即便并罚后仍然可以适用缓刑，不会导致放纵犯罪和刑罚执行，不存在影响作出不起诉处理的法律障碍，故请求作出不起诉处理。

辩护人在办理案件过程中，难免会出现突如其来的意外，辩护人一定要冷静思考作出应对方案。首先，分析情况发生的原因及对案件可能带来的后续影响（既包括案件本身的实体法律结果，也包括现有办案体制下的程序结果）；其次，积极与承办人员保持沟通，分析承办人员的态度和意见；最后，根据法律与事实，寻找对当事人有利的解决方案并形成书面意见，向承办人员提交，打消其顾虑，消除意外情况所带来的负面影响。

三、临门一脚：定分止争，从社会稳定角度上促成案结事了

本案中，在证据和法理两个层面上，辩护人与承办检察官一直保持着良好的沟通，为本案最终获得不起诉处理打下了坚实基础。岁末年近之际，考虑到当事人和投资人双方都迫切希望完成退赔达成和解的需求，达成和解协议是非法吸收公众存款案辩护的关键，辩护人积极联系各方承办机关，开展和解工作。

辩护人要注重做好工作，建议犯罪嫌疑人、被告人积极退赃退赔。非法吸收公众存款罪的主要犯罪事实体现在非法吸收公众存款的数额和违法所得数额两方面，因此积极地退赃退赔可以证明犯罪嫌疑人、被告人认罪认罚的态度，降低被害人财产损失的结果。同时，一旦案件进入审判阶段，法院如果认定被告人构成犯罪的前提下也要继续追缴违法所得，结合《刑法修正案（十一）》对于非法吸收公众存款罪的立法精神，辩护人最好建议犯罪嫌疑人、被告人能在检察院依法提起公诉前积极退赃退赔，从而争取从轻或者减轻处罚。

通过承办机关、辩护人和双方当事人多次协商，最终达成了协议，并督促双方履行协议，为检察机关最终下决心作出不起诉处理提供了临门一脚。张某某获得不起诉决定书，投资人拿到投资款，双方共赢，实现了本案社会效果与法律效果的良好统一。

（承办人：王之虎、徐传瑜）

及时、全面开展辩护工作，为公诉人适用不起诉裁量权坚定信心

——吴某涉嫌串通投标罪被相对不起诉案

【案件概况】

公安机关认定，2017年至2018年，某华控股集团在某市投资的某华首府、某华壹号院项目的两次桩基及支护、降水工程招投标过程中，吴某借用多家他人公司资质参与投标，并为其提供投标保证金，以制定投标公司“商务标”内投标价格的手段，掌控全部投标公司的投标价格。吴某选择缴纳管理费较少的投标公司低报价使其中标，并实际承建上述项目的桩基及支护、降水工程，中标金额共计44,009,232.31元，涉嫌串通投标罪。

辩护人自本案移送公诉机关审查起诉之日起介入，及时开展辩护工作，主动提交新证据、相关判例、辩护意见等书面材料，并与公诉人多次沟通。公诉机关最终采纳辩护人的意见，对吴某作出了酌定不起诉的决定。

【审查起诉阶段辩护意见】

一、从本案案发前和案发后的情形来看，吴某的主观恶性较小，可以对其从轻处罚

（一）结合吴某的学历和经历，从其主观认识因素的角度分析，吴某主观上不可能认识到其行为是刑法所禁止的行为

首先，本案卷宗材料记载，吴某仅有初中学历，文化程度较低，没有接受过法律知识、市场经济知识方面的普及教育，对于串通投标罪这种非暴力型的经济犯罪行为，主观上没有该行为入罪的认识；其次，吴某自2007年起就在济南从事桩基工程业务，从未因类似情形受到过行政或刑事处罚，从这个方面看，其主观上也没有该行为入罪的认识。

（二）吴某归案后如实供述、真诚悔罪，有坦白情节

吴某的讯问笔录共有8次，第四次和第七次最为详细，前后供述非常稳定，对标

书制作、投标保证金的交付、借用资质投标等主要事实情节毫不避讳、供述一致，反映出吴某认罪悔罪态度好。吴某在毫不知情的情况下被公安机关抓获，从第一次讯问开始就能够如实稳定地供述，不做任何狡辩，从心理学的角度分析，也可以反映出吴某主观上对其行为的违法性没有认识。

综上所述，吴某的主观恶性较小，可以对其从轻处罚。

二、从本案中招投标的过程来看，吴某的行为并没有造成招标方以及其他投标方的利益损失，可以认定为情节轻微

（一）吴某的行为没有造成招标人的利益损失

山东某山建设工程有限公司（以下简称某山公司）中标的某华首府项目和某华壹号院项目桩基及支护、降水工程，在中标后均经过了议价，最终确定某华首府项目合同中标额为27,184,410.97元、某华壹号院项目合同中标额为16,824,821.34元。上述两工程的最终中标额均低于当时的市场价。某华控投集团也出具了谅解书同意对吴某串通投标的行为予以谅解，给其改过自新的机会。因此，吴某的行为并非“损害招标人的利益情节严重”的情形。

（二）吴某的行为也没有造成其他投标人的利益损失

本案两节事实中，公安机关认定参与投标的所有单位均为吴某借用其资质参与投标，并为其提供保证金，吴某掌控全部投标公司的投标价格。由此可见，该两个项目的招投标过程中并无吴某掌控外的其他投标人参与，吴某的行为也非“损害其他投标人的利益情节严重”的情形。

综上所述，吴某的行为并没有造成招标人以及其他投标人的利益损失，可以认定为情节轻微。

三、从本案中招标工程项目的施工情况来看，吴某的行为并没有对该项目的利益造成损失，可以作为酌情从轻处理的情节予以考虑

首先，某山公司中标后，两个项目工地的桩基及降水工程一直由吴某负责施工，现已施工完毕，并经验收合格。工程施工的价格不但低于市场价，而且是由吴某一方垫资施工，目前工程垫资款尚有2000余万元没有收回。不仅招标人的利益没有任何损失，而且该两项工程项目的利益也没有任何损失。因此，吴某的行为没有造成严重损失或恶劣影响，可以作为酌情从轻处理的情节予以考量。

其次，吴某的“围标”行为系事出有因，非蓄意为之。吴某本人辩解，某华首府桩基及支护、降水工程招标之前，某山公司已经进驻某华首府施工工地开始施工。吴某参与投标是受招标方的邀请，卷2第14页，吴某的第三次讯问笔录中记载，2017年下半年，某华控股集团招采部打电话给吴某邀请投标，并且让吴某推荐好的有垫资能力

的公司一起参加,于是吴某提供了某军公司吴某军电话。卷3客观证据某华控股集团的招标文件记载,两个项目是邀请投标,自筹资金。

四、吴某自愿认罪认罚,从为民营企业保护提供司法保障的角度,恳请检察院对其作出酌定不起诉的决定

在辩护人会见吴某时,其本人多次表示,现在已经深刻认识到了自己行为的错误性、危害性,追悔莫及,真诚悔罪,自愿认罪认罚。

近日,最高人民检察院检察长张军在北京大学作法治专题讲座时,回答了有关为民营企业保护提供司法保障的提问,并真诚呼吁"可捕可不捕的,不捕!可诉可不诉的,不诉!可判实刑可判缓刑的,判个缓刑好不好?""因为民营企业把他捕了,把他诉了,这个企业马上就会垮台,几十个人几百个人的就业就没啦"。吴某从年轻时就从其家乡江苏宜兴来到山东,跟随其岳父在济南做桩基工程,经营中积极缴纳税款,同时也解决了当地部分劳动力的就业问题,为经济发展做出了贡献。恳请检察院从为民营企业保护提供司法保障的角度予以充分考量,对其作出酌定不起诉的决定。

五、辩护人在12309中国检察网检索到大量因涉嫌串通投标罪被不起诉的相关案例,部分案例情节与本案相似,作为附件提交,恳请检察院予以参考

综上所述,由于吴某法律意识淡薄,其行为虽然触犯了法律,但其主观恶性较小,认罪悔罪态度好,不仅坦白,还自愿认罪认罚,既没有造成招标人和其他投标人的利益损失,也没有造成该中标项目的利益损失,根据《刑法》第223条关于串通投标罪的规定,结合案发前后吴某的表现,可以认定吴某的犯罪情节轻微。根据《刑事诉讼法》第177条第2款"对于犯罪情节轻微,依照刑法规定不需要判处刑罚或者免除刑罚的,人民检察院可以作出不起诉决定"的规定,恳请检察院对吴某作出酌定不起诉的决定。

【心得体会】

一、辩护人介入后迅速展开辩护工作,为推动本案的有效辩护起到了积极作用

本案由某市经侦支队侦查,移送审查起诉后辩护人第一时间阅卷,因本案犯罪地涉及该市两个区,辩护人及时向市检察院提出了关于本案级别管辖及地域管辖的辩护意见。市检察院审查后采纳了辩护人意见,按照"几个公安机关都有权管辖的经济犯罪案件……可以由主要犯罪地的公安机关管辖"的规定,将此案指定某市高新技术开发区检察院审查起诉。指定管辖期间,辩护人迅速展开辩护工作,在第一时间将本案的新证据、类案判例及辩护意见递交公诉人,而此时公诉人刚刚接收本案案卷材料。以此辩护人为本案的辩护工作争取了时间,为推动本案的有效辩护起到了积极作用。

二、积极提交罪轻证据,以证实各方利益均无损失,为认定当事人"犯罪情节轻微"提供证据

经过与当事人的充分沟通,辩护人指导当事人向公诉机关提交了下列证据,为认定当事人"犯罪情节轻微"提供证据:(1)项目检测报告,证实该建设项目均已施工完毕并验收合格,项目利益无损失;(2)总包方与分包方的工程往来账目,证实分包方为该建设项目垫资2000万余元;(3)总包方出具的谅解书,证实招标人无利益损失,并对当事人的行为表示谅解;(4)当事人公司出具的公司经营情况、纳税情况、解决就业情况等说明和相关书证,以及公司请求对当事人从轻处理的申请书,证实当事人及其公司为社会做出的贡献。

三、把握时机,引导当事人认罪认罚,结合上级领导的讲话精神提出不起诉意见

经过对本案证据的全面梳理和审查,辩护人认为本案证据对于认定吴某构成串通投标罪已经达到了事实清楚、证据确实充分的证明标准。为了最大限度地维护当事人的利益,辩护人就本案证据与当事人充分交换了意见,并对当事人在本案中是否认罪认罚的后果进行了全面的法律分析,当事人最终自愿选择了认罪认罚。辩护人通过对吴某事前、事中、事后行为的分析,结合张军检察长关于为民营企业保护提供司法保障的讲话精神,向公诉机关提出了对本案不起诉的辩护意见。

四、检索不起诉类案判例,为公诉人适用不起诉裁量权坚定信心

辩护人通过对12309中国检察网案例检索,向公诉机关提交了部分类似作出不起诉决定的案例,供公诉人参考,通过与公诉人的多次沟通,有关辩护意见得到公诉人的认可,为公诉人合理适用不起诉裁量权坚定了信心。

(承办人:吴黎明)

洞察民刑交叉本质，主动介入，辩冤白谤

——赵某涉嫌诈骗侦查阶段撤销案件案

【案件概况】

甲区公安分局侦查认定：2018年，赵某作为二房东，与宁某某签订房屋租赁合同，租赁期限为2018年7月12日至2019年7月11日，而赵某与原房东路某的租赁合同显示其租赁期限为截至2019年4月14日。2019年4月，原房东路某找到宁某某要求其交出房屋，宁某某向公安机关报案，称被二房东赵某诈骗。据此，公安机关认定赵某上述行为涉嫌诈骗罪。

2020年12月18日，辩护人于接受案件委托后第二天，便前往公安机关与民警沟通，了解案情，随后到委托人家中会见因身体原因被取保候审在家的赵某，做好情绪安抚，并制作了详细的会见笔录，对案件来龙去脉有了充分的把握。

案件办理过程中，辩护人多路并进，一方面与承办人员沟通，向公安机关提交侦查阶段辩护意见；另一方面向检察机关提交立案监督申请书。最终于2021年8月4日，侦查机关对赵某作出终止侦查决定。赵某拿到期盼已久的撤销案件决定书。

【辩护意见】

一、本案系典型的民事纠纷

本案系典型的次承租合同超出原租赁合同，而且本案中，赵某也在积极促成原租赁合同的续签。

最高人民法院《关于审理城镇房屋租赁合同纠纷案件具体应用法律若干问题的解释》(2009年)第15条规定："承租人经出租人同意将租赁房屋转租给第三人时，转租期限超过承租人剩余租赁期限的，人民法院应当认定超过部分的约定无效。但出租人与承租人另有约定的除外。"第18条规定："房屋租赁合同无效、履行期限届满或者解除，出租人请求负有腾房义务的次承租人支付逾期腾房占有使用费的，人民法院应予支持。"

根据上述法律规定，由于次承租人已经缴纳租金至7月，赵某需要退还超出原租赁合同部分的租金。如果次租赁人宁某某主张损失赔偿并确有损失，赵某应在合理

范围内予以赔偿。

因此，本案系民事纠纷，可以通过民事途径解决。

二、赵某没有非法占有的目的

（一）赵某与宁某某之间的租赁合同已经实际履行大部分

赵某与宁某某之间的租赁合同显示，租赁期限为 2018 年 7 月 12 日至 2019 年 7 月 11 日。赵某与路某之间的租赁合同显示，原租赁合同续签后，租赁期限截至 2019 年 4 月 14 日。截至 2019 年 4 月 14 日，赵某与宁某某的租赁合同已实际履行 9 个月多，已经完成合同 3/4 以上。

（二）赵某未能履行剩余部分的合同事出有因，非恶意违约

首先，当事人家属提供的赵某与路某对话录音显示，赵某未能履行剩余 3 个月的合同事出有因，系赵某与原租赁合同的出租人路某产生纠纷，而且路某告诉赵某房子租赁事宜已不在其管理范围内。此时，赵某无法找到此时的房屋管理者进行续租。

其次，路某与赵某因为利益问题产生纠纷，尚不能达成一致，导致原租赁合同无法续签。

最后，本案中的次租赁合同在已经履行大部分的情况下，因原租赁合同的续签工作出现赵某未能预料的情况而无法进行，导致次租赁合同超出原租赁合同部分赵某无法履行。

因此，在合同大部分已经履行的情况下，通过录音内容可以推断赵某对实际发生的合同履行不能部分并不具有非法占有的目的。

三、原次承租人与路某签订新的租赁合同，是赵某无法履行次租赁合同的主因，赵某没有诈骗的故意

赵某家属称，路某与原次承租人宁某某签订了新的租赁合同，是导致赵某原租赁合同无法续签的原因之一。赵某家属称这份合同存在是在派出所时办案民警所说。

辩护人目前尚无法确认路某与宁某某签订合同的真实性。如果该合同存在，那么宁某某应当是在赵某与路某原租赁合同期限届满前就已得知赵某无法获得原租赁合同的续签。

辩护人认为，正是因为宁某某与路某签订的租赁合同导致赵某无法在原租赁合同续签工作中获得续签可能。赵某无法履行次租赁合同的原因系原次承租人导致。因此，原次承租人不存在被骗，而且正是其自身行为导致赵某无法履行合同。

综上所述，本案系典型的民事纠纷，系次承租人与出租人直接签订新的租赁合同导致承租人无法与出租人续签租赁合同并进而发生的合同违约行为。承租人赵某没有非法占有的目的，其与次承租人签订租赁合同不符合诈骗罪的构成要件，至多在民

事上给予赔偿即可。

【心得体会】

本案中,辩护人通过申请人民检察院进行立案监督,并多次与承办案件的公安机关侦查人员沟通,主动取证提交证据报告,认定本案属于民刑交叉案件。当事人主观上没有非法占有目的,所签订的合同也已经大部分履行,故本案不应当通过刑事途径进行处理,应当作为民事案件处理。最终实现了侦查阶段撤案的良好结果。

一、仔细耐心,为当事人做好情绪疏导,更有助于深入把握案件全貌

本案存在一个特殊情况,即当事人一直受精神疾病困扰,导致其被取保候审后,在家中靠家人照料生活起居,无法主动前往公安机关配合调查。辩护人在接受委托后,一方面悉心安抚当事人的情绪,耐心做好法律辅导,使其能够更好地配合办案人员调查案件真实情况;另一方面辩护人通过详细了解案情,多次与办案人员沟通,让办案人员更多了解我方当事人对本案的认知,从而完整把握整体案情,为最终撤销案件起到良好效果。

二、具备跨法思维,准确界定民刑交叉案件实质

办理民刑交叉案件,尤其是对于案件中经济犯罪与民事欺诈之间的模糊地带,应当以刑事作为手段,最终追求以民事调解达到诉讼目的,解决双方矛盾。

本案涉及较复杂的财产关系,辩护人将案件事实从民事上和刑事上进行实质判断,认为本案更应当认定为侧重民事纠纷;从民法与刑法的位阶关系上考虑,认为适用民事法律处理更为适宜。

三、紧扣诈骗罪的构成要件,还原和解构案件事实

不论是诈骗罪还是合同诈骗罪,都应当符合诈骗罪的行为构造,即行为人实施欺骗行为—对方陷入认识错误—对方基于认识错误处分财产—行为人取得财产—被害人遭受财产损失。

欺骗行为与非法占有目的没有必然联系。正如陈兴良教授指出:“不能认为客观上有合同诈骗行为主观上就必然有非法占有目的,也不能认为主观上有非法占有目的的客观上就一定具有合同诈骗行为,这两者之间不能循环论证,是两个层面的问题。非法占有目的论证的前提在于行为人客观上已经具有合同诈骗行为的基础上,非法占有目的要另行考察,宜采用司法解释对金融诈骗罪非法占有目的的推定方法。"[1]因此,简单地以欺骗行为推定非法占有目的是错误的。只有行为人采用冒名、提供虚假担保等欺骗方法逃避返还骗取的财物的,才能认定其具有非法占有目的。

因合同当事人不履行或不完全履行合同而引发的合同纠纷在现实中大量存在,只要行为人愿意受合同约束,不逃避承担合同责任,就不应认定其具有非法占有目的。行为人以签订、履行合同为名骗取对方当事人财物后,故意不履行合同,并逃避返还骗取的财物的,才能认定为具有非法占有目的。

实践中,经常有合同当事人在向对方当事人交付财物后,因对方当事人拒绝履行合同,即向公安机关控告对方合同诈骗。这样的控告理由是不充分的。如果取得财物的一方当事人不采用转移、隐匿财产、逃跑等手段逃避承担民事责任,则受损失的一方当事人可以通过民事诉讼等途径获得救济,没有必要动用刑事手段。因此,对合同当事人单纯拒绝履行合同的行为,不宜认定为具有非法占有目的。

仅从本案事实的形式层面看,当事人赵某作为二房东,其无权将房屋租赁给宁某某至其原合同租赁期以外,表面上看似是诈骗其无权处分期限涉及的租赁款。但民事欺诈与诈骗罪的本质区别就在于行为人是否具有非法占有目的。我们应当坚持主客观相统一的原则,结合行为人签订合同时是否具有正常履行合同的意图和其对合同履行能力的预期,从而认定其是否具有非法占有目的。在本案中,当事人赵某与路某已经有过长期的租赁合作,赵某认为接下来仍然会长期合作,且为了长期经营还将该房屋进行装修,足以认定赵某没有非法占有租赁款的主观故意。

(承办人:赵刚、黄少伟、武福钰、徐传瑜)

[1] 详细内容参见陈兴良教授在刑事辩护研修班上的授课内容。

全面厘清案件事实，准确界定经济纠纷与合同诈骗

——宋某涉嫌合同诈骗罪无罪不起诉案

【案件概况】

某公司泰安分公司（以下简称泰安公司）与犯罪嫌疑人宋某的哥哥签订《脚手架分项工程承包协议》，约定泰安恒地工地楼房脚手架工程由宋某施工。泰安公司与宋某签订《周转材料租赁合同》，约定该工程需租赁使用泰安公司设备，且不能将租赁的泰安公司设备转借、抵押等。

2018年4月至2018年10月，宋某以工地需要架杆、扣件、丝杠、架杆轮扣为由，租赁该公司架杆等设备。宋某租赁的部分设备未使用到该工程，而是用于其他工地以及用于归还自己欠其他公司的设备。截至案发，宋某未用于工地的架杆等设备的价值为400余万元。后宋某等人因故离开工地，撤离时没有清点工地上的设备，也未告知部分设备用于他处。

公安机关认为宋某的行为涉嫌合同诈骗罪，将案件移送审查起诉。

辩护人于本案移送审查起诉后接受委托，经过全面审查本案证据，会见当事人宋某，辩护人认为宋某的行为不构成合同诈骗罪，并及时向检察机关提交辩护意见和相关证据、证据线索。

检察机关审查认为，宋某没有实施合同诈骗罪的犯罪行为，没有犯罪事实，采纳辩护人意见，决定对宋某不起诉。

被害人不服，向市人民检察院申诉。市人民检察院经复查，维持不起诉决定。

【审查起诉阶段辩护意见】

一、宋某没有非法占有的主观故意

主观上，宋某不具有以欺骗的手段非法占有泰安公司财产的目的。

（一）挪用设备前，宋某的工地多，架杆等设备紧张，租不到、买不着，加上泰安公司租赁费低，宋某才利用便利条件进行挪用，其没有非法占有的目的

宋某之所以将泰安公司的部分设备运到自己工地，一方面是因为条件便利，另一方面是因为泰安公司租赁费用较低。其利用便利条件，将部分设备运到自己的

工地,并向泰安公司支付租赁费。该行为是基于使用的目的,不具有非法占有的故意。

(二)挪用设备时,宋某并没有刻意隐瞒,运输到自己工地的设备多数由泰安公司的司机运送

依常情常理看,如若宋某想要非法占有设备,其很有可能使用隐蔽的手段进行运输。在本案中宋某直接让泰安公司的司机进行运输,其并未隐瞒设备的去向,司机们都清楚,宋某将泰安公司的设备运到自己工地使用了。反向推理可以看出宋某不具有非法占有的目的。

(三)挪用设备后,宋某没有隐匿或出售设备,这些设备一直在自己工地上使用,且宋某支付了相应的租赁费,不能认定宋某具备非法占有的目的

虽然宋某将泰安公司的部分设备用于归还个人的欠款,但其归还欠款之后,随即在其他公司租赁设备填补了差额,因此不能认定其有非法占有的目的。

宋某并未隐匿或出售设备,只是在自己工地上使用,并支付租赁费,该行为不具有非法占有的目的。

(四)工程进行中,工地的设备不足时,宋某也从其他租赁站租赁设备,用于该工地。若认定宋某具备非法占有的目的,与事实不符

如若宋某具备非法占有的目的,其没有必要从租赁站租赁架杆运到泰安恒地工地使用,这不符合常理。宋某租赁的这些设备至今仍在工地使用。若认定宋某具备非法占有的目的,这一认定与事实不符。

(五)宋某施工队撤离工地时,宋某并未径直离开,而是在工地上多待一个月,等待清算。其没有回避清算,主动等待清算的行为能够证实宋某不具备非法占有的目的,最终未清算成功并非宋某的原因

如果宋某有非法占有的目的,其在工程结束之后,便可直接离开工地,没必要在工地上多待一个多月。工程结束后迟迟未进行清算并非宋某不肯,非宋某的责任。其在工地等待清算就是为了进行设备交接,以及工程款的结算。宋某主动待在工地等待清算的行为能够证实宋某不具备非法占有的目的。

(六)公安介入之前,泰安公司叫宋某进行清算,宋某去了现场一起进行清算,未签字的原因是清算的数量与实际情况悬殊太大,并非想要抵赖

泰安公司要求宋某一起清算的时候,宋某与之一起进行了清点。这在一定程度上能够证明宋某没有非法占有的目的。宋某之所以不在清点的单据上签字,是因为清点数量与实际数量差距较大,并非如泰安公司等人说的宋某跑了。

(七)最后,宋某根本不可能占有该设备,因为其一旦占有该设备,泰安公司定会用宋某的工程款抵扣。宋某明知该情形,不可能产生非法占有的目的

宋某虽然租赁泰安公司的设备,但其还有工程款及设备租赁费需要结算。依照

常理判断，工程结束后，双方肯定会再进行清算。如若清算后，宋某不归还泰安公司的设备，泰安公司也会将宋某的工程款与设备价值进行折抵。宋某明知无法非法占有泰安公司的设备，其不可能在这种情况下产生非法占有的目的。

二、客观上，宋某具备一定的履约能力，也有积极履行合同的诚意和行动，并非企图骗取对方财产，不符合合同诈骗罪的几种情形，其行为不构成合同诈骗罪

（一）宋某具备一定的履约能力

宋某有齐河、章丘、归德等工地，工地上的设备足以清偿欠泰安公司的设备。宋某还表示，即便不够清偿的，他可以拿钱来还。更何况，实际上宋某已经基本归还了泰安公司的设备。

（二）宋某履行了与泰安公司的租赁合同，向泰安公司支付了租赁费

宋某虽然将设备运到自己的工地，但始终支付租赁费，泰安公司并没有实质损失。虽然泰安公司的一些设备还没有归还到位，但没有归还到位的原因是没有进行清点。

（三）宋某没有捏造不存在的事实，没有以虚假的名义签订合同，骗取对方财物，不符合合同诈骗罪的几种情形

本罪虚构事实是指行为人捏造不存在的事实，骗取被害人信任，主要表现方式为：行为人在签订或履行合同过程中，以虚构的单位或者冒用他人名义签订合同；以伪造、变造、作废的票据或其他虚假的产权证明作为担保；没有实际履行能力，以先履行小额合同或者部分履行合同的方法，骗取对方当事人继续签订和履行合同；收受对方当事人给付的货物、贷款、预约款或担保财产后隐匿；以其他方法骗取对方当事人财物。

宋某以自己的名义签订了合同并积极履约，并不存在上述合同诈骗罪的几种情形，不宜认定其构成合同诈骗罪。

三、宋某没有继续归还设备是因运出的设备已基本还清

案发后，宋某陆续归还了泰安公司的设备。起诉意见书认定宋某未归还以下设备：架杆46,087.3米，扣件65,331个，丝杠3388根，架杆扣轮多还2133米。但侦查机关并未考虑到宋某租赁金兴公司的设备用于泰安恒地工地的事实。宋某租赁金兴公司的架杆等设备一直用于泰安恒地工地。这些设备是架杆911,108.2米，扣件43,785个，木架板800块。宋某租赁的用于工地上的设备一直在工地上，宋某并未将其拉走，这些设备应认定是宋某归还的设备。因此，宋某实际归还的设备数量大于其运输到自己工地的设备数量。

四、退一步讲,即便认定该行为构成犯罪,依据刑法谦抑性原则,从人文关怀和司法温度考虑,对宋某应慎用刑罚

刑法的谦抑性原则不仅是一项立法原则,同时也是一项司法原则。谦抑性原则的含义之一是,对于已经确定的犯罪行为,如果以较轻的刑事责任方式足以抑制某种犯罪行为,就不要使用较重的刑事责任方式。

因此,即便认定宋某的行为构成犯罪,宋某的主观恶性较小;没有确实充分的证据证实宋某非法占有的目的;另外,宋某也已归还全部占有的设备;其行为社会危害性较小;相关的纠纷可以通过民事途径得以解决,在适用法律时,对宋某不适用最严厉的刑罚处罚,以体现司法的温度。

【心得体会】

一、民事纠纷还是刑事犯罪的界定是核心

合同欺诈、民事侵权等民事纠纷与诈骗犯罪有共性也有区别。主观目的不同,是合同诈骗和民事合同纠纷的本质区别。

本案罪与非罪的界限,关键在于行为人主观上是否具有非法占有的目的。根据主客观相一致的原则,“以非法占有为目的”的认定既要避免单纯根据损害后果进行客观归罪,也不能仅凭行为人自己的供述证明,而必须坚持在客观基础上的主观判断,即在查明客观事实的前提下,根据一定的经验法则或者逻辑规则,推定行为人的主观目的。

本案侦查阶段存在根据损害后果进行客观归罪的嫌疑。辩护人根据在案证据及收集的有利证据,充分论证了宋某某主观上没有非法占有的目的。

二、申请调证是关键

《刑事诉讼法》明确要求司法机关要重视无罪证据的收集,要求全面收集各种有罪、无罪的证据。但是司法实务中司法机关及办案人员普遍重视对有罪证据的收集,轻视甚至无视无罪证据的收集。

辩护人介入后发现,对宋某有利的一些证据侦查机关并未调取。辩护人向宋某本人收集证据后,整理成册向检察院提交。同时辩护人也申请检察院收集、调取某无罪的证据。

三、有效沟通是基础

辩护人阅卷之后,提交了详细的辩护意见,同时,多次与承办检察官电话及当面沟通。书面的辩护意见比较全面具体,有助于检察官审查案卷时参考。电话、当面沟通能够直击要点,表明立场,容易引起检察官的共鸣,起点睛作用,更能加深检察官的印象。当然,律师与承办人员沟通也要把握好节奏,以免导致相反的效果。

(办案人:吴黎明、杨汇、李瑞)

“量变”带来的公正审判

——周某某网络犯罪两罪不诉、一罪减轻处罚案

【案件概况】

某公司委托开发小贷App,用于网络放贷,借款期限为7天,利息为25%,先行扣除,后将不能履行还款义务的客户信息提供给催收公司,委托催收,并将该App源代码多次售出给其他行为人用于同样业务。

公安机关起诉意见认为:周某某涉嫌利用信息网络实施诈骗罪、侵犯公民个人信息罪、帮助信息网络犯罪活动罪、非法利用信息网络罪四个罪名;认定诈骗金额近700万元,仅诈骗罪一罪的对应刑期就是10年以上有期徒刑或者无期徒刑,并处罚金或者没收财产;认定侵犯公民个人信息罪的信息数量6万余条,对应刑期3年以上7年以下有期徒刑,并处罚金;帮助信息网络犯罪活动罪、非法利用信息网络罪的对应刑期均为3年以下有期徒刑或拘役,并处或单处罚金。四罪并罚,周某某将面临至少10年以上的有期徒刑,并将面临高额的财产刑。

本案审查起诉阶段,辩护人关于周某某不构成诈骗罪、不构成非法利用信息网络罪的意见被采纳。公诉机关以两个罪名对本案提起公诉,分别是侵犯公民个人信息罪(侵犯公民个人信息数量5万余条)、帮助信息网络犯罪活动罪,建议对周某某以侵犯公民个人信息罪判处有期徒刑4年6个月,并处罚金人民币10万元,以帮助信息网络犯罪活动罪判处有期徒刑1年6个月,并处罚金人民币1万元。两罪并罚,行为人将要面临的是至少4年6个月的有期徒刑和人民币11万元的罚金刑。

本案审判阶段辩护人关于侵犯公民个人信息数量的客观性意见被采纳,合议庭建议公诉机关改变量刑意见。行为人周某某最终因犯侵犯公民个人信息罪被判处有期徒刑2年,并处罚金5万元,因犯帮助信息网络犯罪活动罪被判处有期徒刑1年6个月,并处罚金人民币1万元,数罪并罚执行有期徒刑3年,并处罚金6万元。

被告人周某某服从法院判决,本案一审终审。

【审查起诉阶段辩护意见】

一、关于诈骗罪

关于诈骗罪,公安机关的指控思路是该App平台隐瞒了收取高利息、手续费的事实,致使被害人陷入错误认识,并因错误认识向行为人交付了高额利息、手续费,导致财产损失。

辩护人认为,本案周某某收取高额利息和手续费的事实毋庸置疑,有资金流水为证。但是周某某有没有实施欺骗行为呢?辩护人仔细核实了放贷流程。该公司首先通过微信、手机短信推广App。然后引导被害人进入借贷平台、实名认证、查询征信、提出借款申请、放款。按照该App的操作流程,在放款之前该公司对预先扣除利息和手续费的比例,以弹窗的形式进行了明确的提示。虽然没有对该格式条款进行特别标注,但是周某某并没有隐瞒预先扣除利息的事实,被害人不点击确认无法实现放款功能,被害人不可能产生错误认识。而且按照操作流程,即便被害人没有仔细阅读相关提示产生了错误认识,这时是行为人向被害人放款,利息预先扣除,而非被害人向行为人交付财产。本案中没有欺骗行为,没有错误认识,没有因错误认识而交付财产,不符合诈骗罪的一般构成要件。因此辩护人向公诉机关提出了周某某不构成诈骗罪的意见,该意见被公诉机关采纳。

在第一次退回补充侦查期间,辩护人也向公安机关提出了上述意见,公安机关表示认可。

二、关于非法利用信息网络罪

关于非法利用信息网络罪,辩护人主要从以下两个层面提出了辩护意见。

一是周某某的涉案行为不构成诈骗罪,不存在非法利用信息网络罪的构罪基础,其主观上也不存在设立涉案网站用于实施违法犯罪活动或发布违法犯罪信息的故意。公诉机关指控周某某构成非法利用信息网络罪的事实不清、证据不足。

二是退一步讲,即使周某某的涉案行为构成诈骗罪、侵犯公民个人信息罪、非法利用信息网络罪、帮助信息网络犯罪活动罪,由于非法利用信息网络罪与各罪之间存在目的行为与手段行为的牵连关系,根据刑法理论及相关法律规定,不能进行数罪并罚,只能择一重罪定罪处罚。

上述意见被公诉机关采纳。在第一次退回补充侦查期间,辩护人也向公安机关提出了上述意见,公安机关表示认可。

三、关于侵犯公民个人信息罪

经过对电子数据的审查,辩护人发现鉴定意见的鉴定程序不合法,从数据的提取到移交鉴定没有实现可视化,公安机关没有采取防止数据被删除、改动的技术措施,认定的个人信息条数不准确,存在重复计算的现象。因此,在审查起诉阶段辩护人提出了重新鉴定的意见。公诉机关未予采纳,其理由是周某某均已经认可,对该数据无异议,结合周某某的陈述,足以认定,即便是电子数据的合法性存在问题,不影响案件事实的认定。审判阶段,辩护人采用笨办法,将电子数据导入电子表格,删除重复项,准确计算出个人信息条数后,再次向合议庭提出客观性意见,该意见被合议庭采纳。由于侵犯公民个人信息罪的条数由近6万条降低至2万余条,法院建议公诉机关改变量刑意见,周某某刑期降低至3年,罚金由人民币11万元降低至5万元。

四、关于本案管辖权与技侦证据

辩护人在审查证据时发现,本案管辖权确定存在疑点,且存在违法使用技术侦查措施的侦查行为。在本案第一次退回补充侦查时向公安机关提出,取得了较好的辩护效果。

【心得体会】

一、团队合作是本案有效辩护的根本保障

本案由吴律师、邵律师、杨律师等三人组成的律师团队承办。审查起诉阶段仅有一个月的期限,面对大量、复杂的证据材料,三位律师分工协作,通过阅卷,多次的会见、沟通,第一时间形成辩护意见,并及时递交了公诉机关。最终本案被退回公安机关补充侦查,为有效辩护争取了时间和空间。

团队化办案可以发挥各自专长,提高工作效率,为本案的有效辩护提供了根本保障。

二、锲而不舍是本案有效辩护的重要路径

本案当事人周某某从被移送审查起诉时的4个罪名,将面临至少10年以上有期徒刑和巨额的罚金刑,到移送起诉时的2个罪名,将面临至少4年6个月有期徒刑和11万元人民币的罚金刑,再到一审判决时的3年有期徒刑和人民币6万元的罚金刑。

辩护人一路走一路辩,不放过任何一个细节、不放过任何一次机会,锲而不舍、精益求精,是本案有效辩护的重要路径。

三、引导当事人及其亲属积极配合是本案有效辩护的必要条件

周某某到案后供述稳定,当其了解到其部分事实有可能不构成犯罪时,认罪态度有可能发生变化,对本案有效辩护可能产生不利影响。为此,辩护人多次、及时会见当事人,引导其把握好时机和分寸,以合适的方式主动认罪认罚。同时辩护人引导当事人近亲属主动与法院沟通,积极表示愿意将被扣押的车辆等资产变现后冲抵罚金、退缴赃款的态度。形成了当事人主动认罪认罚,辩护人据理力争,近亲属积极配合的局面。最终合议庭满意、公诉人不提异议、当事人及其近亲属对结果也满意。

本案中,周某某及其近亲属的配合是实现有效辩护的必要条件。

四、法庭对电子数据客观性意见的采信优于合法性意见

在实践中,公安机关会不仅会聘请专业机构对电子数据出具鉴定意见,往往还会将电子数据形成的书证交由行为人进行辨认、确认。辩护人仅对电子数据的合法性提出异议,而不能对其客观性提出异议,或者不能提出排除合理怀疑的异议,一般很难说服审判人员。因此,辩护人在对电子数据合法性进行审查的同时,应当注重对电子数据客观性的审查。

(承办人:吴黎明、邵明慧、杨文彩)

轻　罪　篇

递进式辩护思路的展开

——许某某被控“入户”抢劫对“入户”不予认定案

【案件概况】

公诉机关指控:2021年3月底,被告人许某某与被害人方某某经某交友App相识,并约见几次。2021年4月8日,被告人许某某约被害人方某某在对方家中见面,并在医院配了艾司唑仑片。次日中午11时许,被告人许某某随身携带艾司唑仑片至A区B公寓3幢2单元1402室方某某家中,将药物碾碎放入方某某的酒杯内让其喝下。后被告人许某某趁被害人方某某熟睡,劫取其家中衣柜内现金人民币12,200元、五子登科粉彩仿古瓷盘1只(价值人民币1800元)。经鉴定,被害人方某某血液内含有艾司唑仑成分。

若公诉机关指控成立,许某某适用入户抢劫的量刑标准,应处10年以上有期徒刑。

辩护人认为,在案证据不足以认定许某某构成抢劫罪,定性为盗窃罪更为适宜。退一步而言,即便认定许某某构成抢劫罪,其也不属于入户抢劫,认定为普通抢劫更为适宜,应在有期徒刑3年以上10年以下的区间确定基准刑。结合本案属于因恋爱纠纷引发的违法犯罪,且许某某还存在被害人谅解等情节,应从轻处罚。

一审判决认为,被告人许某某以非法占有为目的,采用投放安定类药物使被害人昏睡的方法劫取财物,其行为已构成抢劫罪。公诉机关指控的罪名成立。公诉机关指控被告人许某某的行为系入户抢劫,在案证据无法证实被告人许某某入户目的的非法性即被告人许某某进入被害人住所是以实施抢劫为目的,该指控证据不足,法院不予支持。被告人许某某在庭审中表示愿意接受刑事处罚,且其家属已退赔被害人并取得谅解,可酌情从轻处罚。法院采纳辩护人与上述相应的辩护意见,判决被告人许某某犯抢劫罪,判处有期徒刑3年4个月,并处罚金人民币6000元。

【一审阶段辩护意见】

第一层面：现有证据不足以认定许某某构成抢劫罪，定性为盗窃罪更为适宜

一、在案证据不足以认定许某某构成抢劫罪

（一）从事发前看，许某某随身携带艾司唑仑片系自己服用

1.许某某曾有服用艾司唑仑片助眠的习惯

根据许某某的陈述，其有服用艾司唑仑片助眠的习惯，其曾使用其男友董某某的医保卡购买艾司唑仑片。在案的门诊收费收据能够证明，许某某曾于2019年3月24日、2019年8月26日，先后两次使用董某某的医保卡购买艾司唑仑片。

2.许某某并非预谋迷晕方某某以便取财而购买艾司唑仑片

第一，许某某与方某某经过接触，双方都有意发展为男女朋友关系，许某某没有侵财的必要，且许某某并不知道方某某取过钱。

第二，在案的2021年4月8日门诊病历和收费收据显示，许某某因非器质性失眠症在A区B街道社区卫生服务中心购得1盒20片艾司唑仑片。

第三，在案的扣押清单显示，扣押的22颗艾司唑仑片中有20颗未拆封，2颗已拆封。这表明许某某于2021年4月8日购得的艾司唑仑片并未拆封，亦未携带至方某某家中。因此其购买艾司唑仑片并非为准备迷晕方某某。

第四，2021年4月8日许某某买药当天，方某某主动邀请许某某"你晚上看看有没有时间"，许某某答"明天吧，我回家了就不想出门了"。从常情常理判断，安眠药在晚上服用，若许某某在买药时即已有预谋，当晚同意与方某某见面再下药更隐蔽，也更方便。这进一步说明，许某某在买药时，并无下药迷晕方某某的预谋或想法。

3.许某某携带艾司唑仑片系为助眠自己服用

许某某在讯问笔录中称，"平时我有时候睡不着也有吃这个药，4月8日我刚配了，大部分放在松木场铁路新村家里，留了二颗就放在身上准备自己吃的，4月9日去方某某家的时候就带着了，当时身上还有治早搏的药和'安乃近'"。对此，许某某向辩护人解释称，2021年4月9日当天，其本计划当晚留宿其母亲家，因担心在母亲家会睡不着，故携带艾司唑仑片用于自己服用助眠。因其计划先去方某某家中，再直接去其母亲家，因此随身携带艾司唑仑片，并非为迷晕方某某而携带。

（二）从事发过程看，许某某下药迷晕方某某系临时起意报复，而非为了取财

关于许某某下药的原因，其在讯问笔录中称，"2021年4月9日，我到方某某家里，中午在炒菜的时候，方某某和我说之前基金的钱不给我了，他要留给他儿子，然后

我和他就吵了几句,我说他出尔反尔……当时因为方某某出尔反尔,他之前答应要把基金里的260万元给我,但是9日的时候说不给我了,我也不知道怎么回事,脑子一热就放了药进去。我当时想的就是不让他出尔反尔,也不让他把之前送给我的瓷器拿回去”。

结合方某某的笔录“她说如果我可以给她还债,可以和我去登记,和我好好过”;聊天记录中“出国的钱是不能动的,是要有保证金存款在那里的”;以及2021年4月5日9:41方某某向许某某发送的微信信息“你还是照常去工作上班再说吧”,证明方某某确实对许某某有所承诺,给予其一定的保障,也说明双方确实有过钱方面的讨论。若没有纠纷,依据常理,许某某没有下药的动机,亦没有下药的必要。

上述证据表明,2021年4月9日当天,许某某与被害人方某某曾因方某某“出尔反尔”发生争吵,许某某极有可能因方某某“出尔反尔”,故“脑子一热”下了药。因此,许某某关于其下药系“一时昏头”,系临时起意报复方某某“出尔反尔”的辩解具有合理性。

(三)从事后角度看,许某某不符合预谋抢劫的一般情形

第一,许某某拿取的钱财较少,只拿取4万多元中的1万多元以及瓷盘,且许某某还提及方某某称鞋柜上的瓷器一个就价值十几万二十万元,许某某也并未拿走。这在一定程度上说明许某某并非精心预谋。

第二,许某某在案发后并未窝藏赃款,也无任何携款潜逃的意思或表现,而是将钱款直接存至银行。

第三,方某某的笔录也提及,案发后许某某曾与其交涉,“她发短信还说我拿这些钱也是问心无愧的。并且她还通过加我微信后,说我如果告她偷东西的话,她要告我强奸的”。由此可知,许某某的心态极有可能是发生性关系之后想要对方进行一定补偿,而非预谋侵财。

第四,案发后,许某某还因担心方某某出事反复打电话给方某某,还寻求小区保安帮助,报了警,以确定方某某的情况安全。其表现也不符合预谋抢劫的一般情形。

综上所述,不应以“事前买药,事中下药,事后取财”就简单判断三者间的因果关系,而应当根据本案发生的事情经过进行综合判断,因此公诉机关指控许某某构成抢劫罪的证据不足。

二、比照亲属之间不认定抢劫罪的规定,建议对许某某不以抢劫罪定性

根据最高人民法院《关于审理抢劫、抢夺刑事案件适用法律若干问题的意见》(法发〔2005〕8号)的规定,为个人使用,以暴力、胁迫等手段取得家庭成员或近亲属财产的,一般不以抢劫罪定罪处罚,构成其他犯罪的,依照《刑法》的相关规定处理。比照许某某的情形,由于双方是基于真实的发展男女朋友的意思交往,许某某只是想

要一定补偿,方某某也明确表示愿意撤案。考虑到抢劫家庭成员的一般不以抢劫罪定罪处罚,建议法院参照该规定,对许某某不以抢劫罪定罪处罚。

三、许某某系临时起意取财,并未事先预谋,定性为盗窃罪更为适宜

许某某在讯问笔录中稳定供述称,被害人方某某昏睡后,许某某因方某某在卧室的手机作响,故来到方某某的卧室,拿手机时正好看到敞开的衣柜中的黑色塑料袋。因袋口未扎好,其看到里面有钱,于是偷了一部分。

关于案发环境,方某某称醒来后发现家里有翻找的痕迹,但从现场勘验情况看,方某某家中本就非常混乱,根本无法判断出是否有过翻找痕迹。同时,方某某卧室的衣柜门是呈敞开状态的,其中的保险柜清晰可见,符合许某某关于其发现保险柜以及黑色塑料袋的过程的陈述。

因此,有合理理由怀疑,许某某系在帮方某某拿手机时看到衣柜内的现金,临时起意盗窃,并非事先预谋用艾司唑仑片迷晕方某某后取财。同时,在案无其他客观证据能够排除上述合理怀疑,故应当依据存疑有利于被告人之原则,认定许某某系临时起意取财。

第二层面:即便认定许某某构成抢劫罪,
其也不属于入户抢劫

一、根据司法解释的有关规定,本案不符合入户抢劫的情形

根据最高人民法院《关于审理抢劫刑事案件适用法律若干问题的指导意见》(法发〔2016〕2 号)第二部分的相关规定,认定“入户抢劫”,要注重审查行为人“入户”的目的,将“入户抢劫”与“在户内抢劫”区别开来。以侵害户内人员的人身、财产为目的,入户后实施抢劫,包括入户实施盗窃、诈骗等犯罪而转化为抢劫的,应当认定为“入户抢劫”。因访友办事等原因经户内人员允许入户后,临时起意实施抢劫,或者临时起意实施盗窃、诈骗等犯罪而转化为抢劫的,不应认定为“入户抢劫”。

根据最高人民法院《关于审理抢劫、抢夺刑事案件适用法律若干问题的意见》(法发〔2005〕8 号)第一部分关于“入户”目的非法性认定的规定,进入他人住所须以实施抢劫等犯罪为目的。抢劫行为虽然发生在户内,但行为人不以实施抢劫等犯罪为目的进入他人住所,而是在户内临时起意实施抢劫的,不属于“入户抢劫”。

本案中,第一,许某某曾多次到访方某某家中,均系获得方某某的许可;第二,方某某曾在 2021 年 4 月 8 日主动邀请许某某当晚见面,但因许某某拒绝而未成行,改为 2021 年 4 月 9 日见面;第三,许某某系属因访友办事等原因经户内人员允许入户后临时起意产生的侵财行为,不具备入户目的的非法性,不能认定其为入户抢劫。

二、从相关已决案例看，本案不符合入户抢劫的情形

辩护人检索了入户抢劫认定的案例，均要求具备入户目的的非法性，具体案例情形如下（见表1）。

表1 入户抢劫认定案例

案 号	涉 案 情 节
最高人民法院发布依法惩处妨害疫情防控犯罪典型案例	2020年2月11日14时许，被告人业某某经事先踩点，携带水果刀、透明胶带到南京市江宁区禄口街道某小区，冒充疫情防控人员，以登记疫情为由骗得小区住户赵某某（被害人，女）打开房门。业某某闯入室内，采取胶带捆绑、持刀威胁等方式向赵某某强行索要8000元。赵某某被迫通过微信向他人借款2000元，后通过支付宝将2000元转入业某某的赌博游戏账户内。业某某威胁赵某某不准报警后逃离现场。
（2018）浙刑终354号刘某金抢劫罪二审刑事裁定书	2005年1月15日晚，被告人刘某金通过翻围墙、撬门的方式再次进入被害人任某1家中，潜伏至次日凌晨5时许，进入任某1、范某夫妇的卧室，向二人喷射不明液体并持刀威胁任某1交出钱财，遭到任某1反抗后双方发生肢体冲突，刘某金用刀刺伤任某1后逃离现场。
（2020）浙刑终164号龙某旭抢劫罪二审刑事裁定书	2011年2月2日凌晨，被告人龙某旭伙同龙某华、谢某经、龙某礼（均已被判刑）、朱某胜等人到福建省福鼎市富丰小区4幢9号，撬门入室，持刀劫取被害人薛某夫妇现金1800余元。
（2017）浙刑终145号谢某儿抢劫罪、盗窃罪二审刑事裁定书	2012年7月23日下午，被告人谢某儿潜入浙江省温州市瓯海区新桥街道旸湖北路11号，持刀具威胁并捆绑陈某1，劫取LG牌手机1部、价值人民币3570元的黄金项链1条、价值人民币674元的黄金金块1块和黄金佛牌1块、玉牌1块，劫得财物共计价值人民币4244元。

上述案例中，行为人均是在违背户主意志的情况下，以抢劫为目的的“入户”，与本案情形完全不符。许某某与户主方某某是基于真实的恋爱意思交往，而非以婚恋为名从而骗开房门。

第一，许某某有真实恋爱之目的。许某某与董某某的笔录均提到许某某曾说“我如果外面找到其他人了，我也要搬出去的”；补充证据中许某某与方某某的聊天记录也显示，许某某曾表明愿意付出全部去照顾方某某，并与方某某登记结婚，进一步证实许某某真实恋爱、希望好好过日子的目的。

第二，许某某与方某某第一次见面就发生性关系，且事后还有多次往来。2021年4月4日，双方聊天记录显示，许某某约方某某“下午出来西湖边走走”，说明许某某亦无非法入户之目的。

第三，本案中的所有入户行为，均是方某某主动邀请。在案双方的微信聊天记录显示，2021年4月2日，双方刚认识时方某某就提出“可以过来见一见吗？”“过来一起烧中饭吃好吗？”2021年4月4日方某某提出“要么你两三点下午来我这”。

2021 年 4 月 5 日方某某又提出“去北京之前再见你一次”。2021 年 4 月 8 日方某某提出“你晚上看看有没有时间”。上述证据表明,许某某均是应方某某之邀赴方某某家中。

第四,本案存在多次入户的情形。无论是许某某还是方某某,双方均认可二人进行了多次会面,且是在第一次见面就发生了性关系,之后还多次会面。

综上,本案不符合入户抢劫的情形,即便认定许某某构成抢劫罪,其也不属于入户抢劫。故此应当依法在 3 年以上 10 年以下有期徒刑的区间确定许某某的基准刑。

第三层面:即便认定许某某系入户抢劫,其也具备一系列从轻、减轻处罚情节

一、本案系因恋爱纠纷引发的违法犯罪,应予从宽处罚

许某某与方某某是基于真实的恋爱目的而交往,本案属因恋爱纠纷引发的违法犯罪。根据最高人民法院《关于贯彻宽严相济刑事政策的若干意见》第 22 条的有关规定,对于因恋爱、婚姻、家庭、邻里纠纷等民间矛盾激化引发的犯罪,因劳动纠纷、管理失当等原因引发、犯罪动机不属恶劣的犯罪,因被害方过错或者基于义愤引发的或者具有防卫因素的突发性犯罪,应酌情从宽处罚。

1. 许某某向方某某提供的均是真实信息

许某某与方某某虽然是通过某交友 App 认识的,但许某某向方某某提供的微信号、手机号码、户籍情况、家庭情况均是真实信息。

2. 许某某、方某某是基于恋爱意思而交往

许某某与董某某的笔录中均提及,如果许某某找到了男朋友,就搬出去住。补充证据中许某某与方某某的聊天记录显示,许某某曾表明愿意付出全部去照顾方某某,并与方某某登记结婚。从二人的聊天记录亦可看出,两人互相关心,且多次约见,关系较好。方某某笔录也表示,“她说如果我可以给她还债,可以和我去登记,和我好好过”;“我以为她可以做女朋友”。这与许某某的笔录互相印证,说明许某某是基于真实的恋爱意思在与方某某交往。

3. 双方首次见面即发生性关系,后续仍有接触,表明双方均有恋爱的意思

虽然许某某称,其与方某某发生性关系系被方某某强迫,但因为方某某称会补偿她,所以没有追究,是基于“我想和他处对象、过日子”。这一说法符合常情常理。

4. 许某某关于双方纠纷源于方某某出尔反尔的辩解具有可信性

结合在案证据可以判断,方某某对许某某确实有所承诺,许某某关于双方纠纷源于方某某作出承诺后又出尔反尔的辩解是可信的。

第一,方某某在 2021 年 4 月 22 日的笔录(诉讼证据卷第 217 页)中曾提及“她说

如果我可以给她还债,可以和我去登记,和我好好过”。补充证据中的聊天记录显示,许某某曾说“如果你现在给我50万,那么我愿意去付出我的全部照顾你,直到四五个月后登记”方某某回复“嗯,我晚上跟小孩沟通一下,看他要不要出国”“出国我的钱是不能动的,是要有保证金存款在那里的”。这表明方某某确实曾对许某某有所承诺。

第二,许某某的笔录也有类似说法。许某某在笔录中称,“事后他说会给我保障,让我不要工作了,要带着我一起去北京。我一开始不同意的,我们就是坐在沙发上聊天,他说可以给我保障,钱不能动,不过他指了柜子上的瓷器说,一个瓶子就值十几二十万,完全可以给我保障的”;“他说他儿子要出国,放在银行里的现金需要当作保证金,不能动,不过他可以给我银行里价值260万元的基金,还让我看了放在柜子上的瓷器瓶子”;“我发的这些信息是因为当天发生关系之后,他对我安慰,给我承诺,说是给我瓷器和钱”。

第三,结合方某某于2021年4月5日9:41向许某某发送的微信信息,“你还是照常去工作上班再说吧”,表明方某某确实对许某某有所承诺,给予其一定保障。若方某某信守承诺,许某某没有理由给方某某下药。这说明,本案是双方是基于恋爱关系产生的纠纷。

故本案系因恋爱纠纷引发的违法犯罪,根据最高人民法院《关于贯彻宽严相济刑事政策的若干意见》第22条之规定,应对许某某从宽处罚。

二、许某某已深刻悔罪,并获得被害人谅解,双方矛盾已经化解,应对其从宽处罚

许某某已深刻悔罪,在案发后第一时间即表示愿意退出赃款,其家属也积极配合,在许某某被逮捕之前就已将赃款如数退还。

被害人方某某明确表示,“既然我的瓷器已经拿回来了,我就不追究钱的事情了,我想要撤案”。同时,被害人方某某也出具了谅解书,对许某某的行为进行谅解。

根据浙江省高级人民法院、浙江省人民检察院联合印发的《〈关于常见犯罪的量刑指导意见(试行)〉实施细则》第14条的规定,对于退赃、退赔的,综合考虑犯罪性质,退赃、退赔行为对损害结果所能弥补的程度,退赃、退赔的数额及主动程度等情况,减少基准刑的30%以下。

因此,考虑到许某某退赃的时间点、被害人的谅解,应对其从宽处罚。

【心得体会】

一、敢破敢立,重构事实

本案中,许某某事前有买安眠药的行为,事中有下安眠药的行为,事后有拿取财物的行为。因此,公诉机关根据“事前买药”“事中下药”“事后取财”的行为链条,指控许某某构成入户抢劫。

公诉机关的指控逻辑看似合理,但细究之下,“事前买药”“事中下药”“事后取财”三者之间并无直接因果联系。辩护人通过多次阅卷、会见,制定出进攻型辩护策略,针对公诉机关的指控逻辑提出四个质疑:第一,事前买药究竟为何?第二,事中下药意在何为?第三,取财行为缘何而起?第四,因果关系能否证成?详言之,许某某事前买药是否确实为了下药?许某某事中下药是否确实为了方便取财?许某某之非法占有目的到底何时产生?事前行为、事中行为、事后行为之间是否有因果关系?

当然,在进攻型辩护策略下,辩护人仅仅提出四个问题是远远不够的,还需要依据在案证据,对上述四个问题进行合理解释,以期在打破指控逻辑的同时构建新的事实,说服审判人员。

通过详细审阅在案的主观证据,多次会见许某某了解情况,辩护人对上述四个问题进行了符合在案证据、符合常情常理的解释:第一,许某某一直有失眠症、心脏病,且有随时携带药物的习惯,事前购买药品并随身携带,是为供自己服用;第二,许某某下药迷晕方某某系基于方某某出尔反尔故临时起意报复,并非为了取财;第三,许某某是在方某某睡着后临时起意取财,并未事先预谋。因此,事前的买药行为、事中的下药行为、事后的取财行为是三项独立的行为,三者之间没有刑法上的因果关系。

二、阅卷工作细中求细,在细节中深挖辩点对应的证据

辩护人提出的辩点若无证据支撑,则为无源之水、无本之木,此类“幽灵辩护”也不可能得到审判人员的支持。因此,从卷宗中搜寻辩点的论证依据就成为辩护过程的重中之重。

本案中,许某某的行为分为“事前”“事中”“事后”三个阶段。

首先,许某某事前购买药品、随身携带艾司唑仑片,是为供自己服用,而非为了向方某某下药。第一,辩护人在阅卷中发现,2021 年 4 月 8 日,许某某因非器质性失眠症在某卫生院根据门诊医生的处理意见购买了 1 盒 20 片装的艾司唑仑片。同时,在案的随案移送清单却显示,公安机关扣押了 22 颗艾司唑仑片,其中 20 颗未拆封,2 颗已拆封。那么就意味着,许某某于 2021 年 4 月 8 日购买的一盒 20 片装的艾司唑仑片实际上并未拆封,许某某随身携带至方某某家中的艾司唑仑片应是更早之前购买

的。既然许某某在案发前一天购买的艾司唑仑片未拆封，更未携带至方某某家中，显然不能推导出许某某是为向方某某下药而购买艾司唑仑片的结论。第二，结合许某某在笔录中多次稳定陈述称，其平常就有服用艾司唑仑片助眠的习惯，当晚其计划前往其母亲家，因此需要携带艾司唑仑片用于自己服用助眠，该辩解亦符合常情常理。第三，许某某买药当日，方某某曾主动邀请许某某于当晚见面，许某某以“不想出门”为由拒绝。从常情常理判断，若许某某在买药时已有预谋，当晚同意与方某某见面再下药既隐蔽，也方便。辩护人由此得出结论，许某某在买药时，并无迷晕方某某的预谋或想法。

其次，许某某事中下药迷晕方某某系临时起意报复，不是为了取财。会见过程中，当辩护人向许某某问及下药原因时，许某某反复强调称其系因方某某“出尔反尔”而“脑子一热”下了药。上述看似不合理的辩解，其实也能够在案卷材料中发现一些佐证。一方面，许某某在多份笔录中都提及，2021 年 4 月 9 日当天，二人曾发生争吵，起因是方某某原先承诺给许某某价值 260 万元的基金作为结婚的“保障”，当天却“出尔反尔”表示不给了。另一方面，在案的微信聊天记录显示，许某某曾说“我是很简单的，如果你现在给我 50 万，那么我愿意付出我的全部照顾你，直到四五个月后登记。”方某某回答“嗯，我晚上跟小孩沟通一下，看他要不要出国”“等（儿子）高考完我们的事再定吧”“你还是照常去工作上班再说吧”。这至少可以推断出，方某某对许某某应曾有所承诺，而后又反悔，导致二人发生争吵。因此，许某某对其下药系因被害人“出尔反尔”而“脑子一热”下药的辩解，是具备一定合理性的。

再次，许某某是在方某某睡着后临时起意取财，并未事先预谋。其一，方某某在笔录中称，其醒来之后发现房间非常乱，有被翻动过的痕迹。但辩护人发现，现场勘验笔录、照片中展现出的现场情况却显示，方某某作为一名独居男性，其家中本就非常混乱，且距离案发也已过去多日，实际上根本无法判断到底是否有过翻找痕迹。其二，许某某也在多次笔录中稳定陈述称，其是听到方某某的手机在卧室中响，其是在去帮方某某拿手机时刚好看到敞开的衣柜里有保险柜，保险柜旁边有个黑色的塑料袋，塑料袋未扎好，看到里面有钱，于是拿了一部分。因此，许某某产生非法占有目的之时，应是看到该黑色塑料袋时，即临时起意取财，其在向方某某下药时，不存在非法占有之目的。其三，辩护人还发现，许某某仅拿取塑料袋中的一部分钱财，事后既未窝藏赃款，也未携款潜逃。值得一提的是，许某某在事后还反复打电话给方某某，试图确认方某某是否安全。在方某某未接听电话的情况下，许某某还主动报警以及寻求小区保安的帮助。从中可以发现，许某某事后的行为表现完全不符合预谋抢劫的一般情形。

最后，辩护人从细节中发现的上述证据，能够为自己提出的观点提供相应的依据，至少能够表明存在相应的合理怀疑，故能够为动摇审判人员的心证提供合理依据。

三、庭审交锋敢于亮剑,抓住关键,针锋相对

庭审过程,是说服审判人员的过程,在具备合理依据的情况下,辩护人应当大胆陈述、论证辩护观点。尤其是在进攻型辩护策略的指导下,更要敢于亮剑,将公诉方指控逻辑当中不合理的部分拣出、揉碎,展现给审判人员,同时针锋相对地提出辩方的合理观点,更进一步动摇审判人员的心证。

举证质证阶段,公诉人分别就许某某“事前买了药”“事中下了药”“趁方某某昏迷时拿取钱财”举出相应证据,试图证明许某某系预谋入户抢劫。辩护人则聚焦于关键矛盾点,即随案移送清单显示,许某某于 2021 年 4 月 8 日购买的艾司唑仑片并未拆封,也未携带至方某某家中;许某某与方某某当天曾发生过争吵,许某某关于其下药是因被害人“出尔反尔”而产生报复心理的辩解具有合理可能;由于本案系密室案件,且无法排除许某某是在方某某昏迷以后才产生非法占有目的的合理怀疑,故公诉人简单以“事前买药、事中下药、事后取财”就推导出被害人系预谋入户抢劫的结论是不合理的。

第一轮法庭辩论期间,公诉人发表公诉意见指出许某某品行不端,多次欺骗办案人员,供述与辩解多次反复,且与事实不符,在案证据足以认定许某某系入户抢劫。辩护人则针锋相对地指出,许某某的供述与辩解能够得到在案证据的支撑,不存在故意说谎欺骗办案人员的情况,反倒是方某某的陈述偏向性极强,同时又无法得到在案证据的支撑,真实性存在较大疑问。在逐条反驳公诉人指控逻辑之后,辩护人以进攻型辩护策略为指导,依据上文提及的在案证据,重点论证说辩护观点成立的合理性。

第二轮法庭辩论期间,审判长要求控辩双方围绕“被告人入户目的的非法性,即被告人进入被害人住所是否以实施抢劫为目的”的争议焦点进行辩论。此时,辩护人即意识到合议庭认为本案应构成抢劫罪,只是在是否构成“入户抢劫”的问题上存在争议。因此,辩护人决定,将关于本案是否构成抢劫罪的定性辩护以书面方式提交合议庭,当场就合议庭归纳的争议焦点进行辩论。

公诉人提出,在案的聊天记录显示,许某某曾向方某某索要 50 万元的所谓“保障”,但方某某并未同意给付,因此许某某存在劫财的动机。结合许某某在前往方某某家中的前一天还专程去卫生院购买了艾司唑仑片,表明许某某进入方某某住所时是以实施抢劫为目的。

辩护人则提出,第一,许某某与方某某有真实恋爱之目的,作为一名中年女性,在择偶时希望得到经济方面的保障是合情合理的。同时,双方的聊天记录也能够进一步证明,尽管许某某确实存在索要 50 万元的情况,但与之对应的是,许某某也明确表示愿意付出全部去照顾方某某,并与之登记结婚。第二,双方的微信聊天记录显示,本案中当事人所有的入户行为,均是方某某主动邀请。第三,本案存在多次入户的情

形。无论是许某某还是方某某,双方均认可二人进行了多次会面,且是在第一次见面就发生了性关系,之后还多次会面。

故此表明,许某某索要 50 万元“保障”不属于侵财意图的范畴。且许某某与方某某是基于真实的恋爱意思交往,而非以婚恋为名从而骗开房门。所以公诉人指控许某某入户是以实施抢劫为目的的证据不足,不能认定。

(承办人:贾小玉、陈一见)

如何办理政策压力大的刑事案件

——徐某、鲍某被控“套路贷”诈骗改定寻衅滋事案

【案件概况】

H市某区检察院指控:2019年3月,被告人徐某伙同李某(另案处理)商议做网络放贷。同年4月,徐某、鲍某、李某三人就网络放贷达成入股及分红协议。同年4月25日,被告人徐某向他人购买“转运猪”App。同年5月,“转运猪”App正式上线,具体由李某负责全局,徐某负责管理技术,鲍某负责管理催收,并调用、招聘邵某等人从事人事、财务、催收工作。具体模式如下:通过短信等形式发送“转运猪”App广告链接给被害人,并以“低利息”“快速放款”等标语为诱饵,诱使被害人下载该App,并在被害人注册申请贷款过程中获其取通讯录、通话记录等个人信息,而在放款时以服务费名义扣除本金人民币540元,到账金额1050元或者1060元,且隐瞒展期费事项,设定5日贷款期限,到期或逾期时,通过拨打被害人及其通讯录中人员的电话、发送短信的方式进行骚扰,进而达到向被害人催收的目的。现已查明“转运猪”App通过广州合利宝支付科技有限公司向8832人放款,合计放款金额2500余万元。“转运猪”App以展期费、手续费、逾期费等为由收取款项900余万元。同年7月25日,被告人鲍某、徐某被H市某区公安分局抓获。

公诉机关对鲍某、徐某的指控罪名为诈骗罪,一旦指控成立,其将被判处有期徒刑10年以上。我所律师接受委托后,经阅卷和会见,认为鲍某、徐某不构成诈骗罪。

H市某区法院经历四次开庭,三级内审,于2022年3月9日作出判决,认为本案两被告人的行为不构成诈骗罪,对被告人及其辩护人相关辩解及辩护意见予以采纳,认为公诉机关指控罪名不当,变更罪名为寻衅滋事罪,判处两被告人有期徒刑2年8个月,没收违法所得。

【审判阶段辩护意见】

一、本案与714高炮等“套路贷”案件存在明显区别

（一）本案未宣传误导客户，而714高炮等“套路贷”案件以“低利息”等虚假宣传误导客户

714高炮等“套路贷”案件宣传“利息低”，是以较低的利息吸引客户，实际借款时还要加上虚构的费用。本案从头到尾并未宣传低利息来误导客户，所有的费用一目了然。

（二）本案未虚构费用，而714高炮等“套路贷”案件虚构各类费用

714高炮等“套路贷”案件虚构各类费用，签订“虚高”借贷协议，通过翻倍打欠条等手段恶意垒高借贷金额即放款本金。本案所列费用均真实存在，例如，540元为审核费、第三方数据费（包括同盾数据费，新浪等广告流量数据费等），App界面既有明确显示，“转运猪”平台也确实须支付。其中App系统开发方会收取每点击一次5~7元的审核费，但点击后实际申请借款并通过审核的人很少，人均审核费用达到200元左右。第三方数据费，即经第三方数据平台协助判断及引入客户需要支出的较大费用，第三方平台如新浪、同盾等，此项费用随时间变化波动较大，为200~1000元。因此，“转运猪”平台的每笔借款需要500元左右的成本，平台需要实际支出，大部分费用通过支付宝、银行卡、合利宝线上支付，可在公安扣押的被告人银行卡、支付宝等证据中查询统计。上述费用为平台的经营成本，真实存在。这也是本案利润远远低于714高炮等“套路贷”案件利润的主要原因。检察院补充的专项审计报告能证明“转运猪”平台实际上是亏损的，在案银行流水也可以印证。

（三）本案不存在“砍头息”，而714高炮等“套路贷”案件存在“砍头息”

714高炮等“套路贷”案件存在“砍头息”，本质在于虚增借贷金额即本金，并以虚增的贷款本金为基数计算逾期费。本案不存在“砍头息”，从借款前明确多次告知借款人本金1060元，到还款，到逾期借款本金都是1060元，借贷金额从未增加。

（四）本案未隐瞒逾期费、展期费，而部分714高炮等“套路贷”案件逾期费，展期费在借款前不予明确告知

部分714高炮等“套路贷”案件的逾期费、展期费在借款人借款前不告知，还款时才告知需要收取逾期费、展期费，且逾期费、展期费往往超过之前的借款费用，甚至超过很多或者随意要求，并通过肆意认定借款人违约的方式来恶意垒高借款。本案“转运猪”平台逾期费用、展期费用在放款前多次明确告知借款人，逾期费用黑体字事先明确多次告知，且远低于之前的借款费。

(五)本案逾期费封顶并对困难客户予以减免,而714高炮等“套路贷”逾期费不予封顶

714高炮等“套路贷”案件不会在借款人逾期后对逾期费封顶。本案逾期费用设置了封顶,6天318元。借款人逾期6天后不再增加逾期费,借款人债务最高为1918元、“转运猪”平台从没恶意垒高借款,甚至对部分存在暂时困难的用户进行减免。比如,案卷中赵某的笔录也有类似表述。在高利贷中也很少存在逾期费封顶,在“套路贷”案件中,则更不可能存在。“套路贷”案件中都是想方设法去垒高借款人债务,更不用说给借款人设置封顶了,就从这一点也能侧面说明本案根本就不应该是“套路贷”,也能说明被告人不存在非法占有的故意。

(六)本案不存在暴力催收,而714高炮等“套路贷”案件存在暴力催收

714高炮等“套路贷”案件中存在暴力或软暴力催收,甚至导致借款人自杀等严重后果。主要是因为714高炮等“套路贷”案件会使用制造虚假资金流水痕迹、恶意制造违约、肆意认定违约等套路手段来虚增借款人的债务。借款人主观上也会觉得被欺骗,不愿意支付高于事先约定的费用,从而激化矛盾,导致714高炮等“套路贷”案件不得不采用软暴力和暴力催收。本案不存在P图、辱骂、电话轰炸等软暴力手段进行催款,所有债权债务都是借款人与“转运猪”平台事先约定,不存在任何套路手段,虽然事先约定的利息费用高,但借款人没有感觉到被欺骗,所以本案在催款时只需正常的电话短信催收和提醒。

(七)本案在借款操作过程中能随时终止借款,而714高炮等“套路贷”案件中存在强制借款情况

714高炮等“套路贷”平台在借款过程中虽然也会告知用户费用和权限,但借款人在意识到有套路后已无法放弃借款,平台强制放款。本案在借款步骤完成之前随时可以终止借款。

(八)本案只有一个App,714高炮等“套路贷”案件大多系多个平台同时操作

714高炮等“套路贷”案件在明知借款人无力还款的情况下,通过关联平台继续放款给借款人,通过以贷养贷的方式不断恶意垒高借款人借款,不设上限。本案只有一个“转运猪”平台,更不会介绍借款人去其他App上借款。对于不能还款而逾期的借款人,“转运猪”平台不会再次借款。

(九)本案费用和违约条款简单明确且多次告知

被告人主观上希望借款人知道借款相关费用,不希望借款人有错误理解。714高炮“套路贷”则对费用、违约条款语焉不详,或者故意遗漏,设置套路,安插陷阱。

(十)本案被告人正向筛选客户,主观上希望客户能按约如期还款。714高炮“套路贷”反向筛选客户,一开始就准备暴力催收

本案被告人是正向筛选客户。其投入巨额审核费、第三方数据费等,用来严格筛

选优质客户,从制度设计上就是希望客户按时正常还款,而不是通过逾期后以暴力催收达到非法占有的目的。714 高炮等“套路贷”反向筛选或不加筛选,一开始就着手准备通过暴力和软暴力催收手段去获利。这两者有本质区别。

二、省公检法三家“套路贷”会议纪要必须与《刑法》分则结合起来,充分理解该会议纪要对 714 高炮“套路贷”定性的理论内核

(一)省公检法三家“套路贷”会议纪要的适用有一个重要前提——存在设置套路虚增债权债务的情况

最高人民法院、最高人民检察院、公安部、司法部《关于办理“套路贷”刑事案件若干问题的意见》第 2 条中规定:“犯罪嫌疑人、被告人不具有非法占有目的,也未使用‘套路’与借款人形成虚假债权债务,不应视为‘套路贷’。”

Z 省高级人民法院、Z 省人民检察院、Z 省公安厅(以下简称 Z 省公检法三家)《关于办理“套路贷”相关刑事案件若干问题的纪要》(以下简称《“套路贷”纪要》)第 1 条规定,“设置‘套路’形成虚假债权债务关系的,属于‘套路贷’”,“没有使用‘套路’的,不属于‘套路贷’”。

2019 年 8 月 12 日 Z 省公检法就《“套路贷”纪要》答记者问时,Z 省人民检察院副检察长明确提出,“套路贷”的落脚点是形成虚假的债权债务关系。通过设置种种“套路”,进而在行为人与借款人之间形成虚假的债权债务关系。“高利贷”是利息较高的借贷,没有非法占有对方财物的目的,只是收取的利息较高,不会使用各种手段虚增债权债务。“套路贷”具有非法占有对方财物的目的,行为人通过“套路”来虚增债权债务。

上述文件和讲话的核心精神均在于,行为人没有虚增债权债务,就没有“套路”,就没有非法占有为目的,不能定为“套路贷”。利息和费用的高低不是“套路贷”和高利贷的区别,是否虚增了债权债务才是高利贷和“套路贷”的本质区别。畸高利息、违约金、展期费有可能是“套路”,也有可能不是“套路”,关键看是否虚增债权债务。如没有,则没有“套路”,也没有非法占有的目的,不是“套路贷”。

(二)关于《“套路贷”纪要》第 3 小点“……无论对方是否明知,均不影响行为人非法占有目的的认定”的理解

第一,结合上述答记者问的领导讲话等文件,可以看出该规定有一个重要的前提,那就是存在“套路”虚增债权债务。从 H 中级人民法院已判决案例来看,“套路贷”都存在“砍头息”、强制放款、制造虚假给付痕迹、多平台转账平单等超出借款人预期的虚增债权债务的行为。

第二,如果没有虚增债务债权,但只要利息畸高就定为“套路贷”,则高利贷都应定为“套路贷”。这种做法显然违反刑法的基本规定及上述文件的精神。

第三,暴力催收是“套路贷”中重要的一环。虚增的债权债务想要变现,必须存在暴力或者软暴力催收,才能强制变现。可以说,没有暴力或者软暴力催收,就没有714高炮“套路贷”。

第四,回到本案,“转运猪”平台一方面没有虚增债权债务,收取的费用都在借款前约定的范围之内,数额上也没有超出借款人的心理预期;另一方面,“转运猪”平台没有暴力软暴力催收,借款人如果不想还款,“转运猪”平台也无法通过电话催收强制变现。

因此,本案没有设置“套路”虚增债权债务,被告人主观上没有非法占有的目的,不符合“套路贷”特征,不应认定为诈骗罪。Z省内法院的多个判例也说明网络小额贷款平台并非利息费用高,就定诈骗罪。这些判例情节均比本案恶劣,均对被告人定敲诈勒索罪、寻衅滋事罪,审判机关也均在Z省内,判决日期均在2019年7月24日Z省《“套路贷”纪要》生效之后。未对被告人定诈骗罪,说明省内法院并非“一刀切”,而是根据实际案情具体问题具体分析。这些定敲诈勒索罪、寻衅滋事罪的判决是Z省公检法三家《“套路贷”纪要》的理论成果。

【心得体会】

一、精读案卷,找出法律漏洞

本案被告人于2019年7月22日被刑拘,Z省公检法三家《“套路贷”纪要》2019年7月24日颁布。故本案是H市打击“套路贷”行动的第一批案件,具有重要意义。这类案件没有酌情从轻的空间。辩护人精读案卷,找出法律上的漏洞是有效辩护的前提,也几乎是唯一的出路。

根据在案证据,本案定罪的关键是借款人笔录。借款人笔录共有近百份,办案机关筛选出24份移送审查起诉(剩下的70余份在两年多之后才由公诉人提交法庭)。笔录证明涉案平台虚假宣传,隐瞒展期费、逾期费,并采用“暴通讯录”、辱骂的方法进行催收,并以此为基础形成诈骗罪证据体系。

辩护人研读案卷后,发现两个法律问题:

一是侦查实验录像,实质上是一份不构成犯罪证据。录像中,公安民警在“转运猪”平台借款的过程中,“转运猪”平台用加黑醒目的字体告知了各项费用,宣传广告上也没有低利息之类的虚假内容。这样,24份借款人笔录就不攻自破。

二是电子提取笔录的一致性代码(哈希值)错误。本案有两份电子提取笔录,提取数据的哈希值算法一致,但位数却不一样,一个40位,另一个32位,这说明电子提取笔录真实性存疑。辩护人提出这个问题之后,公诉人再也没有把这两份电子提取笔录拿出来作为其论点的依据。

正因为本案在证据上存在极大的问题,法院才予以改判。

二、反复打磨、挖掘辩护的逻辑和依据,不留死角

辩护人需要站在控方的角度反复进行思维演练,穷尽指控手段。

(一)对定罪的法律文件全方位梳理,找出有利点和不利点并一一应对,对关键点单独形成补充辩护意见进行专项论证

本案定罪的法律依据主要是两个文件,一是最高人民法院、最高人民检察院、公安部、司法部《关于办理“套路贷”刑事案件若干问题的意见》,二是Z省公检法三家《“套路贷”纪要》。辩护人需将其中不利点一一找出,每一点都需要予以回应。

这其中最主要也绕不开的是Z省公检法三家《“套路贷”纪要》第3条:“行为人收取名目繁多的费用……无论对方是否明知,均不影响行为人非法占有目的的认定。”对于这一条,辩护人进行了补充辩护意见专项论证,论证的角度一是效力问题。Z省公检法三家《“套路贷”纪要》与最高人民法院法官的公开观点、主流法学家观点背道而驰,且辩护人在最高人民法院网站上没有查到Z省公检法三家《“套路贷”纪要》的备案信息。故辩护人认为,根据最高人民法院《关于规范高级人民法院制定审判业务文件编发参考性案例工作的通知》(法〔2020〕311号),Z省公检法三家《“套路贷”纪要》事实上没有备案,法理上也与主流刑法理论相悖,不能作为裁判的依据。在第三次开庭时,公诉人也当庭明确表示,本案指控的法律依据直接来源于刑法分则诈骗罪的规定,而非省公检法三家《“套路贷”纪要》。角度二是Z省内(H市以外)大量类似案件并不按照诈骗罪处理。角度三是根据Z省检察院、Z省高级人民法院领导的讲话,《“套路贷”纪要》这一条的适用还需要加上一个“虚增债权债务”的前提。角度四是头部互联网企业网络小额贷款的做法,如百度有钱花等,流程和本案类似,其也需要获取通讯录权限、贷款当日计息、筛选客户,也有催收,这是小额贷款这一行业的交易习惯,是由这个行业的特点决定的。

(二)密切关注新的类案判决和庭审,并依此形成新的观点

本案是Z省公检法三家《“套路贷”纪要》颁布后H市第一批“套路贷”案件,故在第二次开庭后才有H市的类案判决,且罪名都是诈骗罪。对这些判决、庭审要仔细研读,明确公诉人的指控思路,并依此形成新的辩护意见。

形成新的辩护意见,最直观的好处是开庭时法官不会打断辩护人发表意见。公诉人如果没有充分准备,也会手忙脚乱,庭审效果较好。

用好新的类案判决和庭审,最好的办法是“找不同”,全面对比新判决和本案的区别辩护人从中找出了十点不同,依此说明本案没有“套路”。

(三)确保被告人在笔录、庭审中正确、精准地表达自己的意见

在共同犯罪中,某一单个被告只参与其中一个环节,对其他环节可能没有亲身经历而只是道听途说,再加上隔了很长时间,司法机关如果突然发问,被告人一时回忆不起来,很容易用“可能”“也许”“应该”这种模棱两可的词语。这种笔录一旦形成,被告人放任、概括的故意就很难摆脱,然后司法机关再以这种笔录配合其他证据,进一步形成证据体系。之后即使被告人回忆起符合客观事实的情况,也会被认为是辩解,难以被采纳。

本案中,被告人被指控的罪名是诈骗罪,在运营端可能涉嫌侵犯公民个人信息罪;催收端可能涉嫌寻衅滋事罪、敲诈勒索罪,最高人民法院、最高人民检察院、公安部、司法部2019年7月23日颁布《关于办理非法放贷刑事案件若干问题的意见》后又可能涉嫌非法经营罪。那么辩护人在会见被告人的时候,围绕这几个罪名的问题要预先演练,帮助被告人回忆起当时的客观事实,并用正确、没有歧义的语言表述出来。比如,本案可能追加起诉的侵犯公民个人信息罪,辩护人在第一次会见被告人时告知其可能构成侵犯公民个人信息罪,原因是催收端外包,“转运猪”平台会把借款人的电话提供给外包的催收公司。被告人表示一时想不起来催收的具体做法是什么样的。后来隔了一段时间,被告人回忆起当时的真实情况是本平台提供给催收端的电话号码中间四位是乱码,催收端要扫码才能呼出,呼出手机显示的被呼叫号码是随机形成的虚拟号,这样的话公民个人信息就没有外泄。后来,检察院、公安机关专门就该问题多次提审,但由于事先有所准备,且该方式是催收行业的惯常做法,公诉机关对被侵犯公民个人信息罪的指控自然站不住脚。

三、鉴于案件的特殊政策背景,在相关政策文件的解读上宜适时适度灵活应对

2019年7月24日,Z省公检法三家《“套路贷”纪要》发布后,杭州市714高炮“套路贷”案件都是根据该文件认定诈骗罪,故对《“套路贷”纪要》如何解释显得非常重要。实际办案中,不宜单纯、直接否定文件的存在。鉴于司法现实,本案第三次开庭时对《“套路贷”纪要》作了合理化解释,把Z省内其他非诈骗罪的判决也纳入《“套路贷”纪要》的理论成果,以最大限度地减少内审阻力。

(承办人:徐激浪、姚立强、李亚男、曾沉)

“套路贷”、恶势力？梳理证据定分明！

——李某涉嫌恶势力、敲诈勒索等罪改变定性为寻衅滋事罪案

【案件概况】

甲区公安局侦查认定：2006年起，王某、李某、赵某、曾某等9人以“民间借贷”为名多次向被害人借款，其间在被害人无力偿还债务的情况下，采取肆意认定高额利息的方式，并通过殴打、欺骗、威胁、非法拘禁等方式逼迫不同被害人以不同方式偿还相关债务。上述9人多次向不同被害人进行暴力催讨，形成了以王某1为组织者的恶势力犯罪集团，并多次实施敲诈勒索、非法拘禁等犯罪行为。侦查机关以史某涉嫌参加恶势力犯罪集团、敲诈勒索、非法拘禁移送审查起诉，李某排名第二。

其中，李某具体涉及的事实为以下两方面。

一、孙某被敲诈勒索

2010年8月，被害人孙某通过犯罪嫌疑人李某介绍，向犯罪嫌疑人王某借款人民币50万元，后因无力偿还，犯罪嫌疑人王某强迫其按照10天5万元高额利息支付，后被害人支付利息。2011年9月，犯罪嫌疑人王某等人强行与被害人签订被害人某处住宅的10年租期，后被害人陆续支付本金和利息约150万元。

二、吴某被非法拘禁

2018年1月4日，犯罪嫌疑人李某、黄某某、卢某等人，因帮助苏某某向被害人吴某讨要购房定金5万元，将被害人吴某骗出，后将其强行带上车辆不让其离开。其间犯罪嫌疑人李某殴打被害人吴某，并对其进行言语威胁，后被害人将5万元返还给苏某某。

2019年3月20日，本案移送审查起诉并经过两次退回补充侦查。辩护人在此期间首先向承办检察官提出李某不构成敲诈勒索罪、非法拘禁罪及恶势力的辩护意见；其次，针对承办检察官提出起诉意见书中未认定的另一笔借款也属于“套路贷”系敲诈勒索这一观点，辩护人即针对该笔借款的事实从刑事、民事两个角度多次在电话中与承办检察官分析该笔借款仅为普通民间借贷，同样不构成敲诈勒索罪。

最终检察官采纳辩护意见，认定李某不构成敲诈勒索罪、非法拘禁罪以及恶势力，于2019年9月24日仅以寻衅滋事罪（未遂）起诉，并将其排名由起诉意见书的第

二名降至第七名。

本案到达审判阶段后,辩护人在与公诉人的沟通中得知其有可能将起诉罪名变更为敲诈勒索罪。故在与李某商议后,两位辩护人决定分工,一名辩护人将本案的借款详尽梳理,进行无罪辩护;另一名辩护人则不对定性提出意见,仅对量刑提出意见,作罪轻辩护。

2019 年 12 月 24 日,法院采纳了罪轻的辩护意见,认定李某构成寻衅滋事罪(未遂),刑期为其实际羁押时间,即 1 年 6 个月。

【审查起诉阶段辩护意见】

一、在案相关证据能够证明李某未参与王某与孙某间的债务,其不构成敲诈勒索罪

(一)从主观证据看,孙某、李某的笔录能够证明李某未参与孙某与王某之间债务

首先,从债务的形成阶段看,孙某在两次笔录中都称“我本来是想向李某借款的,但是李某告诉我说他没有那么多,但是可以介绍朋友借钱给我,利息比较低的,我就同意了”。其明确李某在该笔借款中,起到的作用仅仅只是“介绍”,除此以外并无其他参与。李某的笔录也能够证明其在该笔借款中仅介绍,没有其他参与。同时,李某也明确该笔借款孙某到手多少、利息多少、最后还款多少、如何还款,其一概不知。因此从债务的形成阶段看,李某只起到了介绍作用。且因其只知道借款金额,不了解具体的借款性质,即便该笔借款存在“套路”的嫌疑,李某因主观上未有“套路”孙某的故意,故不应为此承担刑事责任。

其次,从债务的实现阶段看,孙某的笔录中也同样提到“问:你将现金还给王某的时候,是给他本人还是给谁的? 答:现金都是给他本人的……问:王某来拿钱的时候,有无与其他人在场? 答:一般是他自己一个人来的,偶尔会有个司机开车”。该笔录能够证明,孙某在借款后就利息、还款事宜都是仅与王某一人有联系,其中并没有李某的参与。关于王某要求其将 A 小区房产租给王某一事,孙某也称“问:这些跟着王某来的人你是否认识? 答:我都不认识的,都是长得五大三粗,有文身,很凶的样子”。该笔录明确李某也未参与到王某的该笔款项的催讨中。

虽然在孙某的笔录中曾提到,李某曾帮助其商量以及提醒其“王某比较狠,赶紧把欠他的钱还掉”,但该说法仅能够证明李某知道孙某与王某之间存在债务纠纷,但并不能够证明李某明知王某在“套路”孙某。

因此,无论从债务的形成阶段,还是从债务的实现阶段看,在案证据都能够证明李某除介绍外并无其他参与,无获利。由于其对王某的具体行为并不明知,其同样也不能构成“套路贷”的共犯。

（二）从客观证据看，在案的银行流水能够印证二人的说法，证明李某未参与

根据孙某的笔录以及起诉意见书的指控，孙某与王某之间的债务发生在2010年8月左右。若要论证李某构成敲诈勒索罪的共犯，在在案证据无法证明其主观明知的情况下，应从银行流水等客观书证上看其是否在该笔借款中有参与或获利。但反观本案，无论从债务形成的时间，还是后期回款时间，相关的银行流水均能够证明李某并未参与其中。

从债务形成阶段看。辩护人详细梳理了李某与孙某、李某与王某之间的银行流水，发现李某从始至终未汇款给孙某。在债务形成的2010年8月前后，李某也仅在2010年11月24日与王某之间有3779.55元的银行流水，该金额与涉案的债务金额相去甚远，显然与案件不具备关联性。同时，在案也未有证据证明李某曾支付王某现金以借款。因此，从债务形成的时间点看，在案材料能够证明李某与王某之间无合作放款。

从债务实现阶段看。根据侦查机关整理的银行流水可知，孙某从2012年1月10日—2013年1月26日一共转给王某134.6万元。但反观李某与王某之间的银行流水，即便将回款时间作适当的延长，2010年11月24日—2013年12月17日，李某与王某之间一共存在7笔交易，其中6笔系李某转给王某，王某仅在2012年3月14日转账给李某17.55万元。但该金额不仅与王某的"对半分"说法相差甚远，甚至连"对半出"的本金都未达到，显然该笔款项也与涉案的借款无关。

此外，虽然孙某曾在2012年8月29日转账给李某2.94万元，在2013年4月27日以及2014年1月27日、1月29日转账给李某共24万元，但其中2.94万元的转账从金额上看与孙某与王某约定好的利息相差甚远，而后三笔转账均发生在孙某与王某已彻底结清债务的2013年1月26日之后。且根据孙某的说法，其所有的利息均是转账、现金支付给王某，从未有支付给李某的情况，该说法也能够证明孙某与李某之间的转账与本案无关。

因此，在案的银行流水能够与孙某、李某的说法相互印证，证明李某在该笔借款中无参与、无获利。

（三）王某关于李某有获利、有催讨的说法，系孤证，且与在案其他证据相矛盾，不应予以采信

在案证据中，仅王某一人的笔录提到李某参与、获利、催讨，但该说法本身系孤证，且其说法与孙某、李某的说法以及在案的银行流水均相互矛盾，不应予以采信。

综上所述，在案证据可证明李某在王某与孙某的借款之中仅起到介绍作用，此外并无参与或获利。且其对于王某对孙某的具体债务与催讨行为均不明知，不构成敲诈勒索罪的共犯。

二、在案证据不足以证明李某存在暴力行为,该事实也不符合非法拘禁罪的立案标准

第一,从证据角度看,在案证据不能证实拘禁过程中有暴力行为。在案仅有吴某一人笔录提及李某向其催讨违约金时存在打巴掌等暴力行为。

第二,从定性角度看,李某的行为不构成非法拘禁罪。

首先,从本案起因上看,李某之所以会找吴某要钱系因吴某对苏某某欺骗在先,李某催讨的欠款系吴某应当支付的违约金。根据最高人民法院《关于对为索取法律不予保护的债务非法拘禁他人行为如何定罪问题的解释》之规定,行为人为索取高利贷、赌债等法律不予保护的债务,非法扣押、拘禁他人的,依照《刑法》第 238 条的规定,非法拘禁罪定罪处罚。本案中李某催讨的是合法、合理债务,不应以此定性。

其次,从时间上看,根据涉案嫌疑人及吴某的笔录可知,李某与吴某在车内时间总计为一个半小时左右。虽然目前对非法拘禁罪的立案标准没有明确的规定,但本案的时长均远远低于最高人民法院、最高人民检察院、公安部、司法部(以下简称“两高两部”)《关于办理黑恶势力犯罪案件若干问题的指导意见》规定的 3 次 4 小时以及最高人民检察院《关于渎职侵权犯罪案件立案标准的规定》规定的 24 小时。

因此,李某不构成非法拘禁罪。

三、李某未与王某合作放贷或催讨,并非其恶势力犯罪集团成员,考虑到恶势力犯罪案情复杂、重大,可能的审限较长,为避免刑期倒挂,对李某应分案处理

“两高两部”《关于办理恶势力刑事案件若干问题的意见》第 6 条中规定,“恶势力的其他成员,是指知道或应当知道与他人经常纠集在一起是为了共同实施违法犯罪,仍按照纠集者的组织、策划、指挥参与违法犯罪活动的违法犯罪分子”。换言之,若要论证李某系恶势力集团中的成员,必须证明其主观上明知,客观上还参与纠集者组织、策划、指挥的违法犯罪活动。

起诉意见书指控李某为恶势力犯罪集团成员的依据是李某与王某等人,以“民间借贷”为名向多名被害人借款,并采用各种方式逼迫被害人偿还相关债务。但反观本案,根据上述分析可知,李某与王某之间并没有合作放贷的情况,李某也从未参与过王某对他人的催讨行为。从客观上看,李某并没有参与到王某组织、策划、指挥的犯罪活动中。从主观上看,李某在笔录中多次强调其与王某因性格不合所以不熟悉也不亲近,说明其从主观上也排斥与王某以及其恶势力集团有过多的接触。因此,起诉书指控李某系恶势力集团成员显然与事实相悖,不应采信。

【一审阶段辩护意见】

一、事前,李某与张某之间属普通民间借贷法律关系,起诉书指控李某"逼迫"张某还款与在案证据反映的情形有所不一,李某催债行为是否系"逼迫",有待商榷

(一)李某与张某之间的民间借贷法律关系成立,李某在借款时并无"套路"张某情形存在

本案证据表明,李某包含周某陆续借款张某47万元,其中李某27万,分别于2017年8月19日(5万元)、8月26日(2万元)、9月13日(2万元)、9月15日(2万元)、9月19日(1万元)、9月23日(2万元)、9月27日(微信4000元、3000元)、9月27日(1.3万元)、2017年10月2日(8万元)、10月27日(1万元)、11月2日(1万元)、11月19日(1万元)分多笔借予张某;周某于2017年9月7日转账15万元、2017年9月18日转账2万元、2017年10月2日转账3万元,合计借款给张某20万元。上述借款均实际转账,李某并无制造虚假给付痕迹、收取"砍头息"、手续费、中介费等虚增债权的行为,也无恶意认定违约、多平台借款平账、毁匿还款凭证等情形。对此有张某笔录予以确认,张某在补充侦查阶段的笔录中明确"都是我借多少,他就给我多少的"。

按照上述事实,依据"两高两部"《关于办理"套路贷"刑事案件若干问题的意见》以及浙江省高级人民法院、浙江省人民检察院、浙江省公安厅《关于办理"套路贷"相关刑事案件若干问题的纪要》的规定,足以证实李某在与张某的债权债务形成阶段,主观上并不具备非法占有的目的,客观上也未使用"套路"与借款人张某形成虚假债权债务,依法不为"套路贷"。

(二)李某与张某所签本息合计70万元的欠条,系按双方借贷规则制约后形成的债权债务金额的合计,张某对此并无错误认识

首先,经过辩护人的分析以及起诉书的认定,本案李某和张某之间在债权债务形成阶段并不存在"套路贷"的情形。李某笔录供述,其与张某之间就借款利息的约定为40元/天/万元,而张某的笔录为50~60元/天/万元。在本案未有其他证据予以佐证的情形下,对有关利息的约定,应按有利于被告人的原则就低认定,即按李某所述的40元/天/万元的利息约定予以认定。

其次,结合李某包含周某借给张某的本金47万元为基础以及张某总共还款李某6.542万元的情况分析(按张某笔录称归还的是利息),按照有利于张某的计算方式,即自其最后一笔借款发生日2017年11月19日开始,至双方签订房屋买卖合同之日,即2018年4月17日止,中间有5个月的时间,在此期间,张某并未归还剩余本金

及利息。按照之前二人约定利息,该时间段产生的利息有 28.2 万元,本息合计也已达 75 万元之多(47×150×0.004+47)。再退一步讲,即便将张某归还的 6.542 万元算作本金,其未归还的本息也有将近 70 万元,而且上述借款期间还未将前期应该支付的利息期限计算入内。上述计算方法,也符合李某笔录所称的利息为 40 元/天/万元的实际情形,进一步印证张某笔录缺乏客观性。

再次,依照李某和张某笔录,因为前期张某多次借款而未归还,李某将前期所有的借条合并成最后一次本息欠款合计 70 万元的欠条,符合双方之间借贷规则的约定。该欠条金额也未超出双方约定还款的本息数额,张某对此不但明知而且认可,无任何错误认识。

最后,将周某的借款本金从 70 万元中划出后,周某另行起诉,虽有重复计算利息的嫌疑。但依据本案证据,三方当时在 B 广场咖啡厅,由周某与张某重新签订借条时,张某也未就可能存在重复计息的情形提出异议。结合本案亦无证据证实周某明知李某购买张某某小区房产、李某也不知周某后续起诉张某的情况可知,李某与周某之间并未就周某起诉的 2 分利息有过任何意思联络。

(三)在案证据显示,李某在向张某主张债权的过程中,均以平和的方式进行。本案客观证据所呈现的言词内容是否属于"逼迫"有待合议庭进行考量

本案中,李某的笔录以及其与张某的微信、短信聊天记录均显示,每一次借款都是张某主动向李某提出,李某则在第一时间内将款项借予张某。当张某逾期还款时,李某均是以平和甚至哀求的言语向张某催要,张某却编造各种理由一拖再拖。李某在微信聊天记录中语气最重的言词是 2018 年 5 月 29 日"你今天无论如何都要把事情解决掉(指还款),不然我真的不客气了……"仅就字面意思理解,该所谓的"不客气"也只能作中性的理解。张某一而再、再而三地编造谎言,拖欠李某的借款不予归还,李某实在没办法的情形下有此言语,也符合人之常情。此其一。

其二,本案言词证据中,唯有张某的笔录称李某有言语逼迫、威胁的内容存在。具体内容集中在"通过郑某介绍,向某地人借款,而某地人通过借款方式,恶意垒高其债务,并称李某以到其单位、家中闹事为威胁,逼迫其归还借款"。先不论张某所说的是否客观属实,仅从刑事诉讼证明的角度看,本案中既无郑某等人的笔录证明曾借款给张某,同时侦查机关通过调取张某的微信聊天记录,也未发现张某有被"某地人"合谋恶意垒高债务的情形。全案只有张某一人的笔录称李某有言语逼迫、威胁,显然属孤证,孤证不能作为定案的依据。

其三,张某妻子钱某的笔录明确,即便李某在取得涉案房屋产权后,因为张某夫妻未及时搬离,李某也只是苦口婆心地催其搬离,并不存在言语威胁的情形。如若按张某笔录所称李某的做事风格,在已经取得房屋产权,成为该房屋的所有权人的前提

下，李某更应采用威胁甚至暴力的手段来实现自己的权利，逼迫他们搬离。对此，钱某相关笔录内容恰好证实了李某实现权利所采用行为方式的合法性、平和性。同时，上述笔录内容也可得到张某与李某之间的微信聊天记录的印证。

综上所述，从客观证据证明力大于主观证据、孤证不能作为定案依据的刑事诉讼证据规则以及常识常情常理等刑事诉讼的证明程度等角度，均能得出李某在向张某催讨债权的过程中并无言语威胁等逼迫行为。

二、事中，张某出售某小区房屋系张某夫妻双方合意的结果，属夫妻合意自由处分财产的行为表现，李某作为买方无逼迫行为

关于涉案房屋C小区×幢×单元×室房产（以下简称C小区房产）被张某夫妇出售，部分用于抵偿个人所欠债务的问题。在案钱某的笔录和张某的笔录均证实，当时由于张某所欠外债过多，已无力归还，经夫妻商议要将房屋出售，从而来归还借款。且张某夫妻系在与李某对接房屋买卖事宜前，已就房屋出售事宜达成合意。相关购房意向者来看过房屋，因该房系房改房，未满2年不能过户以及购房者需要按揭贷款，资金不能马上到位等原因而最终未完成交易，此其一。

其二，钱某、罗某的笔录证实，在与李某签订购房协议之前，因张某欠罗某借款350万元未予归还，张某已将上述房产用作上述借款的抵押担保。此时，张某和李某也并未提及C小区房产的买卖事宜；相反，罗某与张某进一步又达成了用该房过户并支付租金或利息的方式来保证还款的意向并签订协议。二者同样因为税金太高而未完成最终交易。

其三，罗某笔录证实，在李某购买C小区房产之前，曾电话询问张某欠其债务之情形，并详询房屋的抵押担保情况。由此可见，李某是出于真实购房意图购买，且其与罗某之间在购房之前并不相识，在此情形下询问房屋项下的担保情形，即可推定系张某主动告知李某该房存在抵押担保物权的事实。

其四，至于出售价格，此处不得不提及的是张某夫妇尤其是张某，始终存在两个方面的考虑才会以较低的价格出售：该房存在补交税和抵偿自身债务、急需房屋全款的考虑。此处需要特别提请法院注意的是该房未满2年，需补交税费将近14万元的事实，张某则在与李某的房屋买卖过程中始终予以隐瞒。

三、事后，因张某隐瞒涉案房产系房改房需补交税款的情形，为办理房屋产权事宜，李某还为张某垫付税费资金14万余元，而该笔款项至今在案卷证据材料中未予体现

C小区房产在买卖合同签订当时，系房改房，且未满2年。对此事实，本案中既有张某、钱某的笔录证实，也有李某的笔录予以印证。因在商谈环节，张某夫妇均对

李某故意隐瞒C小区房产交易存在的真实情况,导致双方并未将需要交纳的税费考虑在房屋总价之内。既然没有包含,按照交易习惯,该款应由出卖方承担。事实上,直到办理房屋过户当日,李某才清楚该房要交纳14万余元的税费,而张某夫妇当时无力交纳,李某为了最终完成房产交易,取得房屋所有权,又找朱某借款14万余元用以交纳税费,并由钱某的雷克萨斯车作借款抵押担保。直至本案案发,张某夫妇并未把这14万余元归还至李某处,用以担保的车辆也因系二抵而最终未实现抵押权。对此事实,也有钱某的笔录、微信聊天记录、朱某的当庭供述予以佐证。如若本案李某的购房资金加上14万余元税费,李某实际已经支付购房款应为399万余元,而非385万元。

综上所述,在案证据非但不能证实张某夫妇系被迫出售房屋,反而在一定程度上能体现张某急于通过卖房套现资金后抵偿个人债务的事实。钱某的笔录也进一步证实涉案房屋的买卖系与李某商讨后达成的一致意思表示,并无被迫之意。

四、本案因张某违约,导致房屋长期无法过户,李某主张购房资金逾期利息虽与法律关系确定的交易习惯不符,但属事出有因。即便构成寻衅滋事罪,也系情节轻微

不可否认的是,本案李某与张某之间,已由之前的民间借贷法律关系转变成了房屋买卖合同法律关系。双方于2018年4月17日签订房屋买卖合同,李某于合同签订当日即支付给张某35万元用于张某银行转贷,另145万元代替张某支付所欠罗某款项(抵作归还罗某本金145万元)后,双方约定于2018年5月28日进行不动产变更登记,至过户当日,李某再行支付205万元房款给罗某(帮助张某归还所欠罗某的剩余借款及解除房屋抵押担保)。但正当李某以为可以当日办理过户手续的情况下,却因张某隐瞒C小区房产系房改房,未补交税款且未满2年不得上市交易等原因,导致约定过户当日房屋不能过户,不能过户时间一直拖延至2018年8月,长达3个月之久。李某在支付完房屋全款后,并未按照正常交易流程获取房屋所有权。

李某和张某之间的房屋买卖合同因张某违约,依据《合同法》第94条、第107条、第113条[1]之规定,李某可行使法定解除权,要求张某返还购房款,并赔偿损失,也可要求张某在承担迟延履行的违约责任、支付违约金的同时继续履行合同。在本案中,因为考虑到张某已经将上述购房款抵作个人外债,已无力返还,故李某选择让其继续履行合同。如若李某在这过程中要求张某支付一定数额的违约金,则于法有据。

---

〔1〕 现为《民法典》第563条、第577条、第583条。

在此情形下，李某要求将385万余元购房资金停留算作违约金15万元，合计让张某再行出具30万元（之前张某尚欠李某15万元借款本金未予归还）的行为，可理解为李某主张的是涉案C小区房产交易违约金，但由于李某不懂法律，不知该部分金额主张的法律依据，仍将上述资金以借款利息的方式让张某重新出具借条，实质混淆了民间借贷和房屋买卖的法律概念，也从而使上述资金主张缺乏法律依据。即便如此，从寻衅滋事罪"无事生非""无中生有"的犯罪故意以及强拿硬要"情节严重"构罪情节角度，李某要求张某出具30万元借条也系事出有因。

五、本案中，李某涉嫌的寻衅滋事罪既非涉恶，也非"套路贷"项下的寻衅滋事行为，在李某已被羁押将近1年3个月的情况下，继续羁押可能导致事实上的超期羁押，从罪责刑相适应角度，法院宜对李某先行作出变更强制措施的决定

起诉书经依法审查查明部分表述"后逐步形成以被告人王某为首，被告人王某2、赵某、周某、曾某等为积极参与者的较为固定的恶势力犯罪团伙……"可见，起诉书并未将李某列入本案恶势力团伙成员。此外，通过以上分析，李某与张某之间的民间借贷法律关系也因在债权债务形成阶段、实现阶段，李某均无"套路"张某的情形存在而排除"套路贷"，且由于之后法律关系上的转变而使款项性质也随之变更。"两高两部"《关于办理非法放贷刑事案件若干问题的意见》有关"非法放贷"的规定，因李某并没有"经常性地向社会不特定对象发放贷款"，也同样不适用于李某。本案寻衅滋事罪明显是与涉黑涉恶无关的个罪。

依据《刑法》第293条第3项之规定，李某仅单次强拿硬要公私财物，结合事出有因，存在法律认识错误以及未获取分文之情形，对李某实际宣告刑应在有期徒刑1年左右。李某自2018年9月17日被刑事拘留至今已羁押近1年3个月，继续羁押可能造成事实上的超期羁押。请求法院在考虑李某的犯罪事实、情节及社会危害程度基础上，依照《刑法》罪责刑相适应原则，尽早变更强制措施或者判处与其羁押期限相当的刑期，真正实现刑事裁判在个案中的公平、正义。

六、李某虽非主动投案，但到案后一直能如实供述，交代认罪态度极好，且自愿认罪认罚，依法可以从轻处罚

李某自羁押以来，一直能如实供述主要案件事实，综观李某在卷笔录，无论是否涉嫌犯罪，其均能如实供述侦查机关调查的每一笔案件事实，并且在法庭上，李某也表示自愿认罪认罚。依据《刑法》第67条第3款的规定，可认定其为坦白，结合李某在本案中的犯罪事实、情节及社会危害程度，依法可以对其从轻处罚。

七、C 小区房产并非本案寻衅滋事罪的犯罪所得,也非犯罪所得收益,侦查机关采用查封强制措施是先前对于李某可能涉及恶势力犯罪考量,现应在本案判决时一并解除查封的强制措施

"两高两部"《关于办理黑恶势力刑事案件中财产处置若干问题的意见》第 6 条列举了公安机关可以查封、扣押、冻结黑恶势力组织及其成员财产的情形,包括组织财产、个人所有财产,也有实际控制和出资购买等财产,但上述查封、扣押、冻结财产的前提是涉案人员涉及黑恶势力犯罪。显然,因李某犯罪行为不涉黑恶,故该意见不能适用于本案情形。此外,依据《刑事诉讼法》第 141 条第 1 款"在侦查活动中发现的可用以证明犯罪嫌疑人有罪或者无罪的各种财物、文件,应当查封、扣押;与案件无关的财物、文件,不得查封、扣押"的规定,C 小区房产并非李某强拿硬要行为对象,属与本案犯罪行为无关的财物,不应查封,请求法院在判决时一并解除查封。

八、习近平总书记"三理统一"的讲话要求司法办案,不仅应该义正词严讲清法理,还要循循善诱讲明事理,感同身受讲透情理,做到法理、事理、情理的相互统一

2019 年 1 月 15 日上午,习近平总书记在中央政法工作会上发表了重要讲话,他强调指出:"法律并不是冷冰冰的条文,背后有情有义。要坚持以法为据、以理服人、以情感人,既要义正词严讲清'法理',又要循循善诱讲明'事理',感同身受讲透'情理',让当事人胜败皆明、心服口服。"这一重要论述,融合了中国优秀传统法律文化与当代中国法治实践的现实要求,体现了政法工作的政治属性、法治属性、专业属性、社会属性的统一。具体到个案,总书记也要求,要让人民群众在每一个执法司法案件中都感受到公平正义。要做到这一点,就必须实现"法理""事理""情理"的内在统一。

结合本案,李某是以借款给张某为开始,而张某也是借款多次未予归还,经李某合法、合规向其催要,张某均推脱搪塞。后期李某为保障自我合法权益,以部分借款冲抵房款的形式购买房屋,却在张某隐瞒房屋实际不可交易的情形下致资金再次搁置。整个案件的实际主动权均未掌握在李某手中,虽追究李某相应刑事责任不无法理,但于事理、情理总是情有可原。因此,如何将本案的处理达到社会效果与法律效果的统一,就要援引习近平总书记"三理统一"的讲话精神,其中既包含了处理本案应适用的寻衅滋事罪系行为犯,只有在"情节严重""情节恶劣"情形下才构成犯罪,寻衅滋事罪条款中并不存在犯罪既、未遂的法理,本案还包括了张某违约在先,李某并未实际获取款项等"事理""情理"。辩护人希望本案的司法处理能真正落实习近平总书记要求的"三理统一"。

综上所述,法院应在严格依法审查本案事实、证据以及法律适用的基础上,作出对李某变更强制措施的决定或者判处与其羁押期限相当的刑罚，在惩治犯罪的同时，落实司法裁判在个案中的公平、正义。

【心得体会】

一、证据为王，全面阅卷是关键

本案从最初侦查机关认定李某涉恶，构成敲诈勒索罪、非法拘禁罪，可能被判处的刑期在10年以上，到最后仅以寻衅滋事罪（未遂）以其实际羁押时间为限判处其有期徒刑1年6个月。虽然最后的结局并不如我们最初设想的无罪那么完美，但结合全案情况及当事人的反馈，也属于较成功案例。本案成功的关键就在于辩护人对证据的全面分析和审查。

本案的纸质卷宗材料不多，且以笔录为主，而同案犯及被害人的笔录均对李某不利，若仅以此分析，李某必然会被判处10年以上有期徒刑。扭转局面的关键在于电子数据，本案的关键在于李某是否有参与借贷，以及借贷时候属于高利贷。这些问题的答案都在作为电子数据的银行流水之中，尽管在阅卷中受到电子数据无法拷贝，只能现场阅卷的阻碍，但辩护人仍坚持在检察机关当场阅卷，时间长达两星期，终于摘录完所有有关的银行流水以及微信、短信记录。辩护人通过比对李某与孙某、王某之间的银行流水，分析出李某实际并无参与孙某与王某之间的借贷，再结合孙某的笔录，证明李某对王某的“套路贷”情况完全不知情；通过分析李某与张某间的银行流水，以及与张某、张某妻子之间的微信、短信聊天记录，整理出涉案时间段张某的借贷金额，同时结合李某购房流程、付款方式和金额，并从民事角度分析出双方之间并不存在“套路贷”，李某的催讨也系平和理性，甚至无过激行为。

二、注重沟通，与李某共议辩护方案

本案历时较久，且案情、证据较为复杂，故辩护人的会见次数也高达50余次。每一次会见中辩护人不仅与李某沟通、梳理证据情况，还将不同的辩护方案可能达成的结果向李某全面分析，与之共同商讨。

如前文所述，本案从证据层面看其实存在较大的缺陷。如起诉意见书中认定的两部分事实证据与定性均存在较大问题。故辩护人详细分析了证据与法律适用，最后共同商议决定在审查起诉阶段以无罪辩护为主。在一审阶段，在李某对张某没有“套路贷”、催讨平和的情况下，辩护人完全可以作无罪辩护，但辩护人仍然在会见中全面分析了本案无罪的可能性以及无罪辩护如不被采纳可能会导致的不利后果以及罪轻辩护可能的结果。在一审阶段，李某本人谨慎考虑后决定对寻衅滋事罪认罪认罚，因此辩护人在审判阶段选择尊重当事人意愿，以其认罪认罚为基础发表辩护意见。

三、无罪罪轻,灵活选择辩护策略

在庭审中,辩护人本打算基于与李某共同商议的结果作罪轻辩护,但当辩护人得知公诉人可能变更起诉为敲诈勒索罪后,出于对当事人利益最大化的考量,更为充分提供辩护意见供法官参考,两位辩护人选择分工合作,在第一、第二轮辩护中以无罪辩护为基础,同时退一步提出罪轻的辩护意见,以防止最终定性对当事人不利。最终,法院采纳了辩护律师的意见,认定李某构成寻衅滋事罪(未遂),以其实际羁押期限判处有期徒刑 1 年 4 个月,同时对李某的 C 小区房产予以解封,至此本案才取得了较满意的结果。

四、抚慰家属,三方信任促成满意结果

在李某最初被刑拘的 30 天内,侦查机关对其讯问次数极少,且讯问的相关事实均与李某没有直接关联,李某也能够清晰、明确地作出合理解释,故无论是辩护人还是家属、李某都对 30 天内取保候审抱有较大期望。但最终李某还是被报捕并批捕,尽管辩护人已向家属分析过可能的结果,但家属的情绪依然瞬间崩溃,开始对辩护人产生不信任,同时开始迷信各种关系,认为只有关系才能够救李某。

此时辩护人一方面全面分析案情、展现辩护工作,另一方面站在家属的角度,对其情绪表示理解,增强其反诈意识,同时也在会见时提出让李某写信给家属安抚并说明情况。最终,辩护人、李某及家属三方达成了信任,共同促成了本案的满意结果。

(承办人:胡梁、翁叶榕)

合同诈骗与合同纠纷区别的实证分析

——陈某被控合同诈骗改判拒不执行判决、裁定罪案

【案件概况】

起诉书指控:2014 年某日,被告人陈某以 N 市 J 公司(以下简称 J 公司)急需流动资金周转为名向被害人 W 某借款人民币 1500 万元,借款期限至 2014 年 2 月 20 日。次日,被害人 W 某、K 某(夫妻关系)将人民币 1500 万元汇入 J 公司银行账户。2014 年 1 月 29 日至 2014 年 2 月 12 日,陈某通过吴某的银行账户及福建 Y 实业有限公司、J 公司,福建 X 公司等公司账户,将 J 公司账户内人民币 1500 万元以货款等名义空转后又回流到 J 公司。2014 年 2 月,陈某通过林某某、陈某 1、余某等人银行账户转走 J 公司账户资金约 2600 万元。2014 年 2 月,J 公司停产。同年 3 月,陈某归还被害人 W 某 150 万元借款后就不再归还逾期借款。2015 年 6 月至 2016 年,陈某用其控制银行账户内的资金 1300 多万元用于购买银行理财产品、房产、车位和轿车。2018 年 5 月 10 日,被告人陈某在 J 公司被 N 市 T 区公安局民警抓获。归案后,陈某归还被害人 W 某、K 某人民币 302 万元。公诉机关认为被告人陈某以非法占有为目的,在签订、履行合同过程中,骗取被害人财物,数额特别巨大,应当以合同诈骗罪追究其刑事责任。

辩护律师一审阶段介入该案,经了解案情及阅卷后,认为本案系民事借款合同纠纷,不构成合同诈骗罪,遂以此为目标,展开细致阅卷、多维度论证、多渠道辩护。最后,一审法院采纳了辩护人意见,改定本案为拒不执行判决、裁定罪。

【一审阶段辩护意见】

一、陈某没有虚构事实,K 某和 W 某也不是因陷入错误认识而交付借款

第一,陈某是 J 公司的法定代表人,K 某经 N 市某行的行长吴某介绍认识陈某后,多次借款给 J 公司用于公司资金周转,公司均按期还本付息。其中,案发前的最后一次借款是 1000 万元。尽管 J 公司因退城入园遇到环保投入问题需要暂时停产,但是,J 公司仍于 2014 年 1 月 23 日如期偿清这笔借款的本金和利息。一周后的再次借款才导致本案的产生。

前述事实有如下证据可以证实。

(1)陈某第一次讯问笔录。

问:你把事情的经过说一下?

答:2012 年开始,我通过 N 市某行的吴某认识了 K 某,K 某是青松股份公司的老板,因为当时公司需要流动资金就向 K 某借款,我们公司向 K 某借款很多次了。2014 年最后一次借款是 1500 万元,K 某是以他老婆 W 某的名义借的,这笔款打到我经营的 J 公司的对公账户上,这笔钱我们是用在公司上的,有上千万的资金是打到福建省某公司。因为我们公司有向该公司进货,我们公司是该公司的下游企业。

问:之前你向 K 某借款是用什么名义借的?

答:都是以公司需要流动资金向 K 某借的。

问:那你钱借来之后是如何使用的?

答:就是用在公司材料款和公司的利息和开支上。

问:你向 K 某借款时间是多久?

答:这个根据我实际需要,最长有半年的,短的也有在一个月内。

(2)陈某第二次讯问笔录。

问:出示一份借条和一份同意借款的股东决议,借款人是 J 公司,出借人是 W 某,借款金额是 1000 万元,请你认真看一下,并解释一下这两份材料?

答:这是 J 公司向 W 某借款 1000 万元的借条,借款时间是 2014 年 1 月 9 日至 2014 年 1 月 23 日,这个钱我们连本带利都还了。

问:这笔钱你们公司借去的用途是什么?

答:因为公司流动周转资金困难借的,用于购买原材料、发工资、交税、还银行借款,具体各使用了多少金额记不得了。

(3)吴某第一次询问笔录。

问:你把事情经过详细地说一下。

答:2013 年年初的时候(具体时间记不到了),陈某找到我说他在某支行的贷款快到期了,数额大概为 900 万元,具体多少我也记不得了,他说他手上没有那么多钱转,问我有没朋友手上有闲钱的帮忙转下,利息要低。我当时想到在 J 区的朋友 K 某,我就和 K 某联系。我和 K 某说我行里有个 900 万元左右的倒贷,问他是否有闲钱做。他当时有问利息、时间和借款人是谁,现在我记不得具体利息和时间了,但是我知道利息肯定在月息 2% 之内,我说借款人是 J 公司,K 某说是我行里的,我有把握就可以。后来我为了保守起见,在写借条的时候我让陈某、M 某某和王某作为连带保证人签字,借款人是 J 公司。当时这些事情是我行里的信贷员办理的,具体细节他更懂。

答:再后来陈某还有几笔某支行的贷款快到期让我找人帮忙转贷,我都是找 K

某。因为都是我行里的转贷，我能控制得了，所以资金都很安全，当时这几笔转贷都没问题，慢慢地我对陈某这个人也更相信了。到了2014年1月中旬，陈某又找到我说他在N市的中国银行有600万元、农业银行有900万元贷款快到期了，让我帮他找人转贷一下。我当时又联系了K某，K某当时没有问是哪个银行的转贷，我也没有说。我只和K某说是转贷，K某听后就答应了，当时借条还是×某办的，借条写好后就放在我那里，利息是多少我忘记了。

(4)×某第一次询问笔录。

问：2014年1月你们支行的行长是谁？

答：是吴某。

问：那他是否有让你做你工作范围外的事情？

答：有的。2014年1月底的一天（具体时间我记不得了），吴某叫我到他办公室一下，我就去了。当时在他办公室里还有陈某和M某某，吴某让我帮他用电脑打印一张借条。当时吴某和我说下大概的内容，现在我记不得了。后来我就按照吴某的要求把借条打印好送到他的办公室，我在那里聊了一会儿，我看到陈某和M某某在借条上签字。后来我就离开了。事情经过就是这样。

问：你是否记得借条的内容？

答：时间过去太久了，具体内容我记不得了。

问：在这之前吴某是否还有让你经办过此类的事情？

答：之前好像还打过一次借条，借款人也是陈某和M某某，是否还有其他人我忘记了。

(5)王某询问笔录。

问：你是否有帮陈某向个人借款？

答：我印象中在2013年左右有向K某借过，当时是N市某行的行长吴某给我签字，具体借款金额多少我记不得了，借来是为了转贷我是知道的。

第二，2014年1月28日，同前几次一样，银行行长吴某打电话给K某，告知J公司要资金周转，想借款1500万元。K某没有多问就答应了，陈某和M某某也与前几次一样在借条上签字担保。K某在J公司、陈某和M某某在借条盖章签字后，让妻子W某将1500万元汇入J公司的工商银行账户。

上述事实有如下证人证言可以佐证：

(1)吴某第一次询问笔录。

答：再后来陈某还有几笔某支行的贷款快到期让我找人帮忙转贷，我都是找K某。因为都是我行里的转贷，我能控制得了，所以资金都很安全，当时这几笔转贷都没问题，慢慢地我对陈某这个人也更相信了。到了2014年1月中旬，陈某又找到我说他在N市的中国银行有600万元、农业银行有900万元贷款快到期了，让我帮他找人转贷一下。我当时又联系了K某,K某当时没有问是哪个银行的转贷,我也没有说。我只和K某说是转贷,K某听后就答应了,当时借条还×某办的,借条写好后就放在我那里,利息是多少我忘记了。

(2)K某第一次询问笔录。

问:你把事情经过详细地说一下。

答:2014年1月26日(具体几点我记不得了),吴某打电话和我说陈某有个1500万元的贷款需要转贷,问我有没有钱,我说钱是有,我问他会不会稳。吴某说会稳。当时我没问他是哪个银行的转贷,我说那可以。吴某当时是N市某行的行长。第二天也就是2014年1月27日,吴某和陈某到我经营的福建Q公司找我。陈某是J公司的老板,后来陈某拿来一张借条给我,出借人写的是我老婆W某的名字,借款用途是"公司急需流动资金周转",借款人是J公司,连带担保人是陈某和陈某老婆M某某,他们都有签字,借款期限是23天,从2014年1月29日至2014年2月20日。在2014年1月28日,我就让我老婆W某打钱给陈某。借钱的过程就是这样。

(3)W某第一次询问笔录。

问:你把事情经过详细地说一下。

答:借款的时间是2014年1月29日,当时是吴某介绍陈某到我丈夫K某处借款1500万元,具体的情况都是K某在和陈某谈,我是负责转账,所以具体的情况要问K某。借条当时的出借人是我的名字。

问:钱是如何给陈某的?

答:钱是我当时通过银行转账给陈某指定的银行账户的。

问:你转账的银行账户情况?

答:我这边的账户是:①通过户名为:W某,账号:6222××××××8,2014年1月28日转账1000万元。②户名为K某,账号:622××××××7,2014年1月28日转账500万元。陈某指定的收款账号为:1406××××××6,户名为福建省N市某有限公司。

第三,J公司收到款项后,将款项周转后全部回笼到公司账户,然后确实偿还了部分银行贷款,支付了工人工资、社医保、税费等公司经营开支。对于部分资金空转行为,陈某在法庭上已经当庭作了合理解释,就是所有银行都会要求客户的资金在账户上多流转几次。这也确实是各银行实践中的惯例。

上述事实有如下证据佐证:

(1)K某第一次询问笔录。

问:陈某向你借款的用途?

答:当时陈某跟我说的是J公司用于贷款的转贷,等贷款下来就会把钱还给我。

(2)陈某第一次讯问笔录。

问:之前你向K某借款是用什么名义借的?

答:都是以公司需要流动资金向K某借的。

问:那你钱借来之后是如何使用的?

答:就是用在公司材料款和公司的利息和开支上。

问:你向K某借款时间是多久?

答:这个根据我实际需要,最长有半年的,短的也有在一个月内。

(3)陈某第二次讯问笔录。

问:这笔钱你们公司借去的用途是什么?

答:公司流动周转资金困难借的,用于购买原材料、发工资、交税、还银行借款,具体各使用了多少金额记不得了。

(4)陈某第三次讯问笔录。

问:出示一份手写笔记,大致内容为2014年2—5月支付中国银行利息948,649.33元;2月14日归还个人借款(卡)380万元;2月13日归还毛借款360万元;2月13日归还毛借款430万元;2月7日归还银达工行流贷300万元,归还保理工行150万元;2月10日支付工资103,987元,支付费用水电、税、社医保100万元,归还融桥500万元,归还W某150万元,支付农行利息175,000×3=52.5万元,兴业银行75万元,工行40万元,合计约2400多万元,请你看清楚,并说明情况。

答:这就是我们公司向W某借款1500万元及我们公司自有资金的去向。这是财务写的字,但是这些事情我都知道。

由此可见,陈某没有虚构事实,K某基于前几次顺利地收回本息,信任了吴某和J公司。基于风险与收益的评估后,K某理性地决定同意借款供J公司短期周转之用,其不存在陷入错误认识的问题。相反,K某清楚地知道借款人是J公司,款项也是汇入J公司的银行账户,陈某和M某某是连带责任担保人。

二、J公司在借款时有履行能力,不能以事后因客观原因导致无法还款就推定借款时没有履行能力

第一,J公司名下有大量的不动产,这个事实可从在案证据资产价值评估报告得到印证。

这些资产虽抵押给银行,但众所周知,实践中,银行为保证自己的贷款安全,不仅要求借款提供抵押担保,而且还在这些抵押担保物的资产评估价值的基础上,再打折(降低抵押物的评估值),然后在打折后的资产价值范围内酌定发放贷款。也就是说,即便公司的这些资产已经抵押给银行,但扣除抵押的部分,这些资产仍有余值。

第二,保证人陈某、M某某名下也有个人资产。

上述事实有如下证据予以佐证:

(1)陈某第四次讯问笔录。

问:你个人资产情况说一下。

答:××××大厦二楼1200平方米的房产在2011年左右抵押给了农业发展银行,N市商业城550平方米的房产抵押给了农业发展银行,N市××商场二楼有个店面400多平方米的房产抵押给了农业发展银行,三楼还有100平方米的房产抵给了W某,N市××××路有块地120亩,抵押给了兴业银行,还有就是J公司和××××公司的资产,其他就没有了。

(2)陈某第二次讯问笔录。

问:出示一份土地买卖合同,请你认真看一下,解释一下这份土地买卖合同?

答:这是我老婆M某某2012年5月8日以745万元的价格向N市××××有限公司购买的土地及房屋产权,土地面积为6484.36平方米,证号为国用(2003)第10644号,房屋产权面积为2550.37平方米,买来后就过户到M某某个人名下。

第三,J公司、陈某、M某某等对外还有近3000万元的债权尚未收回。关于该部分事实,在案证据民事判决书等书证均可以予以证实。

第四,2014年2月,J公司因环保问题需要整改、退城入园的政策要求等客观原因宣布停产。

在案证据显示,Y区环保局先后于2013年9月、2013年10月、2014年3月发文给J公司,要求其就环保问题进行整改。J公司的〔2014〕2号文件证明,J公司因环保问题、退城入园等问题,面临资金困难。结果在其停产后,J公司库存的货物被别人拉走,导致J公司损失惨重。此后,J公司的银行贷款陆续到期,银行纷纷起诉至法院,并申请财产保全,导致J公司的资产被冻结,J公司自此更加无力恢复生产……余某的证言和陈某的供述印证:J公司是陈某苦心经营十多年的企业,只要有可能,陈某都不会放弃,停产确是客观原因所致的无奈之举。

上述事实有如下证据可以佐证:

(1)陈某第一次讯问笔录。

问:你和W某的最后一次借款金额是多少?

答:1500万元。

问:接着说。

答:后来春节过后,因为环保问题,我们就没有开工,J公司停工后,我们年头对设备进行整改,后J公司因为欠银行贷款,银行将我们公司资产冻结了,我们J公司就没有生产经营了。为了解决工人下岗问题,有个企业来租场地,我就将解决工人的问题作为条件和企业谈,最后这家企业把我们的员工安置了。

问:J公司没有生产经营后为何不将资金还给W某?

答:我们还了 150 万元,其他的因为没有钱所以没还。

(2)陈某第四次讯问笔录。

问:你把 J 公司的经营情况说一下?

答:2012 年 6 月 18 日洪灾之后,J 公司损失 6000 多万元,整个车间、机器、成品都损失了,再加上市场的竞争非常激烈,在销售成品上也是低于成本价卖的,也就是有卖有亏,不卖的话 J 公司的员工就要解散。我只能一年盼一年,希望来年的生意会好起来,每年的银行利息和社会资金拆借利息达到 3000 多万元。

问:J 公司的经营状况这么不好为何还要坚持经营到 2014 年?

答:因为这个企业我做了 30 多年了,有感情,再加上工厂里有那么多员工,也希望 J 公司有好转的时候。

(3)余某第一次询问笔录。

问:你从 1997 年到 J 公司之后,J 公司的运营情况如何?

答:1997 年至 2009 年 J 公司的运营状况还是可以的,在 2010 年之后,我到销售部去就知道市场供大于求,市场的恶性竞争,公司保本卖货都还有人以更低的价格竞争……在 2014 年 2 月对外通知停产后,很多上游企业过来拉货,将库存都拉走了,我们去阻止的时候,对方就说 J 公司欠他货款,用货物抵债是合法的,我们都没有拦住,最后 J 公司也只有抵押给银行的机器之类的。

问:J 公司在 2010 年就开始走下坡路为何还要继续经营至 2014 年 1 月?

答:按我对陈某的了解,这个公司就像陈某的孩子一样,如果能撑他就会撑下去,谁都不希望做起来的企业关了。

由此可见,J 公司在向 K 某借款 1500 万元时,其是完全有履行能力的。至于借款后发生的这一系列事件,是 J 公司和陈某在借款时没能预料到的。J 公司因客观原因(环保原因、政策原因要求退城入园,需要增加大量的资金投入环保设施的购买与调试)被迫停产导致无力还款,不能由此推定 J 公司在借款时就不具有履行能力。

另外,企业负债经营是常有之事,也是企业经营中不可避免的事。正是因为资金困难,正是因为经营需要,企业主才会借钱来周转。这种正常的负债经营行为并不能推定陈某具有非法占有出借人借款的主观目的。

三、陈某事后没有逃匿,而是主动还款、积极与对方调解结案,主观上不具有非法占有借款的目的

第一,若是诈骗,陈某就不会将到手的借款还给 K 某夫妻,更不会用自己名下的店面抵债。

上述引用的 K 某、W 某、吴某的陈述和陈某的供述均可以证实:2014 年 3 月,J 公司在停产后归还给 K 某夫妻 150 万元。另外,陈某还用自己名下的坐落于 Y 区

××××商场三楼的100多平方米的店面抵押给K某夫妻。试想,若陈某是想非法占有这笔借款,那么在K某夫妻将款项转入J公司工商银行账户时,陈某就已经实际控制这笔款项了,他怎么还会在公司被迫停产,如此困难的情况下,再将到手的款项返还一部分给K某夫妻?而且陈某还用自己名下的店面拿来抵债?由此可知,陈某明显不具有非法占有他人财产的故意,不是诈骗。

第二,案涉的1500万元款项,确实陈某用在支付公司员工工资、税费、社保和偿还银行贷款等公司运营上,没有被其非法转移或挥霍。

陈某的当庭陈述及公司会计的手写笔记证明:2014年2—5月,J公司支付员工工资、水电、税费、社医保费用、银行贷款及利息、借款等共计2400万元,而前述所列的这些均是用于公司的经营活动。也就是说,这些款项并非被陈某转移或挥霍。

第三,在案证据审计报告(补充侦查卷1)显示:1500万元的款项汇入J公司账户后,由于钱款是种类物,而非特定物,且公司账户的资金流动均是正常流动,也没有备注"专款专用",该笔款项与其他汇入的款项已经混合,无法区分。也就是说,此时款项的所有者已经不再是K某夫妻,而是J公司。即便陈某有将J公司的部分款项用于偿还个人借款(且先不论这些个人借款是否也是为公司经营所借),也仅能说J公司的资金管理不规范,而不能就此证明陈某将K某夫妻的这笔借款转移。更不能得出陈某对这笔借款具有非法占有的主观故意。

第四,案涉借款已经于2014年4月在法院调解结案,且目前仍在法院强制执行过程中。从这个意义上说,本案是典型的民事合同纠纷。

在案证据(2014)×民初字第64号民事调解书及执行裁定书(证据卷2第2~11页)以及K某的陈述均证实:W某在J公司未偿还借款到期后,于2014年4月即向N市中级人民法院起诉并申请财产保全。J公司、陈某、M某某和K某夫妻在法院主持下达成调解协议,随后在J公司未履行调解协议后W某即于同月向法院申请强制执行。按照起诉书的指控,陈某是2015年至2016年将J公司的财产转移,此时W某就案涉借款早已向法院申请强制执行。若K某夫妻认为陈某转移了财产,则其亦可向法院申请追回被转移的财产,进而强制执行;即便第三人提出异议,其亦可通过撤销权之诉等途径维护自己的权益。

前述事实有W某询问笔录可以佐证:

问:继续说。

答:到了还款日,陈某说钱还没回来,就说要过段时间还给我,后来陈某还是没还给我,2014年4月我就到法院起诉了。

问:你到法院起诉后的情况?

答:后来法院出具了民事调解书,但是因为陈某没有钱所以没有执行。

问：陈某是否有还钱给你？

答：在到法院起诉之前在2014年6月左右，具体的时间我忘记了陈某有还150万元给我，具体的情况我现在想不起来了，到现在为止还有1350万元没有还。

由此可见，双方之间是民事合同纠纷，双方之间的纠纷通过民事法律关系完全能够解决。刑法是最后的救济手段，应保持其自身的谦抑性，不应动辄就将民事纠纷刑事化。

四、关于量刑方面的辩护意见

根据"两高三部"《关于依法保障律师执业权利的规定》，辩护人在作无罪辩护后可以依法就量刑问题发表辩护意见。因此，如果法庭经过审理，认为陈某构成犯罪，辩护人提请法庭注意陈某具有如下减轻、从轻量刑情节：

（一）单位犯罪问题

公诉机关指控陈某涉嫌合同诈骗，陈某当庭确认借款未全额还清的案件事实，但称其只构成拒不执行判决、裁定罪。本辩护人认为不管是合同诈骗还是拒不执行判决、裁定的行为，如果构成犯罪，都是单位犯罪。原因如下：第一，案涉款项进入的是J公司的公账；第二，借款人是J公司；第三，款项从借款用途到最终走向，其都是用于J公司的运营。陈某作为J公司法定代表人，其只应为相关事项承担作为"直接负责的主管人员"所应承担的刑事责任。

（二）认罪并积极弥补当事人损失

陈某当庭对借款及未全额返还本息的事实予以认可，并认为自己构成拒不执行判决、裁定罪。借款后，在J公司运营相当困难的情况下依然想办法还款。卷宗记载其一方面积极筹措现金150万元还给K某、W某，另一方面陈某也积极地与K某进行协商（包括以不动产抵债），而不像有些被告人避而不见。案发后，其依然通过各种方式与K某进行协商解决还本付息的事宜。由此可见，其与一般老赖不同。陈某与K某一度达成协议，K某还为此出具过书面谅解书。直到由于双方的各种原因，最后，K某才撤回相关的书面谅解书。

（三）认罪态度好，初犯、偶犯

陈某曾经为社会做出过贡献。功过虽然不能相抵，但是，对认罪态度好的初犯、偶犯企业家，辩护人希望法庭能够对其给予罚当其罪的判决。

综上所述，本案中陈某借款时没有虚构事实，K某夫妇也不是因陷入错误认识而交付借款，K某夫妇是将1500万元款项转入J公司银行账户，此时J公司名下亦有大量的不动产、机器设备等固定资产；借款后，J公司将入账的借款及自有资金陆续支付了员工工资、水电、税费、社医保等费用和部分银行贷款共计2400万元，现有证据不能证明K某夫妇的这笔1500万元的借款是被陈某挥霍或以其他方式非法占为己有;借款后,J公司是因环保政策要求、退城入园的政策要求等客观因素被迫停产而导致无法按期归还借款,不能由此倒推J公司借款时没有履行能力或者有非法占有目的。另外,早于2014年4月,该案就已经通过民事诉讼结案,只是现在还处于强制执行阶段。故本案仅是普通的一起借款合同纠纷,而非合同诈骗案。所以,辩护人认为,根据刑法的谦抑性原则,严格按照刑事证据裁判规则,依法应认定陈某不构成合同诈骗罪。

【心得体会】

一、了解案件发生的背景,才能统观全局,准确提出法律服务方案

团队律师是在一审时介入该案,经向家属、先前介入律师了解案件情况,才知本案并非简单的刑事案件,背后更是有着复杂的利益关系。该案处理要想取得有效的辩护,除了针对证据、案件本身进行辩护外,与被害人的协商工作也尤为重要,而这些案外工作必然需要投入大量的时间和家属的支持配合。团队律师将此向家属充分告知让其心里有所准备。恰如团队律师接案时所预料的那样,案件后来的进展几经随着与被害人协商工作的进度而反复,也幸亏家属的信任才得以坚持。

二、辩护要抓重点,围绕罪名的犯罪构成进行深入分析论证

律师的辩护工作就如拆房子,若只是拆了房子的几块砖或几扇窗门,对整座房子而言是不会有影响的,唯有拆了房子的顶梁柱或支撑墙,才可能撼动整座房子导致坍塌。该案指控的罪名是合同诈骗罪,合同诈骗罪与诈骗罪是特别法与一般法的关系,合同诈骗罪亦要符合诈骗罪的犯罪构成,即被告人虚构事实、隐瞒真相—被害人因被骗陷入错误认识—因错误认识而处置财物—进而导致财产损失。故团队律师紧紧围绕犯罪构成,从被害人没有被骗,其出借资金是为赚取利息而非陷入错误认识;从事前、事中、事后深入分析被告人没有非法占有他人财物的目的等多维度辩护,集中火力攻击"合同诈骗罪"这座房子的关键支撑柱,最终达到辩护目的。

三、辩护方式多样化

如上文所述,本案背后有着复杂的背景,定性争议大却仍一路走到审判阶段,若仅从案件本身、单纯从证据来辩护,未必能达到有效辩护。团队律师充分发挥团队优势,从与被害人协商、庭前沟通、庭上辩护、庭后发函等多渠道多样化辩护,再加上家属的一路支持、经办法官的担当,最终改变定性为拒不执行判决、裁定罪,一审量刑从检察机关建议的13年降到5年。实实在在地为当事人争取了合法利益。

四、条分缕析，认真对待证据材料

本案辩护过程中，为了验证当事人解释的合理性，我们专门让团队中有会计背景的律师将相关数据进行演算，通过会计算法，用精准的数据说明，借款时当事人没有非法占有的目的，事后，陈某极尽本人之力努力归还借款，并且从不回避还款事宜。通过把这一过程中的种种行为进行法律解读，获得合议庭的认可。本案是7人合议庭，为了更好地说服法庭，当时承办律师还将相关材料打印多份当庭提交给合议庭成员阅看。

五、律师与律师分工合作

辩护过程中，本案先后有多名律师参与。我们介入辩护后，首先与原承办律师联系，在会见与阅卷等工作上互相配合，节约不必要的时间成本，同时，对辩护方向进行交流。庭前，我们征求陈某意见，能否对拒不执行判决、裁定进行认罪认罚。在得到陈某认可后，在庭上及庭后提交的书面辩护材料方面，由我们主辩不构成指控的罪名，由另一名出庭律师主辩构成拒不执行判决、裁定罪更合法律规定。这样的合作，让整个说理逻辑变得更为适宜。

六、与有关方面进行充分的沟通

庭前，我们律师多次到法院与承办人进行交流，该调的证据提出申请；在诉讼过程中，家属与对方交流的情况和新的进展也及时向法院知会。我们律师数次这样与承办法官进行交流，也将我们律师同对方律师及对方当事人的交流情况及时向法院报告。这些与对方当事人、对方律师的沟通减少了一些不必要的对抗，与承办单位的沟通提高了诉讼的效率。

（承办人：翁京才、陈柳明）

罪 轻 篇

黑社会罪名缘何不构成？

——余某1涉嫌组织、领导黑社会性质组织罪不成立案

【案件概况】

某市公安局侦查认定：2009年左右，犯罪嫌疑人陈某1开始在浙江省某市某区某镇一带从事民间高利放贷业务，网罗有前科劣迹的社会闲散人员张某1、敖某等人为其催讨高利贷。2010年左右，犯罪嫌疑人余某1也开始在同一地区从事民间高利放贷业务。后二人因业务存在交集而相互熟悉，开始合伙放贷。为了更有效地控制该地区及周边地区的高利放贷市场，2013年年初，二人租用店面，正式合伙高利放贷。陈某1、余某1先后雇用犯罪嫌疑人张某1、敖某、杨某1、陈某2、田某、肖某某、熊某某等社会闲散人员，对借款人、担保人及其住处采用滋扰、喷涂油漆标语、堵锁眼、砸玻璃等暴力手段，逼迫借款人支付利息、清偿本金，形成了以犯罪嫌疑人陈某1、余某1为组织者、领导者，敖某为骨干成员，陈某2、杨某1、田某、肖某某等人为积极参加者，张某1、熊某某等人为一般参加者的黑社会性质组织。

公安机关认为，该组织结构稳定，层级分明，分工明确，有约定俗成的运作模式和相对统一的惯例，按月发放工资维系组织成员，节日发放奖励激励组织成员，提供相关讨债工具和费用，形成了较为固定的放贷模式，且聘请了较为固定的律师团队负责民事诉讼来获取利益。该组织还具有较强的经济实力，以高利放贷为载体，大量攫取非法经济利益，依靠违法犯罪活动获取经济利益，且由组织者、领导者进行管理分配，获取的经济利益能够维系组织的生存、发展。该组织多次有组织地进行寻衅滋事、非法侵入住宅等违法犯罪活动，给被害人和相关群众造成极大的心理恐惧并形成心理强制，在某市某区造成重大的社会影响，破坏了当地社会秩序和经济发展。

另查明，余某1等人的具体行为涉嫌诈骗罪、寻衅滋事罪、非法侵入住宅罪、虚假诉讼罪和非法拘禁罪等，其中，寻衅滋事60余次，非法侵入住宅10余次。

余某1因本案于2018年6月25日被某市公安局监视居住，2018年11月12日经某市某区人民检察院批准逮捕，2019年3月22日，案件移送检察机关审查起诉。

辩护律师受余某1近亲属的委托，于审查起诉阶段介入开展工作，提交了审查起诉阶段辩护意见、证据审查方面的律师意见，并与承办检察官约见沟通。

案件两次退回补充侦查,辩护人根据补充侦查的新证据材料,有针对性地与承办检察官沟通,跟进案件进展。

经审查,检察机关采纳了部分辩护意见,认为余某1涉嫌组织、领导黑社会性质组织罪、非法拘禁罪、诈骗罪(部分事实)事实不清、证据不足,2019年9月30日,以余某1等人涉嫌寻衅滋事罪、非法侵入住宅罪、敲诈勒索罪、诈骗罪、虚假诉讼罪将案件移送起诉。

【关于涉嫌组织、领导黑社会性质组织罪审查起诉阶段辩护意见】

一、陈某1、余某1等人组建的组织不稳定,缺乏严密性,也不具规模性,系单纯为了谋求经济利益,而不具备建立地下秩序、称霸一方的目的,不符合黑社会性质组织犯罪的组织特征

(一)涉案团伙成员不稳定,层级不明显,余某1缺乏对组织成员的控制力和领导力

首先,陈某1、余某1是一种经济上的合作关系,二人并非为了违法犯罪活动而聚拢在一起。

其次,两人与敖某的关系实质上是一种劳务外包。对陈某1、余某1而言,讨债业务类似于承包给敖某,两人不直接对敖某之外的讨债人员发号施令,其他人员也并不接受两人领导。杨某某的笔录能够证实其工资是由张某1、敖某给付,陈某1、余某1并不给付讨债人员工资。

最后,从2013年到2018年,具体的催讨人员变动是较大的,并不固定,陈某1、余某1对成员的控制性不强;且讨债人员并非陈某1、余某1直接联系,而是张某1、敖某召集。杨某1证实其被张某纠集,田某是由敖某联系,这证实陈某1、余某1的组织性、领导性不强。

(二)涉案团伙的规章制度符合法律规定和道德要求,不属于涉黑组织的帮规、戒约等

根据《全国部分法院审理黑社会性质组织犯罪案件工作座谈会纪要》(以下简称《黑社会案件会议纪要》)第2条第1项的规定,凡是为了增强实施违法犯罪活动的组织性、隐蔽性而制定或者自发形成,并用以明确组织内部人员管理、职责分工、行为规范、利益分配、行动准则等事项的成文或不成文的规定、约定,均可认定为黑社会性质组织的组织纪律、活动规约。

第一,起诉意见书指控的所谓规章制度均符合法律规定和道德要求。按月发放工资和节假日发放奖励,与合法公司、企事业单位正常管理无异;考勤奖惩的目的也不是对成员进行有效控制,而是逼走肖某某,肖某某一走,考勤制度即不再执行,催讨

人员根本无须上下班，这体现出该团队对讨债人员的管理相当松散。本案中工资、福利、年终奖、提供必要的工具及费用等系合法企业、单位、组织正常的管理模式和管理手段，不是黑社会性质组织约定俗成的帮规。涉黑组织用以约束组织成员的帮规、戒约、纪律、惯例、统一标志、统一服装等，在本案中均不存在，正如张某1笔录证实"没有规章制度来约束我们"。

第二，较为固定的放贷及民事诉讼模式不应被视为该团伙的惯例。首先，这种放贷讨债模式持续多年，警方也多次介入，法院也多次审理，使从业人员误认为是合法的、可行的。其次，固定的律师负责民事诉讼不应被视为是一种惯例，在自力救济催讨无果后，该团伙还是有节制的，并没有升级为暴力讨债，而是通过国家法律允许的民事诉讼来催讨，聘请熟悉的律师来协助诉讼是人之常情、应有之义，双方没有恶意串通、恶意诉讼。

（三）涉案团伙人员较少，不具备涉黑组织的规模性特征

陈某1、余某1两人合伙，两人均系老板，成本、开支、利润均对半分，与敖某是雇佣与被雇佣的关系。在不同的时间段内，讨债人员始终未超过3人，有时甚至只有2人，人数明显较少。并且，讨债人员自己有经济来源，讨债只是增加个人经济收入的兼职，并不是专业讨债。

（四）行为人主观上单纯为了逐利，不符合涉黑组织的目的性特征

其一，黑社会性质组织犯罪，是有组织地通过违法犯罪达到称霸一方的目的，一般除非法经济利益外，还须具有谋求权力、建立地下秩序的目的。本案陈某1、余某1单纯为了获取个人的经济利益，并没有谋求在一方建立地下秩序、称霸一方的主观目的。

其二，最高人民法院、最高人民检察院、公安部、司法部《关于办理恶势力刑事案件若干问题的意见》第5条指出，单纯为牟取不法经济利益而实施的"黄、赌、毒、盗、抢、骗"等违法犯罪活动，不具有为非作恶、欺压百姓特征的，或者因本人及近亲属的婚恋纠纷、家庭纠纷、邻里纠纷、劳动纠纷、合法债务纠纷而引发以及其他确属事出有因的违法犯罪活动，不应作为恶势力案件处理。本案系由民间债务纠纷引发，一般不应作为恶势力案件处理，更加不应作为黑社会案件处理。

二、该团伙暴力手段不明显，并未以暴力为后盾实施"软暴力"，部分事实中的矛盾激化有被害人过错的成分，不符合黑社会性质组织犯罪的行为特征

（一）本案暴力性特征不明显，并未以暴力为后盾实施"软暴力"

第一，本案讨债方式较为固定，先口头催讨、再通过上门用锁门、喷油漆、堵锁眼、砸玻璃等手段进行滋扰，最后进行民事诉讼，暴力程度最多限于偶发的扇耳光，暴力性并不明显，暴力程度极低。

第二,陈某1、余某1明确反对暴力行为,两人笔录中均称不允许敖某等人采用暴力手段讨债,这得到杨某1供述印证"两个老板要求过我们不要打人的"。

第三,讨债中确有轻微暴力(如扇耳光)出现,但该暴力手段是偶发行为,在案几十次讨债行为中仅发生两三次,而且不是无故殴打,主要因双方矛盾激化引发。如祖某某一部分,张某1笔录证实"祖某某比较冲,他和敖某就吵了起来,继而对骂,才打了两耳光","徐某某儿子讲话比较横";包某1一部分,被害人包某1陈述是自己先动手,自身有一定过错。

第四,本案也没有以暴力为后盾的"软暴力"行为。黑社会性质组织实施的违法犯罪活动包括非暴力性违法犯罪活动,但暴力或以暴力相威胁始终是黑社会性质组织实施违法犯罪活动的基本手段,并随时可能付诸实施。本案中,绝大多数行为是非暴力手段,且该非暴力手段不是以暴力为后盾,多数讨债行为到非暴力行为即结束,不必然采用暴力手段。正如《黑社会案件会议纪要》第2条第3项所规定的,在黑社会性质组织所实施的违法犯罪活动中,一般应有一部分能够较明显地体现出暴力或以暴力相威胁的基本特征。否则,定性时应当特别慎重。"软暴力"成为黑社会性质组织行为手段,一般是指通过"打打杀杀"树立恶名后,形成威慑力,不需要暴力即可达到违法犯罪目的。本案中暴力特征较不明显,上门滋扰等行为也并非以暴力或以暴力相威胁为后盾,因此行为特征不符合。

(二)部分被害人恶意逃债,对矛盾的产生和激化有一定过错

债务人陈某3等笔录证实,其在还不出利息后,换掉手机号码,让余某1等人找不到,属于逃废债。债务人陆某某也是类似情况,还不出借款后,换了手机号到南京去打工,回避出借人催债。债务人朱某某称自己还不出钱,怕余某1等人打电话要钱,直接换掉手机号码,逃债故意明显。债务人余某2逾期后拒接电话。甚至,还有部分借款人借款之初就隐瞒真实借款目的,将钱用于赌博等违法活动,事后逃避债务,有诈骗嫌疑。例如,钱某1、张某2等人,虚构借款用途,隐瞒借款系为用于赌博的真实目的,不能归还借款后即外逃避债,并更换手机号码、拒接电话,非法占有为目的明显。

(三)本案是否具有涉黑案件的违法犯罪多样性特征值得商榷

一方面,本案绝大多数事实是寻衅滋事行为,任何一次寻衅滋事行为都不能单独成立寻衅滋事罪,说明催讨行为有节制,与其他动辄砍人的黑社会犯罪行为有所区别。

另一方面,不应简单地以罪名多就认定具有违法犯罪多样性,而应考察是否有逞强争霸性质的目的和行为。除寻衅滋事外,本案其余罪名也都是催讨债务中常见的罪名,如非法侵入住宅罪、非法拘禁罪,都是由讨债引发;再如,诈骗和虚假诉讼,即使成立也是不同的催讨手段而已。本案涉嫌的罪名可能有多个,但始终围绕着个人

的经济利益，而不存在争夺势力范围、打击竞争对手、形成强势地位、增强犯罪能力、寻求保护伞之类的犯罪活动。

三、本案经济收入不归于组织，而是陈某1、余某1的个人利益，支付劳动报酬不等于豢养组织成员，不符合黑社会性质组织犯罪的经济特征

黑社会性质组织犯罪必须具备一定的经济实力。且经济实力系有组织地通过违法犯罪活动或其他不正当手段聚敛，客观上能够起到豢养组织成员、维护组织稳定、壮大组织势力的作用。

首先，陈某1、余某1等人不是为了组织利益，而是为了个人利益实施违法犯罪活动。两人的每一笔借款，无论是出借资金、收益还是催讨产生的费用，两人都及时予以平分、平摊，没有留存任何资金用于“组织”的维系和发展。

其次，豢养组织成员的指控不能成立。豢养是指收买、控制和利用，不能把给他人发工资、发福利就理解为豢养。虽说在法律层面上雇用他人讨债并不合法，但在普通人的认识层面上，敖某等人系接受雇佣、获得酬劳。何况，本案多部分事实中都有报警处理，公安机关对相关行为人仅作批评教育，没有从根本上阻止非法催债，使敖某等人产生违法性认识错误，以为这种做法并不违法或者是轻微违法。

最后，客观上，本案所谓“组织”没有从违法犯罪中获益，无论是放贷规模还是成员人数，都未见明显增加。

四、在案发地同时期存在诸多非法放贷讨债活动，陈某1、余某1未对行业形成垄断或重要影响，相关被害人勇于报警维护个人权益，不符合黑社会性质组织犯罪的危害性特征

从危害性特征看，黑社会性质组织通过实施违法犯罪行为，在一定区域或行业，形成非法控制或者重大影响。某个团伙的“非法控制”“重大影响”只有体现出对社会的非法控制属性时，才具有认定为黑社会性质组织的必要性和正当性。

第一，同地区同时期存在诸多非法放贷讨债，陈某1、余某1未对放贷行业的准入、经营和竞争有任何干涉，也从未形成垄断或重要影响。据了解，在本案发生的时间段内，案发地还有多家以高利放贷、非法讨债为主要业务的公司和团伙。

在案有相关证据表明，如高某1称除了向余某1借钱外，还向陈某4、胡某1等5人借过钱；包某1称还向潘某某借过钱；陈某甲陈述还向夏某某借过高利贷；张某3陈述其向陈某1、余某1借钱是为了还之前向“老伟强”“大毛”借的高利贷；杨某2证实其不仅向陈某1、余某1借钱，还向卢某某、陈某5借过高利贷；章某某证实某镇有好几个放高利贷的；徐某1证实其子张某2除欠余某1钱外，还欠其他债主钱，姜某某证实张某2还向杨某2借过高利贷；汪某1父亲汪某2证实汪某1四处借钱，借了近20万元,其中在陈某1、余某1处只借过2万元等。由此可见,陈某1、余某1的业务规模并不大,不足以认定“在相关区域或者行业内造成严重影响”。

第二,本案多名债务人在受到滋扰时,都能及时报警,该团伙不存在所谓给被害人和相关群众造成极大的心理恐惧并形成心理强制,以至于其不敢通过合法手段维护个人合法权益的情况。

根据在案证据,王某1、钟某某、竺某、言某某、胡某2、周某1、徐某2、杨某3、杨某4、陈某5、姚某某、高某、包某2、金某某、张某2、张某3、陆某某、王某2、黎某某、张某4家人、甘某某家人、周某2母亲舒某某、孟某某、何某1女儿何某2、钱某2家人、叶某、马某某、杨某5母亲陈某6、张某4家人、钱某2的母亲王某3、张某5的母亲徐某2、陈某7、高某2母亲高某3、宗某1父亲宗某2、汪某2、汪某3父亲汪某4、方某1父亲方某2等人均报了警。而且,部分人员不报警也不是由于讨债人员的威慑力、控制力,而是另有原因,如何某2证实不报警是因为碍于面子,报警了邻居就知道自己欠钱不还这个事情了。群众有正当渠道有效保护自己的权利,故不符合《关于办理黑恶势力犯罪案件若干问题的指导意见》第11条规定的“不敢通过正当途径举报、控告”的危害结果,该团伙并没有达到黑社会性质组织犯罪的反社会的危害后果。

五、犯罪集团不成立,进而黑社会性质组织犯罪难以成立

既然黑社会性质组织是我国刑法规定的有组织犯罪的最高级、最严密形态,就意味着黑社会性质组织必须具备普通犯罪集团的基本特征。《刑法》第26条第2款规定:“三人以上为共同实施犯罪而组成的较为固定的犯罪组织,是犯罪集团。”根据《刑法》的规定,成立犯罪集团除了需要具备主体多数性和组织稳定性之外,还要求具备目的明确性,即犯罪集团的形成是为了反复、多次地实施一种或数种犯罪行为。

陈某1、余某1等人的行为属于民间借贷资金融通的行为,超出法律规定的利率虽不能认为合法,但也不能据此就认定其以犯罪为目的。本案的违法犯罪事实只是一小部分借款人逾期后引发的催讨、诉讼行为,如果行为本身不具有明确的犯罪目的,则难以认定成立犯罪集团,也就更加无从谈起构成黑社会性质组织。

【心得体会】

一、涉黑案件人数多、罪名多、事实多,应如何着手开展工作?

黑社会性质组织犯罪案件通常涉及多名嫌疑人、多个罪名、多节事实,卷宗材料数量较多,相应地,对辩护工作也是挑战。本案辩护人在审查起诉阶段介入案件,在对案件前期侦办过程并不十分清楚的情况下,面对海量卷宗资料,如何全面、细致、高效阅卷,为后续辩护工作夯实基础,是办理此类案件值得掌握的必备技能。

第一，搭建团队。本案由徐律师牵头，根据律师专业特长不同进行组合搭配，组建办案小组，既有擅长办理有组织犯罪案件、有相关研究背景和工作经验的资深律师，也有做事认真负责、擅长沟通协作的青年律师，以及跟随团队学习并处理事务性工作的律师助理。这样的团队搭配既可保证案件办理质量，兼顾服务质量，又能以老带新、以案教学，比较适应此类疑难复杂案件的工作需求。

第二，任务分工。主办律师全面阅卷的同时，案件事务性工作可以由办案小组分工开展。每位律师根据自己擅长的领域选择一到两个罪名，迅速启动阅卷工作，制作阅卷笔录，以能够在最短时间内完成全卷摘录，对案件的事实和证据情况形成大致了解，梳理出案件的争议焦点。在此基础上，再进行第二轮有针对性的阅卷，围绕各节事实及相关争议焦点对证据进行细致、全面的审查和分析，对案件核心问题作出研判。此后，根据案件实际需要，还可进行扩充性研究，如法律法规、学术观点、类案判决的检索、分析，会见笔录的摘录摘抄等，进一步丰富阅卷成果。

第三，定期讨论。办案小组一般每个月或依据案件需要开会讨论，通报各自的阅卷情况和辩护观点，进行观点交流和碰撞，通过这种方式相互补充，在较短的时间内查漏补缺，加强对案件事实和证据的把握。并且，每次案件讨论会上主办律师对案件目前的进展和下一阶段的工作计划、工作安排也进行通报，办案小组信息互通共享，提高工作效率。

第四，形成成果。阅卷过程就是证据审查和质证的过程，办案小组在制作阅卷笔录的同时，即同步整理出初步质证意见，可以以审查报告的形式呈现，尽可能做到全面、翔实，为起草辩护意见以及一审阶段准备开庭资料打好基础。

二、涉黑案件背景复杂，如何与承办检察官进行有效沟通？

第一，及时沟通，开门见山。有些辩护人不愿过早地提交辩护意见或表达核心观点，担心检察机关可能据此要求公安机关补充侦查，对案件不利。首先，司法机关对于黑恶势力案件办理往往有“从严从快”的要求，如不及时沟通可能错过最佳沟通时机。其次，刑事案件和民事案件办理思路有较大区别，即便检察机关没有进行补侦，法院也有权要求补充侦查，没有必要进行“意见突袭”。最后，涉黑案件当事人往往对事实和罪名均有较大意见，作为辩护律师有义务及时传达这些意见。

第二，把握沟通“三感”。辩护人与司法人员沟通时应把握好节奏感、新鲜感和成就感。节奏感是指要把握沟通频率，沟通次数过少辩护意见传达不到位，过于频繁容易引起反感。新鲜感是指每次沟通不能简单地询问案件有何进展这样过于笼统的问题，最好是有新的内容，不断强化承办人对辩护意见的认识和印象。成就感是指与办案机关沟通过程中，辩护人要站在对方本职工作的角度，站在严格执法、公正断案的立场，提出具有可采性的辩护意见和可操作性的处理方案。本案中，辩护人在案件移送审查起诉后 3 周左右,及时提交了书面辩护意见并约见承办检察官,承办检察官最初表示要“从快”处理,不会退回补充侦查,在辩护人与其多次就案件要点和辩护意见做了沟通后,最终经过两次退回补充侦查,检察机关采纳了相关辩护意见,认为余某 1 涉嫌组织、领导黑社会性质组织罪不能成立。

第三,做好司法人员的助手。辩护人和检察官并非对立,双方的工作职责都是确保法律的正确实施。在此类疑难复杂案件中,辩护人可以用分节证据摘录、言词证据对比表、时间轴、流程表、人物关系图等图表形式将繁复的问题简单化、可视化,为司法人员处理案件提供有力帮助。本案寻衅滋事罪、非法侵入住宅罪所涉事实较多,证据体量也较大。辩护人分节对在案证据进行摘录、审查,制作成证据对比表,提出每节事实是否符合犯罪构成要件的明确观点,随辩护意见一起提交,供检察官审查时参考。另外,辩护人提交的所有资料均一式三份,便于承办人内部汇报案件时使用。

三、全面辩护重点出击,实现当事人利益最大化

首先,考虑到黑社会性质组织犯罪的组织特征、经济特征、行为特征和危害性特征,相互间具有一定内在联系,各具体罪名和犯罪事实是否成立对于黑社会性质组织犯罪构成与否有一定证成作用,因此,在辩护工作中辩护人要做到全面辩护,对事实、证据、法律和量刑提出全面的意见和建议。本案中,虽然组织、领导黑社会性质组织罪是余某 1 及家属最为关切的焦点,但经过全面辩护,最终在全案“脱黑”的基础上,还拿掉了非法拘禁罪和诈骗罪的一部分事实,取得了良好的辩护效果。

其次,黑社会性质组织犯罪是此类案件的重中之重,如能成功“脱黑”,不仅在刑期上有明显体现,而且在执法尺度上有所体现,对后续减刑假释也会产生较大影响。因此,在全面辩护的基础上,辩护人着重对涉嫌组织、领导黑社会性质组织罪的辩护意见进行充实、细化,对于较不明显的经济特征和危害性特征进行强调和强化。例如,为了证实涉案团伙不具有垄断性,辩护人多次向余某 1 及其家属询问了解,查询了同一地区同一时期民间借贷合同纠纷诉讼案件数量,以佐证涉案团伙没有对高利放贷行业形成非法控制或重大影响。在与承办检察官的沟通中,辩护人多角度多层次地提出本案缺乏黑社会性质组织的经济特征和危害性特征的辩护观点。该观点最终被检察官采纳,余某 1 成功“脱黑”。

(承办人:徐宗新、徐激浪、黄毅婕、楼安翔、杨磊)

如何利用程序之辩和证据之辩实现减档处罚

——施某某被判贩卖毒品发回重审后减档处罚案

【案件概况】

原一审判决认定:2018 年 12 月至 2019 年 11 月,被告人施某某分别在 H 市 L 区先后 3 次贩卖毒品大麻叶给吸毒人员田某某、史某。法院据此认定施某某多次贩卖毒品,判处其有期徒刑 3 年 8 个月,并处罚金人民币 1.2 万元。

本案承办律师于一审上诉期间接受委托担任辩护人。二审期间,辩护人提出原一审判决存在重大程序违法,应当撤销原判,发回重审。二审法院采纳了该意见,于 2020 年 11 月 13 日以“原审法院在审理过程中更换合议庭成员后,未重新对全案进行法庭审理,未向被告人、辩护人告知对新合议庭成员申请回避的权利,违反法律规定的诉讼程序”为由,撤销原审判决,发回原审法院重新审理。

发回重审后,辩护人先后提出召开庭前会议、侦查人员出庭作证、证人出庭作证、启动非法证据排除程序、调取证据等多项申请,均获得准许。开庭前后,辩护人还提交了多份依法调取、收集的证据材料和参考材料。

庭审中,辩护人围绕着被告人施某某关于多次贩卖毒品的有罪供述系非法证据,起诉书指控的四笔贩卖事实中有两笔事实不清、证据不足展开精细的辩护。

2021 年 4 月 21 日,一审法院作出的重审判决采纳了辩护人的意见。判决在原一审法院认定贩卖 3 次的基础上,又减少认定 1 次,最终仅支持公诉机关指控的 2 次贩卖毒品的犯罪事实,对施某某减档判处有期徒刑 2 年 8 个月,并处罚金人民币 8000 元。

【二审阶段辩护意见节选】

一、一审审判存在重大程序违法，应当裁定撤销原判，发回原审人民法院重新审判

（一）一审两次变更合议庭成员后，均未对全案重新审判，违反法律规定的诉讼程序，可能影响公正审判

本案一审共进行了三次庭审，三次庭审合议庭组成人员分别是：第一次庭审（2020年7月29日），甲、乙、丙；第二次庭审（2020年8月17日），甲、乙、丁；第三次庭审（2020年8月31日），甲、乙、戊。在L区人民法院审理本案期间，经过三次庭审，两次更换了其中一名合议庭成员，且均没有重新开庭审理，而是接着前次庭审继续开庭审理。更换后的合议庭成员没有参与本案的全部举证、质证、辩论等审判活动，却参与了案件的合议表决，不仅违反了直接言词原则，且违反了最高人民法院《关于适用〈中华人民共和国刑事诉讼法〉的解释》第176条关于“开庭审理和评议案件，应当由同一合议庭进行”的规定，可能影响公正审判。

（二）两次变更合议庭成员不排除未履行报批手续，审判组织的组成合法性高度存疑

根据最高人民法院《关于人民法院合议庭工作的若干规定》第3条之规定，“合议庭组成人员确定后，除因回避或者其他特殊情况，不能继续参加案件审理的之外，不得在案件审理过程中更换。更换合议庭成员，应当报请院长或者庭长决定”。本案一审合议庭组成成员变更是否根据该规定进行了报批手续，应审查审判内卷。如若内卷中未有相应的手续，那么审判组织组成不合法，属于重大程序违法。

（三）未将合议庭变更情况、申请回避的权利告知上诉人及其辩护人，违反回避制度，且剥夺当事人法定诉讼权利

根据最高人民法院《关于人民法院合议庭工作的若干规定》第3条之规定，“合议庭成员的更换情况应当及时通知诉讼当事人”。根据庭审录像可知，一审变更合议庭成员时，未按照规定宣布新的合议庭组成人员并告知施某某及其辩护人有权申请回避等事项，违反法律规定的诉讼程序，剥夺了施某某的法定诉讼权利，可能影响公正审判。

综上所述，一审判决程序违法，根据《刑事诉讼法》第238条第2项、第3项、第4项、第5项之规定，应当撤销原判，发回L区人民法院重新审理。

二、关于本案重大程序违法，应当撤销原判、发回重审的补充意见

（一）关于合议庭组成成员的告知和申请回避的内容，庭审笔录记载与庭审录像不一致

虽然本案一审程序的三次庭审笔录中有记载合议庭组成人员的名单，并询问被告人及其辩护人是否申请回避，但该记载与实际情况不符。经审查第二次和第三次开庭的庭审录像，审判长并未宣布合议庭组成人员名单，也未询问被告人及其辩护人是否申请回避。笔录记载与录像不符时，应当以庭审录像为准。

（二）施某某及其辩护人事实上对合议庭组成成员的变更不知情

从第二次、第三次的庭审笔录记载的内容看，该两次笔录只是记载了合议庭的组成人员，并未特别提示合议庭成员发生了变更。在两次庭审前后，一审法院也从未书面或口头告知合议庭成员的变更情况。上诉人施某某及其辩护人通过阅看该两次庭审笔录，无法知晓合议庭成员的变更情况。辩护人在会见施某某的过程中，其明确表示不清楚合议庭成员发生了变更，更何况，疫情期间，远程庭审且合议庭成员全程戴着口罩，也无法辨认合议庭成员有无变更。因此，虽然施某某及其辩护人在庭审笔录上签字确认，但是并不知晓合议庭成员变更，并对变更后的合议庭成员不具有不申请回避的意思表示。

（三）有类似本案情形而裁定撤销原判、发回重审的案例可供参考

辩护人经过检索，发现存在不少案例，变更合议庭成员后，未告知当事人及其辩护人，也未对全案重新审理，都被二审法院认定为重大程序违法，撤销原判、发回重审。其中，案号为（2018）豫17刑终514号、（2018）鲁02刑终482号、（2014）济刑二终字第101号、（2007）佛刑一终字第31号、（2019）鲁08刑终93号的案例，在裁定中对重大程序违法的认定进行了详细说理论证，可供本案参考。

三、施某某的有罪供述是以非法方法取得的，应当适用非法证据排除，一审判决不予排除违反法律规定

（一）施某某提供了内容具体、指向明确的非法证据排除线索，承担了启动非法证据排除的线索提供责任

《人民法院办理刑事案件排除非法证据规程（试行）》（以下简称《排除非法证据规程》）第5条第1款中规定，“被告人及其辩护人申请排除非法证据，应当提供相关线索或者材料。‘线索’是指内容具体、指向明确的涉嫌非法取证的人员、时间、地点、方式等”。施某某依本条规定，提供线索如下：

在2020年2月15日的提审中，施某某作无罪辩解，在提审即将结束时，侦查人员盛某威胁施某某：“到时候给你弄个田某某杀妻的帮凶，你就老实了。”

在2020年2月25日的提审中，侦查人员继续以把施某某认定为田某某杀妻的

帮凶进行威胁。侦查人员诸某龙威胁施某某:“田某某的事,我们说和你有关系就有关系,我们说跟你没有关系就没有关系,关键看你的态度,信不信给你整成个帮凶就老实了,看你厉害还是我们厉害。”侦查人员盛某也在一边附和,说“到法庭上给你定个帮凶”。同时,侦查人员还故意曲解法律,欺骗施某某大麻与冰毒、海洛因等其他毒品的量刑不一样,借此诱供施某某。侦查人员诸某龙称“大麻是以公斤为标准的,判不了几个月,和次数没有关系”,侦查人员盛某还说“认不认识一个姓周的,前段时间也是卖大麻被抓的,卖了 34 克,判了 6 个月”。

(二)根据施某某提供的线索,施某某 2020 年 2 月 25 日至 3 月 20 日三份讯问笔录属于应当排除的非法证据

1. 2020 年 2 月 25 日的讯问笔录是以非法方法收集的,应予排除

在 2020 年 2 月 15 日、2020 年 2 月 25 日两次提审过程中,侦查人员以将其“整成田某某杀妻帮凶”进行威胁,以“大麻是以公斤为标准的,判不了几个月,和次数没有关系”进行欺骗,致使施某某陷入难以忍受的恐惧和错误的法律认识,最终违背自己意愿作出供述。并且,在供述过程中,民警以封闭性问题的方式引诱施某某供述具体的贩毒细节,影响了施某某供述内容的自主性。上述采取非法方法收集的被告人供述符合《排除非法证据规程》第 1 条第 1 款第 2 项规定的采用严重损害本人合法权益进行威胁的方法,使被告人遭受难以忍受的痛苦而违背意愿作出的供述,以及《刑事诉讼法》第 52 条规定的严禁以威胁、引诱、欺骗以及其他非法方法收集证据的情形,应当予以排除。

2. 2020 年 3 月 17 日、2020 年 3 月 20 日的讯问笔录系受非法方法取证的影响而作出的重复性供述,也应予排除

在后续两次的审讯过程中,检察官、侦查人员虽然没有以非法方法对施某某进行取证,但施某某受之前侦查人员威胁、欺骗行为的影响,仍不敢、不知依自己意愿如实供述。直至 2020 年 5 月中旬,法律援助律师给其提供法律帮助,向其讲解了大麻的量刑规则,并询问有无受到刑讯逼供等,其才知道自己受到了欺骗、诱供。

该两次讯问的同步录音录像显示,检察官、侦查人员在提审时,只强调认罪认罚量刑上可以从宽,但并未询问施某某之前的侦查人员有无以威胁、欺骗、诱供的非法方法对其取证,致使其不知晓其享有不受非法取证的诉讼权利。

两次审讯中施某某多次询问检察官、侦查人员自己行为的量刑大概是多少。2020 年 3 月 17 日负责审讯的检察官章某某回答的是审查起诉阶段再告诉他,2020 年 3 月 20 日负责审讯的侦查人员盛某没有明确回答,但列举了自己了解的一个案例是判七八个月。两人的回答致使施某某无法得知 2020 年 2 月 25 日侦查人员审讯时所说“大麻是以公斤为标准的,判不了几个月,和次数没有关系”是欺骗他的,仍旧是在错误的法律认识下违背意愿进行供述。

（三）一审期间公诉机关提供的证据材料不但无法证明证据收集的合法性，反而在一定程度上印证了施某某受到非法取证的辩解

针对施某某提出的非法证据排除申请，一审公诉人无法提供2020年2月25日讯问时的同步录音录像，也未提请一审法院通知侦查人员出庭说明情况，而是提供了如下证据，但仍无法证明2020年2月25日讯问笔录收集的合法性。

1. 两份情况说明

第一，《排除非法证据规程》第20条中规定，"不得以侦查人员签名并加盖公章的说明材料替代侦查人员出庭"；最高人民法院《关于适用〈中华人民共和国刑事诉讼法〉的解释》(2012年)第101条第2款中规定，"说明材料不能单独作为证明取证过程合法的根据"。第二，两份情况说明前后存在差异、矛盾，且一份没有侦查人员签字，一份仅有侦查人员盛某、王某强签字，而本案威胁、欺骗非法取证行为主要实施者的侦查人员诸某龙并未签字。第三，法律帮助指派通知书、法律帮助公函、承诺书(诉讼卷第14~16页)证实，蒋律师接受L区法律援助中心指派，于2020年5月13日通过H市公安局L区分局城东派出所的远程会见系统提供法律帮助，当日施某某拒绝在认罪认罚的承诺书上签字，办案民警盛某、闻某锋还在该承诺书上备注。由此可见，施某某2020年5月13日翻供时，2020年2月15日、2020年2月25日提审的监控录像尚未超过3个月的存储时效。情况说明中"等犯罪嫌疑人翻供时，再去拷贝监控时，监控已经被覆盖不能拷贝"明显与事实不符。第四，2020年7月30日公诉人提供的情况说明第四点中，侦查人员自认了审讯过程中，告知施某某大麻与其他毒品在贩卖重量方面的定罪量刑有很大的区别，在一定程度上印证了施某某所称的侦查人员欺骗其"大麻是以公斤为标准的，判不了几个月，和次数没有关系"的辩解，更加无法排除侦查人员在讯问过程中实施了欺骗行为。

2. 2020年3月17日讯问时的同步录音录像

第一，本份录像是审查逮捕阶段检察官章某某讯问时的同步录音录像，只能证明检察官当日的讯问情况，无法证明2020年2月25日的讯问笔录不是以非法方法收集的；第二，该份同步录音录像显示，施某某在供述每次贩卖大麻克数、金额的过程中支支吾吾，内容笼统，使用"大概""差不多""应该"字眼，且内容与2020年2月25日的供述明显不一致，更符合"之前供述是受诱供，并非自己自主讲述，并无作案记忆"的特征；第三，在检察官问话即将结束直至笔录签字确认之间，施某某多次询问自己行为的量刑情况，也可侧面反映其想验证侦查人员告知的大麻量刑规则是否真实；第四，本次录音录像17:07:51显示，承办检察官章某某问施某某"之前在公安机关第二次讯问的时候你是认罪认罚，如实供述自己的罪行、犯罪事实的，那早上我们让民警带进来让你签的听取你的意见书，你为什么说不认罪认罚"，印证了施某某关于其在第一次有罪供述是违心虚假认罪的，在批捕检察官提审前其在相关法律文书上备注

了之前有罪供述系不属实的辩解。

3. 2020 年 3 月 20 日讯问时的同步录音录像

一方面,本份录音录像是逮捕后侦查人员再次讯问的同步录音录像,只能证明侦查人员当日的讯问情况,并不能证明 2020 年 2 月 25 日的讯问笔录不是以非法方法收集的;另一方面,该份同步录音录像显示,施某某两次询问侦查人员盛某自己行为的量刑时,问道“你上次说没几个月,是真是假?”,“他(应该指侦查人员诸某龙)说大麻是以公斤量刑的,这是真的吗?”。盛某没有明确否认,在一定程度上印证了施某某辩称的在 2020 年 2 月 25 日侦查人员欺骗他“大麻是以公斤为标准的,判不了几个月,和次数没有关系”的辩解。

(四)一审判决对三份讯问笔录未作为非法证据排除的理由和结论错误,二审法院应予纠正

最高人民法院《关于适用〈中华人民共和国刑事诉讼法〉的解释》(2012 年)第 102 条、《排除非法证据规程》第 26 条规定,经审理,确认或者不能排除存在以非法方法收集证据的,对有关证据应当排除。由此可见,在施某某提供了非法方法收集证据线索后,应当由控方承担非法取证的排除责任。一审公诉机关未能提供充分证据排除施某某 2020 年 2 月 25 日至 2020 年 3 月 20 日的三份讯问笔录系以非法方法收集的,相反施某某的辩解得到一定的印证,因此,对三份笔录应当依法排除。

一审判决对此三份笔录不予排除的理由和结论没有事实依据和法律依据,理由如下:第一,施某某虽然做了多次笔录,但除了存在侦查人员以非法方法收集嫌疑的 2020 年 2 月 25 日对贩卖毒品的时间、地点、次数、毒品数量、收取毒资的基本事实作出了详细供述外,其他提审笔录内容均极为笼统,只有贩卖次数、克数和金额,没有其他细节;第二,多次笔录供述的内容详细与否、是否签字捺印确认与是否受到非法方法取证没有直接关联,没有法律、司法解释规定供述内容详细且有签字捺印确认,就可以排除受到非法取证,证明收集方法的合法性;第三,在申请非法证据时,施某某根据法律及司法解释的要求,提供了内容具体、指向明确的线索,承担了线索提供责任,而一审公诉人无法履行非法方法收集证据的排除责任,施某某以自己受到侦查人员威胁、欺骗而进行供述申请排除非法证据,显然有事实依据和法律依据。综上,一审判决没有正确理解和适用《刑事诉讼法》以及司法解释关于非法证据排除的相关规则,应予纠正。

【发回重审后一审阶段辩护意见节选】

一、施某某多次贩卖毒品的供述内容，收集方式合法性存在重大疑问，应予排除

辩护人在庭前已经递交关于对施某某2020年2月25日至3月20日三份讯问笔录进行非法证据排除的申请书，其中详细提供了非法证据排除的线索、依据和理由，以下不再赘述。现就公诉机关证据收集合法性的举证情况发表辩论意见如下。

（一）不能排除侦查人员对施某某实施了威胁行为

第一，施某某辩解侦查人员的威胁行为发生在2020年2月15日、2月25日的审讯中，但公安机关无法提供该两次审讯的同步录音录像，致使是否存在威胁行为无法核查，举证不能的后果应由公诉机关承担。第二，公安机关出具了两份情况说明，一份没有侦查人员签字，另一份仅有侦查人员盛某、王某强签字，而本案威胁行为主要实施者的侦查人员诸某龙并未签字，也未出庭作证，因此无法排除诸某龙实施了威胁行为的嫌疑。第三，法律帮助指派通知书、法律帮助公函、承诺书三份书证共同证实，蒋律师接受L区法律援助中心指派，于2020年5月13日通过H市公安局L区分局城东派出所的远程会见系统提供法律帮助，当日施某某拒绝在认罪认罚的承诺书上签字，办案民警盛某、闻某锋还在该承诺书上备注。由此可见，施某某2020年5月13日翻供时，2020年2月15日、2020年2月25日提审的监控录像尚未超过3个月的存储时效。情况说明中"等犯罪嫌疑人翻供时，再去拷贝监控时，监控已经被覆盖不能拷贝"明显与事实不符，对此侦查人员出庭作证时也未能合理解释。综上，无法排除侦查人员采用了严重损害施某某本人合法权益的方法进行威胁，致使施某某遭受了难以忍受的痛苦而违背意志作出供述，根据《排除非法证据规程》第1条第2项的规定应当予以排除。

（二）有证据证明侦查人员对施某某实施了欺骗行为

1. 情况说明

2020年7月30日出具的情况说明第四点中，侦查人员自认了审讯过程中，告知施某某大麻与其他毒品在贩卖重量方面的定罪量刑有很大的区别，在一定程度上印证了施某某所称的侦查人员欺骗其"大麻是以公斤为标准的，判不了几个月，和次数没有关系"的辩解。

2. 2020年3月17日讯问时的同步录音录像

在检察官问话即将结束直至笔录签字确认之间（17时19分24秒至25分30秒），施某某多次询问自己行为的量刑情况，也可侧面反映其想验证侦查人员告知的大麻量刑规则是否真实。

3. 2020 年 3 月 20 日讯问时的同步录音录像

该份同步录音录像显示(9 时 31 分 03 秒至 33 分 07 秒),施某某两次询问侦查人员盛某自己行为的量刑时,问道“你上次说没几个月,是真是假?”“他(结合上下文,指的是侦查人员诸某龙)说大麻是以公斤量刑的,这是真的吗?”。盛某没有明确否认,在一定程度上印证了施某某辩称的在 2020 年 2 月 25 日侦查人员欺骗他“大麻是以公斤为标准的,判不了几个月,和次数没有关系”的辩解。

4. 侦查人员盛某在庭前会议的陈述

侦查人员盛某在庭前会议上承认了其给施某某举了一个萧山贩卖大麻量刑仅几个月的案例。在施某某因涉嫌多次作案被延长拘留期限的情况下,侦查人员举了一个仅判了几个月的案例,明显具有诱导施某某陷入错误认识的作用。

综上所述,上述证据在一定程度上证实了施某某受到侦查人员以曲解法律的方式进行欺骗的辩解。鉴于以曲解法律方式进行欺骗是性质恶劣的欺骗,根据《刑事诉讼法》第 52 条“严禁刑讯逼供和以威胁、引诱、欺骗以及其他非法方法收集证据”的具体规定及立法精神,上述证据应当予以排除。

二、综合分析施某某有罪供述的形成过程,施某某确有可能对部分事实虚假供述,供述的真实性存疑,不应采信

(一)从供述动机的利诱性看

因受到欺骗,施某某信以为侦查人员所称“大麻是以公斤为标准的,判不了几个月,和次数没有关系”为真,确有可能为了争取良好的认罪态度,而虚假供述部分犯罪事实。且在施某某没有机会得知贩卖大麻的真实量刑规则前,侦查人员、检察官一味强调认罪认罚可以给予从宽,加深了虚假供述的激励作用。

(二)从供述过程的反复性看

在施某某第一次有罪供述后,审查逮捕阶段检察官提审之前,其在听取犯罪嫌疑人意见书中涂涂改改,并最终签署“不属实,我不认罪认罚”的意见,符合其一方面想认罪认罚争取从轻处理,另一方面供述确有不属实之处的纠结心理,反映了施某某有罪供述系违心、虚假供述。

(三)从供述依据的来源看

经审查提供在案的 2020 年 3 月 17 日讯问的同步录音录像,辩护人发现在审查批捕阶段检察官讯问施某某,施某某虽然承认 4 次交易大麻的事实,但他的回答是“之前跟公安说……四次”,而不是直截了当地回答 4 次。其更像是根据向公安交代的情况回答,而不是根据事实的情况据实回答。

(四)从供述内容的自主性看

经审查在案的 2020 年 3 月 17 日、20 日的两份讯问时的同步录音录像,辩护人发

现施某某供述交易克数、金额与2020年2月15日的供述不一致,供述过程支支吾吾,内容笼统,使用"大概""差不多""记不太清楚了"等字眼,无法直接、明确、清晰地讲述其与史某、田某某交易的数量,也未讲述联系方式、地点等其他细节,更符合"之前供述是受诱供,并非自主供述,并无作案记忆"的特征。

三、起诉书指控2018年12月左右施某某与田某某的一笔交易,事实不清、证据不足

(一)本笔交易原一审未认定,也未经抗诉,依据上诉不加刑的原则,本笔交易发回重审后,同样不应认定

原一审判决对公诉机关指控施某某2018年12月左右与田某某的一笔交易不予认定,在判决的上诉、抗诉期间,公诉机关并未提出抗诉。《刑事诉讼法》第237条规定,"第二审人民法院发回原审人民法院重新审判的案件,除有新的犯罪事实,人民检察院补充起诉的以外,原审人民法院也不得加重被告人的刑罚。人民检察院提出抗诉或者自诉人提出上诉的,不受前款规定的限制"。本部分事实既不存在抗诉,也不存在补充起诉的情况,足见本笔交易,公诉机关也认为证据不足,上诉不加刑原则对本案发回重审同样应予适用,本笔交易不应认定。

(二)本笔交易不仅与客观情况矛盾,也没有相互印证的证据能够证明交易的实际情况

第一,田某某在2020年1月14日的笔录陈述:"到了2018年6月我到H第七人民医院住院就开始不吸了,到了2019年4月份我又开始吸了……"可见,2018年12月左右田某某尚因精神病发病处于治疗阶段,其不可能与施某某进行交易。第二,田某某陈述的时间是2019年三四月,地点是施某某的家中,而施某某供述时间是2018年12月左右,地点在田某某工作室,两人关于时间、地点细节说法有出入,不能相互印证。第三,缺乏其他证据佐证2018年12月左右的交易事实。

四、起诉书指控2019年六七月施某某与史某的一笔交易,事实不清、证据不足

(一)2019年六七月施某某不存在大麻来源

本案施某某的大麻来源为自己在室外环境种植的。史某在询问笔录中称:"2019年6月份,施某某给我过一点大麻,当时我没付钱,施某某和我说等他有了可以向他买。2019年7月,我电话联系施某某,问他有无大麻,施某某回答有。"如该说法属实,施某某应该是之前种植的大麻没有了,在2019年6月、7月重新收获了自己种植的大麻,并将其加工成可供吸食的大麻。但根据在案分析,大麻活性成分THC(四氢大麻酚)主要集中在大麻成熟后的花和紧挨着花的小叶的部位上,需采摘后阴干十

余天并加工后才可制作成可吸食的大麻,理论上要2019年9月、10月之后才可能实现,故2019年六七月施某某不存在大麻来源。具体展开如下:

1.施某某的供述与辩解

在施某某最初的有罪供述中,其两次种植大麻,都是10月左右收的,收的是“大麻花”。该细节是在本案贩卖的是“大麻花”,还是“大麻叶”成为争议焦点之前施某某已经自主供述的,可信度高。

2.史某的当庭证言

史某出庭作证提供证言称,其吸食的大麻是一团,黄绿色的,拆开像茶叶,不是植株大麻的叶子,应该是花和果实。向其出示干制的大麻花图片供其辨认,其确认自己吸食的大麻与图片相似。

3.联合国《麻醉品公报——世界大麻状况审查》

施某某稳定供述其是在室外环境种植大麻。该书证证明,在北半球室外种植大麻,传统上是3至5月播种,9至11月开花,生长周期约为6个月。

4.《植物新品种特异性、一致性和稳定性测试指南　大麻》

该书证证明,大麻生长周期分为发芽出苗期、营养生长期、开花结籽期、衰老期,且大麻THC(四氢大麻酚)含量的性状是通过对“花”的部位进行检测评定的。由此可见,大麻的活性成分THC应该主要在“花”的部位上。

5.大麻(毒品大麻)的维基百科词条信息

该书证证明,草本大麻毒品是使用雌性大麻的花与毛状体晒制而成的。由此可见,大麻需要长到开花成熟后并经处理才能作为毒品吸食。

6.关于售卖大麻种子、种植大麻经验为内容的三个外文网站信息

网站中关于大麻的图片都是“成熟的花、小叶与毛状体”,文章中提到,商用大麻来源于雌株,收成要等花蕾花萼成熟长出含有大麻活性成分的THC(四氢大麻酚)、CBD(大麻二酚)的结晶体后,“剪下花并阴干”(trim and dry the buds)。

7.关于种植大麻并贩卖案件的刑事判决书

辩护人检索了关于贩卖自己种植大麻的判决书,经梳理发现,相关被告人室外环境种植、培育并加工成可直接吸食的大麻,都要8月下旬至11月之后才售卖,且判决书中描述被告人贩卖的毒品大麻是“待成熟后将大麻花剪下晒干(风干)”。

8.侦查民警与植物学专家胡某新的聊天记录

读聊天记录其不宜采信。理由如下:第一,该聊天记录仅能证明两人的聊天过程,不是严谨出具的专门性意见,且其未出庭作证说明情况,无法通过接受控、辩、审三方询问审查胡某新关于大麻知识来源及专业性,证据形式和程序不完备,不宜轻信。第二,经百度百科及中国知网查询,胡某新主要对银杏、八角莲、猫人参、三叶青、玄参、元胡、浙贝母等植物有深入研究,但未检索出关于大麻的科研文章、课题信息,

其关于大麻的说法不一定权威、专业。第三,说法模糊,存在疑问。“花一般5~6月”有多种理解方式,是指每年五六月开花成熟,还是五六月进入花期,还是播种后五六个月开花,模糊不清。如果理解为播种后五六个月开花,那么早春播种(一般春季是指3月至5月,早春应该是3月、4月),那么五六个月后开花,则是8月至10月开花,与辩护人主张的时间大致吻合,无异议;但如果理解为每年五六月才开始长出小花芽进入花期,那么待长到成熟肯定还需要一段时间,考虑采摘并阴干处理的时间,也要数个月后。第四,“主要用叶,一般开花前采收”的说法与辩护人提交的书证、检索的裁判文书矛盾,不应采信。

9. 田某某住处提取并送检的植物组织

勘验照片上标注是“由西向东第一个抽屉内装有绿色植物叶子塑料袋”,“绿色植物叶子”指的应该是包装上的绿色叶子图案,并不是指塑料袋中的植物组织,且检验报告写的检材和样本是“可疑植物组织”,没有表述为“叶子”,无法据此主张田某某处扣押是大麻“叶子”。值得注意的是,成熟的大麻花是绿色的,边上也有小叶,不熟悉的人,极易将其与大麻叶子(大叶)混淆。

(二)缺少电话通话记录、微信通话记录的印证

一方面,施某某的笔录,史某2020年4月28日的询问笔录均称,两人是通过电话联系后,史某开车至施某某住处进行大麻交易的。但调取的史某与施某某的手机通话记录,显示两人的通话集中在2019年10月14日至11月26日,在2019年六七月两人并没有通话记录,两人的说法与客观证据矛盾。另一方面,史某在2020年8月28日的询问笔录中改称“我们两人用微信语音聊天比较多,电话通话比较少”。但该说法变化与公安机关提供两人的手机号码通联梳理表的时间相近,不排除史某关于联系方式的变化系“先证后述”,是在民警引导、暗示两人2019年六七月没有电话通话记录后,史某改变自己的陈述,其陈述真实性存疑。而且,在案证据也没有史某、施某某的微信通话记录,无法补强史某说法的真实性。

(三)缺少证据证明两人在2019年六七月的一天晚上有当面接触

一方面,辩护人提交的火车票和证明证实,施某某在2019年7月13日至8月2日在北京某某大学文学院上学,不在H市;辩护人提交的史某所在乐队微博记录证实,史某在2019年7月初在上海、郑州演出,不在H市。由此可见,在2019年7月大部分时间两人并未同时在H市,无法当面接触交易大麻。另一方面,公安机关调取的施某某、史某手机的轨迹、基站、位置信息,仅有史某在“鸣某”小区基站记录2019年3月27日、2019年10月14日、2019年11月26日三次,并无两人2019年六七月的一天晚上同时同在“鸣某”小区的记录,该时段两人在H市L区“鸣某”小区交易大麻的指控缺乏客观证据佐证。

(四)史某对2019年六七月交易的陈述模糊不清

一方面,关于书面笔录,史某2020年8月28日的第二次笔录反映其对第一次交易的情况"记得不是很清楚",无法明确确定交易时间、地点、克数、联系方式等交易细节及过程,极可能是因为本次交易本身虚假,其根本没有记忆。其两次笔录中陈述第一次交易的细节及整体真实性不高,不应采信。另一方面,关于出庭证言,审判长首先让其自主陈述案情,其明确讲自己和施某某交易几次记不清了。在后续答问中,其印象深刻的就一次,是否还有一次并不确定,讲不清细节,且称关于自己第一次笔录所讲的2020年六七月的那次,是民警提供时间等细节让其确认,觉得民警都这么问了,想是民警查的应该不会错,就认可了,有些细节每次都是别人帮其回想的。

(五)施某某辩解该笔交易系虚假供述能提供合理解释

一方面,原因能够提供合理解释,施某某辩解该笔交易的供述顺序是四笔交易中最后一笔供述的,系其受欺骗以为"大麻是以公斤为标准的,判不了几个月,和次数没有关系"。侦查人员问及剩余大麻去向,其因担心自己要是不顺势承认,自己吸食大麻的事实将暴露,会增加一个"罪名"。施某某虽是研究生在读,但系中文师范专业,毕竟不是法律专业,结合其身边有叶某被戒毒处罚,其确有可能错误认为"吸毒"会增加一个"罪"而不敢承认。另一方面,对象能提供合理解释,民警点名问及有无其他人交易,其仅承认与史某的交易,原因是民警问其他人都是在威胁、欺骗前,只有史某是民警威胁、欺骗前后反复询问的。且其知道史某种大麻(史某当庭证言也证实其和施某某说过自己种大麻的事情),以为史某被公安机关查获,其隐瞒了自己种大麻的事情,推卸责任说是从其处购买的。

【心得体会】

一、如何通过审查发现一审法院审理存在的重大程序违法,进而促成二审法院撤销原判,发回原审人民法院重新审理

本案最终能取得减档处罚的良好的辩护效果,首功是打了程序之辩,提出一审法院在审理中违反法律规定的诉讼程序,促成案件发回原审人民法院重新审理,让案件得到更充分的审理。案件发回原审人民法院重新审理意味着第一审程序将从头开始,能够为辩护人对案件精细化辩护创造更多的机会,往往意味着"辩护成功了一半"。因此,担任二审案件的辩护人,务必要重视对一审审理程序合法性的审查,可以从以下几方面入手。

(一)对审理程序规定的排查要"广"

审理程序主要集中规定在《刑事诉讼法》及其司法解释中,但也不应忽略有一些更为细致的规定散落在其他法律、司法解释及司法解释性文件中。例如,《人民陪审

员法》中规定了审判组织的组成，第 16 条规定，“可能判处十年以上有期徒刑、无期徒刑、死刑，社会影响重大的刑事案件”和“涉及征地拆迁、生态环境保护、食品药品安全，社会影响重大的案件”应当由人民陪审员和法官组成七人合议庭；又如，关于回避制度的规定，最高人民法院《关于健全完善人民法院审判委员会工作机制的意见》将回避适用的人员范围扩大到审判委员会委员，《关于审判人员在诉讼活动中执行回避制度若干问题的规定》（法释〔2011〕12 号）在《刑事诉讼法》的基础上对于审判人员应当回避的情形作出了更为细化的规定。

（二）对程序违法情形的筛查要“全”

《刑事诉讼法》第 238 条规定了应当发回原审人民法院重新审判的 5 种情形，其中第 1 项、第 2 项、第 4 项情形具体明确，没有附加条件，分别为违反公开审判、回避、审判组织规定的情形，如果存在这些违法情形，可以援引相关程序规定直接主张发回重审；第 3 项、第 5 项则相对笼统，没有明确具体的违法情形，分别为“剥夺或者限制了当事人的法定诉讼权利”和“其他违反法律规定的诉讼程序”，并附加要求“可能影响公正审判的”才能作为发回重审的情形。模糊笼统的规定实际上给辩护留足了空间，只是在援引相关权利及程序规定的前提下还应注意加强对“可能影响公正审判”的说理论证。

除了上述一般性规定外，梳理司法实践中较为常见因程序违法而发回重审的具体事由还有：(1)作为定案依据的主要证据未经庭审质证、辩论；(2)将一审庭审出示但未附卷的证据作为判决依据；(3)参与审理的审判人员不是经过遴选委员会遴选的员额法官，不具有行使国家审判权的资格；(4)应当组成 7 人合议庭未依法组成 7 人合议庭，或组成 7 人合议庭不是 3 名法官 +4 名人民陪审员的模式；(5)更换合议庭成员后未全案重新审理，也未告知被告人及其辩护人是否申请回避；(6)参与审判的人民陪审员任期已经届满，或者超过《人民陪审员法》《人民陪审员选任办法》规定的两届 10 年的最长任期；(7)一审判决认定的罪名与起诉指控的罪名不符，在判决前未听取被告人及辩护人的意见；(8)案件经审判委员会讨论决定，审判委员会委员存在应当回避的情形；(9)认罪认罚案件未采纳公诉机关提出的量刑建议，且在未建议公诉机关调整量刑建议情况下直接作出判决；(10)被告人一审时提出非法证据排除，一审法院未启动相应的调查程序。

（三）对违反诉讼程序的审查要“细”

在司法实践中，一审法院往往不会公然有意地违反法律规定的诉讼程序，多数也是由于疏忽而无意违反的。因此，一审审理如确有应发回重新审理的程序违法情形，往往也较为隐蔽，参与其中的诉讼各方起初可能都未发觉，不细致审查极易忽视。尤其在二审才介入辩护的情况下，辩护人对一审审理并未亲历，粗略阅卷往往难以发现。因此，辩护人应有意识地围绕着《刑事诉讼法》规定的应当发回的五种情形以及司法实践中发回重审的常见事由细致审查,多次、反复阅卷,尤其特别重视对一审庭审笔录及庭审录像的审查。如在本案中,施某某也不知自己回避的权利被一审法院剥夺了,是辩护人通过细致审查三次庭审录像发现三次庭审合议庭组成人员并不完全相同,才按图索骥最终发现了本案存在的程序违法情形。

二、如何说服法院不采信以威胁、引诱、欺骗等非法方法收集的被告人供述

与刑讯逼供、变相肉刑等物理强制方法相比,威胁、引诱、欺骗等心理强制方法,不仅隐蔽性更强,更难审查发现、固定,而且《刑事诉讼法》及相关司法解释对于排除标准未明确规定,排除难度极大。因此,说服法院不采信以心理强制非法方法收集的被告人供述更具挑战性、技巧性。对此可以从以下三个思路展开辩护工作:

第一,逼供行为审查与诱供行为审查相结合。辩护人在提供非法证据排除线索、审查同步录音录像时,不仅要审查被告人是否实际遭受的威胁、欺骗等逼供方式,而且也要关注被告人是否遭受诱供。被告人对于自己遭受威胁、欺骗往往记忆清晰,能够提供明确线索,但对于案情引诱的诱供行为因较为细节,往往容易遗忘,只能提供模糊的说法,需要律师有意识地细致查看同步录音录像进行梳理。

第二,自愿性分析与自主性分析相结合。自愿性关联被告人供述意志的问题,能够解释被告人为何作出对自己不利的供述,而自主性关系口供的形成过程,能够回答被告人的供述内容是基于被告人作案记忆作出的真实供述,还是迎合侦查人员讯问而作出的虚假陈述。对于自主性分析可以从两方面展开,一方面,分析供述内容的来源,审查重要案件细节,特别是隐蔽性案情细节是被告人自己主动供述的,还是侦查人员通过讯问有意指供或无意透露的;另一方面,分析供述形成的过程,关注被告人对案情的回答是主动、清晰、稳定、直接,还是被动、模糊、反复、拉锯。如果两方面的答案都是后者,则可以主张被告人供述不自主,具有虚假的高度可能。

第三,合法性论证与真实性论证相结合。总体而言,在我国目前的司法实践中,对于以心理强制的非法方法搜集的证据,法院单纯以合法性为由不采信被告人供述还较为少见。务实的做法是,辩护人在辩护的过程中一方面质疑笔录合法性的同时,另一方面质疑笔录的真实性,齐头并进合力说服法院不采信被告人的供述笔录。论证供述的真实性,可以从以下三个方面审查:一是可以从供述的内部关系审查,审查起因及经过是否自然、合理,分析自相矛盾与否;二是可以从供述的外部关系审查,审查细节事实是否有其他证据、常识印证、支持,分析互相矛盾与否;三是可以从供述的前后关系审查,即供述过程是否自愿、自主、稳定,分析前后反复与否。

本案被告人侦查阶段多次供述自己前后 4 次贩卖大麻,辩护人正是将上述三组相结合的思维贯穿辩护工作始终,形成合力说服了法院不采信其中 2 次贩卖大麻的供述内容,最终取得良好的辩护效果。

三、争议性较大的案件，要善于运用庭前会议制度为庭审辩护服务

本案发回重审后，鉴于被告人提出非法证据排除，且案件事实争议较大，辩护人向法院提出了召开庭前会议申请。在庭前会议上，辩护人充分论证了证人出庭作证、调取证据的必要性，均获得准许，而且在证据开示的过程初步发表了辩护观点，成功引导法庭将2019年六七月一笔贩卖指控的审理焦点聚焦于“抽大麻到底抽的是‘花’，还是‘叶’，该时间段施某某有无大麻来源”，为后续庭审辩护打下了坚实的基础。

庭前会议对于辩护律师是一次相对正式，但又不那么严肃反映权利诉求、沟通辩护观点的机会。对于争议性较大的案件，辩护律师可以从以下几方面运用庭前会议制度为庭审辩护服务：

一是千方百计促成法院召开庭审会议，有策略地根据召开庭前会议的事由提出申请，创造了解诉讼信息、沟通反映意见的机会。

二是对于提出非法证据排除申请的情形，事前做好被告人出席庭前会议的辅导，同时做好侦查人员出席庭前会议的准备，提前设计好发问提纲。

三是开展程序性辩护，事先根据最高人民法院《关于适用〈中华人民共和国刑事诉讼法〉的解释》第228条罗列的程序性事项制作好庭前会议提纲，拟定好需要提出的申请事项、事由及其他需要反映的意见，并预设好答辩意见。

四是公诉人开示证据时记录好控方的举证方式、顺序，必要时可以要求公诉人提供举证提纲，庭前会议后根据公诉人的举证提纲制定或调整质证提纲，以便庭审质证。

五是进行尝试性辩护，摸底法官、检察官态度、观点，梳理争议焦点，从而有针对性地调整辩护方案、策略、观点。

四、事实辩护除了善于运用证据规则开展辩护外，还应探索从其他相关学科知识另辟蹊径挖掘辩点

本案因程序违法发回重审后，辩护人着重打证据之辩，但没有简单围绕在案证据做证据不足的辩护，而是积极取证另辟蹊径，抓住其中的2019年六七月的一笔交易的指控，施某某在时间上根本不可能具有大麻来源，不具有交易的现实可能性。由于施某某的大麻来源是自己室外种植，辩护人研究了大麻的生长周期，查找并提供了《联合国麻醉品公报——世界大麻状况审查》、《植物新品种特异性、一致性和稳定性测试指南 大麻》、维基百科词条信息、关于大麻介绍的外文网站信息、关于种植大麻并贩卖的刑事判决书等书证，并申请侦查人员、证人出庭作证，共同证明、论证所谓“飞叶子”（抽大麻的俗称）飞的是成熟后的花、花边上的小叶及毛状体，而非成熟前的大麻叶子，而花成熟的时间要到9月之后，最终成功说服法院采纳不应认定2019

年六七月的一笔交易的辩护意见。本案辩护成功的关键在于,辩护人开展证据辩护时巧妙地融合了自然科学知识,并通过举证、质证、发问等诉讼技巧将其凸显出来,动摇了法官对待证事实存在的确信。

(承办人:王良宝、倪雨苗)

房屋未交付受贿人实际控制应认定为贿赂犯罪未遂

——李某被控行贿减轻处罚案

【案件概况】

起诉书指控:1999 年至 2007 年,被告人李某为在 T 市经济开发区新华书店有限公司(以下简称开发区店)注册、开发区店与 T 市新华书店有限公司(以下简称 T 市店)联建、资金投入、开发区店与 T 市店合作经营等方面谋取不正当利益,以低于市场价出售房产的方式给予时任 T 市店总经理张某某财物共计 155.8299 万元。

2020 年 12 月 29 日,被告人李某被 T 市 L 区监察委员会(以下简称监察委)抓获归案。被留置后,李某退缴张某某违法所得部分房产的出租收益 111.3242 万元,涉案房产 7 套已经被查封。

据此,公诉机关认为李某为谋取不正当利益,给予国家工作人员财物,情节严重,其行为触犯了《刑法》第 389 条第 1 款、第 390 条之规定,应当以行贿罪追究其刑事责任。该指控一旦成立,李某将被判处有期徒刑 5 年以上。

本案承办律师于审判阶段接受委托。接受委托后,辩护人经过阅卷及会见,提出本案的主要辩点有二:一是行为性质应认定为单位行贿罪,二是犯罪形态尚未完成。法院只要采纳其中一个辩点,结合本案李某有坦白、退赃等情节,便有条件判处其有期徒刑 3 年以下,并适用缓刑。

2021 年 9 月 23 日,T 市 L 区人民法院作出了一审判决,采纳了未遂、坦白、退赃等辩护意见,判处李某的行为构成行贿罪,对其减轻处罚,判处李某有期徒刑 2 年 6 个月并适用缓刑。

【审判阶段辩护意见】

一、本案行贿主体是开发区店,而非李某个人,本案应定性为单位行贿

(一)开发区店是一个依法设立、真实出资、规范运作的多自然人股东组成的有限责任公司,具有独立的法律人格

第一,开发区店工商登记资料证明,开发区店 1999 年依法设立,在涉案的 2001 年至 2007 年,有李某、何某 1、周某 1、林某 1、林某 2、阮某某、何某 2 等共 7 名自然人

股东。

第二,2001 年某甲会计师事务所出具的《验资报告》[(2001)第 314 号]、2001 年 11 月 18 日开发区店股东会议纪要、《股权转让合同》及对应的借条、债权转股权的声明书、出借人周某 2 出具的证明、记账凭证、工商银行现金存款回单等书证,以及周某 2、林某 2、何某 2 的当庭证言、阮某某的笔录相互印证共同证明,2001 年 11 月,开发区店增加注册资本金 358 万元,李某、何某 1、周某 1、林某 1、林某 2、阮某某、何某 2 均真实出资入股。特别是周某 1、林某 1、林某 2 的出资过程是债权转股权,出资时不可能意料到事后本案案发,真实性高,足以证明真实出资的过程;阮某某、何某 2 的出资还有现金缴款单据佐证,且得到验资人员的认可,真实可信。

第三,2012 年某甲会计师事务所出具的《验资报告》[(2012)第 243 号]、货币资金出资清单、银行询证函、中国农业银行交易明细、进账单、现金缴款单等书证共同证明,2012 年 11 月,开发区店增加注册资本金 500 万元,李某、林某 2、林某 1、周某 1、何某 2 均真实出资入股。

第四,开发区店记账凭证、净入库查询、银行交易明细等书证共同证明,2017 年 6 月,开发区店何某 2 退股,溢价转让 2% 股权,获得利润分配 948,276.75 元,其中股权投资利润 758,621.40 元,缴纳个人所得税 189,655.35 元;林某 2 的当庭证言、阮某某的笔录也证实,她们转让股权给李某时,也都分到文化发展大楼的相关房屋作为对价。

第五,开发区店章程、章程修正案、历次股东会决议等书证以及股东何某 2、林某 2 的当庭证言,共同证实公司重要事务均告知各股东,公司召开过多次股东会,由各股东表决形成股东会决议,并由本人或者授权他人在股东会决议上签字,代表股东的真实意思表示。

第六,阮某某关于开发区店是否有其他股东其不知情,其入股开发区店就开过一次股东会的说法不属实。历次股东会决议等书证证明,阮某某多次参加合伙人会议并签字,且从签名顺序看,不少决议系由其最后签字,足以证明阮某某知情公司股东情况,并确认股东会决议。由此可知,开发区店是规范运行的。

综上所述,开发区店各股东真实出资入股,溢价转股,并享有股东相关权利,是一个规范运作的多自然人股东组成的有限责任公司,具有独立的法律人格。

(二)本案行贿行为系体现单位意志、为了单位利益而实施的,利益归单位所有,应认定为单位犯罪

1. 体现了单位意志

在单位行贿中,单位意志主要有以下三种表现形式:一是经单位研究决定的,由有关人员实施的行贿行为;二是经单位主管人员批准,由有关人员实施的行贿行为;三是单位主管人员以法定代表人的身份实施的行为。本案至少存在其中一、三两种

情形，因此本案行贿行为可以体现单位意志，理由如下：第一，本案李某是开发区店的法定代表人，为了单位利益，自己即可作出决定代表单位的意志。第二，在以分房为内容的股东会决议纪要中，有股东李某（占股55%）、阮某某（以何某1的名义签署，何某1和阮某某两人合计占股21%）两人签字，所占股份超过76%，超过2/3，根据《公司法》的有关规定二者足以代表公司决策公司所有重要事务，可见“分房协议”体现了公司的单位意志，而非李某个人意志。第三，更进一步说，股东何某2、周某1、林某1出具的情况说明、股东林某2的公证处询问笔录以及何某2、林某2的当庭证言已经共同证明，2005年开发区店的所有股东都是知晓并同意股东会决议纪要中关于分房给张某某的内容。至于公诉人所称各股东关于商量细节的说法不一致的问题，毕竟事情发生在十多年前，细节有所出入符合人的记忆规律，且各股东关于“在开发区店老办公地点时，李某曾向他们反映张某某想以成本价购买公司房产，询问他们意见，他们均表示同意”这一基本事实一致，互相印证，没有矛盾。虽然他们没有在2005年7月1日分房的股东会决议上签字，但毕竟这个决议存在用于掩盖贿赂犯罪的用途，以成本价卖张某某房子又不宜形成股东会决议，故没有专门决议十分合理正常。更何况，李某、阮某某、何某1代表公司2/3的表决权，李某、阮某某两人的签字足以代表公司，其他股东没有签字存在合理解释，并不影响他们知情且同意的事实认定。

综上所述，以成本价分房给张某某征得开发区店全体股东同意，足以代表单位的意志。退一步而言，就算其他股东不知情，李某作为法定代表人为了单位利益作出行贿决策，也是代表单位利益，何况本案有证据证明其他股东也知情并同意。因此，本案行贿体现单位意志，证据充分，确定无疑，应予认定。

2. 为了单位利益

在案联建协议书、合作协议书等客观书证以及李某、周某2、张某某等人主观证言，都证实李某是为了开发区店与T市店联建合作和经营能够获得张某某的关照和帮助而实施行贿行为，由单位作为主体而受益。起诉书也据此认定被告人李某是“为在开发区店注册、开发区店与T市新华书店联建、资金投入、开发区店与T市店合作经营等方面谋取不正当利益”。由此可见，李某行贿的目的是单位整体利益，并非单纯李某个人的利益。

3. 以单位财产行贿

第一，文化发展大楼101室和801室是开发区店的固定资产，低价销售的差价损失是由开发区店直接承担的。第二，张某某已经支付的321.08万元的购房款中，190万元直接汇到开发区店的账户，另外131.08万元汇到开发区店法定代表人李某个人账户，虽然是进入李某个人账户，但李某也合理辩解自己个人借给开发区店的款项远远超于该金额，实质上也可认定流入开发区店账户。反过来说，如果是李某个人行贿,支付的大额款项也就没有必要如此迂回地汇入公司账户,直接全部汇给李某个人即可。第三,李某退缴本案111.3242万元的非法孳息时,也是从开发区店账户缴款。

4. 利益归单位所有

在开发区店注册、开发区店与T市店联建、资金投入、开发区店与T市店合作经营等方面所获利益都直接归公司所有。包括之后两家公司终止合作,T市店将文化发展大楼MALL52.35%出售给开发区店。由此可见,自始至终的直接受益者都是开发区店整体,而非单纯李某个人。至于公诉人称开发区店部分收益由股东私分,其涉及的是税法问题,而不是公司法问题,不能否定公司的法律人格,且最终各股东有受益,反倒能证明不是单纯由李某个人受益,也无法否定开发区店整体直接受益的事实。另外,公诉人还称李某个人未付房款便分得相关房屋,这与事实不符。李某个人借入开发区店大量借款,相关房屋价款在开发区店欠李某个人借款中折抵,李某不属于未支付对价。

5. 公司法原理及相关判例

根据相关判例的裁判规则,本案不存在名为单位,实为个人的情形,不存在揭开公司面纱的问题,因此无法否定开发区店独立的法律人格,该案的行贿行为应以单位行为认定。本案是由单位法定代表人提出,单位股东同意,用单位的资产,为了单位的利益而向国家工作人员实施了行贿行为,利益归属于单位,是一个典型的单位行贿犯罪。

综上所述,本案行贿主体应系单位,应依据《刑法》第393条单位行贿罪的规定定罪处罚。

二、涉案文化发展大楼101室和801室未实际交付给张某某,犯罪形态应认定为未遂,可以从轻、减轻处罚

(一)从事实、法律层面上看,本案房屋未交付给受贿人实际控制,受贿人未曾享受到房屋的任何权能,应评价为犯罪未得逞

行贿和受贿是对合关系,行贿既遂与否可参照受贿罪相关规定理解和适用。《关于办理受贿刑事案件适用法律若干问题的意见》第8条规定,“国有工作人员利用职务上的便利为请托人谋取利益,收受请托人房屋、汽车等物品,未变更权属登记或者借用他人名义办理权属变更登记的,不影响受贿的认定”。此处“不影响受贿的认定”是指不影响行为性质的认定,但并不意味着犯罪形态已经完成。贿赂犯罪既遂与否的认定还应进一步判断贿赂物是否交付受贿人实际控制,可从所有权及其权能方面作如下分析:

1. 房款未付清

张某某、李某的笔录可以证明,张某某尚有近50万元的房款没有付清,张某某的讲法是“自己留个心眼,为了以后结算留点余地”。可见贿赂合意虽然已经达成,但合意最为核心、基础的价款尚未履行完毕,所有权转让、过户还处于约定状态,难以认定既遂。至于,公诉人提到以租金抵扣剩余房款的事宜,这是周某2与张某某商量的谈判方案,周某2不是开发区店的经营人员,方案也未得到李某的确认,尚不足认定房款已经付清。

2. 未过户

从2005年7月达成“分房合意”至2021年已长达16年,涉案文化发展大楼101室和801室未登记在张某某或其指定人员名下。值得注意的是,在案的工商登记资料及房屋所有权证证明,开发区店2008年经历过分立,分立为开发区店和T博库文化用品有限公司(以下简称博库公司)。涉案文化发展大楼101室和801室,2006年5月18日登记在开发区店名下,2008年7月9日之后登记在博库公司名下。开发区店对该变更登记的情况,并未征得张某某的同意,也没有证据证明张某某知情,难以认定张某某对房屋有实际控制权。

3. 未占有

涉案文化发展大楼101室和801室,一直登记在开发区店、博库公司名下并由两家公司管理,其间李某从未将房屋的钥匙、门禁卡等出入工具或者凭证交付张某某,张某某从未实际入住占有。

4. 未使用

李某、张某某、周某2笔录一致证明,涉案文化发展大楼101室和801室一直由博库公司自行对外出租他人使用,租给谁、租多少、租多久、租金是否分期、如何支付都没有征得张某某同意。

5. 未收益

证人开发区店会计黄某某的证言,以及房租收入明细表,记账凭证,增值税专用发票,收款回单,博库公司资产负债表、损益表、利润表等书证共同证明,涉案的文化发展大楼101室和801室房屋自2008年至2020年的房租收入均在博库公司账上,相关增值税、房产税及地方税费等费用也系博库公司缴纳,计入公司年度利润表中“其他业务收入—房屋收入”的记账科目,并未为张某某预留。

6. 未处分

第一,在案无证据证明涉案文化发展大楼101室和801室存在由张某某出面联络设立抵押、对外出租、商讨转让的情况。第二,李某的供述与张某某、周某2的证言一致证明,张某某三次到徐州找周某2清算该房产,商讨解决方案。周某2出庭进一步作证当时其提出了三个方案:一是按照约定转让过户,但让张某某回去想清楚其中的风险;二是将房款转为借款,参照银行利率结算本息;三是将房款本息转投周某2在徐州的房产。但最终方案尚未确定,张某某就被监察委留置。周某2表示该情况其多次向监察委办案人员反映,有录音录像可以查证。如果清算房屋只是简单算房租,那么扣掉税金即可,张某某何必三次到徐州找周某2,而且还没有谈好。足以说明双方谈得很复杂、很纠结,方案很难确定。第三,委托书、税费测算说明及附件,证明开发区店作为销售方将文化发展大楼101室和801室转让给作为购买方的个人,需要负担高额税金,产权变更成本高。因此,房屋最终如何清算处分,双方尚未商量核算清楚,处于待定状态。

综上,文化发展大楼101室和801室所有权不仅未过户给张某某,而且将张某某与阮某某、林某2等人对房屋实际占有、使用、收益、处分进行比较可知,张某某从未行使文化发展大楼101室和801室所有权中占有、使用、收益、处分权能中任何一项权能,未实际享有差价利益。因此无法认定李某实际交付文化发展大楼101室和801室给张某某控制,实际输送了差价利益,不能认定李某行贿行为的犯罪形态已经完成。

(二)从实务经验层面上看,实务文章及案例对类似情形均认定为未遂,可供本案参考

辩护人经过检索,在以房屋为贿赂物的交易型贿赂案件中,对于既未办理房产登记,也未实际占有、控制和处分房屋的情形,法院均认定为贿赂犯罪未遂。其中,《受贿罪若干常见情形的司法认定》(载《刑事审判参考》第112集),案号为(2019)鲁0302刑初13号、(2019)黔刑终79号、(2014)川刑终字第45号、(2007)浙刑二终字第4号、(2012)渝高法刑终字第00039号刑事判决书,对于以房屋为贿赂物的贿赂犯罪既遂、未遂甚至是无罪的认定说理翔实,可供本案参考。

综上,李某具有未遂情节,且属于未实施终了的未遂犯,可以从轻、减轻处罚,根据浙江省高级人民法院《〈关于常见犯罪的量刑指导意见(试行)〉实施细则》第四部分第5条第2项的规定,未实施终了的未遂犯,造成损害后果的,可以比照既遂犯减少基准刑的30%以下。

三、李某有坦白情节,可以从轻处罚

李某到案后如实供述了开发区店和T市店联营的历史过程,以及自己与张某某之间的经济往来过程等涉案事实,系坦白,可以从轻处罚,根据浙江省高级人民法院《〈关于常见犯罪的量刑指导意见(试行)〉实施细则》第四部分第11条第1项的规定,可以减少基准刑的20%以下。结合其供述的自主性、彻底性、稳定性,建议法院给予李某较大幅度的从轻。

四、李某有帮助退赃的情节，可以从轻处罚

李某在留置期间，开发区店、博库公司就配合退出了111.3242万元的非法孳息，有帮助退赃的情节，可以酌情从轻处罚，根据浙江省高级人民法院《〈关于常见犯罪的量刑指导意见（试行）〉实施细则》第四部分第14条的规定，可以减少基准刑的30%以下。结合退赃的数额、主动程度，建议给予李某较大幅度的从轻。

五、李某愿意认罪认罚，可以从宽处罚

庭前及庭审中李某表示愿意在认定单位行贿罪的基础上认罪认罚，自愿签署具结书，促成本案案结事了。根据《浙江省刑事案件适用认罪认罚从宽制度实施细则》第6条第1项的规定，在侦查阶段认罪，表示愿意接受刑事处罚的，可以减少基准刑的30%以下。

六、李某是民营企业家，名下有多家民营企业，根据保护民营经济的司法政策，可以从宽处理

习近平总书记、最高人民法院、最高人民检察院相继公开表态、召开会议、发布文件，三令五申司法机关在办理涉及民营企业家刑事案件时，要充分挥发司法手段为民营经济提供有力的司法服务和保障，提倡少捕、慎诉、轻判。

最高人民法院《关于充分发挥审判职能作用切实加强产权司法保护的意见》第5条规定"对改革开放以来各类企业特别是民营企业因经营不规范所引发的问题，要以历史和发展的眼光客观看待，严格遵循罪刑法定、疑罪从无、从旧兼从轻等原则，依法公正处理"。第7条中规定，"对涉案企业和人员，应当综合考虑行为性质、危害程度以及配合诉讼的态度等情况，依法慎重决定是否适用强制措施和查封、扣押、冻结措施。在刑事审判中，对已被逮捕的被告人，符合取保候审、监视居住条件的，应当变更强制措施"。

李某系开发区店、博库公司、某百文化用品有限公司、某博文化生活用品有限公司等四家民营企业的主要股东、实际控制人，公司名下有200多家门店，1000多名员工，年上缴利税近2000万元，对其判处过于严厉的刑罚将会严重影响其名下企业及门店的经营活动，对员工的稳定性也会产生影响。因此建议法院适用保护民营经济的司法政策，对李某从宽处罚。

七、李某具有一系列从轻、减轻情节，结合本案具体情况，建议在有期徒刑一年以下量刑，并宣告缓刑

李某符合宣告缓刑的条件，建议对其适用缓刑。具体理由如下。

(一)宣告刑在一年以下

李某具有未遂、坦白、退赃、系民营企业家等一系列从轻、减轻、从宽情节,结合各情节的从宽程度,可以对其减少基准刑50%以下。如果在此基础上对其适用认罪认罚从宽制度,根据《浙江省刑事案件适用认罪认罚从宽制度实施细则》第57条第1款的规定,“犯罪嫌疑人、被告人认罪认罚,兼具自首、重大坦白、退赃退赔、赔偿谅解、刑事和解等情节的,可以减少基准刑的60%以下”。因此,结合本案的犯罪性质、情节、社会危害性,对李某可在有期徒刑一年以下宣告量刑。

(二)属于犯罪情节较轻

本案开发区店的注册、开发区店与T市店的联建、资金投入、开发区店与T市店的合作经营,实体上均合法合规,只是在报批过程提供的部分资料虚假,谋取的不正当利益属于程序性不正当利益,相对于实体性不正当利益、竞争优势不正当利益,社会危害性明显较轻。而且,涉案房屋及房租收益均未实际交付给受贿人,属于未实施终了的未遂犯,李某的行为可以评价为犯罪情节较轻。

(三)没有再犯罪的危险

本案涉案行为发生至今已经10多年,李某没有前科劣迹,年龄也较高,系有稳定收入来源的民营企业家,加之有悔罪表现,没有再犯罪的危险。

【心得体会】

一、以公司名义实施的犯罪行为,如何入手审查是否属于单位犯罪

《刑法》和相关司法解释,对于单位主体实施的一些犯罪行为,设置了相较于自然人主体更为轻缓的定罪量刑标准。如本案的行贿罪和单位行贿罪,行贿罪最高法定刑是无期徒刑,单位行贿罪最高法定刑仅为有期徒刑5年。虽然我国法律规定的有些犯罪行为对单位主体和自然人主体的定罪量刑标准没有区别,但在司法实务中,同等情形下对单位犯罪中的自然人往往也会判处更宽缓的刑罚。因此,区分是单位犯罪和自然人犯罪意义重大,是值得深挖的辩点。

本案辩护人提出了单位犯罪的观点,最终虽未被采纳,但对于如何入手审查以公司名义实施的犯罪行为是否属于单位犯罪,十分有心得。结合本案的办案经验,大体可以分以下四个步骤:

第一步,审查有无单位之实。如果涉案公司没有独立的法律人格,揭开公司面纱后实际为行为人一人,那么公司只是行为人实施犯罪的工具,不能认定为单位犯罪。诸如行为人以“皮包公司”“空壳公司”名义实施犯罪,不可能被认定为单位犯罪。有无独立的法律人格,可以从以下几个方面审查:一是是否具有独立的财产利益;二是是否具有独立的意志;三是是否具有公司法所要求的法人治理结构;四是是否依照章

程规定宗旨运转;五是按照法定的条件和程序成立等。只要公司有独立法律人格,即便一人公司也可以成为单位犯罪的主体。在实务中,应特别侧重审查公司的其他股东是否真实出资入股、有无实际享有股东权利以及承担股东义务、行为人的财产与单位财产是否存在混同等。如在本案中,有无单位之实是案件的争议焦点,为了证明开发区店是一个真实的公司,辩护人一方面积极取证,调取了公司章程、《验资报告》、记账凭证、银行交易明细等四组书证;另一方面还积极申请公司其他股东出庭作证。通过举证、质证、证人出庭作证,合力论证开发区店系依法设立,程序规范,手续齐全,历次股东变更均真实出资,存在股东退股溢价转让股权,是一个规范运作的多自然人股东组成的有限责任公司。

第二步,审查有无合法业务。最高人民法院《关于审理单位犯罪案件具体应用法律有关问题的解释》第2条规定,个人为进行违法犯罪活动而设立的公司、企业、事业单位实施犯罪的,或者公司、企业、事业单位设立后,以实施犯罪为主要活动的,不以单位犯罪论处。对于后一种情形,辩护人应重点审查实施犯罪是否为单位设立后的"主要活动",可以从公司合法业务与犯罪业务在总体业务中的比重、公司实施犯罪的时间在公司整个存续期间的比重审查分析。

第三步,审查有无单位意志。单位意志主要有三种表现形式:一是经单位决策机构决定的,由有关人员实施的行为;二是经单位实际控制人、主要负责人或者授权的分管人员决定、同意的,由有关人员实施的行为;三是单位主管人员以法定代表人的身份实施的行为。至于单位决策是否形成书面记录、有无正式开会协商不是关键,尤其是民营企业,日常管理较为随意,不宜仅因决议内容未经正式集体协商、记录就对单位意志加以否定。如在本案中,虽然并不是全体股东都在2005年7月1日分房的股东会决议上签字,但结合法庭调查的情况,签字的股东所占股份超过76%,超过2/3,根据《公司法》的有关规定足以代表公司决策公司所有重要事务,而未签字的股东也表示李某事先口头听取过他们意见。据此足以认定"分房协议"即体现了公司的单位意志,而非李某个人意志。

第四步,审查犯罪利益的归属。可以从主观上是否为了单位的利益和客观上利益是否归单位所有两方面审查。公司成员完全为了个人谋取利益而以公司名义实施犯罪,利益归个人所有的,应认定为个人犯罪,不能认定为单位犯罪。但如果并非完全为了个人利益,是通过公司整体直接受益后,经公司决策分配个人部分利益的,能否就此否定单位犯罪的成立呢?这一争议在本案庭审中就出现了,公诉人提出涉案文化发展大楼MALL是经行贿获得的利益,但文化发展大楼的101室和801室被李某与其他股东私分,有些利益归李某个人所有,据此主张不能认定为单位犯罪。对此,辩护人答辩回应,直接受益者是单位整体,最终各股东均有受益,不是单纯由李某个人受益,不影响单位犯罪的认定。由此可见,不能简单以利益最终有部分归属于个人,就否定单位受益的事实,应当以公司是否整体直接受益为判断标准。

二、以房屋为对象的交易型贿赂案件,如何审查认定犯罪的形态

最高人民法院、最高人民检察院《关于办理受贿刑事案件适用法律若干问题的意见》对于以房屋为贿赂物的行为进行了规制,该意见第 1 条规定“以明显低于市场的价格向请托人购买房屋”以受贿论处,该意见第 8 条还进一步规定“未变更权属登记或者借用他人名义办理权属变更登记的,不影响受贿的认定”。

关于该意见第 8 条如何理解在实务中常引发争议。本案中,公诉人根据该意见第 8 条的规定,主张文化发展大楼 101 室和 801 室虽然没有过户给张某某,但张某某已经支付完约定的房款,应当认定为既遂。辩护人提出此处“不影响受贿的认定”是指不影响行为性质的认定,但并不意味着犯罪形态已经完成,贿赂犯罪既遂与否的认定还应进一步判断贿赂物是否交付受贿人实际控制。如果已办理房产登记,但尚未实际交付房屋的,可以视为未遂;虽然尚未办理房产登记,但已经实际交付房屋的,视为既遂。

那么如何审查判断房屋是否实际交付控制?虽然既遂与未遂判断是刑法问题,但却可以从民法所有权及其权能角度进行说理分析:

第一,审查是否占有。不要求已完成变更登记或者实际入住,关键审查受贿人有无获得房屋的钥匙、门禁卡等出入工具或凭证。

第二,审查是否使用。使用的方式有多种,包括自己入住、让他人入住、进行装修等。在他人入住的情况下,要审查是谁让他入住的,是行贿人按照受贿人意思安排的,还是行贿人私自安排的。如房屋有装修,还要审查是谁负责装修,谁确定装修方案和风格,是谁承担装修资金等。

第三,审查是否收益。如房屋对外出租、转卖,则需要特别审查租金、房款是谁收取的,在行贿人收取的情况下,进一步审查有无为受贿人预留、与受贿人结算。

第四,审查是否处分。审查房屋是否设立抵押、对外出租、转让或商讨转让。如有,则还需要进一审查谁出面处分的,处分的原因,行贿人和受贿人之间是否对于处分结果存在特别约定、约定的内容。

如果经过审查,发现受贿人未行使房屋所有权中占有、使用、收益、处分权能中任何一项权能,则可以认定受贿人未实际享有房屋的差价利益,不能认定房屋实际交付受贿人控制,应认定为未遂。

(承办人:徐宗新、王良宝)

如何用客观证据逐一击破同案人员虚假供述

——李某诈骗千万元被认定从犯减轻处罚案

【案件概况】

甲区公安局侦查认定：张某伙同李某、王某1以非法占有为目的，以帮助被害人赵某做法事、消除灾祸为由，分别多次于各地大酒店通过虚构事实的方式诈骗被害人财物。其中，由李某从中介绍，张某、王某1主要负责假装办法事、哄骗被害人。截至案发，共诈骗现金1294万元以及其他贵重物品。

李某于2019年9月9日被刑事拘留，辩护人在其刑拘期间，积极配合家属，与被害人方达成谅解。

2019年10月15日李某被批准逮捕，侦查机关于2020年6月23日向某区人民检察院移送审查起诉，辩护人第一时间至检察院阅卷。由于该区检察院不允许律师对电子数据进行拷贝，故辩护人在根据卷宗材料以及初步阅览的电子数据提出辩护意见的同时，花费大量时间在检察院现场对电子数据进行摘录。后该区承办检察官在对案件进行初步审查后，于2020年7月29日将本案报送市人民检察院审查决定。市检察院于同年8月19日以同样事实提起公诉，且未在起诉书中区分主从犯。

2020年8月19日，案件到达审判阶段后，辩护人将电子数据根据时间线并配合辩护意见，分类整理出多份附件提交法庭进行审查，并着重提出李某无罪的辩护意见。

2020年12月21日，一审法院经审理认为张某伙同李某等人宣扬迷信思想明显有别于合法宗教信仰，且金额过高明显系以迷信为敛财幌子，具有非法占有目的，故未采纳无罪的辩护意见，但认定李某系从犯，诈骗金额认定为1094万元，判处李某有期徒刑5年。后李某不服上诉。

案件到达二审阶段后，辩护人针对一审判决的认定与说理，先后提交了二审阶段无罪及罪轻的辩护意见、梳理的电子数据附件、整理的专业期刊新闻等辩护材料。

2021年5月26日，二审法院经审理认为李某与张某的沟通中告知了被害人的家庭信息，也从中获取了多笔提成，虽然其个人也有供奉行为，但不影响其参与分赃的事实，也不影响其非法占有目的的认定。二审法院认为根据本案的犯罪事实、性质以及被害人谅解等情节,原判对李某量刑过重,改判其有期徒刑3年。

【一审阶段辩护意见】

一、所有欺诈信息均系张某提出,李某是被张某的鬼神之说欺骗

(一)"赵某父亲被巫师控制、子女阳寿不齐会被鬼佬索命"等信息都是张某主动提出,并非李某事先告知、串谋

1. 在案证据可证明系张某主动提出上述迷信说法。

根据在案李某手机提取记录中李某与张某的微信聊天记录可以看出,所有关于赵某及其家人被巫师、鬼佬控制、攻击的说法全部都是张某主动提出。(详见附件1:李某与张某聊天记录)

其中,关于赵某父亲身上有鬼的说法,是张某在2017年5月31日,李某询问"父子之间是什么情况"时提出的,称"他爸爸身上有鬼";且赵某父亲被巫师控制;同时在2007年就已经不是他父亲的说法,是其在2017年6月4日时提出,称"他爸爸2007年就不是他爸爸了,被控制得很深"。关于赵某的孩子是地狱给的说法,是在2017年6月16日,李某问"赵某的儿子是在庙里求来的,不知道要不要去还愿"时,张某回答"不要去,不是庙里给的孩子,是下面给的",并且称自己和"鬼城的祖师爷很熟,他想要孩子好就把祖师爷爷伺候好"。2017年9月13日,在李某未提及孩子的情况下,张某再一次主动提出"赵某的儿子有点问题,主魂不齐""下面说,没有他的投胎记录""下面会要求拿走孩子",同时还举例曾经一个女人的女儿有同样的情况,后来用了超级多的受生钱才解决。(详见附件2:张某首次提出巫师、鬼佬等说法时间、内容梳理)

由此可知:(1)相关信息并非李某提出,聊天记录也没有显示出李某与张某提前电话共谋;(2)从常理分析,如若二人共谋,张某没有必要作过多的举例和解释,只要提出上述信息即可,但张某不仅对名词作了解释,还举例附加说明,更能够证明李某与之未有共谋。在张某的概念里,只要骗到了李某,即可骗到赵某。

2. 根据张某与"大师"的聊天记录可知,上述迷信说法并非来自李某指示,而是其与"大师"二人讨论得出。

根据张某手机提取记录中与"大师"的聊天记录可知,张某称"大师"为老师,几乎每一天都将自己遇到的情况向其倾诉、咨询,让其帮忙卜卦解惑。(详见附件3:张某与大师聊天记录)

2017年6月1日张某与"大师"的聊天记录:

张某:我要给赵某写符咒,我发现他的父亲有问题,感觉很不好,您看看怎么回事?

"大师":父亲在腾蛇位,很有可能别的巫师对父亲的影响操控是有的啊。

张某：您看看怎么控制的？

“大师”：这个卦象上查看，2007 年或者 2010 年，影响就很大了，对方应该有父亲血液或者头发之类的，应该是遇见巫师之类的。

张某：为什么要控制？

“大师”：财产。

张某：是那两个孩子干的吗？

“大师”：明显是外面的孩子做的，子孙亲人做的啊。

以及 2017 年 6 月 2 日张某与“大师”的聊天记录：

张某：还有就是赵某父亲的事，给谁下的降头？目的是什么？我什么时候可以处理好？

“大师”：我已经请示了啊，是外面的巫师，是受亲人指使的，但是说了是为了钱财。杭州通脉损坏了就没有龙脉了，杭州的东方利于您，他父亲的事情农历八月会处理好的，不要担心啊。

根据上述聊天记录可知，张某关于赵某父亲被巫师控制的说法均系来源于“大师”。此人与李某并不相识，其只是听张某说起过“深圳的妹妹”，也不存在李某与“大师”串通的可能性。这足以说明，张某提出的各种鬼神信息均非来自李某。

3. 李某对于专业的迷信词汇都一知半解，也能够证明上述说法并非李某提出。

按照张某及王某 1 的说法，李某是本次事件的主导者，那么其对于张某具体骗钱的说法应该非常清晰、明了，无须张某对其作过多的解释、分析。张某与李某的微信聊天记录显示，当张某 2017 年 5 月 31 日提到赵某父亲是“官鬼”的时候，李某反问“什么是官鬼”；2017 年 8 月 14 日张某提出赵某爸爸被四个巫师害，还要联手男女鬼夺他们的魂时，李某反问“谁夺魂、他们是谁？”2017 年 11 月 6 日，张某提出要建神龛和大庙时，反问“大庙是爷爷的别墅？”“一个是办公的，一个是家里的？”

同时，张某与其老师“大师”2016 年 9 月 21 日的微信聊天记录中也提到“妹妹我也不想用，但是刚开始可能要用她，她那个样子比姐姐更加看不下去……福德太差，跟我没法相处时间长，我是真的受不了，我说的话，她们完全听不懂一样”，和李某与张某的微信聊天记录能够相互印证。

上述聊天记录说明，李某对张某提出的迷信词汇多次表示不理解、不明白，且张某认为李某很笨，需反复解释，李某才能领会。更能够证明上述说法系张某提出，并非李某事先与之串通。

（二）虽然李某曾向张某提到赵某家庭情况，但均是询问张某如何帮助赵某脱离困境，更重要的是，张某并未利用上述信息谎称自己用神通“算出”赵某情况，而是利用鬼神之说欺骗赵某

1. 虽在案证据显示，李某告知过张某赵某父子关系不佳，但言语中李某一直咨询

如何解决问题,没有丝毫“串通”言语。

第一,李某与张某微信聊天记录显示,李某都是以赵某朋友身份和询问的语气向张某咨询,问其应当要怎么办,能否解决。

从常理上看,但凡要给朋友介绍精通某项专业的人,肯定都会把大致情况与该专业人士进行沟通,确定该人能够解决问题后才会介绍。例如,若要帮朋友介绍律师,必然也会先行询问律师发生的纠纷是不是该律师的专业范围、能否解决等问题。因此,这种以询问的方式告知的信息,不能认定为与张某串通。

第二,根据赵某的笔录“我把自己的生辰八字告诉张某,并告诉张某我和父亲的关系很差”以及王某1儿子王某2笔录“当天晚上他们也没有做什么事情,张某、我妈妈、赵某、李某四个人在客厅的沙发上面聊天,赵某把他毕生的经历都讲了一遍”以及李某笔录“张某就说如果赵某不诚实地把所有的事情都讲出来,那么到时候玉皇大帝都没有办法解救他。后来赵某就把他父亲对他不好的事情跟张某说了”可知,赵某自己将相关的情况悉数告知张某。

根据上述证据可知,张某并没有利用上述信息向赵某展示自己有神通能够“算到”赵某的情况,并没有以此来获取赵某的信任。所以,不管李某有无事先将赵某家庭情况告知张某,都不能说明李某与张某系共谋诈骗赵某。

2. 根据张某和王某1的说法,是李某知道赵某很紧张子女,所以李某设计利用子女问题骗取钱财,但二人说法均不真实。

第一,从笔录看,王某1和张某在关于李某有无告知赵某有子女、赵某紧张子女的问题上说法不一。张某2019年9月9日、2019年9月25日笔录称是李某告知其赵某紧张孩子,但在2019年9月10日笔录中同时提到“他说过他很在乎他两个孩子的”;王某1 2019年9月9日笔录中说是李某让他们说孩子阳寿不齐,2019年9月10日的笔录称是赵某和李某告诉他们孩子是鬼胎,2019年9月25日、2019年10月15日两次笔录又说是李某当着赵某的面和他们微信聊天中提到的。二人的笔录之间,以及前后的笔录都存在矛盾,无法确定是李某告知张某,赵某有孩子,且紧张孩子。

第二,从李某和张某的微信聊天记录看,李某从来都没有特别和张某提及赵某孩子的相关情况,是李某在2017年6月16日向张某询问“赵某是否需要去日本还愿”时,张某突然提出赵某儿子是鬼城给的孩子,继而提出“下面”可能要收回孩子的说法。

如上文所述,赵某在用李某手机与张某通话时就已把自己的经历都告知了张某,自然会告知其有一女一子的信息,而从常理看,作为父母紧张孩子是必然的,无须特别告知。

因此,不能将李某告知信息的行为等同于诈骗的共谋。

(三)李某没有利用、串通我国台湾地区命理师加深赵某对张某的信任

王某和张某的笔录称,是李某带赵某去我国台湾地区算命,由台湾地区命理师提出赵某及其家人被巫师追杀等情况,同时提及张某有神通,而王某和张某只是附和上述说法而已。二人的上述说法与在案证据完全相悖。

第一,从时间上看,根据李某与张某的微信聊天记录可知,李某与赵某二人是2017年8月16日到台湾地区与命理师碰面,而张某是在2017年5月31日提出赵某父亲身上有鬼,2017年6月4日明确提出是被巫师控制,其提出巫师控制的说法在前,李某与赵某去台湾地区在后,不可能是命理师先提出的巫师控制说法。

第二,从赵、张二人的关系来看,李某和赵某去台湾地区时,赵某已对张某深信不疑,并且已分三次共转账200余万元,且其并没有表现出对张某的不信任,那么李某也没必要特别串通命理师再加深赵某对张某的信任。

第三,根据赵某笔录"这个命理师给我算命,说我这几年运气不好"可知,命理师并没有提过其及家人被巫师、鬼佬控制。

第四,从利益分配角度看,如果台湾地区命理师系李某特意安排,二人必然存在利益勾连,但在案证据显示台湾地区命理师除了正常的咨询费外,未从赵某或李某处获得过其他利益,这也能够证明李某没有与命理师串通增加赵某的恐惧及对张某的信任。

(四)赵某每一次打款,都是因为张某主动提出并且捏造迷信理由,而李某只是负责传达

辩护人整理了赵某每一次打款给张某前后时间段内张某与李某的聊天记录,发现每一次的打款,张某都会捏造各种迷信理由,诸如供婴灵、供天尊,祈福财运和子女运、放生、建神龛等。李某只是传达。(详见附件4:赵某给钱前后,李某与张某的聊天记录)

李某在张某提出上述理由时,反应都是惊讶、着急、气愤,反复询问应该怎么办。张某后期提出老祖求助放生以及建神龛的理由,李某也一直在问张某为什么老祖会来求助、不帮忙的后果、什么是神龛。以上情况说明这些理由都是张某捏造的,并非李某的意思,其只是作为中间传达人而已。

(五)李某没有催促过张某打款,反而是张某一直以各种迷信理由催促李某打款

首先,从常理上看,如果李某确实在实施诈骗行为,她不仅要催促赵某打款,也需要催促张某尽快返款,也就是张某、王某1笔录中提到的"两头催"。但根据微信聊天记录,李某从来都没有催促过张某返款。

其次,根据微信聊天记录,张某以迷信理由催促打款。这说明在张某看来,用迷信理由欺骗李某,和欺骗赵某是同等重要的。换个角度看,如若李某与之串通,张某在催促时更没必要仍用迷信理由催促,只需要示意李某尽快督促赵某打款即可。

（六）李某与张某几乎每一天都在微信上聊天，但在微信聊天记录中从未出现串通言语

辩护人审阅了张某与李某的所有聊天记录，二人几乎每一天都在聊天，李某对于身边发生的事情都事无巨细地向张某汇报。在本案长达近一年的时间里，微信聊天记录中没有出现过任何类似串通、共谋的词句，更没有出现过李某对张某有“神力”表示怀疑的言语，李某对于张某永远都是崇拜、相信，甚至有些自卑，因为认为自己的姐姐是非常厉害的神仙，自己是不是配不上这么好的姐姐。

根据李某与张某在微信聊天记录中李某所表现出的对迷信词汇的认知，以及张某和“大师”的抱怨可知，李某显然对迷信文化并没有那么了解，在理解能力上也尚有欠缺，包括在案精神鉴定中，其韦氏智商量表分数也偏低，显然没有办法做如此周密的计划且不露出任何马脚。

因此，从上述证据与分析可以证明李某并未与张某进行串通，也未利用他人增加赵某对张某的信任，而巫师、鬼佬的说法也均系张某提出，与李某无关。因此，起诉书指控其与张某“伙同”诈骗，显然与事实及证据相悖，不应采纳。

二、李某本人也一直打款给张某，请求张某帮其本人消灾解困，说明其自始至终都相信张某有“神力”

（一）赵某事件之前，李某一直信任张某，多次因放生、做法事、做福德等事项转款给张某

首先，根据在案李某与张某的银行转账记录可知，李某早在2014年3月就陆续转账给张某，并且备注“四月积福德放生”“放生”“放生积福荫”“两个麒麟”“买鱼”“谢谢姐姐”等，证明其一直都相信张某有“神力”，并因此多次转款，且大量转款都出现在未认识赵某之前，不存在为了骗取赵某信任而故意伪造记录的可能性。

其次，张某手机提取记录显示，李某在2017年6月1日前，张某就一直在给其灌输自己有“神力”的思想，如2016年10月6日，称李某店里的客人被附体了；2016年10月6日，称王某1被封了五品官；2016年10月14日，称自己在鬼佬总部做事方便；2016年12月18日称玉鼎真人看到她就会笑；2016年12月19日称有人攻击她，结果引出了她的上古鬼将；2017年1月1日称自己之前是保护武则天的，武则天在墓里留了收杀权让她去取；2017年2月1日称李某长高是因为自己帮她做火供。李某对此完全相信，所以在其要去泰国时，还特意拜托张某要盯住自己，而张某则让李某带上其照片，这样泰国的鬼就不敢造次。（详见附件5：2017年6月1日前张某给李某灌输的迷信思想）

（二）赵某事件期间，李某依旧事事询问张某，并且多次转账给张某请求张某为其本人、家人做法事

第一，微信聊天记录显示，2017 年 6 月 1 日到 2018 年 3 月 8 日，李某不断问张某迷信的事情，如店里能否插花、能否戴手串、能否去看外婆、租房子的方位、妈妈的腿什么时候能好、某个人会不会害自己，等等。（详见附件 6：李某在 2017 年 6 月—2018 年 3 月间向张某询问自己及家人的情况）。同时，其也基于张某所称的迷信原因，不断以给妈妈做火供、补福德、加供、放生狐狸、点保命灯等理由向张某转款用于做法事。如若李某明知张某是诈骗，其根本不可能事事咨询张某，更不可能会打款给张某，请求张某为其做法事。

第二，就供奉牌位一事，李某在供奉之初一直告诉张某自己很害怕供奉不好，惹护法爷爷生气，之后几乎每一天李某都会向张某汇报供台供品情况，如怎么摆、需要什么样的供品，酒好不好喝、水果如何、蛋糕如何，都一一向张某汇报并询问她的意见。从常理上看，如若李某与张某串通，对于供台只需要简单摆放即可，根本没有必要详细询问摆放的细节问题，更无须担心所谓的护法爷爷会生气。

第三，从李某和张某的微信聊天记录中也可以看出，张某不仅在此期间多次提到赵某受到巫师攻击有生命危险，还反复告诉李某，因为其与赵某在一起，同样也会受到巫师的攻击，而都是因为李某有供奉牌位，所以其与护法爷爷一直都在保护她的周全，还以此为由向李某索要了 18 万余元保命灯的钱。若李某与张某串通诈骗赵某，张某不可能还会以“李某也会被巫师攻击”为由要钱，而李某也不会因此支付所谓的保命钱。

第四，根据二人的微信聊天记录，对于 27 万元的分成福报问题，李某确实曾与张某之间有过争论，但张某一提到赵某的事情很麻烦，需要不停斗法，李某就马上表示相信，并且提成全部由张某决定，甚至还提出可以和赵某签合同，只希望张某做事一定要尽力。

上述证据可以看出，在本案发生期间，李某也一直都深信张某能够帮助赵某，帮助自己及家人解决问题。

（三）张某出事后，李某回到深圳家中仍然因害怕张某的“神力”在供奉牌位

根据微信聊天记录，张某在 2018 年 5 月 6 日还曾与李某联系，问其是否还待在香港，是否还有供奉。此时李某已经离开香港回到深圳，与赵某也处于分手状态，完全没有必要做戏给赵某看，但其仍然因为恐惧，害怕张某施法害自己还在供奉护法牌位，这也说明直到此时，李某仍然相信张某及护法爷爷有“神力”。此外，李某和赵某在开始怀疑张某是否真心帮助自己时，仍不敢举报张某，生怕张某可通过“神力”伤害自己和家人。

因此，从上述三个时间段李某的行为以及微信聊天记录可以证明，李某自始至终

均相信张某有“神力”，能够帮助赵某及自己解决问题，保护平安。

三、李某虽从张某处获得约10%返款、获赠少量奢侈品，但系张某为了拉拢李某继续为其介绍客户而给予，且张某后来也都以为李某做法事为由收回款项，李某从中并无实际获利

（一）关于李某获得的返款性质，李某主观上认为是上天给予的“福报”，从商业行为角度看是介绍客户的劳务所得

1. 关于返款性质。李某确实存在帮张某做推广、介绍朋友做法事并获取一定提成的情况。但是，张某把这部分钱称为“有毒”的钱，并且在微信记录中，张某也多次提及“这是和护法爷爷分的钱”“是我给你的福气”，以及不能把这部分钱给别人花，只能自己花或用于供奉。因此，从李某的角度看，这些返款并不仅仅是钱，更多是因为其帮助了别人，做了阴德，故护法爷爷给的福报。从现实的角度看，李某帮张某介绍客户，获取一定的中介费，也是合情合理的。从张某的角度看，即便其拿出一部分金额作为提成转给李某，其一样可以各种迷信理由让李某做法事赚回，同时还能让李某帮她介绍更多的客户，一举两得。

2. 关于返款比例。张某与王某1在究竟给李某多少提成上一直存在反复，张某的第一次笔录称李某拿了600万元奢侈品和200万元现金，即李某拿了80%；第二次笔录称至少80%；第三次笔录先讲拿了80%，后又提10%～30%；王某的笔录第一次说90%～92%，第二次说90%，第三次说10%～30%；第四次说不清楚多少。二人说法以及个人前后的说法都自相矛盾，显然上述说法不具有客观性。

根据辩护人的计算，赵某的10笔转款中，有9笔李某得到了返款，提成比例固定在10%上下，不存在张某与王某1所说的30%的情况。

3. 关于该部分钱款的最终去向。根据银行账单及李某、赵某的笔录可知，2019年6月1日后，张某共转给李某90余万元，李某转给张某104余万元，再加上其委托赵某转款的50万元建神龛的费用，即李某一共转款给张某约154万元，显然远高于张某的转款。

从微信聊天记录可以看出，2018年3月15日，张某还在和李某说巫师在攻击她、逼迫她自杀，其性命有危险。因此可以证明张某仍有意继续对李某行骗，之所以未能成功，只是因为其在2018年3月20日突然入狱。

因此，从该部分钱款的最终去向看，实际上李某并未从中获利。

（二）张某与王某1提及曾给予李某大量现金和奢侈品，在案证据显示，并没有现金支付，也没有赠送大量奢侈品的情况

1. 现金问题。

首先，辩护人根据在案张某的银行流水，整理了表格，（详见附件7：张某银行流

水）总计金额34.7万元，且每次取现金额较小，时间零散，与赵某的转账时间亦无明显联系，很明显是为了生活花费而取款，不存在张某和王某1所说的取现交给李某的情况。

其次，根据微信聊天记录可知，2017年6月1日之后，李某一共到杭州四次，时间分别是2017年6月19日—7月1日；2017年10月7日—9日；2018年1月13日—15日；2018年1月22日—25日。结合上述取款记录，李某在杭州期间，张某只在2017年6月29日取现过1.5万元，更能够证明张某与王某所称现金200万元给李某的说法不真实。

2. 奢侈品问题。

第一，根据某奢侈品专柜柜员的笔录“跟她妹妹过来的这一次，张某当时就是说是给她的妹妹来买衣服的，当时给她妹妹买了几万元的女装”，该说法和李某的笔录“2017年过年，她们给我买了某奢侈品的衣服和包，总价3万元左右，说是我的新年礼物”相一致，其说法和专柜柜员的说法能够相互印证，证明张某只送过李某一次奢侈品。

第二，侦查人员在店员第二次笔录中问张某买来是送人还是自用，店员称“大部分都是给她自己买的，因为都是她自己在试穿的”，同时店员还提到在2018年年初，其帮张某整理房间时，看到房间里“一方面是一些衣服和包包，很多奢侈品，以LV居多，还有‘阿玛尼’‘三宅一生’‘香奈儿’各式各样牌子的衣服、包包，当时我们整理出来一共有三个大行李箱的奢侈品……”以上笔录可以证明这些奢侈品的真正使用人是张某，并不是李某。虽然张某在笔录中说都给了李某，但李某最后两次到杭州以及回香港都是由赵某陪同，李某根本不可能当着赵某的面拿走这三大箱的奢侈品。

第三，店员在笔录中还提到“有一次，张某还叫我亲自把一箱子的奢侈品送到她上海的家里面”，而张某的母亲也提到“一个年纪轻轻的小男孩，到我们家来一次，张某和王某1在家，这个男孩把东西交给她们就走了。送什么东西我也不知道”，其说法与专柜柜员的说法能够相互印证，证明在2018年1月过后，张某有转移奢侈品至上海的行为。这些奢侈品，并不是交给李某的。

第四，张某在笔录中称，李某会将奢侈品进行转卖，但根据赵某的笔录“（除了代购外，李某有无帮人转卖全新或者二手奢侈品的情况）据我所知应该是没有的”可知，李某并没有转卖奢侈品的情况。同时，根据店员的讲法“张某被抓放回来之后几个月的样子，她在微信上面语音电话跟我讲，让我问问哪里能够卖奢侈品的，我就说帮她去问问看。后来我问了以前的同事，但是因为张某都喜欢买比较大的包包，款式也很老，单价也高，没有市场的。后来她也没有从我这里卖出去过一个奢侈品”。这证明，张某喜欢的奢侈品款式老、单价高，没有市场，而李某作为一个代购，更不可能会转卖这样的奢侈品；况且，李某长期生活在香港，香港的奢侈品无论是种类，还是价格，都优于内地，因此才会有人找她进行代购，从这个角度看，其更不可能会选择让张某等人在杭州购买奢侈品供其转卖。

第五，根据张某的银行流水，张某的奢侈品消费记录（杭州大厦、万象城、LV店等）与李某在杭州的时间没有一笔在时间上是重合的，这也能够证明2017年6月1日后，李某在杭期间，张某并没有为其购买奢侈品。同时，李某在杭期间，根据张某银行流水的交易记录，除了酒店、吃饭外，也没有过其他的大额开销，也能够证明其没有为李某购买奢侈品。在案证据中，也不存在张某和王某说的“李某派人来拿”或者邮寄的情况。

因此，上述证据可以明确李某并未从张某处获得过大量的奢侈品与现金，至多在2017年6月1日前从张某处获赠少量的衣物、包包。对于这部分的奢侈品，根据李某的说法，是张某给的“福气”，而赵某也在笔录中提到“她还说她穿过的东西，没有其他人有这个福分可以再穿的。供奉的水果之类的东西只有她能吃，只能由她来‘打赏’给其他人吃，没有她的‘打赏’其他人是不能吃的，就算烂掉了也不能吃”。这与李某的说法能够相互印证，证明其系基于迷信理由接纳了张某的福气。且根据微信聊天记录，李某也会对张某回赠，如2017年10月19日赠送了名牌发卡，在2017年12月23日赠送iPhone X等，这也同样证明了李某并没有非法占有目的，而仅是基于迷信理由以及对张某的信任及感情与之互赠礼物。

（三）赵某直接转款的200万元，李某用于香港房租支付、生活开支、购买贡品等，同样没有据为己有

根据赵某2019年5月14日第二次笔录“2017年的10月，张某说叫我给李某的账户打款200万元，说是这是上天的指令，如果我不按她的说法去做，会有生命危险”以及李某2019年9月10日第一次笔录“因为张某说让我们两个在香港供奉她，但是赵某有工作没这么多时间去香港，所以张某就说让赵某把钱转给我，让我去操办”可知，虚构赵某有生命危险的行为系张某作出。

根据赵某2019年9月23日第三次询问笔录“李某大概支付了五六个月的房租，这笔房租最多不超过60万元港币”以及李某的说法，可以确定李某在香港时支付了60万元港币的租金。剩下的钱款，则支付了赵某和李某二人在香港长达18个月的生活开销，其中还包括了二人每次出行的差旅、住宿等费用，即李某对这200万元也没有非法占有目的。

赵某未控告该200万元系被骗款项，因此该200万元不能全部认定为诈骗所得，其中只有李某支付约60万元酒店房租系被害人损失。

综上，从骗取赵某的客观行为上看，所有迷信理由均是张某主动提出。纵然李某基于对张某的信任对赵某有所推荐而对张某的诈骗行为有一定的帮助。但究其根本，其并没有意识到张某是诈骗，其对赵某更没有诈骗的故意，因此不构成诈

骗罪。

虽然从客观行为上看,李某确实向赵某宣扬了张某的“神力”,客观上李某对张某等人诈骗赵某起到了帮助作用,但刑法讲究主客观相一致,客观上有帮助行为,但主观上没有诈骗故意,就不能认定李某诈骗赵某。所以李某是否构成诈骗,关键在于其是否明知张某诈骗。在司法实践中,集资诈骗案中的某些投资人也存在介绍投资人并获取相应提成的情况,但因其并不知道相关行为人在诈骗,故也不能认定其为集资诈骗罪的共犯。回到本案中,因为李某确实不知道张某系诈骗,即便其获取了一定的提成,也不能认定其是诈骗罪的共犯。

此外,在本案中,李某实质上也和赵某一样是受害者,李某与父母之间的关系一直不好,是张某的出现让其觉得有了温暖,也是张某的鬼神论、庇护论让其相信张某真的能够解决问题,介绍朋友给张某既帮了朋友,又让自己积累了阴德。直到2018年5月,张某的谎言被揭穿,其在赵某的手机里看到张某称没有把自己当妹妹,甚至连助理都不如,再加上受张某鬼神论影响已久,李某又重患抑郁症。其好不容易通过就诊以及家人、朋友的陪伴,从张某的阴影中走出,却没想因为张某和王某1的诬陷又身陷囹圄。辩护人认为,若要追究李某的刑事责任显然与客观事实背离,显失公平。辩护人恳请合议庭能够充分查明事实,还原本案的真相,对李某作出准确的认定,认定其无罪。

【二审阶段辩护意见】

一、原判无视在案客观证据,滥用“推定明知”,所得结论不客观,应予纠正

根据《人民检察》刊登的《网络诈骗犯罪中“明知”的认定》一文观点“既然是推定,就存在反证的可能”“在认定主观明知时应以可靠的基础事实为起点……尽可能得出更加合理的结论”。再根据《检察日报》刊登的《推定明知须把握基本规则》一文观点“行为人反驳所提供证据的证明标准只需要达到优势证据或产生合理怀疑即可”。由此可见,适用推定明知要注意存在反证的情况,避免随意适用逻辑推定、扩大明知范围,危及罪刑法定原则。

根据原判说理部分可知,原判通过推定方式认定李某“应知道”“应怀疑”张某系诈骗赵某。原判无视在案海量微信聊天记录证实李某对张某“神力”深信不疑的基础事实,仅就李某从中获利就推定其明知他人诈骗。该认定系一叶障目,判定结果也便无法客观、合理。

(一)在案李某、张某二人聊天记录证明李某对张某的封建迷信呈痴迷状态,完全相信张某,对张某诈骗行为无放任故意

第一,根据二人聊天记录,李某在赵某事件前、事件中于张某处“作法”均获得了

一定的效果，如和父母关系变好、母亲身体变好、变漂亮、长高（详见表1），说明李某对张某“神力”的痴迷并非空穴来风而是有据可依。从常人的角度看，是否有效果是判断对方能力的关键，李某因为上述“效果”而相信张某具有“神力”，符合常情常理。

表1　李某与张某聊天记录

日　期	聊天内容
2016年7月20日	李某告诉张某“改善了20多年的关系，也体会到爸爸妈妈不抽风的感觉，转变了女儿也是有地位的。以前都对弟弟好。现在也知道女儿好”。
2016年7月21日	李某告诉张某，因张某在帮李某改善面相，李某朋友夸赞变得好看了。
2017年2月1日	李某告诉张某自己长高了5厘米，张某称是其帮李某做火供的缘故。
2017年10月25日	张某告知李某其帮李某母亲放生了牛，李某称感觉到了，因为李某母亲腿病有所好转。

第二，在赵某事件中，李某在2017年9月26日转账10万元给张某用于超度婴灵；2017年10月13日转账18万余元给张某用于给自己及赵某保命；2017年11月30日因张某称李某母亲肝脏有问题并且“这不是祈福可以解决的事”，故转账10万元给张某用于帮妈妈做“大供”。上述行为亦能够证明，其不仅相信张某有放生、祈福的能力，更有超度、保命以及通过法事改变人身体健康情况的能力。

（二）在案李某、张某二人的微信聊天记录显示，李某事无巨细地向张某汇报，寻求张某“神力”支持，足见其深信张某

1. 李某就自身问题时刻询问张某，寻求解决方案。

通过李某、张某二人的微信聊天记录可知，李某在赵某事件前、事件中，因为其相信张某有趋吉避凶的能力，相信通过供奉其能够获得庇佑，所以事事向张某询问能否做、如何做（详见附件4：李某向张某汇报生活大小事项），大到投资事项、租房风水，小到梦境含义、家人能否探望、能否做美容。李某听从张某指示行事，其母健康状况转好，其自身生活也较为顺利，这让李某深陷张某编织的“神力”故事中。

2. 李某几乎日日向张某汇报其供奉情况，力求符合张某提出的供奉要求。

通过李某、张某二人微信聊天记录可知，因张某向李某灌输“张某与‘护法爷爷’能够从李某的供奉中汲取‘营养所需’”的思想，所以李某在2017年10月搬到香港居住后，几乎每日向张某汇报供奉事宜，并询问所供蛋糕、酒水是否合张某及“护法爷爷”口味等（详见附件5：李某向张某汇报供奉情况），力求其供奉情况符合张某和“护法爷爷”心意。

3. 张某以退为进、假意拒绝李某提出帮助赵某的请求后，李某只能恳求张某尽全力施法，帮助赵某。

李某、张某二人微信聊天记录显示，2017 年 6 月 1 日，赵某向张某支付第一笔 27 万元之前，张某还曾表示“活不好做，需要没完没了斗法，浪费我的时间”“我不想做了，浪费我时间太久”，而李某则提出“我只管认真做事”“我们就和签合约一样”“要么不做，做就尽力”“多大能力做多大事”。

此后，李某也在微信中多次感谢张某帮助赵某，并反复恳求张某一定要帮助赵某。如 2017 年 6 月 1 日，李某说“一定要保住他、必须保住他，他不能有事，我很喜欢他，当作哥哥一样，是请求，不是命令”。2017 年 9 月 7 日，李某在微信中和张某说“他对我很好，所以麻烦姐姐盯紧他”。

（三）李某在赵某事件前及事件中，为让张某给其自身、家人、赵某祈福消灾，使用其自有资金向张某供奉，足见其深信张某具备“神力”

1. 在赵某事件发生前，李某为求张某作法，多次向张某交付供金。

根据在案微信聊天记录、李某与张某的银行转账记录可知，李某从 2014 年 3 月开始就陆续转账给张某，在赵某事件发生前，李某通过银行转账向张某支付供金 6.3 万元，且李某曾微信中多次告知张某“转你支付宝了”，因在案微信及支付宝数据不全无法计算。故，其实际转给张某的供金远超 6.3 万元。

2. 在赵某事件期间，李某使用其自有资金向给张某转款共计 94 万余元，高于其从张某获得的 84 万余元。

原判认定李某在本案发生期间向张某转款 94 万余元，并将 94 万余元中的 74 万余元认定系“直接来源于赵某给其的钱款，可见李某所谓的供奉也仅限于自有的少量金额范围内”，该认定与客观事实相悖。因赵某给予李某的生活费，已系李某可自由处分的资金，李某本可将该 74 万余元用于个人消费，其却用于请求张某为其作法祈福，显然李某也被张某诈骗。故原判认定李某供金仅限少量自有资金，不能成立。

3. 李某供金数额持续增高，说明其一直深信张某。

第一，张某一直在给李某灌输“多供多得、少供少得”思想，如在二人 2017 年 7 月 7 日聊天记录中，张某称“供多少都是她的福气，种豆得豆，种瓜得瓜，要豆子还是要西瓜，都是他们自己选择的”。所以从李某陆续支付的供金越来越高，说明其根据其经济能力调整了供金数额，当其经济条件较好时，自觉提高供金数额。正如常人购买保险时，据其自身经济实力决定认购保额大小。这说明李某一直深信张某的“神力”。

第二，赵某事件前，张某以“补福德”为由向李某索要供金，此时李某还可自愿决定供奉金额；在赵某事件中、后期，除补福德外，张某还编造各种理由向李某索要财物，如为李某母亲作法保命、本月凶险需点灯保命、狐仙向李某求助需放生狐狸等。李某因深信张某，也不得不按指示交付供金，所以后期供金数额较前期高。此时，应系张某知晓李某经济能力转好后,故意编造理由索要更高供金。

4. 赵某曾代李某向张某交付“神龛费”50 万元,李某共计交付供金 144 万元,原判只认定 94 万余元,应予纠正。

原判依据李某银行转账明细,认定李某在全案期间转账给张某共计 94 万余元。但根据赵某 2019 年 9 月 23 日笔录说法“于是我和李某一人出了 50 万元,给了张某让她帮忙去建”,说明赵某于 2017 年 12 月 20 日转账给张某用于建神龛的 100 万元中有 50 万元是李某的资金,赵某只是代为支付。

(四)从李某事后惧怕张某“施法”害其的表现看,也反映出其深信张某具有“神力”

1. 赵某事件后,李某仍继续供奉张某提供的护法牌位。

二人微信聊天记录显示,李某和赵某在 2018 年 5 月后就开始怀疑张某,但因生怕张某可通过“神力”伤害自己和家人而不敢举报张某,且继续供奉张某提供的护法牌位。

2. 李某被羁押于看守所期间,仍因惧怕张某“神力”而精神崩溃、抑郁病情加重,恳请法院向看守所核实该情况。

据李某反映,其被羁押期间因抑郁症导致情绪不稳,曾于 2020 年 7 月 1 日与管教发生冲突而被关单间。当其发现该单间恰好可直视张某的监室时,其因惧怕张某“施法”迫害而精神崩溃,并伴有自杀举动,幸被民警及时发现将其带离单间。其因此事病情加重,驻所医生对其加药治疗。

该情况反映出李某在被羁押期间仍相信张某具备“神力”,不可能与其共同诈骗赵某,为求查明真相、做到勿枉勿纵,恳请法院向看守所核实该情况。

3. 李某在做精神鉴定时,仍反复提及害怕张某“施法”害其家人和赵某。

杭州安康司法鉴定所的司法鉴定意见书显示,李某在 2019 年 11 月份做精神鉴定时仍相信张某具有“施法”害人的“神力”,害怕其若不死,赵某会变成纸片人。其当时提到“她要我解决自己生命,说有女尸盯着我”“我很担心赵某,也很担心我爸妈,心情很不好,是不是我不死,赵某就会变成纸片人,是不是我不乖,没有听她们话死掉”。

二、原判认定李某从中获利、具有牟利动机,推定李某应当明知张某系诈骗,该推定逻辑本身不能成立

(一)我国广东、香港一带有以风水、信仰牟利的传统,故牟利不能推定李某具有诈骗故意

共青团广东省委主办的《黄金时代》2008 年第 11 期刊登的《“北伐”的香港堪舆师》一文中提到“香港堪舆师担任珠三角房地产开发公司的风水顾问一职,年酬可高达百万元乃至数百万元,个别顶级风水师年获利上千万元”“向李某某等企业家提供

忠告的'特级'风水师所得到的待遇为每小时超过 10 万元港币，经过两三年磨炼的初级风水师月薪至少达到 3 万港币"、"香港风水师市场规模也从 2003 年的 13 亿港币增加到 2007 年的 25 亿港币，几乎增加了 1 倍"。这说明在我国香港特别行政区，堪舆师帮事主看风水、以"神力"为事主占卜提忠告，是为社会普遍接受的职业，且费用颇高。该行业在 2007 年市场规模就已 25 亿元、个人年获利上千万元。

《中国企业家》2007 年 Z1 期刊登的《地产大佬们的风水经》一文也提到"据记者了解，在广东，一位风水顾问的年薪从几十万元到几百万元不等。如果单独看一个项目，收费从几万元到几十万元不等""如香港地产商都会有自己专用的'风水大师'负责整个公司包括整个家族的风水和命理"。该文同样也能够说明在我国广东、香港一带，存在大量堪舆师通过风水命理活动收取高额费用，且在 2007 年广东地区单项收费就从几万元到几十万元不等，费用颇高。

因此，根据广东、香港一带的地域文化、生活实践可知，堪舆师利用常人不可知的"能力"或"神力"帮事主预知未来、提供建议，从而赚取高额费用的情况十分常见。介绍人帮事主和堪舆师"牵线搭桥"，既帮事主解决问题，又为堪舆师介绍客户，介绍人赚取一定介绍费，也符合常理。

当堪舆师或风水师、命理师成为一种职业，风水命理成为一种市场行业，介绍人从中收取介绍费，就是商业活动中的正常现象。因此，牟利和相信"神力"存在，二者并不冲突。

李某难从张某的牟利行为中分辨出张某系诈骗。司法机关不应通过李某的牟利行为推定其具有非法占有目的。

（二）李某从中获利系出于牟利与信仰的复杂动机，二者不是非此即彼关系，不能据此认定李某明知张某诈骗

原判说理部分提到"可见他们只是将此事当成牟利的手段，并非诚心信仰"，说明原判认为诚心信仰就不能具有牟利心理，因此从中牟利者即可认定为诈骗者。

该推定逻辑看似符合常情常理，却与生活实践相悖。生活中不乏富商聘用风水师、命理师为其堪舆测算、祈福转运，且费用颇高。尤其两广、香港一带，富商"御用风水师"的说法，屡见不鲜。即便是普通群众，生活中也常有供奉、诵经、祈福等活动，也需要支付一定费用。所以李某明知张某收取费用，并从中获取介绍费，虽不符合普罗大众认为行善不求回报的朴素观念，但并不能据此认定李某明知张某诈骗赵某。

（三）张某为拉拢李某为其介绍客户，所以给予李某介绍费，但又不希望李某感知到系诈骗，因此提出"上仙奖励福气"说法，让李某既获得了实惠，又增强了对张某的信赖

李某在一审庭审时提到，张某表示介绍他人到张某处作法系帮他人摆脱厄运，故"上仙"给予其"福气奖赏"，该说法与在案证据能相互印证。据二人微信聊天记录，

张某在2017年8月22日称该钱款系“福气”;2017年11月7日其称“那都是护法爷爷的给予,你要记住,天道可以给予,也可以拿走,分分钟的事”,并强调该钱款只能由李某使用,若他人使用会招来厄运,如生病等。

若张某与李某合谋诈骗,张某直接告知系介绍费即可,没必要在2017年6月1日微信聊天中告知李某“你是在跟护法上仙大人分钱”“根据额度比例给你钱是跟上面说好的”。

三、原判认为李某对张某收取上千万元费用应有所怀疑,进而认定李某视而不见,为张某诈骗提供帮助,该推定逻辑亦不成立

原判认定“张某等人从赵某处索要的钱款高达上千万元,与正常宗教仪式的开支以及张某处其他人员支付的所谓供金相差甚远,作为正常成人均应对该异常现象有所怀疑和警惕,李某不仅视而不见,还继续帮助张某等人以其余各种理由向赵某索要钱款”。原判将赵某支付的钱款与“正常宗教仪式开支”和“其他人员向张某支付较少供金”进行对比,进而认定李某应认识到异常。但该论证前提并不存在,结论也便无法成立。

(一)所谓“正常宗教仪式开支”并无市场价,若据此认定李某应当察觉异常、明知张某诈骗,则赵某也应明知

1. 所谓“正常宗教仪式开支”并无市场价。

日常生活中,信众在寺庙内做法事,价格也从几元、几十元到10余万元不等。在深信风水命理的两广、香港一带,法事费用因人、事而异,是普遍现象。如富商李某某、龚某某等人聘用御用风水师、通灵师,其所支付的费用定然与原判认定的“正常宗教仪式开支”相差甚远。

若按照原判逻辑,高于“正常宗教仪式开支”就推定应当明知诈骗,则赵某也“应当明知”,本案就不存在被害人。

2. 司法实践中,迷信诈骗案被害人不仅有普通人,还有社会精英,法律不能苛求李某理应明知他人诈骗。

在李某和赵某的认知中,张某为赵某施法不是普通宗教活动,而是张某利用一般宗教人士不具备的“神力”与鬼神斗法,理应支付高额费用,所以二人都未认识到异常。这和司法实践中迷信诈骗案的被害人心态一致。

据辩护人了解,南京“小神仙”迷信诈骗案被害人包括商界、娱乐圈名人等。网传王某迷信诈骗案被害人包括马某等人士。上述被害人能力、眼界、财力都较高,他们尚且无法判断迷信活动真伪,李某作为普通人也无法辨别。

3. 经鉴定,李某智力低于平常水平,反而属于易受骗群体。

在案杭州安康司法鉴定所的司法鉴定意见书中,李某的韦氏智力量表分数为82

分，根据该表的等级区分，李某智力等级系“低于平常水平”。

再根据张某与“大师”在2016年9月21日微信聊天记录“妹妹我也不想用，但是刚开始可能要用她……我发现福德差一点的人，跟我没法相处时间长，我是真的受不了，我说的话，她们完全听不懂一样”，说明张某认为李某理解能力差，也说明李某智力不高。

李某与智力正常的常人相比，都属于较易受骗人群，更无法与上述迷信诈骗案中的社会精英相提并论，他们尚且能够被骗，本案更不应苛求李某没有被骗。

（二）原判认为李某明知张某从赵某处索取金额远高于从其他人处收取的供金，该认定与在案客观证据相悖

二人微信聊天记录显示，张某基于普通补福德等理由向李某朋友收取供金，并无赵某事件中的“续命、斗法”等“重大”事项，所以收费较低。

在赵某事件中，张某多次向李某强调赵某事情非常棘手，所以收费比普通祈福更高。张某编造的理由包括“需与法力高强的巫师、千年女鬼斗法、为赵某子女续命需贿赂鬼差”等（详见附件9：张某向李某灌输赵某事件复杂，需耗费神力巨大）；同时还列举张某为他人处理同类事件的收费也高达上百万元乃至上千万元（详见附件10：张某向李某灌输张某从他人处收费高昂）。

此外，上文已述，张某向李某编造各种保命理由索要高额供金，李某均听从指示交付供金。由此可见，李某也深陷张某编织的谎言，其与赵某一样被骗，认为张某为他人补福德只是举手之劳，所以收费较低，而处理各种“复杂事件”需要花费大量“神力”，也需更多钱打点“上仙”，故收费较高。

这说明张某编造各种危及生命理由，以骗取高额供金，系其惯常诈骗手法。

四、原判认为李某将奢侈品作为供品后自用，说明其购买时就存着为自己牟利的目的，该认定与事实、常理相悖

从事实角度看，原判认定张某向李某转账88.4万元，李某向张某转账94万元，可见李某已将本案获利“交回”给张某，说明作为供品的奢侈品不是用涉案款项购买，而是李某用自有资金购买。

从常理角度看，日常宗教活动中，信众将自购生活用品供奉于神坛前，通过“开光”后再自用，以此祈求神佛庇佑，系普遍现象。普罗大众通常供奉毛巾、雨伞等日用品，本案中虽然供奉的是奢侈品，但系基于行为人经济状况而定，并无异常。

五、从常情常理上看，李某若系与张某共同诈骗，最后不仅一无所获，还“倒贴”54万元给张某，显然不合常理

从李某交付的供金数额看，上文已述李某从张某处获利84万余元，其本人直接

向张某交付供金 94 万余元,赵某代其向张某交付供金 50 万元,李某向张某共计交付 144 万余元。若二人系共同诈骗,李某没理由将冒着犯罪风险获得的赃款全部"交回"给张某,还亏本 54 万元,于常情常理不符。该现象说明李某也是被张某诈骗的被害人之一。

从李某的动机角度看,李某之所以向赵某介绍张某是希望通过帮助赵某解决困境,提高其在赵某心中位置,进而维持二人关系。虽然该动机并不符合道德评判标准,但却系李某的真实动机。

从赵某提交的控告书来看,赵某并未控告李某诈骗。李某与赵某二人交往密切,赵某应深知李某的品行和能力,其直至控告时都未认为李某是在诈骗,可在一定程度上反映出李某并非张某的同谋。

六、根据罪责刑相一致原则,"大师"主观明知张某诈骗,客观提供帮助,该人员未被追究刑事责任,而主观不明知的李某却被认定为诈骗共犯,原判显失公正

张某与"大师"的微信聊天记录显示,"大师"明知张某收费为赵某作法,客观上为张某提供所有诈骗赵某的迷信说法。对张某咨询的每个问题,"大师"按卦收取卦金。

张某若无"大师"帮助,根本无法完成诈骗。虽然"大师"收取的卦金金额较少,但不影响其行帮助之实。司法机关未追究实质的帮助犯"大师",反而不顾在案客观证据显示李某对张某的"神力"深信不疑,仅靠推定认定李某构罪,该判决显失公正,应予纠正。

七、退一步讲,若有新证据证明李某涉嫌诈骗,考虑到赵某已表示谅解,且主动要求司法机关对李某适用缓刑,恳请法院对李某改判缓刑

赵某于 2019 年 10 月 9 日出具刑事谅解书,对李某表示谅解,并主动请求对李某从轻处理并适用缓刑。

此外,李某被羁押至今,其抑郁病情并未好转,反而因长期服用看守所驻所医生开具的精神类药物,其已出现双手抽搐、记忆混乱等副作用。即便其涉嫌犯罪,本着惩戒为辅、教育为主的精神,恳请法院对其改判缓刑!

【心得体会】

一、全面阅卷,不放弃任何证据

本案较为特殊的一点是,张某、王某 1 二人情同姐妹,且长期以迷信诈骗为生,也有过被外地公安因迷信诈骗刑拘的经历,因此对反侦查颇有心得;且被害人赵某在得知被骗后，曾通过律师多次与张某沟通亦明确告知若不返还钱款则要报警，故张某、王某1二人对本案案发早有心理准备，并与王某2三人提前串通，约定将所有罪责推到李某身上，称二人只是配合李某演戏，实际上是李某主导，诈骗的钱款大部分交给李某。

因此本案证据以言词证据为主，张某、王某1、王某2都称是李某主导，而赵某不敢确定李某是否有参与诈骗。故在案的言词证据对李某均不利，若仅以此分析，很容易得出李某构成诈骗罪、主犯、量刑10年以上的结论。

因而本案的关键就在于无法变更的电子数据，通过分析相关人员的微信聊天记录、银行流水等证据才能够了解李某对张某诈骗是否知情。尽管在阅卷过程中遇到了区检察院电子数据无法拷贝、无法拍摄、只能现场阅卷的阻碍，但辩护人仍坚持每天在检察院查阅摘抄。后本案移至市检察院审查起诉才可拷贝电子数据，但数据量非常庞大，且所有数据都与本案定罪量刑有直接联系，故辩护人花费近一月时间将所有聊天记录一一截图，其中语音部分也通过软件收听后再翻译成文字附上，并整理出2000余页材料向法院全面展示。正因如此，一审法院才将李某认定为从犯，本案取得阶段性胜利。

二、重点击破，证据分类整理

如上文所述，本案的电子数据中的手机提取记录非常庞大，全部截图整理有2000余页，若不分类直接递交给承办人，很容易出现材料过于冗长，承办人难以抓住重点且不了解所提交材料与辩护观点之间的关联性。

故辩护人在一审阶段，根据辩护意见的重点，将电子证据分类整理成张某首次提出巫师、鬼佬等说法时间、内容梳理；张某与大师聊天记录；赵某给钱前后，李某与张某的聊天记录；2017年6月1日前张某给李某灌输的迷信思想等，作为附件佐证辩护观点。在二审阶段，辩护人针对一审判决并结合辩护重点，将电子证据进一步整理成李某向张某汇报生活大小事项；李某向张某汇报供奉情况；张某向李某灌输赵某事件复杂，需耗费神力巨大等作为附件，以便承办人在审查时能够快速抓住重点并了解辩护人提出的意见均系有据可依。

三、搜集资料，多角度说理释明

本案系典型的迷信类犯罪，如果仅仅从堪舆、风水角度出发说理，可能会因为承办人对堪舆、风水不了解而难以理解李某的辩解；若仅从理性角度出发，也难以解释李某为何会相信张某，以及为何会从中获取返利。因此我们在辩护中，首先，通过网络检索，搜集了由官方新闻媒体、出版社出版的关于我国香港、两广一带堪舆、风水类文章，以证明堪舆、风水在相关地区常见且有深厚基础，通过堪舆、风水牟利也不等同于诈骗;其次,从常情常理出发,普通人如果要给朋友介绍精通某项专业的人,一般会把大致情况与该专业人士先行沟通,以确定其专业性,据此证明李某向张某介绍基本情况符合常情常理;最后,从司法实践出发,类比集资诈骗中部分投资人会因为有返佣、介绍费而介绍第三人投资,但不能以此推定投资人明知集资方为诈骗而提供帮助,在司法实践中也不会认定为集资诈骗共犯。辩护人通过多角度的说理,阐明李某主观上不明知张某系诈骗,奠定李某实际上也是被害人之一的基础,继而推进本案的辩护。

(承办人:伍炫蓉、翁叶榕)

认罪认罚后的进一步有效辩护

——李某被控开设赌场罪缓刑案

【案件概况】

甲区公安局侦查认定:2018 年 5 月起至案发,吴某、王某等人为谋取巨额不法利益成立 A 网络科技公司(以下简称 A 公司),有组织地开设赌博网站,招揽人员进行网络赌博,并暗中招募银商犯罪嫌疑人李某等多人为其代理游戏道具 B 和人民币交易、召集赌客在其游戏平台进行赌博获利。该公司获利人民币 200 余万元。

2019 年 1 月以来,李某在某地开设银商工作室并招募员工通过互联网与 A 公司合作,在明知 A 公司开发的捕鱼游戏为赌博平台的情况下,为赌客在该平台上进行租号、买卖游戏道具服务,获利人民币 50 余万元。

2019 年 12 月 4 日李某被刑事拘留,2020 年 1 月 10 日被不批准逮捕,同日其被取保候审。

2020 年 8 月 18 日,该案被移送审查起诉,辩护人此时介入后第一时间阅卷并与承办检察官沟通,在沟通中,承办检察官审查案卷提出李某的获利远不止 50 余万元,应为 200 余万元,赌资 800 余万元。鉴于本案的定性无异议,李某亦愿意认罪认罚,故辩护的重点在于获利、赌资以及量刑。辩护人经过与承办检察官沟通,其采纳了部分辩护意见,认可(1)后台数据混乱,获利无法明确计算,可以赌资金额起诉;(2)赌资仅计算收购道具和充值金额。但因其认为无银商判缓先例,故李某于 2021 年 4 月 2 日签署了量刑建议为 3 年有期徒刑的具结书。

案件到达审判阶段,辩护人先后多次与承办法官当面、电话沟通,先后递交相关案例作为参考,并结合李某退出全部违法所得、认罪态度等情节发表辩护意见。后承办法官、检察官采纳辩护意见。2021 年 6 月 8 日,李某重新签署认罪认罚具结书,量刑建议变更为有期徒刑 3 年,缓刑 4 年。最终,法院对李某判处 3 年有期徒刑,缓刑4 年。

【一审阶段辩护意见】

一、捕鱼游戏可实现自循环,李某等银商在其中作用较小,系从犯

(一)玩家可通过捕鱼游戏后台充值、提现,捕鱼游戏本身已实现自循环,李某等银商并非该赌场中不可或缺的环节

根据吴某的笔录“在道具 A 场里面,玩家通过购买道具 A 并使用道具 A 捕鱼……我们的捕鱼游戏中,还有一个娱乐场,玩家进入游戏场的限时活动,就可以直接通过游戏消耗道具 B 换取话费……获得的话费可以在平台上兑换游戏道具和京东卡”,王某的说法“我们游戏里面有一个小游戏,玩家可以通过这个游戏,将道具 B 转换成话费券,一个白金道具 B 基本上是可以兑换 30 元左右的话费券,每个人可能有浮动,持有话费券的玩家,可以通过游戏里面的兑换功能兑换成等值的京东卡卡号或密码”,“如果进入道具 A 场,玩家可以打出道具 A,道具 A 可以直接兑换成道具 B,道具 B 就可以在线上兑换京东券,或者在线下与另外玩家和银商兑换现金”,以及赵某的笔录“(你们游戏里面的道具游戏玩家之间是否可以进行交易?)我们游戏里面的 VIP 3 以上的玩家,可以通过邮寄道具送给别人的”,“赌客在官网买白金道具 B 贵,从银商这里买便宜”。

从上述笔录可知,玩家可在官网商城内购买赌博所需道具 B、道具 A,在道具 A 场打出道具 B 后或道具 A 后,也可通过小游戏兑换为话费券,继而兑换成相应额度的京东卡。这说明捕鱼游戏内部即可实现人民币与道具之间的闭环,无论是否有银商的存在,捕鱼游戏平台本身已是赌场。

根据赵某的笔录亦可知,捕鱼游戏平台不仅是银商可协助玩家进行道具与人民币之间的互相转换,普通的 VIP 3 以上玩家也可通过赠送道具等形式将道具兑换为人民币,因此银商并非该赌场中不可缺少的环节。银商的存在,只是能够让玩家以相对低廉的价格购买道具以及在兑换时更具有便利性,换言之,即便无银商存在,该赌博平台仍能够良好运行。

(二)从司法实践导向上看,对于提供资金结算业务人员,一般也以从犯认定

第一,《刑事审判参考》第 804 号“萧俊伟开设赌场案”(详见附件 1)的裁判要旨中明确,对明知是赌博网站仍为其提供资金结算便利的行为,应认定为开设赌场罪的共犯。且因该行为仅是在互联网上开设赌场的一个中间环节(资金流环节)行为,根据其在共同犯罪中所体现的作用,应当认定其为从犯。

在上述案例中,被告人系赌场收支赌资的唯一渠道,并从中按照资金流转的数额、笔数等标准收取服务费,但法院仍认为这只是开设赌场中的其中一个环节,因此应当认定从犯。

反观本案，捕鱼游戏平台有自己的收支赌资渠道，在捕鱼游戏设置内，玩家之间也可通过赠送的形式实现人民币和游戏币的互换，李某等银商并非赌场的唯一资金渠道。举重以明轻，唯一资金渠道提供者尚且被认定从犯，则李某等银商也应当认定为从犯。

第二，辩护人收集了与本案类似的案例，见表1。

表1 浙江省内银商认定从犯案例

序号	案号	审判法院	被告人	模式类型	认定情节	判决理由
1	（2019）浙0103刑初415号	杭州市下城区人民法院	张某国	被告人张某国在浙江省仙居县设立银商点……与玩家联系进行游戏币的出售和回收。	从犯	被告人张某国在共同犯罪中起次要作用，系从犯。
2	（2018）浙0702刑初935号	金华市婺城区人民法院	林某等人	林某在明知“开心山庄”网络游戏平台系网络赌博平台的情况下……设立银商工作室，为该平台的赌博活动提供资金结算服务，帮助收取赌资，出售的价格为每1亿游戏币5000元，回收的价格为每1亿游戏币约4760元。		四名被告人对“开心山庄”游戏平台运营无决策管理权，没有参与游戏平台违法所得收益分配，仅为游戏平台提供资金结算服务，在共同犯罪中起了次要或者辅助作用，系从犯。
3	（2018）浙0825刑初255号	龙游县人民法院	马某瑾等人	马某瑾等人为“鸿牛棋牌”赌博网站银商。该网站的银商从该赌博网站购买游戏币后，向游戏玩家以低价买进、高价卖出的形式从中赚取差价，为玩家进行赌博游戏提供便利。		马某瑾、陈某根、郑某诚、谢某赟、朱某建起次要作用，系从犯，应当从轻或减轻处罚。
4	（2019）浙0781刑初07号	兰溪市人民法院	李某波等人	被告人李某波等人均系柒零游戏赌博网站中间银商，从事游戏币销售、回购工作。		被告人李某波……以银商身份为游戏赌博网站代理，从事虚拟币与人民币交易事务，在游戏赌博网站整体运营过程中起次要作用，系从犯，依法予以减轻处罚。
5	（2018）浙0702刑初393号	金华市婺城区人民法院	朱某忠等人	被告人朱某忠等人作为非股东银商，为赌博网站提供资金结算服务和推广服务。		各被告人在共同犯罪中起次要、辅助作用，系从犯，可从轻或减轻处罚。

上述案例中,赌博平台多是只能通过银商进行资金结算服务,银商尚认定为从犯,更何况本案中捕鱼游戏平台可自循环,李某等银商只是作为辅助,更应当以从犯认定。

二、李某自愿认罪认罚,又有退赃、初犯、偶犯等情节,符合缓刑条件

(一)李某符合法定缓刑条件

根据《刑法》第72条之规定,对于被判处拘役、3年以下有期徒刑的犯罪分子,同时符合"(1)犯罪情节较轻;(2)有悔罪表现;(3)没有再犯罪的危险;(4)宣告缓刑对所居住社区没有重大不良影响"条件的,可以适用缓刑。

结合本案,李某符合上述条件,可以适用缓刑:

第一,李某在本案中起到的作用较小,地位较低,犯罪情节相对较轻。

第二,李某自侦查阶段即如实供述、自愿认罪认罚,在审查起诉阶段退赃29万元且表示愿意退出全部违法所得,这些均能表现其良好的悔罪态度。根据《刑事诉讼法》第15条之规定,犯罪嫌疑人、被告人自愿如实供述自己的罪行,承认指控的犯罪事实,愿意接受处罚的,可以依法从宽处理。

第三,李某从未有过前科劣迹,系初犯,此次涉案系因法律意识淡薄,在接触该游戏初期未能认识到平台的违法性,亦对自己的行为没有确定性,具有一定的偶然性。且根据李某的供述,其在案发前就已深刻意识到自己的错误,撰写了退出该游戏的公开信,但因本案案发未及时发出;在侦查机关实施抓捕时,李某明知侦查机关在银商工作室内实施抓捕,仍主动上前表明身份并表示愿意接受处罚。归案后,经过办案机关的教育,其更了解相关行为的违法性,并保证绝不再犯。因此,其已没有再犯罪的危险。同时,对其宣告缓刑对其所居住社区也无重大不良影响。

(二)司法实践中,类似案件有较多适用缓刑的先例

辩护人通过案例检索,发现浙江省内已判决生效的银商类开设赌场案件中,法院对与李某有相似行为的当事人,有较多适用缓刑的先例,甚至在当事人涉案赌资金额、获利金额远超李某的情况下,也有适用缓刑的判决(详见附件2:银商类开设赌场案适用缓刑案例检索表)。例如,台州市椒江区人民法院(2019)浙1002刑初197号案件,银商林某涉及赌资2096万余元,非法获利107万余元,具有认罪认罚和退赃情节,判处有期徒刑3年缓刑5年;衢州市柯城区人民法院(2016)浙0802刑初503号案件,银商周某利涉及赌资3106万余元,非法获利155万余元,具有坦白情节,判处有期徒刑3年缓刑5年;金华市婺城区人民法院(2018)浙0702刑初988号案件,银商傅某战涉及赌资1000万余元,非法获利65.6万余元,具有从犯和退赃情节,判处有期徒刑3年缓刑3年6个月。

本案中,李某的涉案赌资和非法获利均少于上述案例中的被告人,并且李某具有

更多从轻减轻量刑情节，从类案同判、举重以明轻的角度看，对李某适用缓刑也更为适宜。

三、从量刑均衡出发，对李某的量刑不应高于比其作用更大的同案人员，参考 H 市内类似案件，对银商的量刑一般轻于平台主犯

第一，该平台第二大股东、技术部负责人王某，负责游戏服务端开发，参与公司决策，涉及赌资金额 2600 万余元，被判处有期徒刑 3 年缓刑 4 年；赵某作为运营部总监，负责对接银商，向银商打款，购买京东卡等，涉及赌资金额 2600 万余元，被判处有期徒刑 3 年缓刑 4 年。王某、赵某作为平台股东、技术总监和直接对接全部银商的运营总监，在案件中具有不可替代的重要作用，涉及赌资也远多于李某，并且均被认定为从犯。

李某作为众多银商之一，其对平台运营的辅助性和可替代性明显，又具有从犯、认罪认罚、退赃等多项从轻减轻量刑情节。从量刑均衡的角度出发，对李某的量刑也应低于比其作用更大的王某、赵某。

第二，辩护人检索了 H 市内网络赌场系列案件的已生效判决，与本案类似的还有拱墅区“790”网络赌博平台、西湖区迅狐公司联成游戏网站、西湖区开战娱乐城平台、下城区皇后游戏、贝贝游戏平台等案件。经过分析比对，辩护人发现，在上述系列案件中，法院对银商的判决结果均轻于平台主犯。从类案同判的角度，结合本案李某的具体情况，对李某的量刑也应当低于比其作用更大的平台主犯王某、赵某。

因此，从全案量刑均衡和类案同判的角度考虑，对李某的量刑都应当轻于王某、赵某二人，应当对其适用缓刑。

四、李某在取保候审期间，深刻反省、遵守相关规定，刑法的惩戒、教育目的已达到，且其三个孩子、患有抑郁症的妻子以及卧病在床的父母都需要其照顾，提出对其适用缓刑的量刑建议较为适宜

李某毕业于某某大学，本是一名优秀的室内设计师，曾经手设计过 400 余套房子，后因身体原因无法从事过重、过劳的工作，再加上其法律意识淡薄，才会误入歧途。但在取保候审期间，李某遵守相关规定，并深刻反省了自己错误。

李某一家 7 口，只有其一人有劳动能力，需要承担家庭所有的生活、医疗开销，是其家庭的经济和精神支柱。其次子今年 6 岁，三子 2020 年 10 月出生尚在哺乳期，与前妻所生的长子也需要李某每月支付抚养费、教育费，三个孩子都正是需要父亲关怀的时候；其妻子自 2016 年产下次子后即患抑郁症，需长期药物治疗；其父母也均卧病在床需要人照顾，其父患有 2 型糖尿病、冠状动脉粥样硬化性心脏病、高血压、双眼白内障、视力、左耳听力几乎全无，其母 2020 年 9 月确诊为扩张型心肌病、高脂血症伴

动脉粥样硬化、反流性食管炎,每天都需吸氧6小时。

李某本人在2019年2月曾因缺血性脑血管病住院治疗,后于2019年4月确诊冠心病,但其仍在努力支撑整个家庭,若对李某判处实刑,对整个家庭而言将是重大的打击,不仅其年迈的父母会陷入无人照顾的境地,其妻子、儿子也难以维系基本生活。

辩护人认为,就本案而言,刑法的惩戒、教育目的均已实现。因本案未有定论,李某身心压力较大,至今未能踏入社会工作,若对李某能适用缓刑,则能够让其积极面对本案以及未来的人生,更能够让李某继续安心照顾好家庭,重回社会、回报社会。

综上,综合考虑李某退赃、认罪认罚、从犯等量刑情节,并充分考虑其个人及家庭情况,本着"惩前毖后、治病救人"的理念,贯彻宽严相济的刑事政策,对其适用缓刑较为适宜。

【心得体会】

本案的难点在于:第一,金额过大,根据后台数据,李某推广充值金额高达1000万余元,占了整个平台赌资一半左右;第二,后台数据凌乱,包含了较多项目,若按照数据直接推算,其获利金额接近300万元;第三,全H市的银行类案例中没有判处缓刑的先例。为了攻破辩护难点,辩护人开展了如下工作。

一、抓大放小,灵活应变

本案在审查起诉阶段时,辩护人与检察官的沟通重点根据案件情况的变化及当事人的意愿灵活转变,确保达到最佳沟通效果。

根据案卷材料以及与检察官的沟通,辩护人发现本案的电子数据并非由后台直接调取,而是赵某等人自行整理的表格,本身客观性存疑;且由于涉及存在充值、提现以及多种道具,赵某的表格内容相对混乱,无法直接反映真实的获利情况。故在前期的沟通中,辩护人着重就金额问题与检察官进行探讨,并得到了检察官的初步认可。

在此基础上,李某也提出无须过分纠结于获利,只要能够缓刑,即便最终认定的金额高于其自述金额其也愿意表示认可。故辩护人在审查起诉阶段后期即转变重点,将辩护力量集中在量刑上作有针对性地沟通,以避免因小(金额)失大(量刑)。同时,辩护人也一直在搜集、查阅最新的相关案例,并且不断跟踪同案判决情况,幸好在此期间该平台主犯案结,且副总、运营总监均为缓刑,故辩护人以此为重点与检察官沟通,虽然最后检察官仍不同意适用缓刑,但同意将量刑建议从3年2个月降到3年。

当承办检察官提出不同意适用缓刑时,因不符合当事人内心缓刑的期待,故其对是否签署具结书十分纠结。辩护人即向其分析了签与不签的利弊,签署具结书的弊端在于:法院可能直接采纳量刑建议对李某判处实刑;利端在于:一是3年恰好是能否适用缓刑的分界点,签署后一能为我们在审判阶段争取缓刑奠定一定的基础;二是即便未能争取到缓刑,也不会在3年以上量刑。不签署具结书的弊端在于:失去从宽的机会,可能最终的量刑会在3年以上;利端在于:我们有较为充足的缓刑理由且检察官称其不会提量刑建议,法院将更为客观地审查我们关于缓刑的辩护意见。李某听过利弊分析后,最终也同意先签署量刑建议为实刑的具结书,这也为我们最后争取缓刑留下了希望。

二、针对重点,检索案例

案例检索一直是辩护工作的重点之一,但检索不应只针对量刑,更应根据辩护意见及与承办人员的沟通情况进行针对性检索。

如在本案中,辩护人进行的检索工作分为两步:

第一步是结合本案的具体案情,配合辩护意见,先检索整理了两类案例,第一类是浙江省内将银商认定为从犯的案例;第二类是浙江省内对银商适用缓刑的案例。

第二步针对承办人员提出的困难、困惑进行针对性检索。尤其在审判阶段与承办法官的沟通中,因为李某已签署了实刑的量刑建议,法官最初对缓刑的辩护意见并不十分在意,提出H市无判缓先例,且认为银商的作用略大于平台副总、运营总监,故其量刑可在二人之上。针对该情况,辩护人立即梳理H市内所有银商类开设赌场案件,发现所有案件中银商的量刑均低于平台人员副总、总监等高管,同时结合缓刑的相关规定,以证明对李某适用缓刑更符合全案量刑均衡和类案同判的原则。

正是基于上述三份案例检索报告,法官最终采纳了缓刑的辩护意见,并主动建议承办检察官与李某重新签订量刑建议为缓刑的具结书。

三、互相配合,最佳拍档

遇到刑事案件时,当事人往往比较焦虑,即便取保在外,也很难正常投入工作,每天只想着案件,因而会出现几乎每天致电律师、反复询问同样问题的情况,这让律师感到有些困扰。其实换位思考也能理解当事人的情绪,他们对法律了解不深,想为自己辩护但有劲却不知往何处使,所以才会把律师当成精神寄托。作为辩护人,不仅应当理解当事人的情绪,更应当有效舒缓其情绪,仅一味地安慰有时无济于事,可以让当事人直接参与到辩护工作中。

如本案中,辩护人在进行案例检索的同时,耐心指导当事人如何进行案例检索工作,这样做一是能够缓解当事人焦虑、感到无力的心理;二是能够让其了解本地司法实践中对于该类案件的判罚;三是有机会对辩护人检索的案例查漏补缺。最后辩护人与李某相互配合,促成了本案的满意结果。

(承办人:翁叶榕、黄毅婕)

杀人分尸的法律援助案件如何进行保命辩护

——曾某某犯故意杀人罪二审改判死缓案

【案件概况】

一审判决认定:2019年8月12日晚,被告人曾某某在R市南滨街道一出租房内与其女友即被害人朱某发生争吵,持续至次日凌晨。后曾某某以用被子蒙捂被害人朱某头面部等方式造成朱某当场死亡。随后,曾某某在出租房厕所内用菜刀将被害人朱某分尸,并将尸块分装在6个塑料袋中放入冰柜冷藏。同月15日,曾某某将被害人的尸体运至J省N县某村山路边掩埋。2019年9月9日,被害人家属报案朱某失踪。同月20日,曾某某被抓获归案。到案后,曾某某带领公安人员至埋尸点勘查,挖出装有被害人尸块的塑料袋。

2020年7月7日,W市中级人民法院以故意杀人罪判处被告人曾某某死刑,剥夺政治权利终身,并判决赔偿附带民事诉讼原告人各项经济损失共计25万元。

2020年7月14日,曾某某提起上诉,围绕事实认定、案件定性提出了上诉理由。

2020年10月10日,我所接到省法律援助中心指派,为受援人曾某某关于故意杀人上诉一案提供法律援助。

辩护人接受指派后,经过充分的会见和阅卷,认为工作重点是如何让被告人争取好的认罪态度,并促成赔偿谅解。为此辩护人开展了相应的工作。

经辩护,二审法院采纳了辩护人的辩护意见,于2021年2月4日作出判决改判被告人曾某某死刑缓期执行。

【二审阶段辩护意见】

一、曾某某及其家属愿意在二审期间赔偿被害人家属,争取获得被害人家属谅解,恳请法院从轻处理

经与曾某某及其家属确认,其表示愿意在二审期间筹措资金用于赔偿被害人家属。现曾某某家属已经竭尽全力,凑足25万元,愿意随时根据司法机关的指令将款项赔偿给被害人。曾某某家属也愿意进一步开展工作争取获得被害人家属的谅解。

赔偿、谅解情节能够促成案结事了、化解社会矛盾,是命案中极为重要的酌情从轻情节。在曾某某及其家属赔偿或取得谅解后,辩护人希望法院能对曾某某从轻处罚。

二、曾某某具有坦白情节,可以从轻处罚,建议在量刑中体现

曾某某在公安机关尚未完全掌握其犯罪事实的情况下,如实供述了其杀人、分尸、埋尸的犯罪事实,并带领侦查人员现场指认犯罪地点、埋尸地点等。根据曾某某的供述、指认,侦查机关挖出了被害人的尸块,对本案及时侦破和证据的全面收集、固定起到了实质的作用,可对其从轻处罚。

三、本案是因感情纠纷引发的临时起意的杀人案件,危害对象特定,适用死刑立即执行应特别慎重

(一)感情纠纷引起的故意杀人,应当与严重危害社会治安的其他故意杀人案件有所区别

《全国法院维护农村稳定刑事审判工作座谈会纪要》“关于故意杀人、故意伤害案件”规定,“要准确把握故意杀人犯罪适用死刑的标准。对故意杀人犯罪是否判处死刑,不仅要看是否造成了被害人死亡结果,还要综合考虑案件的全部情况。对于因婚姻家庭、邻里纠纷等民间矛盾激化引发的故意杀人犯罪,适用死刑一定要十分慎重,应当与发生在社会上的严重危害社会治安的其他故意杀人犯罪案件有所区别”。本案曾某某与被害人朱某是男女朋友关系,两人相处一年多。两人因生活琐事争吵,继而引发故意杀人犯罪,危害对象特定,应与危害社会治安的其他故意杀人案件区别,慎重适用死刑。

(二)临时起意的故意杀人,应当与蓄谋已久、精心策划的谋杀案件有所区别

本案是由于曾某某与朱某发生长时间的争吵,并饮酒,曾某某被激怒后实施的故意杀人案件。由此可见,曾某某杀害朱某系临时起意,属于激情杀人,主观恶性和人身危险性明显区别于蓄谋已久、精心策划的故意杀人案件,可从轻处理。

四、本案虽有杀人分尸行为,但与典型的手段极其残忍的故意杀人案件有明显区别

(一)曾某某采用闷鼻、勒颈的方式杀人,虽较为恶劣,但不属于手段特别残忍

关于杀人案件中手段特别残忍的认定,可以参考《刑事审判参考》第830号案例(胡金亭故意杀人案)。该案例中提炼的裁判规则认为,对“特别残忍手段”可以综合以下几方面理解和认定:(1)杀人手段:使用焚烧、冷冻、油煎、毒蛇猛兽撕咬、分解肢体、剥皮等凶残狠毒方法杀死被害人的。(2)行为过程:犯罪行为持续时间长、次数频繁、折磨被害人的主观故意强。如用凶器数十次捅刺被害人的;长时间暴力折磨被

害人，故意加重其痛苦程度的；在被害人失去反抗能力后求饶、逃跑、呼救的过程中，仍然执意追杀被害人的。(3)以其他让社会民众普遍难以接受的手段和方式杀害被害人的。

从上述提炼的裁判规则可以看出，所谓杀人案件中手段特别残忍是指，犯罪分子在杀人的过程中，故意折磨被害人，造成被害人在死亡之前承受肉体和精神的双重痛苦。本案曾某某是通过连续、不间断地捂鼻、勒颈的方式致被害人死亡，持续时间相对较短，且一次性致其死亡，并未折磨其致死，没有刻意地增加被害人死亡前肉体和精神的痛苦，属于较为常规的杀人手段。

（二）曾某某实施分尸行为，是为了处置朱某的尸体，并非出于极其卑劣的动机

第一，在如今这个监控密布的城市里，杀人后分尸，目的是更为便利地处理尸体、逃避处罚。这对实施杀人行为的犯罪分子来讲本身不具有期待的可能性，不应特别地将其评价为动机极其卑劣。

第二，曾某某明确辩解，其分尸除了为了毁尸灭迹外，同时也是为了方便将朱某的尸体运回J省老家，入土为安。结合尸块的挖掘地点在曾某某的老家N县L村镇，曾某某此辩解具有可信度。

五、曾某某归案时没有抗拒抓捕行为，亦可从宽处理

根据公安机关出具的归案经过说明，曾某某被抓捕时系被抓获到案，说明中并未提及其有抗拒抓捕的行为。曾某某本人也辩解自己是配合抓获、并未抗拒。抓捕时未抗拒也能在一定程度上体现其主观恶性并非极其恶劣，可在量刑时权衡。

六、曾某某归案后到本次庭审均有悔罪表现，有改造可能性，可给予从宽处罚

被告人在侦查阶段撰写了悔过的自首书，在一审至二审的庭审中对自己的犯罪行为表示后悔，也真诚地向被害人家属道歉，有悔罪表现。这表明其具有通过自由刑改造的可能性，法院可不对其判处死刑立即执行。

七、曾某某虽有前科，但与本案故意杀人关联不大，量刑时可不特别从重

曾某某虽然有前科但前科系盗窃犯罪，并非杀人、伤害等暴力性质的犯罪，且犯罪时间久远，至今近10年，与本案并无关联，无须特别从重。

八、本省与本案类似的情节案件，有判处死缓的，为了统一法律适用，可比照处理

2020年7月15日，最高人民法院发布《关于统一法律适用加强类案检索的指导

意见(试行)》,要求通过检索具有相似性的案件生效判决书,作为作出判决的参考。辩护人通过检索发现,(2018)某刑终 418 号、(2016)某刑终 271 号、(2016)某 02 刑初 00014 号案件与本案类似,同属于杀人分尸,有的情节更为恶劣,但也仅判处死缓,可供本案量刑时参照。

九、曾某某家庭情况特殊,值得怜悯,恳请在量刑时酌情考虑

曾某某上有年事已高的父亲、母亲,父亲 83 岁、母亲 67 岁,下有尚未成年的子女,分别是儿子 18 岁、女儿 14 岁、女儿 12 岁。曾某某是家中独子且离异,其是家中老人和小孩的寄托,恳请留曾某某一命。

十、根据全案情况,结合我国的死刑政策,曾某某并不属于“必须杀”的人,建议对其依法从轻改判

死刑复核权收归最高人民法院后,我国的死刑政策是慎重适用死刑,“少杀慎杀,可杀可不杀的一律不杀”。本案曾某某家属愿意赔偿,争取谅解,曾某某杀人危害对象特定,杀人动机并非极其卑劣,杀人手段并无极其残忍,其有坦白情节、悔罪表现,属于可不杀的犯罪分子,为了落实我国宽严相济的刑事政策,建议对其从轻改判,对其不判处死刑立即执行。

【心得体会】

在本案中,辩护人提出“深刻忏悔,积极赔偿,力争谅解”的辩护方案。虽然方案很平常,但在曾某某及其家属和辩护人稳扎稳打、通力配合、一路坚持下,最终才取得了保命改判的良好效果。

一、深刻忏悔:确定方案,创造机会

在上诉状中,曾某某提出了事实和定性方面的上诉理由,在会见时,曾某某也提出了一系列事实方面的辩解。辩护人审查后,认为其辩解很难被司法机关采纳。如果曾某某在法庭上表达这些辩解,会让法官感觉他在狡辩,给法官留下不好的印象,不利于本案的改判。

辩护人向曾某某指出一审判决事实清楚、证据充分,核心点不在于事实之辩和定性之辩。针对曾某某的保命诉求,辩护人提出辩护方案是“深刻忏悔,积极赔偿,力争谅解”的十二字方针。通过三次会见,详细地释法说理后,曾某某认同了辩护人提出的辩护方案。鉴于死刑二审案件必须开庭,辩护人有针对性地就二审开庭时,曾某某应如何表现出一种好的态度进行了详细的辅导。经过辩护人的辅导,曾某某在庭审自我辩护和最后陈述阶段,真诚地对自己的犯罪行为表示了忏悔,并对自己的犯罪原因作了自我剖析。其在庭审中表现出来的认罪态度,让家属、法官等所有参与开庭的人员都感受到其悔过的决心,为案件改判创造了机会。

二、积极赔偿:消除顾忌,奠定基础

在被告人被羁押的情况下,被告人自己无法开展赔偿、谅解工作,需要被告人家属协助、配合才能实现。曾某某愿意配合律师的辩护方案后,辩护人联系了他的家属。辩护人对家属讲明这个案子如果要改判,就要积极赔偿。家属非常重视,表示会想尽一切办法凑钱,但也有顾忌,他们经济状况较为困难,家属担心赔钱之后不能改判。

为了解决家属的顾忌,辩护人积极和承办法官沟通,但承办法官一开始认为案件性质十分恶劣,不可能承诺有赔偿情节就能改判。辩护人还是坚持赔偿工作不能放弃,建议家属按照一审附带民事诉讼判决的25万元的金额尽快筹集赔偿款,筹集后存入专门账户,把存单拉出来,并让家属手写了一份"有赔偿意愿,希望法官从轻改判"的求情信。在庭审时,辩护人将存单和求情信作为证据出示,举证家属已经凑齐了25万元的赔偿款,随时愿意配合司法机关赔偿。如果法官庭后认为这个案子具备改判的条件,应该会通知家属来缴纳。如此操作既能体现家属的赔偿意愿,也解决了家属的顾虑。

开庭后一段时间,承办法官果然通知辩护人让家属把钱汇到法院的账户,没多久,改判的判决书就下来了。

三、力争谅解:虽然未成,扫除障碍

谅解工作方面,辩护人首先联系了被害人的家属,表明法律援助律师的身份,表达了曾某某对被害人家属的歉意,询问是否愿意接受赔偿。家属考虑再三表示不接受赔偿,也不愿意出具谅解书。但是辩护人还是多次沟通表明诚意,提出一审时家属请过律师提起附带民事诉讼,可以让律师跟辩护人联系,有任何诉求都可以随时反映,辩护人会从中协调落实。同时,曾某某家属通过电话联系被害人家属,真诚地表达了歉意、赔偿的意愿,但是由于被害人朱某母亲态度坚决,最后还是没能达成谅解。

后来,在庭审时,朱某的两名家属到庭旁听了庭审。虽然庭后在法官的询问下,其仍然表示不会出具谅解书,但始终情绪稳定,没有强烈表示要求维持判处曾某某死刑的判决,也没有向法院提出其他诉求。能达到这一效果,可能与辩护人及曾某某家属前期为了促成谅解所开展的工作有一定关系,这些工作为案件最终改判扫除了障碍。

(承办人:王良宝、孙婷)

如何办理死刑复核阶段的涉毒类案件

——黄某1贩卖、运输毒品罪死刑复核阶段改判死缓案

【案件概况】

2019年6月24日,Z省H市中级人民法院审理H市人民检察院指控被告人杨某某、黄某1犯贩卖、运输毒品罪一案,对被告人杨某某、黄某1以贩卖、运输毒品罪分别判处死刑,剥夺政治权利终身,并处没收个人全部财产。宣判后,杨某某、黄某1均提出上诉。

2020年1月2日,Z省高级人民法院经依法开庭审理,认定杨某某指使黄某1将8768.64克甲基苯丙胺从广西壮族自治区运送至Z省H市用于贩卖,后黄某1将上述毒品藏匿于其妻家中。Z省高级人民法院驳回上诉,维持原审对杨某某、黄某1的判决,并依法报请最高人民法院核准。

2021年10月15日,最高人民法院在听取辩护人的意见后,认定黄某1贩卖、运输甲基苯丙胺8768.64克,其行为虽构成贩卖、运输毒品罪,但判处死刑可以不立即执行。最高人民法院撤销Z省高级人民法院和Z省H市中级人民法院刑事判决中对被告人黄某1以贩卖运输毒品罪判处死刑,剥夺政治权利终身,并处没收个人全部财产。最高人民法院改判被告人黄某1犯贩卖、运输毒品罪,判处死刑,缓期二年执行,剥夺政治权利终身,并处没收个人全部财产。

【死刑复核阶段辩护意见】

一、从主观上看,黄某1仅知道其携带的东西系药品而不是毒品的辩解具有合理性,二审判决认定黄某1贩卖、运输毒品罪不符合罪刑法定的原则

首先,在死刑复核阶段,辩护人依法会见了黄某1,黄某1本人提交了亲笔书写的坦白材料,与黄某1本人笔录多次稳定陈述相一致,均是其并不知道袋子里面像“生盐”一样的东西是毒品,且黄某1在二审庭审供述中提到,自己在5月替朋友带了很多药油回来。黄某1并无吸毒、贩毒的经验,其也不可能认识甲基苯丙胺的具体形态,因此黄某1在主观上并不明知其携带的是毒品,杨某某和张某1一直同他说的

“东西”或者“药品”的辩解具有合理性。

其次，黄某1将携带的“药品”藏在天花板上的行为并不能够推定其明知携带的是毒品，黄某1系为了避免与妻子发生争吵的辩解也具有合理性。根据黄某1的坦白材料，其辩称因为害怕现任妻子张某2知道自己与前妻的亲属有联系，帮杨某某携带东西到杭州，肯定会与自己大吵大闹。由于黄某1与前妻当年离婚时在多方关系处理上并不愉快，因此张某2对黄某1前妻一家积怨很深。所以黄某1将帮杨某某带到杭州的“药品”藏起来也是为了防止与现任妻子发生不必要的争执，而不是害怕其他人发现自己携带的是毒品，更无法推定黄某1明知其携带的是毒品。

二、从证据上看，在案技术侦查证据不足以证明黄某1明知其携带的是毒品

(一)从通话内容上看，翻译文件中并未提及与毒品相关的字眼，侦查机关在翻译上并未准确、充分地还原通话双方的完整意思，无法达到“排除一切合理怀疑”的证明标准

根据一、二审判决书结合一、二审开庭记录可知，翻译文件所载明的内容中并未出现任何与毒品交易有关的字词，即杨某某和黄某1在电话里面从未提及毒品或者冰毒等字眼，而仅涉及“货”“专列”的相关内容。单从翻译说明文件的内容来看，通话双方仅是在确认货有没有到，有无卸货的状态，但所指的这个“货”是否为毒品无从而知。且根据一审第二次开庭记录，黄某1供述“通话的内容我听得懂，但我电话里表达的意思不是公诉人翻译的意思”，辩护人多次会见黄某1，其供述，翻译件中关于“货”的表述，实际上是因为那段时间自己的儿子黄某2在寻找工作，其试图希望通过找关系，来帮助儿子尽快顺利就业。“货”的真实含义是其为了找关系而准备的礼品，并不是毒品。相应地，公诉机关在音频资料翻译件中并没有说明，Y市当地人对于“货”的使用，是否涉及相关的绰号、暗语、俗语以及含义等。既然黄某1提到过，只有当地人才能够听懂录音的内容，辩护人认为，应当参考通晓当地方言但与本案无关的第三方对于该部分内容的理解，从而加强证明的合理性。否则，不能够仅凭该证据认为双方之间电话联系就印证黄某1系明知其携带的是毒品。

辩护人认为，侦查机关技侦证据的翻译文件并未准确、充分地还原通话双方的完整意思。对话真正的含义并不是公诉机关理解的与毒品相关的事宜。该份翻译件的内容指向不明，且存在翻译、理解上的错误，不符合刑事证据“排除一切合理怀疑”的证明标准，亦无法证明黄某1与杨某某在主观上有贩卖运输毒品的犯意联络。

(二)技术侦查证据的翻译件仅由一个Y市公安机关人员翻译，且并不能排除其是否带有先入为主的主观色彩，客观性存疑

首先，由于音频资料涉及广西壮族自治区N市B县方言，非B县当地会说方言

的民众一般无法知晓所述内容，黄某1也在第二次庭审中供述称“但我电话里表达的意思不是公诉人翻译的意思，只是语句的表面意思，只有当地人才能知道我要表达的意思”。杨某某亦在庭审中否认音频的翻译说明文件的客观性。从证据合法性标准上看，至少应由多名翻译人员对录音内容进行确认。

其次，仅凭翻译文件无法确认是否与音频证据原件的内容一致，由于进行语音转换的人员为B县当地公安人员，无法确认其是否带有先入为主的主观情感色彩，其对翻译对象存在先入为主的可能，无法排除其配合公安机关进行语音转换的合理怀疑。

因此，辩护人认为，本案录音的翻译件的内容的客观性存在重大疑问。本案属于死刑案件，对于技术侦查证据的使用应当更加审慎、客观。辩护人认为应选择通晓当地方言但与本案无关的第三方客观还原语音文意，或让杨某某或黄某1分别逐字逐句进行翻译以避免不合理类推，从而再次进行审查对比被告人所认为的内容与现有翻译说明文件内容的差别。在案技术侦查证据翻译件的客观性和证明力均存疑，并不能够证明黄某1系主观明知其携带的是毒品。

综上所述，从毒品犯罪的构成要件上看，行为人必须认识到自己走私、贩卖、运输、制造的是毒品。换言之，即使行为人在客观上有上述的行为，但是只要行为人没有认识到行为对象是毒品，就不够构成该罪，这也是责任主义的要求。本案的证据无法证明黄某1本人明知其携带的是毒品，无法证明黄某1与杨某某有贩卖、运输毒品的共同故意。依据存疑有利于被告人原则，应当认定黄某1没有贩卖、运输毒品罪的主观故意。

三、即便黄某1构成犯罪，其也系构成运输毒品罪，处于从属地位，系从犯，在量刑上应当与走私、贩卖、制造毒品相区别，应当从轻或减轻处罚

（一）黄某1本人仅实施了运输毒品行为，系从犯

黄某1本人没有贩毒前科与吸毒史，其在案发前没有与毒贩联系过的痕迹，毒品并非黄某1本人准备好，且黄某1也没有贩卖毒品的下线，其仅仅实施了运输毒品的行为。2008年《全国部分法院审理毒品犯罪案件工作座谈会纪要》（以下简称《毒品犯罪纪要》）明确：“毒品犯罪中，单纯的运输毒品行为具有从属性、辅助性特点，且情况复杂多样……他们不是毒品的所有者、买家或者卖家，与幕后的组织、指使、雇佣者相比，在整个毒品犯罪环节中处于从属、辅助和被支配地位，所起作用和主观恶性相对较小，社会危害性也相对较小。”2015年《全国法院毒品犯罪审判工作座谈会纪要》中规定，“为全面发挥刑罚功能，也要贯彻好宽严相济刑事政策，突出打击重点，体现区别对待。对于罪行较轻，或者具有从犯、自首、立功、初犯等法定、酌定从宽处罚情节的毒品犯罪分子，根据罪刑相适应原则，依法给予从宽处罚，以分化瓦解毒品犯罪

分子,预防和减少毒品犯罪”。因此,在本案的毒品犯罪中,黄某1即便构成犯罪也仅处于听从贩毒者指示将毒品进行携带转移的从属地位,属于社会危害性较小的从犯,在量刑上应当从轻或减轻处罚。

(二)从立法趋势看,运输毒品将单列出来设置不同的法定刑标准

最高人民法院原副院长、国家禁毒委员会原副主任李少平在《人民法院报》上发表《关于进一步加强人民法院禁毒工作的几点思考》一文,文中提出:“实践中多数运输毒品行为是走私、贩卖、制造毒品犯罪的辅助环节,具有从属性、辅助性的特点,其社会危害性与走私、贩卖、制造毒品等源头性犯罪有所不同。将运输毒品与走私、贩卖、制造毒品分别规定,设置不同的法定刑标准,可以更好地体现罪责刑相适应的刑法基本原则。”因此,单纯的运输毒品行为相对于走私、贩卖、制造毒品的行为而言,具有从属性、辅助性的特点,文中建议对于运输毒品设置不同的法定刑标准,以更好地体现罪责刑相适应的刑法基本原则。这意味着,单纯运输行为比走私、贩卖、制造毒品行为社会危害性更低,应当按较低量刑标准确定。

因此,针对黄某1仅实施运输毒品的行为而言,在量刑上,应当与走私、贩卖、制造毒品罪相区别,应当对其从轻或减轻处罚。

四、黄某1检举揭发同案犯杨某某的妻子张某1参与贩卖毒品的行为,若经查证属实,黄某1则具有重大立功情节,不应判处死刑立即执行

黄某1本人递交的坦白材料中提供了检举他人涉嫌犯罪的内容。若黄某1所述系事实,且经公安机关查证属实,则杨某某的妻子张某1系未归案的同案犯,实施了参与贩卖毒品的行为。现黄某1可提供张某1的联络方式与住址给侦查机关,并且能够配合公安机关协助抓捕张某1。若上述条件成立,则黄某1的行为构成最高人民法院《关于处理自首和立功若干具体问题的意见》(以下简称《自首和立功意见》)第5条“关于‘协助抓捕其他犯罪嫌疑人’的具体认定”中的第(三)点,带领侦查人员抓获其他犯罪嫌疑人(包括同案犯)。

根据《自首和立功意见》第8条“关于对自首、立功的被告人的处罚”的规定,具有立功情节的,一般应依法从轻、减轻处罚……对于犯罪集团的一般成员、共同犯罪的从犯立功的,特别是协助抓捕首要分子、主犯的,应当充分体现政策,依法从宽处罚。

同时根据《毒品犯罪纪要》第2条“毒品犯罪的死刑适用问题”规定,“毒品数量达到实际掌握的死刑数量标准,具有下列情形之一的,可以不判处被告人死刑立即执行:(1)具有自首、立功等法定从宽处罚情节的”。

因此,辩护人恳请法院能够核实黄某1的立功情节,若该立功情节成立,则不应当判处黄某1死刑立即执行。

五、本案不排除黄某1具有被特情引诱犯罪的事实，应当对其不判处死刑立即执行

《毒品犯罪纪要》第2点“毒品犯罪的死刑适用问题”中关于“可以不判处被告人死刑立即执行”的第4项情形内容为“因特情引诱毒品数量才达到实际掌握的死刑数量标准的”。《毒品犯罪纪要》第6点“特情介入案件的处理问题”中说明，对特情介入侦破的毒品案件，要区别不同情形予以分别处理。对因“犯意引诱”实施毒品犯罪的被告人，根据罪刑相适应原则，应当依法从轻处罚，无论涉案毒品数量多大，都不应判处死刑立即执行。对因“数量引诱”实施毒品犯罪的被告人，应当依法从轻处罚，即使毒品数量超过实际掌握的死刑数量标准，一般也不判处死刑立即执行。对不能排除“犯意引诱”和“数量引诱”的案件，在考虑是否对被告人判处死刑立即执行时，要留有余地。

辩护人通过阅卷，发现本案受案登记表中，报案人信息身份为空白，而简要案情或报案记录中记载“2016年12月21日，×区公安分局禁毒大队经过侦查发现，有一个‘J’的人伙同他人在×区C\B等地贩卖毒品冰毒，每次的出货量在五六十克以上，数量巨大”。结合技术侦查证据来看，黄某1与杨某某的通话时间是在2017年6月2日19:00左右，也就是黄某1被拘留的前一天。通话双方使用的是广西壮族自治区N市B县方言，而二审侦查人员显然在当时并不懂通话内容，后期还特意请B县当地的公安人员进行翻译才了解通话内容。因此辩护人提请法院注意，×区本地的侦查人员在对手机进行监听的过程中无法听懂通话双方所述的内容，根据常识常情常理也无法得知双方是就毒品运输、交易在进行沟通。

从现有的抓获经过可知，公安机关并未对如何发现并抓获犯罪嫌疑人的过程有具体的说明，因此无法排除技术侦查手段之外的特情存在。因此，在报案人信息身份不明且简要案情系依据公安侦查情况所填写的情况下，本案不能排除涉案行为系因受特情的“犯意引诱”或“数量引诱”而实施。按照存疑有利于被告人原则且依据上文《毒品犯罪纪要》原则，应当对黄某1不判处死刑立即执行。

六、涉案行为系控制下交付的犯罪行为，社会危害性较轻，量刑时应当充分考虑

《刑事诉讼法》第153条规定，为了查明案情，在必要的时候，经公安机关负责人决定，可以由有关人员隐匿其身份实施侦查。但是，不得诱使他人犯罪，不得采用可能危害公共安全或者发生重大人身危险的方法。对涉及给付毒品等违禁品或者财物的犯罪活动，公安机关根据侦查犯罪的需要，可以依照规定实施控制下交付。

在本案侦查过程中，公安机关采用了技术侦查手段监听了被告人的通讯往来，被告人的行为均在公安机关的布控之中，且在被告人实施涉案行为之后公安机关才开

展了抓捕工作。辩护人认为，即便被告人实施了贩卖、运输毒品的行为，该行为也处在公安机关的控制之下，毒品一般不会继续流入社会。显然，处于控制下交付的涉案行为的社会危害程度大大减轻。辩护人恳请法院在量刑时充分考虑行为的社会危害程度，对黄某1不判处死刑立即执行。

综上所述，辩护人认为本案二审判决不符合罪刑法定的原则。即便黄某1构成犯罪，在死刑复核阶段，黄某1极可能存在重大立功情节，况且黄某1涉嫌贩卖运输毒品的行为亦处于控制下交付，社会危害程度大大减轻，在不排除系在特情引诱下被告人实施了指控行为的前提下，辩护人恳请法院充分考虑以上量刑情节，对黄某1不判处死刑立即执行。

【心得体会】

一、死刑复核阶段的办理流程

律师办理死刑复核案件的程序具体规定在最高人民法院《关于办理死刑复核案件听取辩护律师意见的办法》之中。一般省高级人民法院在审结二审死刑案件后，会在3～6个月内将案件报送至最高人民法院，在此期间辩护律师可以向最高人民法院立案庭查询立案信息。

辩护律师通过立案庭仅能联系上相应审判庭的书记员。书记员在核实辩护人身份后，会告知辩护人在其知道死刑复核案件立案之日起一个半月内有一次申请阅卷的机会，有一次面见承办法官当面陈述意见的机会。辩护律师应当在接受委托或者指派之日起一个半月内递交书面辩护意见。

担任死刑复核案件的辩护律师，在与书记员确认好阅卷、沟通的时间后，应当及时向最高人民法院相关审判庭提交有关手续（法律规定在接受委托或者指派之日起3日内），具体邮寄地址可以向书记员确认。

最高人民法院《关于办理死刑复核案件听取辩护律师意见的办法》第3条规定，辩护律师提交委托手续、法律援助手续及辩护意见、证据等书面材料的，可以经高级人民法院同意后代收并随案移送，也可以寄送至最高人民法院承办案件的审判庭或者在当面反映意见时提交；对尚未立案的案件，辩护律师可以寄送至最高人民法院立案庭，由立案庭在立案后随案移送。

辩护律师准备好辩护意见后，可以向审判庭书记员预约与承办法官当面沟通的时间与场所。本案辩护人在北京市朝阳区南四环肖村桥南顶路红寺村316号最高人民法院三区接访处与承办法官当面沟通了辩护意见。在进入接访处时，辩护人需要向工作人员出示委托手续与律师证件，在进入接待大厅后应先行取号，向接访处分流接访员告知来意，并提供死刑复核案件一审、二审判决书文号，以及与法官预约的时间。之后接访人员将引导辩护律师至特定接访室与法官进行沟通。

在死刑复核阶段，法官当面听取辩护律师意见时，会制作笔录，由辩护律师签名后附卷。

二、新辩点的提出应当建立在原一审、二审未确认的存疑点的基础之上

在审判员指定的最高人民法院的场所中，辩护人与法官的沟通时间相对有限，因此辩护人的口语表达应当简洁且有重点。由于死刑复核阶段的律师很可能是原一审、二审便接受委托的辩护人，而死刑复核案件材料系全案移送，包括一审、二审辩护律师的辩护意见。因此辩护人在与法官当面沟通时，应尽量避免重申一审、二审多次提出且判决已经确认、无争议的辩护观点。

关于本案在死刑复核阶段，被告人提供了立功线索。辩护人需要将当事人告知的立功线索的具体情况，详细地告知承办人，并确认该部分内容记载在沟通笔录之中。

关于本案在一审、二审尚未解决的存疑有利点之是否存在特情引诱。辩护人仍需指出，本案证据证明存在特情引诱且该情节属于可以不判处死刑立即执行的考虑情节。同时辩护人可向法官确认，是否有向承办公安机关核实相应线索，尽可能在最后一个阶段，将之前审理阶段未确认的对被告人有利的情节确认下来。

对于辩护人提出的新的立功线索，或本案是否存在特情引诱等有利于被告人的情节，最高人民法院的承办法官秉持着严谨办案的精神，通常会向承办公安机关核实是否存在上述有利量刑情节。

三、死刑复核阶段才认罪认罚的，辩护律师与法官当面沟通须集中注意力，审慎表述，确保被告人的认罪态度

本案被告人一审、二审阶段均作无罪供述，坚持不承认自己知晓运输的是毒品。但在死刑复核阶段辩护人会见被告人时，其一改之前的供述，承认自己知晓帮助运输的是违禁物品，但是具体属于何种毒品并不清楚，主观上认可自己存在概括的故意。后辩护人与承办法官当面沟通时，承办法官提出，在提审时被告人仍旧否认自己知晓运输的是毒品。

此时辩护人的表述便十分关键，一方面被告人明确向辩护人供述其认可自己运输的是违禁物品，另一方面承办法官告知提审内容显示，被告人的表述仍旧是不认罪的态度。于是辩护人提出，被告人的供述存在被误解的可能，其表达的意思应当是，自己不知道运输的物品具体是甲基苯丙胺，但其本人知晓自己运输的属于违禁品，其本人的认罪态度改变而非一再坚持无罪。承办法官听后表示将回去重新审查提审内容，考虑辩护人提出的辩护的合理性。

四、死刑复核阶段的辩护意见的提出应当在熟悉法律规定的前提下,提炼法条重点与案情进行匹配

辩护人需要熟练掌握毒品类犯罪的法律规定、会议纪要与权威观点,在“骑墙辩护”的策略下,重点提炼相关文件中关于不判处死刑立即执行的相应内容,并与具体案情进行匹配。

本案是涉嫌贩卖、运输毒品罪的死刑辩护案件,关于涉毒类案件的法律文件除了法律和司法解释的规定,还有2008年的《毒品犯罪纪要》,2015年最高人民法院印发的《全国法院毒品犯罪审判工作座谈会纪要》,最高人民法院原副院长、国家禁毒委员会原副主任李少平在《人民法院报》上发表的《关于进一步加强人民法院禁毒工作的几点思考》一文,对于这些材料中的“可以不判处死刑立即执行的情节”,辩护人不仅要熟读,更要将其中的内容与具体案情进行匹配并说理。对于本案,黄某1很可能仅涉嫌运输毒品罪的基础上,辩护人从立法趋势以及司法实践的处置上总结,对于仅有运输毒品行为的,目前更倾向于对其量刑要相应低于贩卖毒品的行为。

在死刑复核阶段,辩护人要全方位地从事实、证据、法律、立法趋势、新量刑情节多个角度出发,尽可能地提出疑点、确认新的量刑情节,为法院不对被告人适用死刑立即执行,尽可能地提出对其改判的理由。

(承办人:杨昆、黄双双)

回应焦点、展示疑点，以疑罪从无博取缓刑结果

——杨某某等被控危险物品肇事缓刑案

【案件概况】

2019年2月1日21时许，云南省某市某民用爆炸物品服务有限责任公司（以下简称某民爆公司）为某金属铸造制品有限公司（以下简称某铸造公司）实施高炉炉底残铁爆破作业后，某铸造公司在清渣作业过程中发生盲炮爆炸事故，事故造成3人死亡、4人受伤。某市政府次日成立事故调查组。调查组形成事故调查报告，确认了人员伤亡情况及事故共造成直接经济损失386.95万元，认为事故的直接原因是“本次爆破属于高温爆破中的热凝聚物爆破。爆破作业人员严重违反《爆破安全规程》（GB 6722－2014）的规定，未测定工作面及炮孔内温度，未进行爆破器材现场检测，孔内雷管未采用双发，违规实施爆破作业，未按规定进行爆后检查，留下盲炮，盲炮在高温持续作用下发生爆炸”，并建议对某民爆公司当班技术负责人史某某、安全员杨某某、爆破员卢某某移送公安机关立案侦查。某市人民政府同意该调查报告，并对该事故调查处理作出决定。

2019年3月19日，某区公安分局对本案以“重大责任事故罪”立案；2019年3月23日，公安机关对三名犯罪嫌疑人取保候审，并于2019年7月1日作出起诉意见书，将本案以“危险物品肇事罪”移送某区人民检察院审查起诉。

2019年7月9日，本所接受三名犯罪嫌疑人委托，分别担任史某某、杨某某与卢某某的辩护人。辩护律师介入后，先后与各自当事人确认无利益冲突关系，审查案卷材料、核实事实、听取辩解，先后提交辩护意见，并与检察院承办人沟通意见。审查起诉期间，犯罪嫌疑人、辩护人与检察院承办人就量刑进行协商，取得建议适用缓刑的量刑建议。犯罪嫌疑人签署认罪认罚具结书。

2019年12月16日，某区人民检察院向某区人民法院起诉，并将杨某某调整为第一被告人。本案于2020年1月14日公开审判，法院对三名被告人判处有期徒刑不等，均适用缓刑。三名被告人不上诉，检察院不抗诉。

【第二次审查起诉阶段辩护意见】

一、本案现场细节尚待确定。从事故原因和危害后果角度,本案事故原因尚无法排除气体爆炸的可能性,且本案直接经济损失数额认定有误

(一)在案证据尚无法还原事故的细节

1. 本案案发后,三位死者的身姿不明。

关于三位死者的身姿,除了苏某某在高炉内的东北角外,其他两位死者丁某某和普某某的尸体朝向不明,证人李某1证明丁某某和普某某二人下半身在炉外、上半身在炉内,证人朱某1则证明丁某某和普某某头朝炉外。在案证据也不能准确反映出三位死者是仰卧还是俯卧。

2. 案发时,苏某某位于何处,事实不清。

证人李某2证实,苏某某是站在3号炉内右侧最里面,用氧气割刀在切割工字钢,距离丁某某、普某某横向距离有2米左右,而证人杜某某的证言则证明苏某某在切割作业时在炉内左边,是被炮响吹到右边的。

3. 爆炸的爆点位置不详。

现场勘验笔录显示,高炉入口西侧距离入口75厘米处有液化气管一根,液化气管上黏附大量的黑色铁渣粉末及烟熏气体,同时高炉的东南角有一深90厘米、宽330厘米不规则的爆炸炸坑,炸坑旁边放有钢架断块,钢架断块上有新鲜的断裂痕迹(补充卷1,第105页)。如果本案是由炸药爆炸而引发,炸药的爆点是不是炸坑的位置尚待查证,如果爆点不是炸坑处而是在液化气管(也就是苏某某的附近),则本次事故有可能是丙烷泄漏爆炸所致。

(二)根据现有材料,尚无法排除丙烷爆炸的可能

1. 专家技术分析报告所预测的伤害方式包括物体打击、气体爆炸、粉尘爆炸、气瓶爆炸、炸药爆炸,气体爆炸中未考虑作为割炬的丙烷泄漏爆炸。

专家技术分析报告虽然考虑了气体爆炸,但是其通过"高炉炉体自然通风良好,无可燃性气体聚积的可能"排除了气体爆炸,但是该判断方式需要对当时的天气状况进行证据固定,而案卷中并未有相关证据证明清渣阶段的通风情况良好到足以吹散可燃性气体。

2. 三位死者的法医学尸表检验报告表明死者体表的伤势爆炸均可形成,该爆炸并未排除丙烷气体爆炸。

三位死者的法医学尸表检验报告认为死者的伤势爆炸均可形成,再加上专家技术分析报告给出的炸药爆炸的结论,似乎该爆炸就是炸药的爆炸。在对丙烷爆炸进行排除之前,不宜将炸药的爆炸作为唯一的结论。

3. 丙烷气体沉淀堆积具有可能性。

丙烷的化学式为 C_3H_8，其相对分子质量为 44，比空气的相对分子质量 29 要大。丙烷常被压缩成液体进行使用，即便汽化成气体，由于其比空气重，也会沉积、堆积在地表。从爆破作业结束到二次爆炸的发生间隔了半个小时左右的时间，如果丙烷确实泄漏，具有进行沉淀、堆积的时空条件。

丙烷的爆炸下限为“爆炸下限%（V/V）:2.1%”，爆炸下限是指可燃蒸气、气体或粉尘与空气组成的混合物遇火源即能发生爆炸的最低浓度（可燃蒸气、气体的浓度，按体积比计算）。如果现场泄漏的丙烷气体浓度达到了爆炸下限，是具有爆炸可能的。

4. 从死者的伤情部位来看，无法排除本案可能是丙烷爆炸。

丁某某法医学尸表检验报告表明其灰色长裤的臀部、裆部破碎严重，左裤腿裆部以下缺失，灰色绒裤左裤腿、臀部及裆部位置破碎严重，穿红色内裤，破碎严重……身上损伤集中在腰背、臀及四肢后侧，部位较集中，呈点片状分布，造成丁某某伤势的爆点可能来自其后背方向。对造成其伤势可能的爆炸源见图 1。普某某法医学尸表检验报告反映其安全帽右部有不规则破口，对应头部右颞部有一不规则创口，创口处见脑组织外溢，创口深达颅内，且死者右面部、右颈部、颈前部及右上肢有散在的擦伤、挫伤、烫伤及细小点状创口。由此可见，其遭受了来自身体右侧的物质的飞溅、刺穿，由于不知其俯卧还是仰卧，对造成其伤势可能的爆炸源分别见图 1。苏某某法医学尸表检验报告反映其左后肩胛骨有 30cm×24cm 的擦挫烫伤，触及左肩胛骨骨折，左后肋广泛性骨折并塌陷，为巨大力量碰撞形成，双臀部及腰背部散在的点状创伤为细小抛射物所致，损伤(3)～(14)不同程度的烫伤脱皮，为高温所致。其主要伤势是左肩胛骨骨折和左后肋广泛性骨折并塌陷，无法排除是飞行物碰撞所致，还是倒地之后碰撞所致，由于不知苏某某的爆后姿势，对造成其伤势可能的爆炸源见图 1。

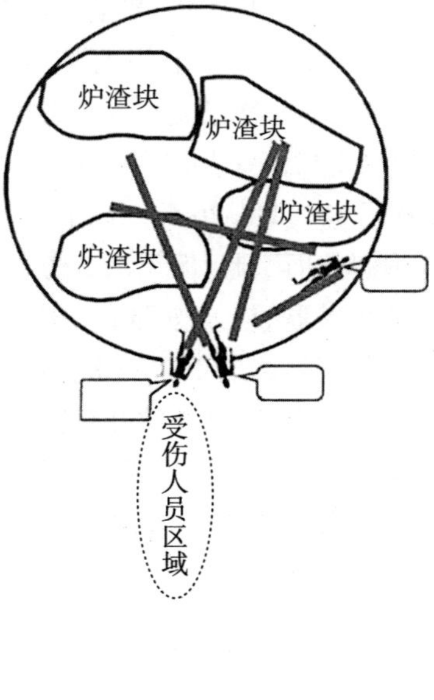

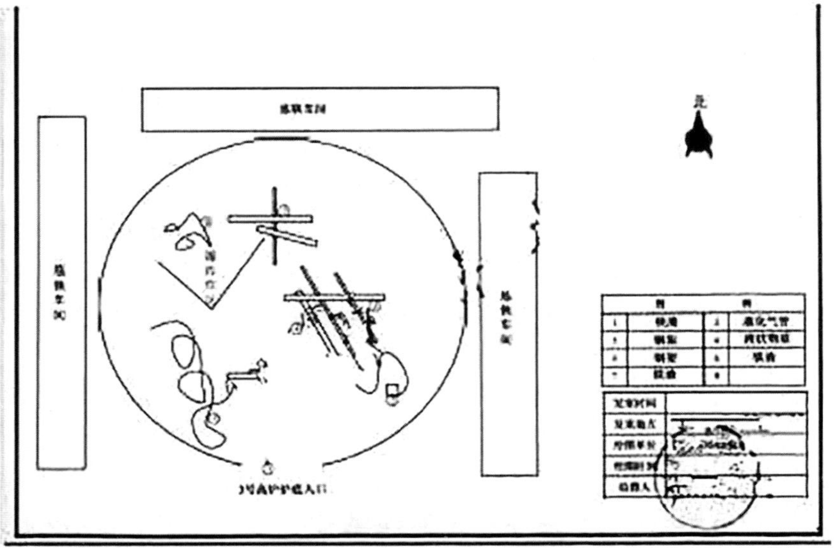

图1 爆炸现场调查示意图

由图1可知,可能对三个人同时造成伤势的爆破源,或者来自高炉内的西北方向(爆坑),或者来自高炉内的东南方向(气管位置)。因此,无法排除本次爆炸是东南方向的气体泄漏爆炸。

(三)侦查机关对直接经济损失认定错误,对应当按工伤、工亡核算的金额部分应当剔除

本案调查组认为本案共造成直接经济损失386.95万元,补侦卷补充侦查报告书对该笔费用解释如下:经查该费用主要是赔偿伤亡者的工伤赔偿费用及受伤者的医疗费用,由如下部分组成:(1)普某某、丁某某、苏某某三名工亡赔付、抢救、医疗、接待及处理费用3,028,667.4元;(2)已支付工伤工资、复查交通费用25,681.2元;(3)朱某2、龙某某、李某2、石某某第一次已支付医疗费用90,088.98元;(4)朱某2、龙某某、李某2、石某某第二次已支付医疗费用41,775.67元;(5)预计伤残鉴定估算朱某2、龙某某、李某2预计费用683,238.26元。以上费用合计3,869,451.51元。

虽然本次事故可能因盲炮爆炸而引起,但无论是伤者还是死者,其都是基于某铸造公司的工作指派而与本案产生关联,应当按照《工伤保险条例》获得相应的赔偿。事故发生后某铸造公司与普某某家属达成工亡一次性赔偿协议书及补充协议,与丁某某家属达成工亡一次性赔偿协议书、困难补助补充协议及补充协议,与苏某某家属达成工亡一次性赔偿协议及补充协议。从三份工亡一次性赔偿协议中均可看出,某铸造公司均要求在工伤认定决定书下达之后,取得死者家属请救求工伤保险基金支付丧葬费和一次性工亡补助费的权利。

某铸造公司所进行的赔付，是其履行《工伤保险条例》所规定的职责。《工伤保险条例》第1条规定“为了保障因工作遭受事故伤害或者患职业病的职工获得医疗救治和经济补偿，促进工伤预防和职业康复，分散用人单位的工伤风险，制定本条例”。无论职工因何原因受伤或者死亡，只要符合工伤保险基金给付的条件，其终将获得相应的救治和补偿。在日常生活中，劳动者在履行职务时遭受来自第三人的过失侵害（如交通事故）、工伤与侵权（过失犯罪）竞合的情况并不少见，在劳动者已经按照《工伤保险条例》获赔的情况下，相应的经济支出不应再被认为是所造成的“直接经济损失”，如本案中的一次性工亡赔偿金。对于单位而言，看似其垫付了费用，但其取得了向工伤保险基金进行追偿的权利，工伤保险基金看似遭受了“损失”，但是职工在工伤或工亡时，进行赔付是其职责，无所谓“损失”一说。因此辩护人认为，基于工伤与工亡而产生的医疗费、一次性工亡赔偿金等费用，均不应当被认定成“直接经济损失”。至于某铸造公司进行料理、接待等无法为工伤保险基金赔付项目所覆盖的费用，倒有可以被认定为“直接经济损失”的空间。

二、如按照专家技术分析报告“炸药爆炸”的结论，《起诉意见书》所认定杨某某的绝大部分失职及违规行为与“炸药爆炸”无关。即便认为卢某某、杨某某等人未能检查出盲炮是怠于履行审慎义务，二人的辩解也具有相当的合理性

（一）起诉意见书所认定杨某某多项违规或失职与“炸药爆炸”并无关联

1.《起诉意见书》虽认定杨某某未监督爆破员按操作规程作业，未纠正爆破员违章作业，但爆破员大多违规行为与盲炮爆炸之间的因果关系不明。

《起诉意见书》认为爆破员卢某某有如下违规：(1)装药前未对炮孔进行检查、未测定工作面及炮孔的温度；(2)未认真按照规定进行爆破器材现场检测；(3)孔内装雷管未采用双发；(4)违规实施爆破作业；(5)未严格按照爆后检查内容到工作面实施爆后检查，未及时发现并处理盲炮，留下重大安全隐患；(6)运送爆破器材的车辆在爆破作业期间无人管理看护。

上述的6点问题中，就杨某某对装药前未对炮孔进行检查、未测定工作面及炮孔的温度监督不力而言，卢某某与杨某某均稳定地陈述其对炮孔进行了简单的测量，对工作面和炮孔的温度用手指进行测量，虽然测量精度上无法与仪器测量相媲美，但二人也是在确认了温度适宜爆破后才进行的作业。就杨某某对爆材现场检测监督不力而言，据杨某某向辩护人反映，二人在现场对爆破器材所做的现场检测是表面观察，再加上本案案后送检的乳化炸药、起爆器、雷管等爆材均无质量问题，可见即便违规，也没有因爆材质量问题而有潜在的危险。就杨某某对孔内雷管未用双发监督不力而言，《爆破安全规程》（GB 6722－2014）9.4.4所规定的是“如孔内装雷管应采用双发，爆破前应先做隔热包装试验，保证雷管在5min内不发生自爆”，该规定适用于热凝结物爆破,并不一定适用于常温冷炉爆破,爆破员和技术人员都认为本次爆破属于常规冷炉清渣爆破,如果本次爆破并非高温爆破,使用双发雷管只是为了进一步增强爆破的成功率,但不能据此就认为使用单发雷管属于违规;就对爆破员违规爆破行为监督不力而言,本次爆破过程中,炮孔虽与设计文件上的炮孔不一致,卢某某继续在某铸造公司员工打好的炮孔之中装药、爆破,但是在经过前几班的爆破,爆破现场环境已经变化,炮孔的尺寸、炸药的用量均是根据现场情况进行的调整,如爆破员金某某证明炉子上层和下层的炉渣不同,下部(案发日所炸部分)成分复杂,爆破难度大,打炮孔的难度也大,所以就减少了炮孔数量,增加了每个炮孔的炸药用量,这样才能达到爆破的效果。值得注意的是,当班爆破成功,而且卢某某与杨某某均描述炮孔均形成了爆堆,按照调查处理决定所认为的本次事故属于盲炮爆炸,最为直接的责任仅仅是爆破员进行盲炮检查监督不力。爆破员的盲炮检查是否合规,下文详述。就杨某某对爆破员运送爆破器材的车辆在爆破作业期间无人管理看护违规行为监督不力而言,本次爆破中,爆破员有义务保管领取的炸材,虽然在作业时危险物品运输车辆无人看管,但是卢某某辩解其已经锁上了车门,杨某某虽未监督到位,但仅是业务失职,车上的炸材实际上在安全状态中,该失职行为与二次爆炸无关。

因此,爆破员可能虽有诸多的违规行为,安全员也可能监督不力,但我们必须分清楚违规是行政管理、技术管理层面的违规,行政层面及技术层面的违规要构成犯罪,必须与结果存在刑法上的因果关系。比如,本次事故若是发生在某铸造公司的工人帮助搬运炸材的过程中爆炸,则很明显无关人员搬运炸材与结果之间存在刑法上的因果关系。但本案中诸多的所谓违规除了盲炮检查这一因素外,其他的违规均与事故结果没有任何刑法上的因果关系。如果要认定杨某某的刑事责任,也只有对该项违规行为的监督不力可以成为其刑事责任的归责基础。

2.《起诉意见书》认为杨某某的违规行为包括“违规敷设、检查起爆网络和起爆”,但该项违规与盲炮爆炸无关。

杨某某身为安全员违规参与敷设、检查起爆网络和起爆,以上工作均应由爆破员承担。但是杨某某之前多次陈述其有爆破员工作经历,且杨某某向辩护人提供了其爆破作业人员许可证复印件(作业类型:爆破员,编号略,签发年月日略,有效期略)。尽管其违规敷设、检查起爆网络和起爆时没有资质,但如果具备爆破实操技能,不至于因操作上述的流程而产生实质的危害,且现亦无从证实该违规与盲炮爆炸之间存在刑法上的因果关系。

3.《起诉意见书》认为杨某某“未严格落实爆破警戒、信号规定,警戒范围内有大量无关人员,安全管理混乱”,但该违规行为与盲炮爆炸无关。

爆破过程中,杨某某虽然没有依照《爆破安全规程》(GB 6722 - 2014)落实警戒、信号规定,警戒范围内有大量无关人员,但是在起爆前现场人员已经进行了疏散,某铸造公司的人在保证了自身安全的前提下制止了无关人员的入场，同时进行了协助现场警戒的任务。该违规仅是业务违规，且某铸造公司的人员并未在爆破作业中伤亡，故该违规和二次爆炸毫无关联。

4.《起诉意见书》认为杨某某"未制止无关人员搬运炸药和参与装药"，关于无关人员参与装药的认定不实，且未制止无关人员参与装药。

《起诉意见书》认为，杨某某未能制止无关人员搬运炸药和参与装药，但是炮孔装药环节均由爆破员实施。在搬药过程中并未发生爆炸事故，在装药过程中某铸造公司的工人只是负责递药，在递药的过程中亦未发生安全事故，且最终装药、填药等过程经爆破员卢某某之手，卢某某是起爆环节的终端爆破员，负责了终端的安全性。杨某某此项违规，仅是业务违规，该违规行为与二次爆炸之间毫无刑法上的因果关系。

（二）杨某某与本案犯罪结果之间存在直接因果关系的违规行为是对爆后检查，但爆破员未能检查出盲炮并非怠于履行审慎义务，杨某某对爆破员的相应监督也难说失职

1. 对爆后的盲炮检查没有国家、行业标准，属于经验操作。

《爆破安全规程》（GB 6722－2014）6.8 相关条款规定了爆破后应检查的内容包括确认有无盲炮，但是并未规定按照何种具体的操作进行检查。杨某某和卢某某均辩称二人是用肉眼判断作业面的情况进而判断是否存在盲炮，该做法与某民爆公司其他从业人员的说法相印证。最高人民法院《关于进一步加强危害生产安全刑事案件审判工作的意见》第 7 条规定，"认定相关人员是否违反有关安全管理规定，应当根据相关法律、行政法规，参照地方性法规、规章及国家标准、行业标准，必要时可参考公认的惯例和生产经营单位制定的安全生产规章制度、操作规程"。辩护人认为，爆破后的盲炮检查在没有文件规定操作规程及国内国外均无仪器可以检测是否存在盲炮的情况下，爆破员对是否存在盲炮只能基于其平时的业务培训与工作经验。本案中，爆破员对盲炮的检查方法并无问题，杨某某在对检查方法的监督上也不存在问题。

2. 卢某某、杨某某二人具备判断无盲炮的认识条件，不足以认定疏忽大意的过失，且爆后现场不具备即刻深度检查的条件。

根据卢某某与杨某某的陈述，爆破现场的 5 个炮孔均形成了相应的爆堆、炸出了断面，且现场周围环境掉下铁渣，防护架悬空。根据云南安睿测试技术中心有限公司对事故同批次乳化炸药的检验报告，该批次炸药殉爆距离合格，雷管、起爆器等爆材也没有质量问题。殉爆距离是指同种炸药之间隔介质能引爆的最大间距，殉爆是指当炸药（主发药包）发生爆炸时，由于爆轰波的作用引起相隔一定距离的另一炸药（被发药包）爆炸的现象。炸药安放得当，引爆时能够相互爆炸，理论上是不可能存在盲炮的。

爆破现场散落铁渣、工字钢等障碍物，如果要进行深度的检查，必须要扒开炮堆，对炮孔内部进行现场查看，但是如果要查看又不免要清除现场的障碍。假定一种情

况,两位爆破从业人员并未离开,而是选择等待现场清渣终了之后扒开爆堆检查是否存在盲炮,如果在此种情况下的现场清渣中又发生了盲炮的爆炸,就难以认为爆破员还有责任了。杨某某和卢某某已经按照经验对爆破作业面进行了肉眼观测,如果要深度检测必须要先进行现场的清渣,而清渣时又会发生爆炸,如果必须要求二人扒开炮堆后进行检查,清渣过程中爆炸不可避免,这意味着二人本次爆破作业后的盲炮检查实际上不具有任何可操作性。

三、本罪属于过失犯罪,本案行为人主观恶性不大。对杨某某可以认定自首,且杨某某悔过态度良好,如本案认定为犯罪,其愿意认罪认罚。本案中有证据显示某铸造公司对本次事件负有责任。如对杨某某追究刑事责任,可对之适用缓刑

(一)本罪是过失犯罪,行为人主观恶性不大

危险物品肇事罪是过失犯罪,涉嫌该罪的行为人主观方面为过失,具体到本案中,杨某某的主要责任在于对爆破员进行检查时的监督不力,表现为疏忽大意的过失。就过失犯罪而言,行为人的主观恶性较小,本案后果是行为人意料之外的。

(二)杨某某具有自首情节,可以对其从轻或者减轻处罚

自首要求自动投案及如实供述。本案各犯罪嫌疑人均是由办案民警电话通知到案,且到案后积极配合民警调查。但需要强调的是,传唤并不是强制措施,杨某某也并未被讯问,其主动到案具有自动性,符合自首自动投案的认定标准。最高人民法院主办的《刑事审判参考》中也有大量的“公安机关电话通知到案”被认定为自首的案例(如《刑事审判参考》第354号王某某盗窃案——犯罪嫌疑人被公安机关传唤到案后,如实供述自己罪行的,能否认定为自首。该案中裁判理由部分明确认为“犯罪嫌疑人被公安机关口头或电话传唤后直接到案,并如实供述自己罪行的,应当认定为自首”)。且杨某某到案后对主要案情陈述稳定,应对其认定如实供述,并对其认定自首,可对其从轻或者减轻处罚。

(三)杨某某悔过态度良好,同时在争取被害人的谅解,如最终被认定犯罪,愿意认事服判、认罪认罚,可以对其从宽处理

从辩护人的立场出发,辩护人深入研究和关注的是证据问题及因果关系问题,故认为本案证据不足、不具有刑法上的因果关系,提出无罪辩护意见。但杨某某个人对法律的理解有待深入,其不一定清楚什么是业务违规、什么是刑法上的因果关系,其基于普通人的立场对死伤者非常地同情和内疚、对事故的后果非常自责,表示如果本案最终要被认定为犯罪,愿意认罪认罚,但请求对其从宽处理。

鉴于事发在春节前夕,事故原因一时难以查明,市政府事故调查组要求成立善后工作组负责对死伤者家属的善后工作。由于事故发生在某铸造公司,该铸造公司属

于事故责任主体，死伤者也是该铸造公司的工人，故由该铸造公司出面完成了善后工作。死伤者的家属均接受赔偿方案，没有任何影响社会稳定的情况。有鉴于此，杨某某作为实施爆炸作业的某民爆公司的工作人员，其不可能自行出面进行赔偿或请求死伤者家属的谅解，但被害人及其家属的安抚、赔偿工作以及某民爆公司的整改工作，都反映了本案受损的社会关系已经得到了最大化的修复，在对嫌疑人量刑时应充分考虑予以从轻处罚。

（四）对于本次事故的发生某铸造公司有过错，应考虑某铸造公司的过错程度，综合判定杨某某等人的刑事责任

某铸造公司在安全管理上存在过错。根据杨某某和卢某某的笔录，某铸造公司的现场负责人要求二人即刻作业，在爆后也没有听取杨某某的意见暂缓清渣，对事故的发生也负有一定的责任。虽然本案表现为爆炸事件，但权衡本案被害人的被害原因时，不能只看到犯罪嫌疑人的行为，对于与本案有联系的其他主体的行为，应当一并考虑，综合判定。

【心得体会】

一、面对未接触的新案件如何梳理头绪？

第一，重视犯罪嫌疑人本人的作用。犯罪嫌疑人是案件亲历人，是辩解的最好来源；辩护律师的职责是辅助当事人梳理争议。无论是重大责任事故罪还是危险物品肇事罪，对于承办人而言，均属新鲜，这意味着本案既是承办人接触新类型案件的机会，也意味着承办人需要承担严峻的辩护压力。在承办该本案时，辩护人首先检索法律法规与此类案件较为成熟的议论观点，对相关罪名有了框架性的了解；其次，向犯罪嫌疑人杨某某请教，通过宣读、讲解法条，辅助其理解指控罪名的条文、犯罪构成、从宽及从严的规定，在确保犯罪嫌疑人理解法条的基础上由犯罪嫌疑人结合自己的专业知识，提出辩解。以本案为例，通过与犯罪嫌疑人的对话，辩护人另外发现犯罪嫌疑人在本案中虽为安全员，但曾经具有过爆破员的从业资质，而该资质在辩护人辩护意见体系中，用来正面应对侦查机关的诸多指控内容，尽可能地消解积累在犯罪嫌疑人身上的“过错”。

第二，重视指控材料中隐含的办案指引。本案中事故调查组所出具的调查报告是极其重要的证据材料，无论是将其作为鉴定意见还是书证，其关于事件经过、事故直接原因与间接原因、处理意见方面的叙述，既可浓缩为案件大致的办理方向，也为辩护人进行了“科普”。辩护人根据该调查报告找到《爆破安全规程》（GB 6722－2014），再根据《爆破安全规程》（GB 6722－2014）的名词解释、操作规程，如“高温爆破”“双发雷管”等结合犯罪嫌疑人的辩解、案件卷宗所呈现的情况检验调查报告来

判断起诉意见书的归纳是否正确。

二、根据犯罪构成,从结果到原因,正面应对侦查机关的指控事实,判断关联性

危险物品肇事罪是过失犯罪,除需要有法律规定的犯罪后果外,还需要确认过失行为和犯罪结果之间的因果关系。因果关系是行为和结果之间的引起与被引起的关系,一定的类型行为通常会引起一定的类型结果。辩护人根据该思路,将案件所呈现的结果进行分类,并按照类别逐项判断相应结果与行为、与刑事责任的关联性。

调查报告认定本案爆炸事故造成了3死4伤的人身伤亡结果,以及直接经济损失386.95万元的财产损失,无论是哪一项结果,都足以使法院对三名被告人判处3年以上有期徒刑。但是经过相关结果的分析,辩护人注意到对于经济损失而言,该"直接经济损失"实质上是工伤保险基金在本案中支出的费用,既定性错误,也欠缺关联。从工伤保险基金的设立目的、触发条件和社会意义角度上讲,工伤保险基金所支出的费用属于必须支出的费用,属于实现该制度设置、基金设立社会目的的情形,欠缺被评价为"直接经济损失"的根据;同时类比推理2011年8月1日最高人民法院、最高人民检察院发布的《关于办理危害计算机信息系统安全刑事案件应用法律若干问题的解释》(法释〔2011〕19号)第11条第3款"本解释所称'经济损失',包括危害计算机信息系统犯罪行为给用户直接造成的经济损失,以及用户为恢复数据、功能而支出的必要费用",直接经济损失除了直接性(因果关系),还应当要体现犯罪行为带来的负面损害(无端支出)。由于工伤保险基金的特殊性,该基金的赔付系应当赔付,很显然,事故调查组是将金钱的"支出"混同为了"损失"。

对于人身损害结果而言,侦查机关将犯罪嫌疑人一系列的违规事实,与案件结果之间建立联系。对于犯罪嫌疑人而言,在案中确实存在很多不当的举止,但是如果以类型化的思维审视,并结合在案证据可以得出类型化的违规行为可能导致的类型结果并不包括导致盲炮爆炸。操作规程中与盲炮爆炸最为直接的联系是犯罪嫌疑人未尽到爆后的检查义务,这也是进行类型化审查后所需要重点讨论的行为。事故调查组、侦查机关所认定的爆破作业性质或是欠缺根据,如认定本次爆破属于高温爆破中的热凝聚物爆破,但本次爆破实际上是冷炉爆破,即常规爆破;或是无法建立犯罪嫌疑人违规行为与危害后果之间合法的联系,如认为犯罪嫌疑人存在违规敷设线路、检查起爆网络和起爆等行为,但犯罪嫌疑人曾有爆破员资质,具备作业能力,即便违规敷设线路、检查起爆网络,也无法建立与盲炮爆炸之间的联系。一言以蔽之,犯罪嫌疑人的行为定性上都是违规行为,但是根据距离构成要件结果的远近,可以进行分类辩论,寻找并甄别出真正关联的指控行为;如果未区分真正的犯罪关联行为,则可能会在面对众多违规行为时,对己方当事人的疏忽大意产生先入为主的偏见,不利于客

观沟通与审查。

三、针对焦点行为，提出疑点，有破有立，以疑罪从无博取缓刑的处理结果

第一，本案社会影响重大，当地安检口及政法系统多名领导因该事故被追责，无论如何，即便发现可能存在无罪的辩护空间，求取无罪结果可能会遭遇极大的压力。此时辩护人应当与犯罪嫌疑人释明利害关系，就辩护方向进行沟通，由犯罪嫌疑人在充分理解之后选择辩护方向。本案中，经过详细的沟通，求取人身自由、争取缓刑是本次辩护的首要目标。

第二，本次辩护的首要目标是追求缓刑，使之落地的辩护方式主要是因果关系的存疑无罪与有责层面的责任削弱。

关于因果关系的存疑无罪。本案中，通过对违规行为的类型分析，辩护人及同案嫌疑人辩护人均认为犯罪嫌疑人未进行100%的盲炮检查具有合理性，因此均进行了立场一致的辩护。本案中的存疑无罪主要体现于爆炸原因不明。辩护人经审查发现在案证据关于爆炸原因的枚举与排除中缺少了对气体爆炸的论述，而且从被害人的爆后位置、可能的爆炸地点、爆后现场状态、被害人的伤势表现、割炬的燃料等因素分析，均无法排除气体爆炸的可能。更重要的是，在本意见提交之后侦查机关进行补充侦查，相应的侦查结果表明，已无法查明爆炸的真实原因，进一步地削弱了检察机关承办人的心证。

关于有责层面的责任削弱。有责性的本质是可谴责性，本案中当事人的有责性主要体现在应详细检查而未详细检查，那么对于有责层面的责任削弱，就应当围绕当事人未能详细检查的原因进行。至于原因如何展开，可以通过现场条件、检查方式、检查标准、检查目的等角度展开，判断当事人的未进行100%检查，是否符合当时的实际情况，是否具有扎实的抗辩根据。

四、此类案件属于悲剧，不是有心之举，辩护人在分析过错时，应当为死伤者致哀，为己方当事人保留尊严

此类案件无论处理结果如何，均是悲剧。己方当事人是老实的工人，从未接触过此类事件，即便有脱罪的机会，在道德上也会背负一生一世的负担。因此辩护人在与己方当事人的沟通中，需要积极地疏导其心理郁结，将其愧疚的心理转化为对死伤者及其家属最大的歉意，需要在庭上发表辩论意见时还原己方当事人当时的认识因素和意志因素，为其说出想说而说不来的话，承认其过错而辩解其过错，辩解其过错而不否认客观上的危害事实，尊重客观事实而展现出认错悔过、认事服判的姿态，求取死伤者及其家属的真诚原谅、公诉人及法官的认同。

（承办人：王杰）

从主犯到从犯，从数罪到一罪

——张某某涉嫌“套路贷”催收案件建议适用缓刑案

【案件概况】

2017年12月18日，被告人陈某某出资在河南省郑州市设立河南×公司（以下简称×公司），该公司由被告人刘某负责具体业务，由被告人张某某任法人代表。×公司于2018年7月起为多家网贷App办理有偿催讨业务，逐渐形成了以被告人陈某某、刘某为首，被告人靳某某等人为重要成员，被告人张某某等人为一般成员的恶势力犯罪集团。该恶势力犯罪集团有严密的工作纪律和管理制度。在催讨过程中，该恶势力犯罪集团通过电话、短信、微信等方式辱骂、恐吓、发送PS图片滋扰借款人及其亲友，迫使其还款，严重干扰了数百户家庭的正常生活秩序。该恶势力犯罪集团为攫取高额非法利益，又自创了其他“套路贷”借款平台，以低息为诱饵，隐瞒“砍头息”“逾期费”等方式骗取被害人的财产。该恶势力犯罪集团在发展过程中，还侵犯公民个人信息数万条。被告人陈某某、刘某、靳某某、张某某等人的行为严重侵犯被害人的人身、财产权利，扰乱了经济、社会生活秩序，造成较为恶劣的社会影响。

张某某被指控为×公司担任法定代表人并提供银行卡为公司催收所用，涉嫌寻衅滋事罪、敲诈勒索罪、侵犯公民个人信息罪。

张某某因本案于2019年2月25日被某区公安分局刑事拘留，后公安机关将案件移送检察机关审查逮捕，同年3月21日被执行逮捕。同年5月8日因本案被某市检察院批准延长侦查羁押期限一个月，同年6月14日因本案被某省人民检察院批准延长侦查羁押期限两个月。

2019年7月22日，某区公安分局将案件移送至某区人民检察院审查起诉。辩护人提交了审查起诉阶段辩护意见。

2019年9月6日、11月21日，某区人民检察院以部分事实不清、证据不足两次退回补充侦查。

2019年10月6日、12月19日，某区公安分局补充侦查完毕后，两次重新将案件移送回某区人民检察院。辩护人根据补充侦查的新证据材料，有针对性地提出多份补充辩护意见。

2020 年 2 月 2 日,某区人民检察院经审查后,采纳了辩护律师的部分意见,认定张某某仅涉嫌构成寻衅滋事罪一罪,系从犯。

2020 年 2 月 2 日,本案起诉至 S 区人民法院,辩护人在审判阶段递交若干份庭前辩护意见,并持续与检察官沟通,最终在审判阶段与检察院就量刑建议达成共识。检察院对张某某适用认罪认罚从宽程序,并对其作出缓刑的量刑建议。

【审查起诉阶段辩护意见】

第一部分 敲诈勒索罪

一、从×公司层面出发,为其他网贷平台进行催收的行为不符合敲诈勒索罪的构罪要件

(一)从客观方面看,×公司的催收行为不是敲诈勒索罪构罪情节中的“威胁”行为

1. 从学理角度分析,“威胁”的暴力强制程度更深,以“恐吓”评价催收行为更为恰当。

敲诈勒索罪的核心规定在于对被害人产生心理强制。通常本罪的客观行为为使用暴力或者以暴力相威胁,而以非暴力的胁迫手段所形成的心理强制,应当与在暴力手段下形成的强制程度具备相当性。敲诈勒索罪的威胁行为是指以恶害相通告迫使被害人处分财产,即如果不按照行为人的要求处分财产,就会在将来的某个时间遭受恶害,包括对被害人及其亲属的生命、身体自由、名誉、人格等进行威胁。“软暴力”的威胁手段,要达到足以压制被害人的自由意志,但尚未达到使其不敢、不能、不知反抗的地步,从而使被害人自由交付财物的有效性缺失。

在寻衅滋事罪中,“软暴力”表现为通过恐吓的方式对被害人进行滋扰。其一般是指,通过毁人名誉等手段损害他人人格、名誉,或者不直接作用于被害人身体的行动(如摆花圈),以展示实力、吓唬他人,使他人内心产生恐慌或者屈从,尚未达到抢劫罪和敲诈勒索罪的犯罪标准,但严重侵犯被害人精神安宁,妨害社会管理秩序,情节严重的行为。辩护人认为,涉案催收行为从学理上评价,尚未达到同暴力威胁具有相当性的程度,综合全案证据,×公司的催收行为并未达到足以压制被害人自由意志的程度,不宜以敲诈勒索罪进行评价。即便催收行为构成犯罪,以寻衅滋事罪中的“恐吓”进行评价更为恰当。

2. 从司法实务看,《刑法》设置寻衅滋事罪,有很强的补充作用。

在侵财型犯罪中,行为人使用暴力、威胁、胁迫等手段,获取财物的,按照重罪到轻罪的顺序,判断其是否构成抢劫罪、敲诈勒索罪或寻衅滋事罪。如果构成前两者犯

罪,则不以寻衅滋事罪定罪处罚。寻衅滋事罪的定位是,在犯罪行为尚未达到抢劫罪、敲诈勒索罪的暴力压制程度的,则以此罪定罪处罚犯罪人。

3. 从证据证明角度出发,结合关于“软暴力”的规范性文件分析,本案×公司团队的催收行为仅达到“足以影响正常生活”“使他人内心产生恐慌或屈从”的滋扰型“软暴力”的程度。

传统胁迫型“软暴力”的核心构成要素是“足以使他人产生恐惧、恐慌进而形成心理强制”(以敲诈勒索罪为例)。“两高两部”《关于办理实施“软暴力”的刑事案件若干问题的意见》第 1 条、第 2 条明晰了新型滋扰型“软暴力”手段的特点,该类手段的核心构成要素是“足以影响、限制人身自由、危及人身财产安全,影响正常生活、工作、生产、经营的违法犯罪手段”。

通过查阅案卷可知,本案催收人员在被害人表明无力还款时,便采用 P 图,通过对被害人宣称知悉其本人和亲属的住址、工作、行踪轨迹等信息,要其“小心一点”,又或告知要“爆”被害人通讯录或者向被害人家中寄花圈等方式对被害人进行滋扰,使其精神生活安宁遭到破坏。根据本案多名被害人陈述,可以得知催收行为对被害人的生活造成了很大的困扰,已经达到影响正常生活的程度,但在案证据却难以证明,×公司的催收行为对被害人的心理滋扰程度与敲诈勒索罪要求的心理强制具有相当性。

因此,从学理、司法实践和证据证明角度来看,辩护人认为,即便本案的催收行为构成犯罪,也至多属于滋扰型“软暴力”中的“使他人内心恐慌”“影响他人生活”的手段,而尚未达到敲诈勒索罪要求的“足以产生心理强制”的客观行为要求。

(二)从主观方面看,×公司的催收团队不具备非法占有之目的,而有无非法占有目的是敲诈勒索罪和寻衅滋事罪的本质区别之一

Z 省高级人民法院、Z 省人民检察院、Z 省公安厅(以下简称 Z 省公检法)于 2019 年 7 月出台的《关于办理“套路贷”相关刑事案件若干问题的纪要》(以下简称《“套路贷”纪要》)第 1 条列举了通过设置“套路”形成虚假债权债务关系的多种名目。该纪要第 2 条规定,以非法占有为目的,是“套路贷”的本质属性。在“套路贷”案件中,只要有“套路”,就可认定非法占有目的。

×公司是网贷公司外包催收的公司,因此分析催收团队是否参与实施了“套路”以及是否明知债权债务是虚增的,是分析其主观目的的关键。辩护人认为,在×公司催收团队为网贷公司进行催收的过程中,并不具有非法占有的目的,具体理由如下:

1. ×公司的催收过程并无增设或者帮助增设“套路”的行为。

根据×公司管理层刘某、靳某某、王某某的供述可知,×公司是专门给金融机构、银行、网贷 App 平台办理逾期贷款催收业务。根据已经查明的催收业务模式,×公司与甲方谈好催收业务及佣金后,甲方即会将催收信息账号交给×公司,业务员通过

账号登录系统，即可看到借款人的信息，包括其紧急联系人、借款金额（本金）、应还款金额、逾期费等。贷款公司对×公司提的条件是借款人还款一般只能减免利息，低于本金不能结案，故催收员一般都会让借款人还本金。因此，在单纯为其他网贷公司催收的过程中，业务员仅根据已有的信息告知被害人还款额度，且该还款额度早已由网贷平台明确设置。即便上述网贷平台涉嫌诈骗、敲诈勒索等犯罪，因×公司没有参与虚增债权债务的行为，且其在实施催收行为的过程中也没有实施额外的虚增额度或者多平台借款平账的手段，使被害人归还超出甲方规定的“应当”还款的额度。因此，客观上×公司催收团队并没有参与实施或帮助其他平台实施《“套路贷”纪要》规定的虚增债权债务的“套路”行为。

2. 在案证据无法证明×公司催收团队明知催收的是虚增的债权债务。

2018 年 3 月 18 日 Z 省公检法《关于办理“套路贷”刑事案件的指导意见》第二部分“案件定性”第 3 项规定，在“套路贷”犯罪案件中，相关犯罪嫌疑人、被告人不明知真实借贷情况，帮助实施故意伤害、非法拘禁或者滋扰被害人及其近亲属正常生活行为……符合故意伤害罪……寻衅滋事罪……构成要件的，对该部分犯罪嫌疑人、被告人以相关罪名追究刑事责任。

从共同犯罪角度看，成立共犯的前提是具备共同故意。对于如何审查判断行为人是否“明知他人实施‘套路贷’犯罪”，应当结合行为人的认知能力、既往经历、行为次数和手段；与同案人、被害人的关系及获利情况；是否曾因“套路贷”受过处罚；是否故意规避查处等主客观因素综合分析认定，即主要是根据客观事实和行为人的认知能力来认定主观故意。

根据本案客观情况，×公司成立之初的定位是为金融机构和银行提供催收服务，虽然后续服务了网贷平台，但其对于网贷平台的债务形成过程并不知晓，不具备明知的条件和渠道。关于“套路贷”通过“套路”成立的债权债务是否为虚增，×公司的成员不具备相应的知识和专业的判断能力。对于×公司催收团队而言，其根据“高利贷”属于灰色地带，可以收取高额利息的习惯性认识来判断，也不可能知晓催收的是虚增的债权债务。因此，从认知能力、既往经历等层面综合分析判断，其都不具备明知的条件，也不具有非法占有的目的。

3. ×公司催收团队没有非法占有“意向金”的目的。

根据刘某、李某某等人的供述可知，×公司催收团队收取的“意向金”是一个暂收款，最终会返还给被害人。催收过程中业务员收取“意向金”的初衷是：借款人准备还钱，但暂时不能全额还款，而业务员害怕催收任务无法完成且钱还到其他平台，就暂时让债务人将已有的部分款项暂存于×公司，等债务人把钱凑齐了，催收员再把钱退给债务人，由债务人直接还到网贷平台上。如果债务人放弃债权，×公司会将“意向金”退还给被害人。×公司担心员工不如实把钱退给被催收人，因此“意向金”

统一由李某某保管。从暂存和最终退还给被害人的客观情况可知,×公司收取“意向金”并非额外地增加被害人负担债务的行为。自始至终×公司的催收团队都没有非法占有“意向金”的事实或目的,显然其不具有非法占有他人财物的故意。

(三)从法益角度看,涉案催收行为侵害的是社会管理秩序

敲诈勒索罪规定于《刑法》分则第五章侵犯财产罪的章节中,本章犯罪侵犯的法益包含公私财物的所有权,以及他人的人身权利或者其他权益。寻衅滋事罪规定于《刑法》分则第六章“妨害社会管理秩序罪”中,该章节所保护的法益内容必须含有社会管理秩序。本章犯罪保护的是公民免于恐惧的自由和社会生活的安宁和平稳。

从本案×公司员工采取的催收手段看,其主要通过影响被害人的声誉和社会评价,不间断地发信息,或半夜发信息等方式,滋扰被害人的正常生活安宁,从而使被害人产生内心的恐慌和精神压力。本案多名被害人均作出了相似的陈述,即自己的名声和正常的生活秩序因此受到了非常大的影响。×公司催收团队的催收行为主要侵害的是公民正常生活的秩序和精神安宁的权利,倘若以敲诈勒索罪评价催收行为并不符合罪刑法定的基本原则。

(四)从规范角度看,单纯的事后催讨行为并不构成“套路贷”的共犯,应对讨债行为单独进行评价

1. 事后催讨行为不是“套路贷”也并非“套路贷”的必备要素。

Z省检察院副检察长黄生林在就《“套路贷”纪要》答记者问中,明确提到:《“套路贷”纪要》对“套路贷”的构成要素进行了细致分析……非法讨债不是“套路贷”的构成要素,没有使用“套路”的,不属于“套路贷”。对于《“套路贷”纪要》的理解“第三,非法‘讨债’不是‘套路贷’的必备要素,其在正常的民间借贷领域包括高利贷中都存在”。实践中,“套路贷”一般有两个阶段:通过“套路”形成虚假债权债务阶段和运用多样化手段进行讨债阶段。其中,第一个阶段是“套路贷”的核心,实践中也有不少被害人未经催讨就“还”清了虚假债务,但这并不影响“套路贷”行为成立诈骗犯罪。第二个阶段讨债行为是否非法并不是“套路贷”的评判要素,而是是否需要同第一个阶段行为进行整体或共同评价的问题。

2. 事后催讨行为不与“套路贷”成立共同犯罪。

《“套路贷”纪要》第9条规定:仅参与采用非法手段讨债或以虚假事实提起诉讼、仲裁,构成犯罪的,以其具体行为构成的相关犯罪论处。Z省高级人民法院刑一庭副庭长梁健在就《“套路贷”纪要》答记者问中,明确提到,如果相关人员前期没有参与形成虚假债权债务,后期即使是明知他人实施“套路贷”犯罪而帮助采取诉讼、仲裁或故意伤害、非法拘禁罪、寻衅滋事、敲诈勒索等行为予以讨债的,也不能认定为“套路贷”的共犯,具体行为若触犯其他罪名,符合相关犯罪构成要件的,就以相关罪名追究刑事责任,不宜以“套路贷”共犯处罚。

具体到本案中,×公司催收团队在为其他网贷平台提供催收服务中的某些不当行为即便触犯《刑法》,也至多被认定为《“套路贷”纪要》中的“仅采用非法手段讨债”的行为,仅单独涉嫌寻衅滋事罪,而并非与贷款公司成立诈骗罪或敲诈勒索罪的共犯。

二、从“七A”“畅B”两放贷产品层面出发,张某某均未参与其设立、运营和管理

根据本案已经查明的事实可知,“七A”和“畅B”是具备贷款功能的产品。根据刘某的供述,“七A”是他尝试的第一个贷款项目。“七A”的参与人员有刘某、王某1、李某某、沈某某和陈某某。2019年1月刘某正式成立了非C科技有限公司,“畅B”是公司的一个产品。“畅B”的参与人员包括刘某、靳某某、王某2、沈某某、王某1和李某某。根据刘某和李某某等人的供述可知,张某某并未参与放贷项目的运营和管理,即便客观上张某某提供给×公司的微信账号名称改为“畅B”。但根据刘某和李某某的在案供述可知,是刘某操作微信账号修改了名称,且张某某并不知情。根据张某某本人的供述,其对于“七A”和“畅B”的存在也完全不知情,该供述不仅与刘某等人的供述相印证,也能通过在案的微信数据加以印证。辩护人认为,张某某并不应当对两类放贷产品的相关犯罪情节承担刑事责任。

三、从张某某个人层面出发,张某某不具有非法占有他人财物的目的的共同故意,不构成敲诈勒索罪

(一)张某某仅是×公司的挂名法定代表人、股东,不参与×公司及×公司衍生产品的经营管理

根据本案在案其他人员的供述:首先,作为最了解×公司实际情况的负责人刘某在供述中明确讲到,张某某是职业法人,对公司的情况都不知道。刘某也并未告知张某某关于“七A”和“畅B”的任何情况。其次,×公司的管理层成员王某2、李某某、靳某某在供述中均指出,张某某是×公司的法定代表人,但都没有提到张某某参与了×公司日常经营管理。且刘某、李某某、王某2、靳某某、盛某在笔录中均提到了×公司管理层的人员,但均没有提到张某某属于管理层人员。其中李某某明确指出“公司老板不是张某某,张某某跟我是很熟的”,亦证明了张某某并不是×公司的管理者。最后,×公司有部分业务员提到了张某某是“老板”,是“法人代表”,“可能”“应该”知道×公司的情况。辩护人认为,第一,业务员并不熟悉张某某,仅仅通过常识判断作为一个公司法定代表人熟知公司的日常经营情况的结论并不具有客观性;第二,该类供述多为猜测性供述,且与刘某、李某某等熟悉×公司情况的管理人员的供述相矛盾,亦与客观事实不符,不具有客观性,并不能够证明张某某实际系×公司老

板或管理层人员之一。

根据张某某辩解，其是基于刘某的要求，且刘某提出公职人员不便做法定代表人的情况下，想着帮朋友一把，加上×公司的实际出资人是陈某某，陈某某又是其老板，其才同意担任×公司法定代表人。张某某不仅仅是×公司的法定代表人，也是金×科技有限公司、河南鸿之图网络公司的法定代表人。这几家公司均有陈某某、刘某、王某1参与，张某某、刘某、王某1三人分别负责不同的公司。张某某负责金蜜蜂公司的化妆品业务，但不参与×公司的日常经营管理。张某某的辩解与刘某、靳某某等人的供述能相互印证。因此，张某某仅仅是×公司的挂名股东、法定代表人，其不知道×公司的催收业务的基本情况，也并不知道×公司的管理层运营了其他放贷产品。

（二）张某某不知道也不可能知道催收的是虚增的债权债务

张某某作为挂名股东、法定代表人，不关心×公司经营状况，且仅有几次来到公司找刘某闲聊时，才在无意中听到员工在打电话催讨，其仅以为员工催讨的是刘某在设立×公司之初就声称的中信银行信用卡逾期业务。张某某的参与程度、认知能力、既往经历都不具备使其知道×公司催收的会是虚增的债权债务，更不可能知道是“畅B”产品中虚增的债权债务。

综上，张某某主观上不明知×公司员工催收的债务中会有虚增的，足见其不具有非法占有他人财物的目的的共同故意，其行为不符合敲诈勒索罪构罪要件。

综上所述，从×公司层面来看，为其他网贷平台进行催收的行为并不符合敲诈勒索犯罪的构罪要件，独立的催收行为也不与其他平台成立敲诈勒索犯罪的共犯，以寻衅滋事罪评价×公司团队成员独立的催收行为更符合罪刑法定原则。从两放贷产品层面，张某某与此无关。自始至终张某某仅仅担任了×公司的挂名股东、法定代表人，并未参与×公司的实际经营管理，不清楚公司的实际运营情况和衍生产品情况，其主观上不具有非法占有的共同故意，不构成敲诈勒索罪。

第二部分　寻衅滋事罪

一、张某某提供身份信息和支付账号的行为属于中性业务活动，并没有提升、促进寻衅滋事罪的危险性，不应当成立寻衅滋事罪的帮助犯

所谓中性业务活动，是指为满足社会生活的一般需要而提供的，从外观上看通常可以反复继续实施，具有可替代性的业务行为。辩护人认为，自然人为企业提供身份信息或支付账户的行为是可以多次实施且具有可代替性的行为，其本质上与中性业务活动相同，应当以中性业务活动看待这类行为。

事实上，大多数中性业务活动本身并不具有犯罪性质，但是客观上可能为其他犯罪人所利用、操纵，对正犯的犯罪起到促进作用。中性业务行为是否构成共犯在实务

界和理论界均存在重大争议,但不论从何种角度分析,张某某的涉案行为均未达到帮助犯罪的程度。

(一)无论从司法实践角度还是主观归责立场抑或客观归责论层面分析,张某某的涉案行为都不属于“不被允许的危险性中立行为”,主观上张某某未达到帮助犯的故意的认识程度

1. 担任职业法定代表人的行为并不属于具有法益侵害性的帮助犯行为。

司法实务立场和主观归责学说均要求要先考虑中性业务活动的法益侵害性,分析行为本身给法益带来的危险是否达到了足以作为“帮助”看待,再去分析行为是否构成帮助犯。

结合本案案情,张某某担任挂名股东、法定代表人,提供支付账户的行为,在客观上并不具有法益侵害性。从正常商业角度看,自然人担任某一企业的挂名股东或者法定代表人,或为企业提供银行卡等现象较为普遍。这类行为因其具有高度可替代性,在公司合法运营时并不会成为企业成长和发展的重要因素,当然也不可能在公司涉嫌犯罪的境况下成为企业涉嫌犯罪时增加犯罪行为的法益侵害性的助力。所以,自然人作为挂名股东、法定代表人以及为企业提供银行卡的行为并不属于具有法益侵害性的帮助犯行为。

2. 担任职业法定代表人的行为并不属于客观归责论下的“强化、促进正犯的危险制造和实现”的帮助犯行为。

(1)在客观归责论前提下,对中性业务活动的参与行为的可罚性进行判断,必须考虑发生的结果是否由该当特定构成要件的帮助行为所引发,该结果能否客观上归属于帮助行为,从而限定处罚范围。

(2)从行为对法益侵害的危险性角度看,如果某种行为没有制造法所禁止的危险,并未达到值得作为共犯处理的危险性,而不具有客观归责可能性,就应该否定其成立中立行为成立帮助犯。在国外的司法实务中,对知道他人可能进行犯罪活动而提供日常生活意义上的帮助的,只要该帮助行为是其正常的业务行为,通常不定罪处罚。

(3)从行为对增加法益侵害的危险程度看,判断犯罪帮助行为要看行为是否增加、提升了“促进正犯实行犯罪”的紧迫而现实的危险。如果仅仅增加了一定程度的危险,但并未增加紧迫、现实的危险,不能成立帮助犯。

回归到本案,即便采用“条件说”——没有张某某提供身份信息和收支账号的行为,×公司就无法从事催收业务,从形式上认定该行为客观上对犯罪有所助益,但挂名法定代表人、股东、提供支付账号的行为本身就是经济活动中为在形式上满足设立企业的条件而经常使用的市场手段,在司法实践中也通常能够通过股权穿透等手段对实际负责人追责。张某某的涉案行为,于“软暴力”催收而产生的各种严重的社会

危害后果而言,既不是诱因,也不是增加催收行为的社会危害程度的因素,张某某的行为未达到值得作为共犯处理的危险性。因此从客观归责论角度看,张某某的行为并不具有客观归责可能性。

3. 张某某有理由相信×公司经营合法业务,其主观上无法认识到涉案行为的性质及其危害后果。

从常识常情常理看,在存在正常分工合作的场合,任何人都有权信赖他人不去故意犯罪。行为人没有明确倾向的,实施中性业务行为者即可信赖他人不会利用该业务去犯罪,从而无法认识正犯的实行行为及其危害后果,无从成立共犯。中性业务活动的行为者仅仅有一般的忧虑,在其援助别人时,有理由相信别人的行为是合法实施的。

结合本案来看,陈某某组织刘某、张某某等人分别成立主营业务性质不同的几家公司,每个人之间互为挂名股东或法定代表人,但每个人仅对自己实控的公司负责。张某某管理的金蜜蜂公司经营化妆品业务,无论是从其生活经验还是对朋友的信任出发,其都有理由相信×公司经营的中信银行信用卡逾期业务催收也属于合法业务。在此前提下,张某某不可能对催收行为的主观故意和危害后果等有任何认识,从共犯从属性角度看,张某某并不具有共同犯罪的故意,不成立寻衅滋事罪的帮助犯。

(二)在司法判例层面已经出现了对中性业务行为不予定罪的情形

江西省南昌市中级人民法院在(2014)洪刑二初字第9号刑事判决书中对23名共犯宣告无罪。一审判决后,南昌市人民检察院提起抗诉,部分被告人提出上诉。江西省高级人民法院二审驳回抗诉、上诉,维持原判。一审、二审法院对23名共犯宣告无罪的理由均为:(1)整个犯罪由主犯周某某一手策划,该23人完全按主犯的意思具体执行;(2)这23人在犯罪单位仅领取基本工作报酬;(3)该23人涉世未深,辨别公司业务真假"确实困难";(4)该23人在公司工作时间均较短,在犯罪中的作用小。

法院在判决书说理部分所指出的"该23人涉世未深,辨别公司业务真假'确实困难'"以及他们"仅领取基本工作报酬"的说法,其原因是该23人介入犯罪的程度浅,其业务行为仅属于通常的公司业务,具有中立性,行为人对正犯危险性缺乏特别认知,因而难以进行客观归责。周光权教授分析本案称,本案的处理特别提示我们:对于无相关职业经历、专业背景且从业时间短暂,在单位犯罪中层级较低,纯属执行单位领导指令的犯罪嫌疑人提出无罪辩解,如确实无其他证据证明其对正犯的危险性有特殊认知,不应当将其作为共犯处理。

结合在案证据,本案与上述案例相似,从认知能力、既往经历等层面综合分析判断,张某某对于×公司管理层和员工的催收行为的社会危害性并不具有明确的认知;且张某某在公司设立后对公司业务一无所知,对公司业务也未起到实质性的助力作用,更没有从×公司获取任何收入;张某某介入犯罪的程度浅,且提供信息的行为具有中立性,应当认定张某某的行为属于《刑法》第 13 条“情节显著轻微危害不大的”不认为是犯罪的情形。

二、即便认定张某某构成寻衅滋事罪,从实行行为角度看,张某某作为挂名股东、法定代表人,仅实施了提供身份信息和收支账户的帮助行为

(一)从身份上看,张某某仅作为挂名股东、法定代表人,而非公司实际管理层人员

如前文所述,结合×公司实际管理人刘某的供述和张某某本人的辩解,张某某并未参与×公司经营管理,其仅在最初刘某的介绍和后期偶尔来公司的情况下,知道×公司业务是催收,对于×公司的具体情况并不熟知。且张某某作为挂名股东、法定代表人,在刘某参与的公司中还担任其他三家公司的法定代表人,包括金蜜蜂不良资产处置有限责任公司、金×科技有限公司、河南鸿之图网络公司。此情况更加印证,张某某担任挂名法定代表人的情况比较常见。

同时,根据张某某辩解,作为挂名法定代表人,有一些网络贷款 App 公司会打电话寻找合作,此时张某某都会直接把刘某的电话或者微信名片发给甲方,让他们具体和刘某联系,其对后续业务开展情况并不清楚。该辩解也能够得到靳某某笔录的印证。

(二)从公司运营角度看,张某某仅在刘某的要求下提供了身份信息和收支账号

1. 张某某并未提供办公场地和用具给×公司。

根据刘某、张某某、盛某等人的供述可知,最早×公司办公地点在郑州市正商蓝海广场 2 栋 6 楼。该处是张某某实际负责管理的金×科技有限公司原地址,但是由于房租没有到期,便由×公司入驻。根据全案证据可知,金×科技有限公司、×公司均是陈某某投资的公司,陈某某系实际控制人,而刘某亦是有关 4 个公司的主要参与人员。由此可知,×公司最初场地实际上也是陈某某提供的,张某某并未为×公司提供办公场地和办公用具。

2. 张某某仅根据刘某要求提供了账户并开具了公司公户。

根据刘某和张某某的笔录可知,因为张某某的微信是以前金×科技有限公司的企业号,有很多东西不受其限制。为了便于开展业务,2018 年 3 月左右,刘某向张某某要了张某某的微信和支付宝账号、招商银行卡。由于张某某是法定代表人,公司的公户应当由其注册,为了配合陈某某、刘某公司的运营,张某某虽有过犹豫也在刘某要求下开设了公户。刘某在供述中明确提到,张某某的微信之后由李某某使用,张某某的银行卡和支付宝也均由公司掌控,与张某某无关,张某某并未参与任何关于公司财务的事宜。由此可见,刘某、张某某同为陈某某工作,张某某作为挂名股东、法定代表人,只是为了公司需要才提供了相应的个人信息。在张某某提供上述信息时,其并不知道×公司会从事违法催讨行为。

(三)一年多时间中,张某某去×公司的次数极为有限,并且其去×公司也非为了工作需要

根据在案言词证据可知,张某某几乎不去×公司,不参与×公司经营管理。根据在案证据,张某某仅有的几次来×公司,一次是张某某搬东西到×公司,另一次是替朋友向×公司员工推荐了房产。根据张某某的家庭情况,在×公司运营期间,正值其父亲重病住院,其原本负责运营的河南鸿之图网络公司也因此转由王某1管理。此情况也能够印证,张某某不可能有时间和精力去了解和管理×公司的运营情况。

三、从主观目的角度看,张某某不具有寻衅滋事的直接故意,×公司存在不法催收行为出乎其意料,因此张某某的主观故意应当与刘某、王某2等人加以区分,其主观上至多属于间接故意

1. 从决定公司经营内容上看,陈某某、刘某是决定×公司运营催收业务的主导者。根据刘某本人的供述,其在2018年通过一个朋友了解到催收公司的情况后,决定涉足此行业并付诸行动。刘某在决定开设催收公司后,才告知张某某并和其商量挂名法定代表人事宜,此前决策行为张某某并未参与。×公司的出资人是陈某某,陈某某对×公司的经营模式非常清楚,并在幕后主导了公司的经营发展。

2. 从设立公司的动机上看,张某某是在刘某的一再要求下,碍于情面,帮忙担任挂名股东、法定代表人。结合刘某的供述可知,是刘某主动提出让张某某担任法定代表人。张某某和刘某一样是为陈某某工作,因其认可刘某的能力才答应担任公司的法定代表人。

3. 从犯罪故意角度看,张某某并没有寻衅滋事的直接故意。张某某在笔录中多次讲到,刘某告知其公司主要办理中信银行信用卡逾期的催收业务。结合靳某某的笔录可见,张某某前期一直以为×公司是为中信银行信用卡提供合法合规的催收服务。张某某本人讲到,2018年10月、11月,其才知道×公司还为网贷平台提供催收服务,对此完全出乎其预料。从张某某拒绝刘某一起合作运营催收公司,到张某某以为×公司仅为中信银行提供服务才答应担任法定代表人,足见张某某是希望×公司合法合规经营的。其只是到了后期才意外知晓网贷催收业务的存在,可见张某某并没有寻衅滋事的直接故意,何况其只是挂名股东、法定代表人,即便知道×公司为网贷平台提供服务,其也不具备阻止犯罪的能力。张某某的主观故意显著区别于明确知道×公司催收情况的其他同案犯,而且即便要对张某某定罪处罚也应从张某某明知×公司存在网贷催收且催收方式不合法开始计算。

四、相较于靳某某、盛某、王某2、李某某等人,张某某的地位更低,作用更小,应当认定为从犯,并对其减轻处罚,这样方能体现罪责刑相适应原则

(一)从业务角度看,张某某没有承担任何职责,没有为公司的发展、创收起到实质性作用

根据刘某供述,关于公司管理层的情况,张某某、靳某某、盛某、李某某、王某2等人的供述和辩解也能够相互印证。

首先,根据在案证据,菲C科技有限公司的挂名法定代表人名叫苏某,苏某为该公司提供设立企业的身份信息,但并未成为本案的犯罪嫌疑人被采取刑事措施。辩护人认为,张某某的地位和涉案行为的性质与苏某在本案中的几乎一样,现公诉机关并不认为挂名法定代表人苏某的行为涉嫌犯罪,却认定张某某的涉案行为涉嫌犯罪,既是"同事不同罚"也违背了罪刑法定原则。

其次,靳某某作为商务总监,负责业务对接,同时借用其工作经验,为×公司后期业务的增长起到不可替代的作用。盛某作为×公司财务负责人,负责为陈某某投资的公司做账,并且发放公司员工的工资和提成,以及陈某某手下其他公司员工工资的发放。李某某作为人事总监负责×公司的人员招聘,以及人事奖金的发放,张某某提供的微信号也由李某某负责操作。王某2作为业务主管,负责×公司核心业务的管理,也最为了解×公司的业务模式。张某某并无实际职责,其仅在×公司成立时提供了身份信息,并未参与×公司的实际经营。故无论是从参与程度,还是从对公司经营发展的作用看,相比管理层人员乃至其他业务员工,张某某显然并没有对×公司的经营发展起到实质性作用,也并非不可替代的人。

(二)从报酬角度看,张某某并未实际从×公司获得任何收益

根据刘某、张某某和盛某的供述和辩解可知,张某某一个月5000元的工资并非从×公司所得,而是基于张某某为陈某某其他公司工作,由盛某另行发放。因此,×公司的经营状况与张某某无关。由此可见,相较于其他从×公司处获取固定工资加业绩提成的人,显然张某某的地位更低,作用更小。

(三)从能动性角度看,张某某一直处于被要求、被告知的地位

无论是从×公司设立之初,还是运营过程中需要帮助×公司进行操作的程序性事项,张某某一直是被刘某告知×公司是银行信用卡逾期的催收公司;被陈某某、刘某要求帮个忙去担任名义法定代表人;被刘某要求提供金蜜蜂公司的企业号;被刘某要求提供身份信息注册企业公户。张某某对于×公司的经营运营从未有过任何主动的行为,一直处于被要求、被告知的地位。

综上所述,张某某介入犯罪的程度浅,且提供信息的行为具有中立性,应当认定张某某的涉案行为与菲C科技有限公司挂名法定代表人苏某一般,属于《刑法》第13条"但书"不认为是犯罪的情形。退一步而言,即便认定其构成寻衅滋事罪,考虑到

主观上,张某某并没有寻衅滋事的直接故意,事后才无意中得知×公司存在为网贷平台催收的行为更是出乎其意料;客观上,张某某并非×公司管理人员,仅仅根据刘某的要求提供了个人信息。故其地位和作用显然远低于刘某、靳某某、盛某、李某某、王某2等人。张某某在涉嫌寻衅滋事罪层面,地位低,作用小,应当认定其系从犯。

第三部分　侵犯公民个人信息罪

一、客观上,张某某没有帮助侵犯公民个人信息的行为

根据在案信息,×公司在催收过程中,能够通过甲方提供的账号密码看到借款人的信息,包括但不限于借款人的身份信息、紧急联系人、通讯录等。起诉意见书认定2018年6月,×公司在催收过程中将1700余条公民个人信息非法保存。张某某既不是×公司的管理层,也不是×公司员工;其既不参与×公司的经营管理,也不熟悉×公司业务。其提供给×公司的身份信息及收支账号、银行卡,在客观上,对×公司的经营起到了一定的帮助作用,但张某某提供个人信息的行为与×公司对公民个人信息进行保存的行为之间并无刑法上直接的、必然的因果关系。因此张某某不应当对×公司其他员工收集、保存公民个人信息的行为承担刑事责任。

二、主观上,张某某不知道也不具备条件应当知道如何保存公民信息,其没有侵犯公民个人信息的直接或间接故意

第一,张某某不知道×公司员工有非法保存公民个人信息的行为。张某某不参与×公司的催收业务,其并不知道×公司具体如何进行催收,也不知道甲方提供的账号中可以看到公民个人信息,更不知道×公司员工会将公民信息进行保存。

第二,由于张某某前期一直以来认为×公司是为中信银行等银行提供催收服务。根据常识常情常理,对于被催收人信息的获取,其一直认为是银行方提供给×公司,且银行方并不会将额外的其他公民信息提供给×公司。只是到了2018年10月左右,张某某才知道有网贷催收业务的存在,但此时其也并不知道×公司在催收过程中有将公民个人信息保存的情况存在,也不可能预见到×公司员工会将公民个人信息进行保存。

综上,张某某不知道也不具备条件应当知道×公司实施了侵犯公民个人信息的行为。×公司保存公民个人信息的行为完全出乎张某某的意料。因此,张某某不应当对此承担刑事责任,其不构成侵犯公民个人信息罪。

第四部分 其他量刑情节

一、张某某过往表现良好，系初犯、偶犯

张某某在归案之前并无违法犯罪前科，其日常表现亦是忠厚本分。由于其十分信任陈某某和刘某，因此也根本不可能预见到上述二人会涉嫌犯罪。可见，张某某人身危险性较小，且系初犯、偶犯，可对其酌情从轻处罚。

二、张某某到案后如实交代的行为系坦白

到案后，张某某就已知的全部情况向公安机关如实交代，其认罪、悔罪态度良好，依照《刑法》第 67 条第 3 款之规定，构成坦白。

三、张某某愿意退出工资所得

即便张某某并未从×公司获得任何利益，其也愿意退出从陈某某处得到的工资。因此可以对其酌情从轻处罚。

四、倘若认定张某某涉嫌构成寻衅滋事罪，其愿意认罪认罚

张某某本人多次向辩护人陈述，在寻衅滋事罪层面倘若其确实涉嫌构成犯罪，那么其也愿意就该罪认罪认罚，尽可能地争取从轻处罚的结果。

【心得体会】

一、定性辩护，以事实为依据以法律为准绳

本案发生于"扫黑除恶"专项行动和严惩"套路贷"犯罪期间。Z 省在审理本案的时间段中，对于有"砍头息"的网络贷款案件基本上定性为"套路贷"，只要存在电话催收均认定涉案单位人员系恶势力团伙且具有非法占有之目的。但该类定性也引发了理论界的激烈争议。

辩护人在办理本案的过程中坚持针对当事人所涉嫌的三个罪名中的两个罪名作无罪辩护。这是因为案件的证据体系与张某某实际参与的行为，明显无法达到敲诈勒索罪与侵犯公民个人信息罪的构成要件，为无罪辩护提供了优质土壤。例如，针对敲诈勒索罪的指控，辩护人在本案的办理过程中，根据案卷证据，罗列被告人涉案的客观行为，并针对催收行为的客观构成要件与行为所反映的主观心态逐一进行分析，结合 Z 省公检法出台的文件，详细论证仅有催收行为不构成敲诈勒索罪。辩护人在面对有如此优势条件的案件时，只需要将案件事实进行梳理，在熟练掌握法律规定和

省级文件规定的基础上,将理论与实践相结合,大胆地提出无罪辩护,能收获不错的效果。

例如,在本案辩护意见中,辩护人重点突出了Z省的会议纪要文件的内容。2018年3月18日,Z省公检法《关于办理"套路贷"刑事案件的指导意见》第二部分"案件定性"第3项规定,在"套路贷"犯罪案件中,相关犯罪嫌疑人、被告人不明知真实借贷情况,帮助实施故意伤害、非法拘禁或者滋扰被害人及其近亲属正常生活行为……符合故意伤害罪……寻衅滋事罪……构成要件的,对该部分犯罪嫌疑人、被告人以相关罪名追究刑事责任。

从共同犯罪角度看,成立共犯的前提是具备共同故意。对于如何审查判断行为人是否"明知他人实施'套路贷'犯罪",应当结合行为人的认知能力、既往经历、行为次数和手段;与同案人、被害人的关系及获利情况;是否曾因"套路贷"受过处罚;是否故意规避查处等主客观因素综合分析认定。概括来说,主要是根据客观事实和行为人的认知能力来认定主观故意。

根据本案客观情况,×公司成立之初的定位是为金融机构和银行提供催收服务,虽然后续服务了网贷平台,但张某某对于网贷平台的债务形成过程并不知晓,不具备明知的条件和渠道。关于"套路贷"通过"套路"成立的债权债务是否为虚增,×公司的成员不具备相应的知识和专业的判断能力。对于×公司催收团队而言,其根据"高利贷"属于灰色地带,可以收取高额利息的习惯性认识来判断,但也不可能知晓催收的是虚增的债权债务。因此,从认知能力、既往经历等层面综合分析判断,张某某都不具备明知的条件,也不具有非法占有的目的。

综上,辩护人在代理客观事实与证据体系均有利于无罪辩护的案件时,只要根据罪刑法定原则和相关法律法规,结合客观事实全面论证,指出行为与构成要件不匹配,要大胆地对抗"一揽子"认定全案人员统一行为性质的司法惯性,这样便能达到预期的辩护目的。

二、"骑墙辩护"下紧扣客观情节,尽量争取量刑下降的空间

若在与检察院和法院沟通过程中确认被告人最终很可能面临判刑的结果,那么在被告人的行为存在定性争议的基础上,辩护人在征得被告人同意的情况下,可退一步作罪轻辩护,配合司法机关妥善处理案件,平衡各方利益,同时也要履行辩护职责尽可能地维护好被告人的合法权益。因此,在作罪轻辩护时,辩护人应当紧紧扣住体现被告人参与案件的行为,从其担任的职位、收入来源、获利水平等方面突出客观行为所体现的其参与案件的深浅程度,从而全方面论证被告人即便在构成犯罪的前提下,也具备法定或酌定应当考量的量刑情节,从而为被告人尽可能争取到最大的量刑幅度。本案中由于张某某仅仅担任了法定代表人,且其与主犯等人还筹备了其他商

业项目，不参与涉案公司项目的运营和决策，相应辩解能够得到在案其他人员笔录的印证。因此案件多方证据有利于证明张某某涉案情节极其轻微，也而为张某某适用缓刑打下坚实的证据体系基础。

三、维持稳定的沟通频率达到辩护过程完美化和案件结果最优化

本案在审查起诉阶段与检察官沟通时，检察官并未明确表态针对张某某的量刑建议和刑罚执行方式。辩护人则紧抓着涉案×公司仅为网贷平台催收行为的定性意见，同时针对本案被告张某某仅是挂名法定代表人，仅提供了银行卡，并未参与公司的经营管理，在本案中是从犯的地位，提出可以对其变更羁押措施的意见，在审查起诉全阶段多次与检察官进行沟通。当然，在与检察院沟通全流程，检察官对于辩护人提出的意见甚至持否定的态度，也并未启动认罪认罚程序。

本案起诉至S区人民法院后，正逢疫情期间，案件中止审理，且无法会见被告人，辩护人与检察官和法官的沟通仅能通过电话进行。辩护人保持着两周一次与法官的沟通，表达了辩护人的基本观点，并在庭前提交了辩护意见。与检察院保持着一个月一次的沟通，争取对张某某启动认罪认罚程序。在法院阶段的沟通初期，辩护人提出，可以对张某某适用缓刑的意见，检察院仍旧直接予以了否定，后辩护人在上述频率下，特别在临近开庭前，几乎每隔两天便与承办人就量刑建议进行沟通，多次提出对于张某某可以适用缓刑的意见，且在沟通中作出退让，重新提出对张某某的量刑最重也应当“实报实销”。在综合辩护人提出的辩护意见和对张某某本人态度的考察之后，在正式签署认罪认罚具结书的前两天，检察院最终对张某某作出了适用缓刑的量刑建议，最终法院也采纳了检察院的量刑建议。因此，即便全程沟通时前90%的反馈均是相对负面的消息，但在未判决之前，辩护人都应当争取到最后一刻，时刻与承办机关保持联系，把握承办机关的态度和审理动向，最终达到辩护过程完美化和案件结果最优化。

（承办人：王官、黄双双）

开设赌场罪案件无罪辩护的关键点

——李某2开设赌场罪减档处刑案

【案件概况】

某区公安分局侦查查明:2017年7月至2018年12月1日,被告人程某某伙同李某1、李某2、杨某某在T市W街道市场路A超市摆放赌博游戏机供参赌人员王某某等人进行赌博活动;2018年4月至2018年12月1日,犯罪嫌疑人程某某伙同李某1、李某2、张某在W街道的张某副食品超市摆放赌博游戏机供他人进行赌博活动。被告人李某2放置赌博机2台,涉案违法所得人民币63,300余元,情节严重,应当以开设赌场罪追究李某2的刑事责任。

检察院向法院提出对李某2判处3年以上有期徒刑的量刑建议。

在审判阶段,辩护人提出被告人李某2在本案中并没有开设赌场的行为,不涉嫌构成犯罪。T市人民法院认为李某2构成设赌场罪但认定为从犯,判处有期徒刑1年3个月,刑期基本"实报实销"。

【审判阶段辩护意见】

从犯罪构成角度看,客观上李某2没有设置赌博机的行为,也未曾向程某某设置、经营赌博机的行为提供任何帮助,开设赌场罪的客观方面犯罪构成要件不具备

(一)赌博机的设置者是程某某,并非李某2

1.程某某与杨某某的供述相互印证,证实赌博机摆放行为是由程某某一人实施。

根据程某某和杨某某的供述可以得知,摆放赌博机需要寻找的场地、和场地老板的协商、赌博机的购买和放置都是由程某某一人实施完毕。李某2在程某某摆放赌博机时,其并不知道程某某有摆放赌博机的行为。

2.合伙人李某1和李某3的供述均无法证实李某2同程某某合伙摆放了赌博机。

通过分析程某某和合伙人李某1的笔录,辩护人认为,作为实际参与程某某开设

赌场行为的合伙人,李某1、李某3和李某2是老乡,互相都认识,但是几位被告人在案供述内容和当庭供述均无法得出李某2实施了和程某某一起摆放赌博机的行为。辩护人认为,通过二人的供述反而可以得知,李某2并未同程某某一起设置赌博机。

3. 李某2多次稳定供述,其是在程某某已经摆放赌博机之后才发现该事实。

李某2多次笔录包括李某2的当庭供述,李某2的供述一直稳定,且呈现出其是在自己拿走香烟机的几个月之后才发现A超市里面摆放了程某某的赌博机的客观情况,所以才有了之后李某2去找程某某问他如何解决占用场地的问题一事。据此亦可知,李某2事前并无与程某某通谋一起摆放赌博机的行为,事后才发现了程某某占用了其摆放香烟机的位置摆放了赌博机,客观上李某2并无参与设置赌博机的行为。

多名被告人的供述和辩解可相互印证,证实赌博机是由程某某购置并摆放至超市中,李某2从未参与。其既不是赌博机的设置者,也不是程某某的合伙人。

(二)李某2未曾向程某某设置、经营赌博机的行为提供任何形式的帮助,本案存在李某2不是合伙人的合理怀疑

最高人民法院、最高人民检察院、公安部《关于办理利用赌博机开设赌场案件适用法律若干问题的意见》(以下简称《赌博机意见》)第三部分"关于共犯的认定"规定,明知他人利用赌博机开设赌场,具有下列情形之一的,以开设赌场罪的共犯论处:(1)提供赌博机、资金、场地、技术支持、资金结算服务的;(2)受雇参与赌场经营管理并分成的;(3)为开设赌场者组织客源,收取回扣、手续费的;(4)参与赌场管理并领取高额固定工资的;(5)提供其他直接帮助的。由此可知,行为人必须在明知他人使用赌博机开设赌场的情况下,对其提供以上形式的帮助,才可以构成开设赌场罪的共犯。

1. 李某2未曾向程某某提供场地和资金。

(1)李某2不是程某某摆放赌博机的场地提供者。

首先,李某2不是超市的经营管理人员。通过本案程某某、杨某某、张某的供述可知,向程某某提供场地的是超市的经营管理人员,即A超市的负责人杨某某和张某副食品超市的负责人张某。虽然李某2曾在超市摆放过香烟机,但其只是场地承租者。在案证据显示,本案中因为程某某有过一段时间没有转账给李某2,李某2到A超市想要查看赌博机的状况,但是杨某某口头称这台赌博机跟李某2没关系,就拒绝了他。李某2因心中有怨气就拿起凳子砸了一下赌博机,之后就走了。但这之后程某某还是在A超市将赌博机继续摆放了下去。本案客观情况说明,李某2既不是超市的老板或者股东,也不是超市聘用的经营、管理人员。程某某是向老板征求同意之后直接占用了李某2曾经摆放香烟机的位置,即便李某某之后砸过一下这台机器但是赌博机依旧继续经营了下去。这也说明能否在A超市摆放机器只需要经过超

市老板的同意即可,同时李某2事后才知情,更不可能是其转让了自己的承租区域,所以李某2不是程某某摆放赌博机的场地提供者。

其次,程某某摆放赌博机并不需要经过李某某的同意。公诉人指控,游戏机行业所谓的“行规”使程某某在摆放赌博机时必须经过李某2的同意,李某2实质上对于程某某摆放赌博机的位置具有支配力和控制力,就是场地的提供者。辩护人认为,第一,《刑法》及相关司法解释均未规定,程某某这种依据“行规”征求李某2同意再摆放赌博机的行为属于提供场地的帮助犯罪行为;第二,事实上,这个行业的“行规”只是约定了补偿的情况,并没有规定,如果上一个摆放机器的人不同意下一个人摆放机器其就一定不可以摆放机器;第三,程某某和李某2当庭供述也都没有提到如果李某2不同意,程某某就一定不能够摆放机器。而且本案的客观情况是,程某某经过杨某某同意之后就一直稳定摆放了机器,即便李某2当中对机器发过一次脾气也没有影响赌博机的摆放情况。因此,李某2对于摆放赌博机的位置并没有支配力和控制力,基于此,李某某也不可能强制程某某退出赌博机。综上三点,即便依据“行规”李某某找程某某商量场地补偿的问题,也不足以证明李某2是场地的提供者。

(2)李某2未向程某某摆放赌博提供资金支持。

根据程某某的当庭供述,摆放在A超市和张某副食品超市的赌博机是他本人购买的。而且由于李某2是在程某某摆放赌博机之后才发现程某某的行为,其也不可能在事前向程某某提供购置机器的资金。同时,根据全案证据,李某2并没有给程某某钱用于维系赌博机的运营。因此客观上来说,李某2也没有为程某某摆放赌博机提供资金支持。

2. 李某2未曾参与赌博机的经营管理。

通过分析A超市老板杨某某和张某副食品商店的老板张某的供述可知,整理、核算赌博机的盈利或者修理赌博机,都是两位超市的老板联系程某某的微信号并由其本人到场清点或者修理,二人均未提到李某2有过任何参与经营管理的行为。同时,杨某某的供述仅说明李某2在2017年7月之后偶然发现程某某摆放了赌博机,李某2之后仅是偶尔出现在店里。张某说并不认识李某2,可见李某2日常并不会参与赌博机的管理和维护。所以赌博机的经营和管理皆由程某某独自完成,李某2从未参与赌博机的经营管理,也并未在经营管理方面为实施犯罪提供任何便利。

3. 李某2未曾获得分成,从程某某处获得的转账系行业补偿而非抽头渔利。

(1)李某2所得系基于“行规”获得的补偿。

根据本案多名被告人的供述和辩解可知,李某2并未参与赌博机的经营。程某2向李某某转账的款项并非属于赌博机的抽头渔利,而是由于两人本身是老乡,双方协商一致,程某某主动支付香烟机等游戏机领域的不成文行规的补偿给李某2,也包括二人之间的借款金额与兑换现金的金额。实质上李某2的分成与程某某经营赌博机的获利无关。

起初,李某2在A超市设置了香烟机,而后,李某2临时撤出上述香烟机,程某某在李某2设置机器的区域设置了赌博机。根据游戏机领域惯行的行规,即使前一批游戏机的设置者已经撤出,设置区域仍视为其"地盘",其仍有权继续放置游戏机。其他人如需要在该"地盘"上设置其他机器,则占据了前一批游戏机设置者的"地盘",须向后者支付一定补偿,该行规得到了程某某、李某2和杨某某的印证。

据此可知,该行业内确实存在占用第一个人的位置需要向其给予补偿的行规。李某2是因为其发现程某某在A超市摆放了一台赌博机,才去和程某某商量,后双方达成一致即程某某一方面是因为占用李某2的租用区域需要补偿李某2,另一方面也是因为两人是老乡为了面子上过得去,所以程某某在自愿的基础上向李某2陆续支付了6000余元的补偿金。

综上,即便李某2提出要获得程某某经营的部分款项,事前其没有参与共谋和筹划,事中其也不是开设赌场负责管理运营的共犯,犯罪既遂之后,其才根据程某某对于犯罪收益的分配获得补偿款。虽然这笔补偿款并没有通常意义上正当、合法、合理的理由,但最多属于民法中的不当得利,不能因为李某2收了补偿款,就认定李某2参与了开设赌场并抽头渔利。

(2)李某2所获金额与赌博机盈利程度无关。

本案中,程某某确实存在分钱给李某2的情况,但是程某某也仅是在口头上答应李某2获利后分一半给李某2,李某2本人并不知其收到的金额是否为盈利的一半。更何况期间程某某还有一段时间并没有转钱给李某2,李某2亦不知赌博机的盈亏情况。

倘若程某某与李某2存在合伙关系,李某2要参与分成则应当明确赌博机的具体收益以确认自己收到正确的分成金额,同时在程某某有一段时间不转账后也应当过问,明确自己的盈收情况。但是,在案证据证明,李某2并不知晓赌博机的具体盈利情况,转账也均由程某某单方确认数额。该数额是否符合分成比例李某2并不清楚,李某2甚至并不在意程某某给的金额有无达到一半,仅是将这些转账当作程某某占用其香烟机位置获得的补偿。所以,李某2获得的补偿金额与程某某经营赌博机的盈利程度无关,李某2并不是与程某某约定好分成比例的所谓的合伙人,最多仅是程某某的同行。

综上,在本案中,李某2事前并不知道程某某有设置赌博机的意图和行为,未曾向程某某设置、经营赌博机的行为提供任何形式的帮助,事后也未分得赌博机的抽头渔利。因此,其不符合《赌博机意见》规定的开设赌场罪共犯的情形,不构成本罪的共犯。

【心得体会】

一、全面掌握共犯理论,结合个罪的规定逐个击破,凸显案件定性存在的争议

辩护人在本案的办理过程中,根据案卷证据罗列被告人涉案的客观行为,并针对行为是否符合开设赌场罪的客观构成要件以及是否符合共同犯罪的成立条件逐一进行分析。

例如,在本案中李某2没有参与开设赌场的任何客观行为,程某某给李某2“补偿”实质上也只是程某某个人的做法,与涉案开设赌场的整体行为无关。程某某将自己经营赌博机所得的盈利中的一部分“补偿”给李某2,这部分钱并不是李某2通过与程某某共同开设赌场并参与具体事务后所得的。

同时,从事中的共犯(承继的共犯)角度研究,本案被告人李某2的行为也不成立犯罪。承继的共犯成立的条件是后行为人以共同犯罪的意思参与实行或者提供帮助,后行为人在前行为人犯罪着手后既遂前加入并实施犯罪行为。但是开设赌场罪是行为犯,从法理上分析,本案中的犯罪既遂节点发生在程某某摆放好赌博机之时。本案被告人向程某某索要“补偿”的行为发生在犯罪既遂后,因此其不可能成为程某某开设赌场的事中的共犯。

所以辩护人在面对此类情形时,需要从具体的法律规定和共犯理论出发,指出被告人的涉案行为与法律规定的行为的不同,大胆地提出定性依据中存在的逻辑缺陷。

二、运用“三常”辩护技能,从罪刑法定原则出发,以定性争议为抓手为量刑的下降争取空间

犯罪行为势必是侵害某一具体法益的行为,若行为人被指控的“犯罪行为”不符合罪刑法定原则,且从普通公民的常识常情常理的认知角度出发亦不存在矛盾或争议要点,则该行为能否被定义为“犯罪”是值得考量的问题。

例如,本案中控方仅以被告人获得了“补偿款”为指控其犯罪的依据,而辩护人则针对该唯一要点直接提出李某2获得“补偿款”的行为本就不是一种犯罪行为。《刑法》规定,具备社会危害性、刑事违法性、当受刑罚处罚性的行为是犯罪行为,而收受“补偿”的行为本身就不具备以上三个性质,结合本案具体案情,收受“补偿”的行为更是发生在犯罪发生之后,是主犯对于犯罪收益的分配。

无论是从法律层面、道德层面还是从常识常情常理角度出发,与犯罪行为作斗争是公民的权利而不是义务。本案中公诉人指控,李某2明知道程某某摆放了赌博机,不但没有制止还基于行规找程某某要钱,李某2如果不是合伙人,怎么可能有分钱的

权利。辩护人认为，程某某摆放赌博机是违法行为，李某2可以劝诫他不要摆放，也可以行使公民举报违法犯罪的权利去制止程某某犯罪，但是司法机关对于公民与犯罪行为作斗争只是持支持、鼓励的态度，而不是强制的态度。例如，甲追杀乙，乙跳入河中溺亡，丙作为路人并没有制止甲的行为，也没有救乙上岸，甲给丙100元要求并不要报警，即便在此情况下丙也绝对不可能因为没有制止犯罪没有报警就成为故意杀人的共犯。同理，李某2也不能因为没有制止程某某摆放赌博机，因为收取了“补偿费”不去捣乱，不去举报程某某摆放赌博机，就构成开设赌场罪共犯。

因此，即便被告人的收益没有通常意义上正当、合法、合理的理由，但最多属于民法中的不当得利。办理刑事案件的过程中，不能因为被告人有了收益，就认定其涉嫌犯罪。

但案件办理到最后的审判阶段，被告人期盼无罪且案件判处无罪的情况基本不可能。此时，辩护人仍旧需要指出本案定罪存在极其不合理之处，在与审判员探讨对于案件如何妥善处理时，可以建议审判员考虑案件中定性争议的问题，应当从量刑上对该情形予以一定程度的体现。

三、写信辩护亦是办理争议巨大案件中的一项重要辩护工作

由于本案在开庭过程中，公诉人和审判长对于被告人李某2存在强烈的偏见，并当庭给予李某2负面的品德评价。因此，为了尽可能为被告人争取到公平公正的判决结果，辩护人向T市人民法院刑庭庭长、副庭长，分管刑庭的副院长分别致信并寄送了辩护意见，指出本案中被告人构成犯罪存在极大争议，恳请法院领导能够充分发挥对于所属审判庭案件质量的指导把关职能，重视本案的证据和事实，确保审判结果经得起法律的检验和历史的检验。

在邮寄出上述信件后不久，本案承办人亦致电辩护人，表明本案受到了院领导重视，同时承诺合议庭会将本案的具体情况会上报审委会讨论处理。很显然从最后的结果看，辩护人寄出的这几封信件对本案的判决结果起到了重要影响。

在检察院两次建议延期审理之后，虽然法院并没有明确采纳辩护人提出的无罪辩护意见，但是在李某2最终判决的刑期上能够体现出，法院认为李某2的涉案行为构成犯罪存在争议，并对李某2减档处刑。

（承办人：陈沛文、黄双双）

涉恶“套路贷”一般主犯被判缓刑的关键要点

——温某1诈骗罪适用缓刑案

【案件概况】

某县人民检察院指控：2017年11月以来，被告人蔡某1、高某某、张某某、蔡某2四人共同出资设立公司在浙江省某市无证从事网络借贷活动，对外称“美×袋”公司，由高某某负责公司日常管理。该公司最初设立客服部、审核部、财务部三个部门，催收部外包。客服部由姜某某（另案处理）主管，陆续招聘被告人赵某某、池某某等7人为客服；审核部由苏某某（另案处理）主管，陆续招募被告人周某某、彭某某、包某某、林某某等13人为审核员；财务部由高某某主管，陆续招募陈某、程某等20人为财务人员。

2018年2月，因R市对当地“套路贷”公司的清理和打击，蔡某1、高某某与被告人张某某、蔡某2等人将公司整体搬迁到S省S市，并新成立S市×科技公司（以下简称×公司），由被告人张某某任法人代表，以在淘宝店上汽车配件销售为掩护，继续从事网络“套路贷”诈骗活动。2018年5月，为逃避国内打击，×公司将部分员工转移到缅甸，并在原有部门的基础上增设催收部，陆续招募郑某、韩某等18人为催收人员，新增了对外称“壹某庄”的放贷业务。

该团伙通过购买等方式获取目标客户电话号码，由客服人员拨打分发到手中的电话号码推介“美×袋”小额贷款，以无抵押、无担保、快速放款为诱饵吸引被害人借款，并由审核部审核员以需要审核身份为由，骗取被害人提供手机通讯录、通话记录、支付宝信息、手持身份证照片等信息，为后续催收做好准备。经审核人员初审、终审确定借款额度后，将被害人推送给财务人员。财务人员则按照统一安排的套路方式，以行规为由收取借条金额30%7天的“砍头息”“手续费”，与被害人签订金额虚高的借贷协议。2018年4月前该公司还要求被害人签订“双倍借条”。同时，该团伙以续期费、逾期费等名义设置多种费用并以提额降息引导被害人不断续借，垒高债务。在被害人不能及时交付相关费用时，财务人员将这些人员名单推送给催收部。催收人员则根据催收部主管郑某、韩某分发的名单及信息通过骚扰、辱骂、威胁、电话轰炸等方式强行索要虚高债务。

自2017年11月至2018年8月，被告人张某某等人逐步形成以蔡某1、高某某、张某某为首要分子，姜某某、苏某某等人为重要成员，话务部、审核部、财务部等部门成员组成的犯罪集团。各部门成员之间分工明确、配合严密，共同实施诈骗活动。该犯罪集团在互联网开展“套路贷”，先后向数万人实施诈骗、暴力讨债行为，为非作恶，欺压百姓，严重扰乱社会秩序，造成恶劣的社会影响，系恶势力犯罪集团。

该团伙通过设立“美×袋”和“壹×庄”实施“套路贷”业务，累计放款289,646,764.6元和40,428,336.8元。该犯罪集团累计获利123,293,745.4元。

被告人温某1自2017年11月至2018年8月经营“20号”财务线，采用上述手段对张某等被害人实施诈骗。该条财务线获利金额684,913元。温某1投资5万元，分红及工资约85,000元。

温某1于2019年1月14日被某县公安局取保候审，2019年10月17日，被某县人民检察院决定继续取保候审。

2019年10月17日，某县人民检察院提起公诉，本案共有63名被告人，当事人温某1被指控构成诈骗罪，排名第12位，系一般主犯。

在审查起诉阶段，辩护人多次与公安机关沟通，落实了温某1主动投案的情节。

2020年5月19日、5月20日，本案公开开庭审理。辩护人在庭审中当庭针对温某1如实供述的内容进行发问、质证，获得检察官当庭认定自首情节的效果。虽然温某1仍旧构成诈骗罪，但经过庭后辩护人与法官的多次沟通，在温某1自愿认罪认罚，具有自首情节的基础上，法院采纳了辩护人的从犯并建议适用缓刑的观点。

2020年6月30日，某县人民法院开庭宣判，判决温某1构成诈骗罪，但将其从第12位的主犯改为第52位的从犯，并适用缓刑。

【审判起诉阶段辩护意见】

一、温某1对于公司的诈骗行为不明知，其没有共同诈骗的故意，未实施诈骗行为，故不构成诈骗罪

（一）从全案模式上看，本案实质上仅是高利贷

本案系出借自有资金而形成的高利贷，对于借贷过程中出现的逾期费、续期费，最多属于高利贷范围内的自然债务。最高人民法院《关于审理民间借贷案件适用法律若干问题的规定》（2015年）第26条第2款规定“借贷双方约定的利率超过年利率36%，超过部分的利息约定无效。借款人请求出借人返还已支付的超过年利率36%部分的利息的，人民法院应予支持”。上述规定明确对于高利贷中超过年利率36%部分的利息，属于自然债务，即便出借人就此部分提出民事诉讼，人民法院针对该部分诉求也会作出不予支持的决定。但法院不予支持并不意味着出借人和借款人约定

的高利贷是无效的借贷合同。因为对于这部分自然债务,法律赋予借款人的救济权利是对于高利部分的利息享有返还请求权。这就意味着借款人行使债权返还请求权需要遵守请求权的诉讼时效的规定,即若借款人全额给付高利贷本息后,在超过债权返还请求权诉讼时效后请求出借人返还超过年利率36%部分的利息,出借人以请求权超过诉讼时效作为抗辩理由,则该部分债权丧失了强制执行力。

上述受诉讼时效约束的请求权背后的司法逻辑为,借款人索要高利息的行为并非自始无效的民事行为,否则借款人可以"民间借贷合同无效"为由在任何时间节点要求出借人返还该部分利息,而不是受限于法律规定的履行债权请求权需要遵守的诉讼时效的规定。据此可以推定,即便法院不支持出借人索要高额利息的诉求,但该决定并不等同于规定民事行为无效的效力性规定,而是相当于民事法律在调整民间纠纷时赋予一方请求权的调整性规定。

以自有资金出借形成的高利贷并非自始无效的借贷合同,并不属于"套路贷",因此从整体上看,本案的模式足以通过民事手段进行调解,不构成犯罪。

(二)从个人的客观行为角度看,温某1在放贷时已经全面介绍借贷规则,并不存在虚构事实、隐瞒真相的情况

1.放款前被告人会明确告知借贷规则,借款人并没有产生错误认识。

根据温某1和财务部多名同案犯的供述,财务部业务员在放款时,会事先发送编辑好的文字内容向借款人介绍借款流程,在确保客户完全知情的情况下,才会放贷。可见,在放款前温某1并未隐瞒借贷规则。而且,温某1只有在借款人明示同意需要借款时,才会告知放贷的手续,在借款人填写好网络借条后才会放款。借款人在借款时对于能够借到的本金及预期需要支付的利息不存在认识不到等情况,本案的借款人并没有陷入认识错误中。

2.温某1没有制造虚假流水、肆意认定违约、垒高债务的"套路"行为。

根据温某1的辩解,其在出借款项时,只会采用支付宝直接转账的方式转给借款人实际获得的借款数额,且支付宝交易记录均真实存在并能查证,温某1并没有制作虚增流水的行为。

借款人逾期之后,需要支付续期费延长还款期限,并在展期到期后归还原始的借款额度。续期费并不算还钱,展期中,借款人并没有另行签订金额更大的借条,双方之间本身的债权债务关系的本金与利息并没有发生变化,本案并没有垒高债务的事实存在。并且,本案中的续期费并不是"套路贷"中虚假的,借款人本身并不需要支付也没有享受到相应服务的被"套路"的费用。事实上,借款人在借款期限届满后未能还款,并非由财务部业务员任意找理由认定其违约,而借款人支付延期费后确实获得了延期还款的权利,续期费是延期还款的对价,并不是"套路贷"中的"套路"。

因此,温某1并没有实施最高人民法院、最高人民检察院、公安部、司法部《关于

办理“套路贷”刑事案件若干问题的意见》规定的“套路”行为，客观上没有虚构事实，隐瞒真相的情况。

(三)从主观方面看，温某1没有非法占有他人财物的目的

1. 温某1均是按照既定规则工作，且主观上并不希望借款人违约。

温某1在辩解中明确提到，(1)放贷的规则和流程，是财务负责人高某某打印在一份资料上的，她只是按照规定步骤操作，该辩解能够得到本案的书证和同案被告人供述的印证；(2)在借款过程中，借款人的借贷周期是7天，她都会在第6天通知借款人还款，其本人是希望借款人能够归还贷款，且从未恶意制造违约、垒高债务，主观上其不希望借款人违约。该辩解能够得到财务部其他业务员的供述的印证。

2. 温某1在侦查机关所作的“其系明知公司实施‘套路贷’犯罪”的有罪供述真实性存在严重疑问，不应采信。

(1)民警存在不当讯问。温某某辩解，其在做第一份笔录时，关于“套路贷”的理解以及公司实施“套路贷”的过程的内容均并不是温某某本人所作陈述，均是办案民警的说法。且讯问笔录并未经过其仔细核对，办案民警便催促其签字，加之温某1缺乏法律意识，不知道不核对笔录而签字的法律后果，最终导致笔录记载的内容与其所陈述的内容不一致。

(2)担心其在审讯室外嗷嗷大哭的孩子。温某1第一次接受办案民警讯问时其恰好刚出月子。由于其刚出生的孩子才一个多月大，尚在哺乳期，无法离开母亲，第一次讯问时，孩子也一同前往了派出所。当时温某1在讯问室做笔录，而其母亲则抱着孩子在外等待，讯问持续到了当天晚上10时，孩子在外哇哇大哭，此时作为母亲的温某1心情焦虑，精神上极度焦虑，为了早点做完笔录，便没有修改笔录中关于其明知“套路贷”的说法。

(3)温某1文化水平低，法律意识淡薄，对于“套路贷”犯罪没有认识的可能性。

根据温某1辩解，其在上班之前明确问过公司的业务是否合法，在得到肯定的回答之后，她才去上班。且温某1系初中文化程度，其在初中毕业后，当过美容店学徒，也曾帮人卖过衣服，但从未从事过任何借贷相关的工作。由于缺乏社会阅历及文化教育，致使其法律意识淡薄，无法辨别“套路贷”犯罪行为。其本人对“套路贷”的概念和行为更没有任何认识的可能。

因此，温某1本人在从事放贷业务的过程中，并不具有诈骗的主观故意。

(四)在共同犯罪方面看，温某1不存在知晓公司实施诈骗犯罪的可能性，不具有共同犯罪的故意

1. 从公司各部门分布的地理位置看，在案的证据显示，公司的财务部与其他部门分别位于不同的办公楼，甚至催收部门被设立在不同地区、国家。由此可见，各部门人员之间是无法直接接触、直接交流的。因此各个部门的员工对于其他部门的具体

工作是不清楚的。

2. 从公司的内部规定看,同案犯罪嫌疑人周某某在其第一次讯问笔录中提到公司老板有意隐瞒公司的具体运作模式,在制度规定上已严格将客服、审核、财务、催收四个部门割裂开来,且对各部门员工实施严格管理,各部门员工工作环境相对封闭。因此,员工对于公司的实际运作模式是不可能完全了解的。

3. 从公司财务部的工作内容看,在案的证据显示,公司财务部的员工是按照公司统一的规定对推送的客户进行放款,并在放款前明确告知对方需偿还的利息、还款期限、续期费用、逾期后果等。温某1第一次讯问笔录足以说明,温某1并不理解公司的借贷形式,因此其不可能成为诈骗的共犯。

根据最高人民法院、最高人民检察院、公安部、司法部《关于办理"套路贷"刑事案件若干问题的意见》的规定,是否属于"明知他人实施'套路贷'犯罪",应当结合行为人的认知能力、既往经历、行为次数和手段、与同案人、被害人的关系、获利情况、是否曾因"套路贷"受过处罚、是否故意规避查处等主客观因素综合分析认定。因此,无论从个人犯罪角度看还是从共同犯罪角度看,温某1都不具有诈骗的犯罪故意。

综上,无论是从温某1的放贷行为、债务逾期的操作,还是从本案的借贷模式本质,抑或从温某1本人的主观目的上分析,温某1客观上没有实施诈骗行为,对于公司实施"套路贷"犯罪是不明知的;其主观上没有诈骗的故意,更不具有共同犯罪的故意,不具备诈骗罪的构成要件。因此,温某1不构成诈骗罪。

二、退一步讲,即使构成犯罪,温某1仅仅是财务部的员工,其参与时间短,所负责财务线获利较少,本人获利也较少,其仅是起次要作用的从犯

(一)事前,温某某1被要求入股,而不是主动入股财务部

根据温某1本人当庭的供述,并结合其本人和财务部其他业务员的供述可知,财务部的主管高某某要求财务部的员工入股,从而防止财务部员工侵占公司财产。温某1一直将入股作为工作任务,并不具有积极入股的主动性。况且温某1是向蔡某2借款入股的,如果不是工作要求,以她的经济能力和主观意识,其不可能主动入股。

(二)事中,温某1仅是财务部的普通员工,并非有任何职权和地位的管理者

温某1是根据公司的规定与借款人联系,并进行放款。其参与的仅是公司多个运行环节中的某一个小环节,且薪资待遇与本案中被认定为从犯的普通员工一致,并无任何优待。即便其本人在财务线中入股,也并未得到地位和职权的提升。

(三)温某1被指控参与犯罪事件仅2个月,时间短

起诉书指控,温某1于2017年12月至2018年1月经营"20号"财务线。因此,温某1涉嫌犯罪的时间仅2个月,其参与时间很短。

（四）对比本案被认定为从犯的其他人员，温某1的情节更轻

周某某是审核部的终审人员，并投资了45万元，他在本案中的地位被认定为从犯。财务线中，与温某1工作职能相同，工资额度相仿，但是被指控的参与犯罪时间更长，所负责财务线的获利金额更大，甚至入股金额和获利更大的财务部员工王某、林某某、冯某某、郑某某、薛某某、邓某某、陈某都被认定为从犯。本案中每一个部门都是整体中不可分割的一部分，对于同样入股的业务员却因为部门的不同，对于同一部门的业务员仅因入股与否，公诉机关便作出区别巨大的地位认定。这一认定既没有法律依据也不公平合理，更有违罪责刑相适应的原则。

辩护人认为，认定本案主犯和从犯的标准，应当依法根据被告人在本案实质起的作用和地位进行判定，而非入股与否和部门区别。

（五）温某1获利金额不足2万元，起诉书指控其获利8.5万元事实不清，证据不足

据温某1在侦查阶段的供述及在案的转账记录可知，温某1的获利仅为1.2万元，更何况能够得到客观证据印证的该部分收入是2018年3月温某某离职后所得的收入。该部分收入系起诉书指控的犯罪期间之外的收入，也不应当被认定是温某某的违法所得。

起诉书指控温某1的收益及工资8.5万元事实不清，证据不足。首先，该数额的认定是建立在公安机关计算温某15个月工资和3个月分红的基础之上。其次，本案起诉书指控的犯罪期间仅为2个月，认定温某1的违法所得也仅能计算其2个月的工资。根据温某1的供述可知，在2017年12月其入股财务部后2个月，部门才回本开始分红，即2018年2月才开始分红。因此，所谓的分红所得也是在起诉书指控涉嫌犯罪期间之外的收入，不应当被计算进入温某1的违法所得之中。更何况该部分收入金额，仅有温某1的供述能够证明，而无其他客观证据能够加以印证。因此，依据存疑有利于被告人的原则，不应当认定温某1获利达8.5万元。

退一步讲，即便加上本案有证据证明的1.2万元记录，和温某1两个月的工资，温某1的个人收入也不超过2万元。

三、起诉书认定温某1经营的“20号”财务线的获利金额为684,913元，事实不清、证据不足

1.“20号”财务线总表未经温某1核对确认，不具有客观性。

首先，在案的“20号”财务线收支总表及收支日报表除首页经温某1签字确认外，其他所有的表格均未经温某1签字捺指印，无法确认是否经过温某1本人核对。

其次，温某1辩解称，对于侦查机关所提供的“20号”财务线的表格数据，因为该表格并不是她制作，其均未仔细核实过，仅是根据侦查人员的要求进行签字。

最后，客观规律也能证明温某1没有仔细核对过财务收支总表。如果认定温某

1 客观上核对了“20 号线温某 1 12 月报表”、“20 号线温某 1 12 月 31 日报表”和“20 号线温某 1 1 月 31 日报表”,根据辩护人计算,总共 39 页的报表中,借款人数据行数至少有 11,520 行,而在笔录中记载的公安机关给温某 1 核对财务表的时间总共就 15 分钟。这意味着,温某 1 平均每秒要看 13 行借款人数据,这是普通人仔细核对数据时都不可能办到的事情。更何况关于“20 号线温某 1 12 月报表”数额的核对,29 页纸温某 1 只看了 5 分钟,这只能说明,温某 1 根本不可能核对过表格的金额。客观规律能够证明,财务报表的放款数额未经被告人核对,温某 1 的该部分辩解具有合理性。故在案没有温某 1 签字的表格因未经其本人确认,不应作为认定本案事实的证据。

2. 本案司法鉴定意见书检材来源不具有客观性,且鉴定意见形成时间早于送审材料被形式核对时间,鉴定意见结论不具有客观性。

在案的对×公司用于从事网络贷款诈骗部分账号的涉案金额及非法所得金额司法鉴定意见书并不客观、公正,不应予以采纳。

第一,承前所述,检察机关据以认定本案涉案金额的送审材料,如“20 号”财务线的财务总表和日报表未完全经温某 1 签字确认,其真实性存疑。

第二,该司法鉴定意见书的形成早于部分送审材料,如温某 1 是在 2019 年 9 月 19 日对“20 号”财务线的财务总表和日报表进行核对,而该司法鉴定意见书却在 2019 年 7 月 2 日就已形成。故检察机关据以认定的温某 1 负责的“20 号”财务线的获利金额是 684,913.1 元的结论,因检材来源不具有客观性而丧失客观性基础,该鉴定结论不能作为定案依据。

综上所述,从温某 1 的实施行为、地位及负责财务线的获利及其个人获利来看,其在本案中仅起次要、辅助作用,其参与程度较低。其应当与财务部其他涉案情节更重但被认定为从犯的业务员一样,根据罪责刑相适应原则,应认定其系从犯。

四、温某 1 有自首、初犯、认罪悔罪等诸多从轻量刑情节

(一)温某 1 主动投案,且如实供述,系自首,应当减轻处罚

公诉人当庭已经认定温某 1 具备自首情节。辩护人认为温某 1 归案后,认罪态度好,且在本案中涉案情节较轻,具备从犯情节,依法应当对其减轻处罚。

(二)温某 1 系初犯,认罪态度佳,主观恶性小

温某 1 平时一直表现良好,且在此前一直从事正当职业,无不良嗜好,无前科劣迹,是一名本分的妇女。本次系因法律意识淡薄而误入歧途,依法可以对其从轻处罚。

(三)温某 1 系离异母亲且是两名未成年孩子的唯一抚养人,家庭经济情况困难,望合议庭能予以体恤

根据温某 1 供述及实际家庭情况,其系离异单身母亲,且是两名未成年孩子的唯

一抚养人，其中最小的女儿才一岁多。家中父母仅有温某1及其弟弟温某2两个子女，现温某2也因本案被追究刑事责任，留下的一名未成年儿子也是温某1在照料，如若姐弟两人皆因本案而身陷囹圄，留下的家中三个未成年孩子及年迈体弱的老人将无法生存。故恳请法官予以体恤，酌情从轻量刑，并对温某1适用缓刑。

综上，辩护人认为，本案的借贷模式是高利贷，且温某1无诈骗他人的主观故意，且对公司实施“套路贷”犯罪并不明知，也未实施过诈骗行为，故不构成诈骗罪。退一步讲，即使温某1构成犯罪，其也具有从犯、自首、初犯、认罪态度好等法定、酌定减轻、从轻处罚情节；加之其系两名未成年孩子的唯一抚养人，最小的女儿刚满周岁，家庭经济极为困难，辩护人恳请合议庭审慎认定本案的定性，即便认定温某1构成犯罪，也应当在“事实清楚、证据确实充分”的刑事证据规则的指引下，对温某1从宽处罚，对其适用缓刑。

【心得体会】

一、“知难而上”坚持定性辩护，尽可能争取法院从宽量刑

本案发生于“扫黑除恶”专项行动和严惩“套路贷”犯罪期间，全国各省市对于有“砍头息”的案件基本上定性为“套路贷”，但该类判决引起了理论界的激烈争议。辩护人在办理本案的过程中虽知定性辩护的提出极大概率不会得到司法机关的认可，但仍旧希望对本案的定性提出意见，尽可能地为当事人争取量刑优惠。所以辩护人针对高利贷与“套路贷”进行了详细论证与研究。

例如，本案系出借自有资金而形成的高利贷，对于借贷过程中出现的逾期费、续期费，最多属于高利贷范围内的自然债务。上述定性的争议辩护人认为至少能够从量刑情节中得以体现，才能够使司法判决更有信服力。

二、“永不言弃”坚持量刑辩护，落实量刑下降的关键法定情节

本案的自首情节中的“主动归案”侦查阶段险被否定，而“如实供述”则在审查起诉阶段均被承办机关否认，但辩护人结合法律规定认定温某1的归案行为与笔录并未违反司法解释的规定。

首先，在侦查阶段，公安机关认为温某1首次虽被电话传唤到案接受讯问，但其认罪态度并不好且并不认可电话传唤到案所证明的归案的“自愿性”。辩护人以浙江省判例和最高人民法院指导案例为例，向公安机关提交并详细解释案例中认定的“电话传唤”与归案的“自愿性”之间的关联，说服公安机关认可温某1归案的“自愿性”。

其次，在审查起诉阶段，辩护人多次提及温某1本人的职位和工作内容并无法获

知更多的案件信息,亦无法回答公安机关要求其承认的相应问题,温某1已经对其所参与的案件事实进行了全面陈述,即便对于指控主犯构成犯罪的相应问题无法作出回答,但并不能据此认定温某1没有如实供述。在审查起诉阶段公诉人并未就自首情节认定在起诉书中,但在开庭审理过程中,辩护人在发问环节与质证环节均就自首情节进行发言,最终公诉人当庭认可了温某1具有自首情节。

辩护人若审查己方当事人归案的相应在案材料后判断其具备自首这类法定量刑情节,不到最后判决的一刻均应当坚持到底。

三、巧用人性化司法政策的辩护策略,持续沟通争取对判决结果锦上添花

本案中温某1的丈夫与亲弟弟同样被羁押在案,家中年迈的父母和三个未成年的小孩没人扶养。当前司法实务十分重视犯罪嫌疑人若被羁押,其抚养的未成年人的监护状况,若在相应刑事案件中存在未成年人的监护人均被羁押在案而未成年人无法得到有效监护的情形,司法机关会综合考虑案件的危害程度和犯罪嫌疑人的羁押必要性,会对其中涉案情节较轻的犯罪嫌疑人作出相对宽缓的处理结果。

因此,在本案中,辩护人在各项法定从轻的量刑情节已经具备的基础上,重点向法官阐述温某1特殊的家庭情况和相应未成年人无人监护的客观事实,并提供相应村委会的盖章证明,从人性化司法及未成年人成长和家庭稳定的角度,争取到了这一家人中法官对温某1的特别关注。同时在庭后至少5~6次的沟通基础上,最终说服法官落实了温某1的从犯情节,同时法官在考虑其特殊家庭情况的基础上,最终给予温某1适用缓刑的判决结果。

(承办人:黄双双)

刑民交叉案件的辩护策略

——陈某某非法转让土地使用权二审改判缓刑案

【案件概况】

某中级人民法院一审判决认定:陈某某与多人合伙,通过挂牌拍卖方式,获得了某国有土地使用权。拍卖成功后,根据拍卖须知,所有合伙人作为股东设立公司,并将上述土地使用权登记在了 A 公司名下。在涉案房地产未达到开发投资总额的 25%时,A 公司所有股东将公司股权转让给了第三方公司,获利近 2000 万元。法院认为,陈某某以牟利为目的,违反土地管理法规,非法转让、倒卖土地使用权,情节特别严重,构成非法转让土地使用权罪。但考虑到其有自首、积极退赃等情节,判处陈某某有期徒刑 2 年,并处罚金 120 万元。

在二审期间,陈某某委托我所为其辩护,希望不被羁押。我所律师接受指派后,多次与二审法院和省人民检察院沟通,递交了关于本案中存在的事实、定性、量刑等问题的辩护意见,并附上相关判例。另外,律师还递交了陈某某作为民营企业家的介绍和证据材料。

2020 年 3 月 12 日,省人民检察院通知陈某某、辩护人进行认罪认罚协商,建议对陈某某判处有期徒刑 2 年,缓刑 3 年,并处罚金 120 万元。律师充分听取陈某某的意见后,在律师的见证下,陈某某签署了认罪认罚具结书,并全额缴纳罚金。

2020 年 3 月 24 日,二审法院撤销一审法院对陈某某的判决,认定陈某某犯非法转让土地使用权罪,判处有期徒刑 2 年,缓刑 3 年,并处罚金 120 万元。

【辩护意见】

一、关于一审判决书认定的案件事实,存在六个方面的问题,请人民法院在审理过程中予以重视

(一)一审判决认定蒋某某将 A 公司所有的国有土地使用权转让给 B 公司明显错误

授权委托书、《股权收购协议》、黄某某证言、股权转让协议证实,2011 年 3 月 13

日，蒋某某受 A 公司李某 1 等四名股东委托，与 B 公司签订《股权收购协议》，将 A 公司股东持有的 100% 股权，以 3920 万元的价格转让给 B 公司。后杜某、黄某某等人持另一份虚假《股权转让协议》，于同年 4 月 2 日到工商管理部门进行股权变更登记，将股东由李某 1、陈某某、张某、段某某变更为杨某某、韩某、黄某某，法定代表人由李某 1 变更为杨某某，并领取新的企业法人营业执照。另据甲市国土资源局出具的情况说明，2009－53 号国有土地使用权一直登记在 A 公司名下，从未申请办理土地变更登记。因此，原判将蒋某某代表 A 公司股东将全部股权转让给 B 公司的事实表述为“蒋某某将 A 公司所有的国有土地使用权转让给 B 公司，并办理股权登记手续”，明显前后矛盾，且与上述证据不符。同时，蒋某某与 B 公司法定代表人杜某签订《股权收购协议》的时间是 2011 年 3 月 13 日，杜某等人申请股东变更登记并领取营业执照的时间是 2011 年 4 月 2 日，而原判不加区别笼统表述为 2011 年 4 月 2 日，也与前述证据不符。

（二）认定陈某某等人为了办理国有土地使用证，成立 A 公司的表述不准确

根据乙市 2009－53 号国有土地使用权拍卖须知第 6 部分“相关要求”第 5 条的规定，竞买人为个人或者乙市外法人企业的，竞得土地后须在本市注册法人企业，并签订《国有土地使用权出让合同》，以该法人企业作为该土地的开发利用主体。因此，陈某某等人在竞拍得 2009－53 号地块的国有土地使用权后，是根据乙市原国土资源局的要求成立 A 公司，且只有成立公司，才能签订《国有土地使用权出让合同》，以该公司为主体进行土地开发，并非如一审认定，陈某某等人是为了办理国有土地使用权证而成立 A 公司。

（三）认定陈某某获利金额为 863.99 万元，因办案机关未及时核实相关证据，明显存疑

陈某某在 2015 年、2017 年、2018 年的多次询问、讯问笔录及自首材料中均提到 A 公司成立后，其负责工程建设工作，前期建设包含搬迁临时户、土地平整、砌挡墙。在与丙州纪委商谈合作建设职工住宅小区过程中，其垫资进行了地勘、项目策划、聘请设计公司出设计方案等，垫资 140 万～150 万元，都是用现金垫付。该垫资除了转让股权后分红时多分 15 万元外，未从投入成本中扣除。同时，其还向办案人员提供了相关施工人员的电话和设计公司的具体名称。上述情况也得到李某 1、李某 2、张某、蒋某某、金某等人的证实，且张某、李某 1 亦证实陈某某前期投入 100 多万元的事实。虽然张某、李某 2 有过“陈某某的前期投入已从入股的资金中扣除”的供述，但根据张某的笔记本记载，A 公司成立时股东出资存入公司账户资金 650 万元，在支付了土地尾款 5,856,250 元、契税 325,687.5 元和印花税 5428.1 元及其他费用后，至 2010 年 4 月 11 日，仅剩 11 万余元，即便就低按前期投入 100 万元计算，公司账户根本不可能足够支付陈某某前期投入。虽然在讯问笔录及一审庭审中，陈某某对认定

的获利金额均表示没有意见，但不代表该数额就符合客观实际，而是在当时的特殊情形下，陈某某根本不敢提出自己的真实意见，又因比其行为更严重的李某2先行被判处缓刑，使其以为自己最坏的结果也就是缓刑，因而在庭审中选择了认罪认罚，放弃对自己正当权益的争辩。由此可见，陈某某所提其个人垫资的前期工程款未从成本中扣除的辩解，有其合理性且不排除具有真实性。对上述明显存疑的证据及线索，办案机关未能充分重视，也未进行核实，直接影响了本案获利金额的客观认定，还请承办法官在阅卷时予以充分注意。

（四）关于转让A公司股权的相关背景，原判未予重视，亦未在判决认定的事实中体现

陈某某证实，在竞拍土地前，李某1就提供了三家单位需要集资建房的信息，其中一家是丙州纪委。李某1、李某2、邓某某和其商量竞拍成功后就和这三家谈，谈成哪家就与哪家合作，可见，在竞拍涉案土地前，陈某某即有参与开发土地的真实意愿。竞拍成功后，李某1与三家单位接触后反馈丙州纪委的意向最大，陈某某安排李某1与丙州纪委洽谈，前后历时半年。当时，丙州纪委成立了建房领导小组，从陈某某组织提供的备选方案中选定了丙州C公司的设计方案，确定了两种户型，价格为1780元/平方米和1680元/平方米，并已拟好合同准备签订合作建房协议。此时，丙州纪委又提出每平方米再优惠50元、车位只租不买的苛刻条件。经陈某某、李某1、邓某某、李某2开会商议，陈某某提出可以优惠30元/平方米，损失从其个人将来的分红中扣除。但李某2、邓某某坚决不同意，二人同时提出如果丙州纪委不同意就把土地打包出去，陈某某只好服从该意见，四人最终商议提出“两条腿走路”的方案：一是由李某1继续与丙州纪委谈判，二是寻找合作伙伴。

在与丙州纪委商谈兴建职工集资房失败后，如若继续开发，一则陈某某以外的股东出资困难，二则钢筋、混凝土等材料涨价，在继续投入资金压力较大、工程进行不下去的情况下，其才想到通过寻找合作伙伴或股权转让的方式降低经营风险。上述事实，在李某1、李某2、张某的供述中均有反映，也得到蒋某某的印证。蒋某某多次提到，在与陈某某接触过程中，陈某某提出A公司想找人一起合作，合作不成再作其他打算。李某1也提出要与杜某、金某一起合作开发，但杜某等人不愿意合作开发，因此才有转让股权的行为。由此可见，陈某某在获取土地前后均有开发土地的真实意愿，并非以转让土地使用权为目的，其转让A公司股权实属在无力继续投资、他人不愿意合作的情况下为规避风险所作的无奈选择，还请承办法官予以充分重视。

（五）黄某某、杜某等人后续经营A公司过程中的合同诈骗犯罪，不应成为考量本案的情形之一

根据到案经过，本案线索来源于黄某某合同诈骗案，甲市公安局经济犯罪侦查大

队在2015年10月16日在办理黄某某涉嫌合同诈骗案时,发现A公司在获得丁住宅小区建设用地过程中有非法转让、倒卖土地使用权的嫌疑,遂于当日初查,于2018年4月29日立案侦查。辩护人了解到,黄某某、杜某在经营A公司过程中,由于融资困难,采取一房多卖的形式骗取小额信贷公司资金,在当地造成了恶劣的社会影响,并被以合同诈骗罪判处重刑。结合本案系根据黄某某案倒查发现,不排除办案机关将黄某某案的不利影响,作为评判陈某某等人的构罪及量刑因素之一。辩护人认为,虽然确系陈某某等人通过蒋某某将A公司股权转让给杜某等人实际控制,但该行为属正常的商业行为,且陈某某从未与杜某、黄某某等人直接接触,也没有义务对股权收购方是否具有投资建设能力进行审核。杜某、黄某某等人的后续开发及最终演变为犯罪完全是其自不量力、铤而走险的恶果,与陈某某等人转让股权的行为没有必然的因果关系,因而不能作为对陈某某等人进行刑法评价的因素。

(六)李某2未能并案处理,客观上对全面查清案件事实明显不利

李某2作为本案的关键人物,与张某、李某1、蒋某某同期查处,理应并案处理,但却进行了分案处理,由甲市人民检察院、丙州人民检察院分别向同级人民法院提起公诉,应同案处理的人员未能同堂受审、当庭质证,客观上对全面查清案件事实造成了不利影响。事实上,这种不利影响通过两级法院所作判决即可见一斑。针对同一案件,两级法院在认定事实、划分主从犯上明显不一致,有违人民法院判决的严肃性,还请法官予以重视。而且由于法院对李某2先行处理并判处其缓刑的示范效应,使陈某某等人产生误解,以为自己作用地位在李某2之下,且具有自首情节,连李某2都被判处缓刑,其至少能和李某2一样获得缓刑的处理结果。故陈某某权衡选择,本着多一事不如少一事的心态,委曲求全,在庭审中选择认罪认罚,放弃辩解,从而丧失了争取正当权益的最佳时机。

二、对于本案的定性,应该严格遵守罪刑法定原则,以土地使用权为内容的股权转让是合法有效的民事行为,在未改变土地使用权所有者的情况下,不应作为犯罪处理

(一)本案中土地使用权的所有者一直是A公司,未发生转让或倒卖,不符合非法转让土地使用权罪的客观行为要求,故陈某某不构成犯罪

根据我国《刑法》第228条之规定,有转让土地使用权行为,才有可能构成非法转让土地使用权罪。本案中,发生转让的是A公司的股权,涉案地块的土地使用权一直在A公司名下,从未发生过转让。从物权流转的角度分析,本案的交易模式(以土地使用权为内容的股权转让)并没有真正实现土地使用权主体的变更,当然也不存在违反土地流转等方面的法律法规。因此,陈某某等人的行为不符合构成非法转让土地使用权罪的行为要求,根据罪刑法定原则,陈某某不构成犯罪。

（二）转让未达开发投资总额25%的土地使用权，仅属于合同标的物瑕疵，转让行为不因该瑕疵而无效，在民事层面不具有违法性，根据法秩序统一性原理，不应进行刑事处罚

1. 从法律规定上看，仅有违反法律的效力性强制性规定，才能导致合同无效，使行为具有民事层面的违法性。根据最高人民法院《关于适用〈中华人民共和国合同法〉若干问题的解释（二）》第14条，《合同法》第52条第5项中的“强制性规定”限制为“效力性强制性规定”，只有违反了“效力性强制性规定”才能认定民事行为无效，不具有民事合法性。

2.《城市房地产管理法》第39条第1款第2项的规定，不属于“效力性强制性规定”，不具有民事违法性。根据《2015年全国民事审判工作会议纪要》第24条规定：“城市房地产管理法第三十九条第一款第二项规定并非效力性强制性规定，当事人仅以转让国有土地使用权未达到规定的条件为由，请求确认转让合同无效的，一般不予支持。”因此，土地使用权转让时投资未达开发投资总额的25%，仅属于合同标的物瑕疵，转让土地所有权行为在民事层面不具有违法性。

3. 根据法秩序统一性原理，既然转让未达开发投资总额的25%的土地使用权在民事层面具有合法性，就不应当进行刑事处罚。法秩序统一性原理是指不能将民事上、行政法上合法的行为，在刑法上作为犯罪处理。因为刑法是保障法，是“第二次法”，需要动用刑法来定罪处刑的行为，一定是以民事上构成违约或者侵权、行政法上违反行政管理法规为前提。根据之前的论述，转让未达开发投资总额的25%的土地使用权属于合同瑕疵，但是在民事层面具有合法性，就不应当进行刑事处罚。

因此，在本案中，即使陈某某不使用转让股权方式，直接转让土地使用权，在民事层面也并非无效行为。该行为具有合法性，不应受到刑事处罚。

（三）公司股东采用转让股权的方式转让土地使用权，在公司法、民事审判实践上都完全合法，在刑事审判实践中也有大量无罪判决，根据法秩序统一性原则，不应当以犯罪论处

1. 从公司法角度看，公司股东采用转让股权的方式转让土地使用权完全合法。我国《公司法》允许股权自由转让，而土地使用权的转让则须经过政府主管部门的批准。政府批准证书上的土地使用权人是公司，而股权转让并不引起公司名下土地使用权的转让，土地使用权人仍然是公司，因此，股权的任何转让都不会导致批准证书上的土地使用权人的变更，因而不涉及非法转让、倒卖土地使用权问题。另外，在理论界，陈兴良、周光权、张明楷等也明确支持以上观点（相关文献详见附件）。

2. 在民事司法实践中，公司股东采用转让股权的方式转让土地使用权完全合法。辩护人在中国裁判文书网上进行搜索，搜到了大量认为公司股东采用转让股权的方式转让土地使用权的行为是合法有效的民事行为的判决。如最高人民法院（2004）

民一终字第46号、(2013)民一终字第138号、(2007)民二终字第219号、(2014)民二终字第264号判决,沈阳市中级人民法院(2016)辽01民终3666号判决,河南省高级人民法院(2014)豫法民二终字第46号判决,江苏省高级人民法院(2014)苏商再终字第0006号判决*(具体判决书详见附件)*。其中,河南省高级人民法院和江苏省高院的民事判决均认为只有股权转让,土地使用权不发生变更,不涉及非法转让、倒卖土地使用权问题。

3. 根据法秩序统一性原则,公司股东采用转让股权的方式转让土地使用权,不应当以犯罪论处。公司股东采用转让股权的方式转让土地使用权,在民事层面完全合法有效,那么根据法秩序统一性原则,就不应当对其以犯罪论处,进行刑事处罚。

4. 在刑事审判实践中,公司股东采用转让股权的方式转让土地使用权被控犯罪,存在大量无罪判决。辩护人在中国裁判文书网上进行搜索,发现在贵州、江西、河南、浙江等地,均有公司股东因采用转让股权的方式转让土地使用权被控非法转让土地使用权罪,但最终法院认为该行为并非犯罪行为,作出了无罪判决*(具体判决书详见附件)*。辩护人在搜索甲省判例时,关于公司股东采用转让股权的方式转让土地使用权被控犯罪的判决,仅发现被另案处理的李某2非法转让土地使用权罪一案,未发现其他公开判决,本案可能是甲省第一例以该模式被控犯罪的,请法院对案件定性予以慎重审查。

综上,公司股东采用转让股权的方式转让土地使用权,在公司法、民事、刑事审判实践上都完全合法,不应当以犯罪论处。

(四)从维护市场交易秩序角度,如果追究以土地使用权为内容的股权转让行为,将不利于市场经济的发展

事实上,房地产企业和非房地产企业大量存在包含土地使用权益的股权转移的情况(股市上每天都在进行股权转移,包括房地产企业与非房地产企业包含土地权益的股权转移,其行为完全合法)。如果将类似行为作为犯罪追究,就使股权转让行为存在严重的不安全性和不可预期性,从而严重损害市场交易秩序,不利于市场经济的发展。

综上,考虑到罪刑法定原则、法秩序统一性原则、刑法的谦抑性、司法实践以及社会效果角度,本案应属于无罪案件。

三、从量刑角度看,即使构成犯罪,根据陈某某的主观恶性、参与案件程度、保护民营经济等相关量刑情节,一审法院对于陈某某量刑过重,应当适用缓刑

(一)从主观恶性上看,陈某某在本案中并非单纯以牟利为目的,且存在违法性认识错误,主观恶性较小

1. 从主观故意方面看,陈某某参与涉案土地拍卖,是为了进行开发,而不是非法

转让。在竞拍土地前,陈某某即表现出与当地单位合作建房的意愿;成立A公司后,其积极推动李某1与丙州纪委就合作建房进行谈判;谈判失败后,其在与蒋某某接洽过程中也多次提出找人合作开发的意愿。但在其他股东无力继续投资,股东之间对继续投资还是转让股权意见分歧较大,杜某等人不愿意合作以及建筑材料价格上涨导致投资风险加大等现实面前,即使陈某某反对也无法左右其他股东要求转让公司股权的意见。但至少在案发前后,陈某某对投资开发土地有积极作为,并非单纯以牟利为目的。

2. 从房地产并购实务看,本案是常见的行为模式,陈某某难以产生违法性认识。类似本案的股权并购模式是房地产企业并购中最常见、最广泛的一种形式(相关文献详见附件),因具有开发便捷、节省费用、交易手续简单、投资回报期短等优势,受到房地产商青睐。这也是杜某、黄某某等人坚持采取股权收购方式获得A公司经营控制权,直接进行涉案土地开发的主要原因之一。正因为该模式在实践中较为常见,才使陈某某等人根本没有意识到其行为可能构成犯罪的问题,连长期在司法及土地管理部门的工作的邓某某、李某某和证人刘某某,均没有意识到该行为的刑事违法性,更何况相对外行的陈某某。

3. 从法律规定的明确性看,关于非法转让土地使用权罪的构成要件分散且不清晰,普通民众对于违法性存在认识困难。《刑法》第228条关于非法转让土地使用权罪的规定属于空白罪状,作为法律专业人员的法官、检察官都必须通过二次找法、实质解释的方式,才能对本案事实是否构成犯罪作出准确判断。作为普通民众的陈某某,即便其明知转让股权的方式避开了《城市房地产管理法》第39条有关房地产项目必须完成25%以上开发投资总额的规定,但由于刑法及相关行政法对转让股权模式是否构成犯罪没有明确规定,根据陈某某具备的知识和生活经验,当时难以预测到自己的行为会触犯刑法,构成犯罪。

辩护人认为,本案罪名属法定犯,由于在地产并购模式中普遍存在,且法律规定不明确,使陈某某等人无法像传统犯罪一样对其行为作出准确预测。事实上他们还咨询过法律专业人士,获得肯定后才进行股权转让,也尽到一定的注意。这反映出陈某某主观恶性较小,在量刑时应予考虑。

(二)李某2地位、作用高于陈某某,陈某某的量刑应当轻于李某2

李某2作为股东和主要负责人,全程参与了整个土地竞拍、A公司设立、股权转让,地位作用高于陈某某,陈某某量刑应当轻于李某2。

1. 在竞拍公告发布前,李某2就提前告知了邓某某、陈某某等人竞拍信息。李某2时任甲市国土资源局原收储中心主任,在知道涉案土地计划出让后,将该消息告知了邓某某。邓某某带着陈某某、李某1看了土地。

2. 李某2作为国土资源局原工作人员,利用职务便利,给涉案土地设立了最低竞拍价。涉案土地的价值应当在60万元/亩(其周边土地价格为50万元/亩~80万元/亩),但李某2利用履职的便利,徇私情私利,隐瞒了这块土地的优势条件,没有充分地汇报给领导。其违反规定,没有按照集体会审的程序便给涉案土地制定了50万元/亩的价格。

3. 李某2一手操办了整个竞拍过程。在拍卖公告发布后,李某2一手操办了整个竞拍过程,包括拿报名表给邓某某签字,拿走邓某某母亲的身份证后,将相关手续交给了其同事李某3办理后续事宜。在竞拍现场,李某2也全程在场,并与陈某某假装互不相识。

4. 李某2负责联系了股权转让的中间人蒋某某,在股权转让过程中起到了关键作用。在蒋某某询问涉案土地的转让情况时,李某2隐瞒了A公司股东身份,又以其作为国家工作人员,不方便出面与蒋某某直接商谈股权转让事宜为由,主动提供了陈某某的信息及联系方式,并专程带蒋某某到戊找陈某某商谈股权转让一事。可以说李某2从中协调对转让股权起到了关键作用。

5. 陈某某在本案中的地位较李某2轻,且其有自首情节,即使基于各种原因认定其构成犯罪,对于其量刑应当轻于李某2。综观全案,邓某某、李某2等人利用职务便利和信息偏差,低价竞拍获得土地使用权,在李某1与丙州纪委联系未果的情况下,由李某1和李某2通过中间人蒋某某,找到了股权受让方,以土地使用权为内容转让了A公司的股权。陈某某在本案中的主要作用就是负责出资和平整土地。其出面与蒋某某谈判,是因为邓某某和李某2的特殊身份,客观上只能由陈某某出面谈判,谈判结束后,陈某某都会向邓某某、李某2二人汇报。因此,在本案中,在国家机关担任领导职务的邓某某和李某2的作用不可或缺,而陈某某作为主要出资方可以被他人替代,因此对于陈某某的量刑应当低于李某2。此外,陈某某具有认罪认罚情节,比李某2及其他同案犯多了自首情节。另案处理的李某2的量刑是缓刑(有期徒刑3年,缓刑3年),但陈某某却是2年有期徒刑的实刑,缓实之间差距太大,量刑明显不均衡,对陈某某的量刑明显不公平。

(三)与司法实务中的实际判例相比,陈某某也符合适用缓刑条件

辩护人通过检索中国裁判文书网、无讼网的方式,查找到邓某某等三份通过股权转让方式被判有罪的裁判文书,通过比对案件事实、获利金额及具体的量刑情节,陈某某的犯罪事实均轻于上述人员,但上述人员均被判处了缓刑(相关裁判文书详见附件)。根据量刑均衡原则,对于同一地区同一时期,案情相近或相似的案件,所判处的刑罚应当"基本均衡"。辩护人认为在甲省地区并未检索到类似案例的情况下,参照省外地区的案例,从同案同判、量刑均衡的角度看,对陈某某也应判处缓刑。

(四)从落实保护民营企业及企业家的相关政策出发,陈某某亦应适用缓刑

1. 陈某某曾为甲省建筑行业做出了积极贡献。陈某某投身建筑行业30余年,

从一名普通的建筑工人成长为民营企业家,创业艰辛,多有不易。其公司先后承建了戊市人民警察学校综合工程、丙周边防十二团、丙州地税大楼、南磷集团巡检司黄磷厂生产项目、甲省交通技术职业学院综合及实验楼等10余项工程,戊市人民警察学校综合楼还获得过省级优质工程奖。多年的创业打拼,其得到客户的好评和肯定,为甲省的建筑事业做出了积极贡献。本案发生后,陈某某因故退出苦心经营数年的多家企业,主要承接了甲省设计院在己市、庚市地区的精准扶贫项目的土建施工工程。

2. 陈某某目前正作为国家扶贫项目的直接负责人参与工程建设。由陈某某作为项目直接负责人,正在施工阶段的壬县贫困村人居环境提升项目五标段(辛镇)的材料采购及劳务服务工程,总投资10,828.99万元,涉及某纵谷区的壬县辛镇14个自然村,按要求必须于2020年年底完工。11个劳务班组、共百余人正在加紧施工。该工程作为落实党中央、国务院关于脱贫攻坚和改善贫困村人居环境决策部署的重点工作任务,事关当地群众脱贫。陈某某承接工程后,丝毫不敢怠慢,带领施工人员克服困难,积极履行施工合同,从未发生工程质量及工期滞后问题。截至2019年12月20日,项目共完成40%产值,约4000万元,上交国家税款90余万元。因建设资金未能及时到位,陈某某个人垫资2000万元用于劳务班组民工工资及材料款的支付,确保了工期的按时按质完成。作为直接施工负责人,陈某某一旦因本案被判处实刑,不仅会影响上述工程的顺利完工,而且将会引发该工程背后的材料供应商货款支付及百余名农民工的就业困难等一系列连锁反应。

综上,期盼人民法院在审理案件过程中,在认真考虑陈某某在本案中的地位作用,以及其具有自首、认罪认罚、全额退出涉案款项等法定及酌定情节,并平衡同案或者另案处理的案犯量刑的基础上,认真落实习近平总书记在民营企业座谈会上的讲话精神,从有利于脱贫攻坚项目的顺利完工,有利于支持鼓励民营企业发展、民营企业家成长的角度出发,在必须对陈某某定罪的情况下,对陈某某减轻处罚并适用缓刑。

【心得体会】

一、对于专业性较强的案件,检索要穷尽一切方式

本案中,涉及的房地产开发方面的专业知识十分复杂,不仅涉及建筑工程、税务等众多领域的法律知识,还涉及房地产开发行业的专业知识。故在本案的检索中,辩护人采用了"人、文、律、例"四方面的资料检索。"人"方面,辩护人先后到税务、不动产等部门咨询,同时与建筑工程领域的法律专业人员探讨,也向最高人民检察院、最高人民法院专家咨询,共同讨论本案中涉及的税务、建筑工程、房地产开发等相关问

题,整理完善材料后向办案机关递交。“文”方面,辩护人在知网、威科等数据库,全面检索相关专家学者文章,发现虽然学界、实务界对本案核心问题也存在很多争议,但主要观点是偏向于有利于本案被告人的。“律”方面,辩护人全面检索民事、行政、刑事相关法律规定,通过法律规定,论证本案行为在民事、行政方面的合法性,根据法秩序统一原理,认为在民事、行政方面合法的行为,在进行刑事追责时,要充分考虑刑法的谦抑性。“例”方面,辩护人检索与本案类似的民事、刑事相关判例,整理核心观点后向办案单位递交。辩护人穷尽以上一切方式后,再全面论证本案的定性以及量刑问题,提出律师意见。

二、换位思考,从裁判者角度审查案件

案卷材料可以反映,陈某某通过转让股权方式转让土地使用权的操作并非第一次,之前已经有过多次操作。虽然上述行为并未被指控,但从裁判者视角来看,有可能会认为陈某某长期以与本案类似的“空手套白狼”行为赚取转让款,这种行为很有可能会引起烂尾楼、一房多卖等严重后果,影响社会稳定。裁判者会认为,仅追究陈某某本案中的责任已经是从宽处理,内心并不会愿意改判处理。

相较于裁判者,辩护人与当事人或者当事人家属的接触时间会更多,对于当事人的了解会更为充分、深入。本案中,辩护人通过与当事人核对证据材料,了解到之前几次以股权转让土地使用权,与本案不同,很多是根据政府要求,当事人做了大量有益于处理社会矛盾的工作后,才将土地使用权转让出去。陈某某的做法并非“空手套白狼”的投机行为,也不可能造成严重影响社会稳定的后果,反而保障了民生,帮助政府解决了维稳问题。

三、全面举证,塑造民营企业家形象,落实保护民营企业司法政策

本案审理阶段,正处疫情期间,国家大力提倡保护民营企业,也发布了大量关于保护民营企业、民营企业家的司法政策,辩护人在运用上述政策时,不能仅将民营企业家的描述停留于文字之上,要整理列举相关证据材料。在本案中,辩护人主要递交了三方面的材料。第一方面,辩护人整理、递交了陈某某以往工程项目情况、项目获奖情况,扶贫项目情况材料。第二方面,辩护人递交了疫情期间陈某某捐款的材料,并递交了疫情期间对于民营企业保护的申请。第三方面,辩护人递交了关于陈某某不适宜羁押的身体状况材料。在递交材料的同时,辩护人也去检察院、法院口头汇报了上述材料,确保裁判者全面、深入地了解到上述材料。

四、有多名被告人且有分案处理的情况时，要与另案对比，充分保障当事人的权益

与陈某某同是公司股东的李某2被分案处理，其地位与作用与陈某某相当甚至更为重要，但是其在另案中得到了缓刑处理。虽然李某2被分案处理，但是其涉及的案件事实与本案一致，因此根据量刑原则，对陈某某量刑时应当参照李某2的处理情况。因此，为全面保障当事人的权益，辩护人在提出无罪辩护的同时也提出了罪轻辩护，将陈某某与李某2的地位、作用等进行证据摘录后对比后，认为即使被认定有罪，也可以为陈某某争取同判或者更轻处罚。

附件：（略）

（承办人：武广轶、杨亚虹、楼安翔）

如何在影响较大且数罪案件中争取最好的结果

——田某犯单位行贿罪、对单位行贿罪被判缓刑案

【案件概况】

2020年5月某职业高校的相关校领导主动投案。H公司法定代表人田某涉嫌行贿并于2020年6月14日被监察委立案留置。本案涉嫌金额3000多万元,在当地影响较大。因为本案当地还专门对各职业高校的校企合作开展专项检查。

田某家属及H公司高管于2020年6月底委托律所。委托关系建立后,律师指导H公司积极配合监察委调查,并提供了有利于H公司及田某的材料,协助办案机关尽快查清案件事实。

田某于2020年7月10日被监察委以单位行贿罪、对单位行贿罪移送检察院。由于案件前期H公司以及田某均认为自己不构成犯罪,因此不愿意配合办案机关签署相关法律文书。辩护人介入后,紧急会见了田某,对田某进行了悉心的劝导,充分全面地与他讲解了法律规定。最终,田某表示愿意配合办案机关工作。之后,辩护人立即与办案机关沟通协商,充分运用了大量关于保护民营企业、民营企业家的司法政策,并辅以足够的证据,证明田某符合民营企业家的条件,并从保护企业的角度出发,认为田某被取保候审利大于弊。最终,田某于2020年7月16日成功被取保候审,这对后期案件的办理以及缓刑的判决有很大的帮助。

因本案案情重大、复杂,检察院于2020年8月17日第一次延期,8月31日退查,10月31日第二次延期。在审查起诉期间,辩护人积极保持与办案机关沟通,多次提交书面辩护意见。辩护人在撰写辩护意见时,全面搜集各方面书面材料,并与相关人员进行当面沟通。通过上述方式,办案机关全面了解了辩护人希望展现的辩护意见,也对本案中存在的民行刑交叉问题十分重视,为案件可以得到从宽处理奠定了基石。检察院经审查后,于2021年1月25日向法院起诉,起诉内容有以下几部分。

1. 对单位行贿部分:2014年至2019年,H公司先后违反相关规定,组织、安排某学校的学生到企业实习,并实施管理。其间,H公司为谋取不正当利益以"实习实训费"(又称"实习管理费")、"招募费"等名义,按照实习生人数支付某学校费用共计人民币3546.96万元。另外,2020年5月H公司拟支付的2019年费用192万元,因案发未

能支付。被告人田某作为H公司的法定代表人、董事长,系直接负责的主管人员。

2. 单位行贿部分:2019年4月,H公司为谋取不正当利益,送予某学校原校长和时任副校长人民币200万元。

由于本案在当地影响极大,办案机关也非常重视,这对辩护人办案造成了巨大的压力与挑战。在这样的情况下,辩护人通过多次与办案机关沟通,并且提交了详细的辩护意见与附件,让办案机关把关注点回归到案情本身。辩护人通过讲行业模式,讲行业惯例,讲案件影响,让办案机关意识到本案并非个案,其将要影响的是整个行业的良性发展以及学生的就业问题。最终,办案机关十分慎重地审查了本案,也认可了辩护人的专业能力及辩护观点。

2021年7月31日,法院采纳辩护人意见及公诉人量刑建议,判处田某有期徒刑2年6个月,缓刑3年。

【辩护意见】

第一方面 行业层面

H公司向Y市某学校支付管理费的行为,是合法的行为,符合市场需求规律,H公司被控给付3738.96万元[起诉书第一部分(乙市H公司给付608.3万元,甲市H公司给付2743.25万元),补充起诉书指控的H公司给付共计387.14万元(338.94万元+48.2万元)]的行为不能被认定为犯罪,如被认定,将不利于校企合作模式的健康、稳定、可持续发展,具体理由如下。

一、从行业模式上看,H公司作为人力资源中介机构,为校企合作提供的服务,属于居间性、辅助性服务,没有受到任何文件禁止,甚至得到政府的鼓励和支持

(一)《实习规定》的本意是中介机构不能统一包办所有的工作,但可以从事辅助性、居间介绍性等工作

2016年4月11日,教育部等五部门印发的《职业学校学生实习管理规定》(教职成〔2016〕3号,以下简称《实习规定》,已失效)第15条第6项规定职业学校和实习单位不得通过中介机构或有偿代理组织、安排和管理学生实习工作。

辩护人认为,首先,"组织、安排和管理学生实习工作"是指直接对学生实习工作进行实质性组织、安排和管理,如对学生工作的考勤、具体工作内容、工作效果提出要求或者指导,如果仅仅是提供信息、在校企之间沟通协调或者提供保障性服务,并不能认定是"组织、安排和管理学生实习工作"。其次,此处的"组织、安排和管理学生

实习工作”,之所以用“和”字连接,是因为《实习规定》认为中介机构不能统一包办学生实习的所有主要工作,如果仅从事组织、安排或者管理中的一项工作,不能认为其违反了该规定。

(二)H公司提供的服务,是辅助性、居间性服务,并不属于《实习规定》所禁止的“组织、安排和管理”的主要工作

1. 根据本案的证据材料,H公司提供的是辅助性、居间性服务。首先,根据乙市H公司与某学校的《实习协议书》第3条和第6条规定,乙市H公司承担了实习跟踪服务、协调学生和用工单位关系、一定程度保障学生安全、岗位培训、学生体检、学生生活用品、学生人身伤害赔偿等辅助性工作。其次,在乙市H公司与用工单位的协议中,乙市H公司承担了提供符合要求的学生信息、学生商业保险、保障学生到职率(如离职,乙市H公司要承担违约金)等辅助性、居间性工作。以上所述乙市H公司的工作内容,本应由学校或者用工单位完成,乙市H公司的加入,节省了校企双方大量的时间成本,起到居间服务的作用。后续甲市H公司虽未与学校签订过书面合同,但实际承接了乙市H公司原有的全部工作,事实上延续了原《实习协议书》的内容。最后,虽然说有个别人笔录中提到H公司负责“组织、安排、管理学生实习工作”,但其并没有明确H公司的具体服务内容,并不能根据其概括性的言论就得出结论,且其笔录内容也可能存在侦查人员诱导或者未如实记录的可能。

2. 根据H公司提供的情况说明,H公司提供的是辅助性、居间性服务。根据H公司提供的《甲市H实业有限公司关于为Y市某学校学生实习服务的情况汇报》(H实业〔2020〕36号),H公司的工作内容是:负责筛选符合用工单位要求的学生信息,并将上述学生信息向用工单位提供,为学校做好岗位预留工作。在学生培训、离校进厂、生产实习到离厂返校的每个环节,H公司都认真负责地积极协调校企关系、落实实习岗位、强化后勤关怀、妥善处理工伤或意外事故、保障师生实习安全,倾心做好各项服务。在服务过程中,H公司坚持“三个到位”,为学生实习奠定基础,落实“五大保障”,为学生实习创造良好条件。

3. 根据C科技(乙市)有限公司(以下简称C公司)提供的材料,H公司作为人力资源中介,提供的是辅助性、居间性服务,校方和C公司负责组织、安排、管理学生实习工作。首先,根据C公司2020年10月15日提供的C科技(乙市)有限公司与K省Y市某学校开展校企合作学生实习有关情况说明,在C公司与某学校的校企合作中,某学校负责组织、安排学生实习,C公司负责使用、管理,H公司负责协调、服务。其次,根据C公司提供的其统一制定的《学校管理办法》第5.1.3.2也明确规定,实习指导老师(学校指派)应配合公司做好管理实习生的工作,人力资源机构并不负责管理工作。

综上,无论从在案证据、H公司和C公司方提供的材料都可以得出一个结论,即在C公司和某学校的合作中,H公司提供的是辅助性、居间性服务,并不属于《实习

规定》所禁止的“组织、安排和管理”的主要工作。

(三)H公司提供服务的本质,是为学生实习提供信息服务,为学生更好地适应实习岗位提供针对性实训服务,本就是《实习规定》鼓励的

H公司提供的最为重要的服务,本质上是向有送工需求的学校搜集学生信息,经过筛选后,向有用工需求的企业提供符合其要求的学生信息,并为学生适应实习岗位提供有针对性的实训服务,使其取得好的实习效果。这完全符合《实习规定》第25条的精神,即“鼓励各地职业学校主管部门建立学生实习综合服务平台,协调相关职能部门、行业企业、有关社会组织,为学生实习提供信息服务”。根据上述规定,H公司的服务非但不是《实习规定》所禁止,反而是该规定所鼓励的。

(四)人力资源公司为校企之间的人力资源调配提供中介服务,为各地方政府所倡导,并不违反法律规定

以甲市H公司所处的甲市而言,政府就非常重视促进人力资源公司为劳动力的储备、调配起到的中介服务职能。甲市人力资源和社会保障局等政府机关,为了保障全市重点电子企业生产旺季用工,自2015年开始就颁发了一系列《关于甲市重点电子企业人力资源“蓄水池”项目的文件》。对于人力资源“蓄水池”的建设,该文件中明确要有人力资源服务机构的加入,并将人力资源服务机构作为政府补贴对象。各地对人力资源企业的中介服务工作的管理举措虽然不尽相同,但以甲市的相关文件为例,足以说明人力资源企业为校企双方提供中介服务并不违反法律。否则,甲市政府也不会发布一系列文件来促进此项工作。

二、从服务效率上看,H公司承担了大量本应由学校或用工单位承担的辅助性工作,并为校企节省大量费用,有利于学生实习工作的开展

(一)在为学校和用工单位服务的过程中,H公司承担了大量辅助性工作,节省了校企的时间成本,提高了效率

前述意见第一点第2部分中已经提到,在某学校和C公司的合作中,H公司除了提供人力资源信息外,因为其专业有经验,还承担了大量诸如接送学生、为学生体检、收集学生意见、保障学生安全等大量本应由学校或者企业承担的辅助性工作,大大节省了校企的时间成本,提高了合作效率。

(二)在为学校和用工单位服务的过程中,H公司支付了大量费用,为校企节省了大量资金成本

根据甲市H公司向辩护人提供的H公司支付费用材料可知,H公司在为学校、学生和企业服务的过程中,要支付学生的床上用品、商业保险、交通费用、驻厂老师津贴、医药费、体检费等费用。上述费用已经超过了H公司营业收入的75%,上述开支还未算上H公司自己企业运营的费用。故H公司的存在,实际上是为校企节省、降

低了大量资金成本。

三、从市场需求规律上看,人力资源服务公司和学校、企业之间互相依存,三方之间互相给予一定的费用是正常的市场服务、商业行为,H公司支付给学校的用工费用是校方理所应当收取的,不应认定为行受贿款项

(一)H公司与某学校是相互需求和相互依存的关系,H公司向学校支付送工费用符合商业习惯,属于校方应收的款项

从学校和用工单位角度看,H公司这样的人力资源公司的存在,实际上是用其丰富、专业的人力资源整合优势,为学校和用工单位之间搭建了高效的学生用工信息服务平台,在提高用工质量和效率的同时,通过承担大量的辅助性工作,降低了学校和用工单位的时间、费用、人力成本。H公司还通过承担保险和人身赔偿费用的方式,在一定程度上降低了校企的用工风险,H公司的存在符合人力资源市场的规律和需求。从H公司角度看,其需要学校及时提供准确的用工学生信息以及学校方面人力和物力的支持,这均需要学校整合学生信息、派专人与H公司对接、按照用工及实习需求调整教学实训等才能完成,这些都是学校为H公司反向服务的成本,需要H公司来承担费用。否则,如果学校考虑到自身成本不配合,H公司也无法掌握到学生的信息,人力资源的精准适配就不能达成。这既影响学生的实习和成才,也影响学校的办学质量和效果,还影响用工单位的岗位需求及用工满意度,也使无法达到三方联动保障学生就业和企业用工的目的。故H公司向学校支付送工费用是合理的,该费用是校方反向服务理所应当收取的款项。

(二)H公司主观上都是向校方履行正常的付款义务,不存在向M某等个人行贿的主观故意,其支付应付款项的行为不能认定为行贿行为

无论是向某学校对公账户或者M某等人私人账户支付的资金,H公司及田某主观上均认为是应支付给学校的正常、合理的送工费用,从未想过是这些费用是给M某等人的好处费。其错误之处在于为了保持与某学校的持续稳定合作、保障为C公司送工,就违反了相关规定、没有抵制住M某等人以方便学校使用从而将应付款项转款至私人账户的不当要求,迎合其要求将大部分款项转入了M某等人指定的私人账户。但并不能因为款项转至私人账户就推定H公司及田某主观上具有行贿故意,其转至私人账户的原因是M某告知田某学校有很多外聘教师的费用要支付。田某主观上只能认识到校方需要该公司将应付款项转至私人账户,并不能认识到该笔款项有可能被M某等人私分,也无法认识到该笔款项属于给M某等人的行贿款项。

(三)从逻辑及情理角度出发,本案若得出H公司支付给某学校的款项全部是行贿款项,则有三大逻辑不能自洽

一是对公转账与对私转账并存的逻辑。根据H公司支付Y市某学校学生实习

相关费用统计表,H公司转出至某学校公账的款项有3笔共计724,500元,转至某学校职协公账的款项有4笔共计978,500元(其中有一笔485,000元,是从M某某私账转出)。同时存在H公司公账转至对方指定的私人账户的情况,有27笔共计6,372,900元。假设所有款项某学校都不应该收取,无权收取,如何解释已经转至某学校公账的款项的性质;假设H公司支付的款项是为了行贿,从公司公账转出岂不是容易暴露,不符合行受贿的隐秘特征。

二是M某等人的职务犯罪案件的正确定性的逻辑。如果本案确定为是单位行贿罪,意味着收受方是受贿犯罪,二者是对合关系。如上文所述,H公司支付给学校的款项本身是校方的应收款项,是H公司应付的款项,H公司及田某均不构成单位行贿罪,但不妨碍M某等人构成职务犯罪。M某等人属于利用职务便利,将本该收归某学校所有的款项要求H公司转至其控制的个人账户予以侵吞,构成贪污罪。贪污罪的数额与目前按照受贿罪方向调查认定的数额完全一致,并不会影响M某等人案件的审查起诉及审判。

三是H公司与某学校继续合作是否需要支付款项的逻辑悖论。本案立案调查后,甲市H公司还主动交代该公司与某学校2020年5月到期的实习送工费用尚未结清,目前该笔款项,已被监委按照行贿未遂款项予以没收。当然,该款项本应支付给学校,不管是否案发,甲市H公司都需要支付该笔费用。并且案发后,无论是田某本人还是H公司主观上已经不可能具有行贿的故意,但如企业在客观上不支付相应款项,则又必然影响学校发展。现在无论甲市H公司还是某学校的相关人员均已被立案调查,但某学校的学生仍然持续需要到C公司这样的优质企业进行实习锻炼。用工单位及校方都还需要甲市H公司提供人力资源服务。如果甲市H公司因为本案退出该服务,C公司也将不能再使用某学校的实习生源,便会出现三败俱伤的局面。但今后的合作中,如认定甲市H公司原支付款项都属于行贿款,那是否意味着甲市H公司在今后的合作中,都无须再支付任何费用给某学校,这是一个值得思考的问题。如果本案确定了H公司的单位行贿数额就是起诉书第一部分的数额,如果本案确认某学校确不应收取包括H公司在内的任何人力资源服务企业的送工费用,将划定了某学校未来的发展,其只能送出学生实习,不得收取任何费用。辩护人认为这一定性恐对学校的可持续发展、对Y市的职教工作产生不良影响。如果采纳辩护意见,不认定起诉书第一部分属于行受贿关系,H公司支付的款项系学校应收款项,只是其违反财务制度错误支付至私人账户,考虑将M某等人的该部分行为定性为贪污罪。这样既不影响追究有关人员的违法犯罪行为,也有利于甲市H公司包括未来与某学校合作的任何一家人力资源中介公司在获取校方实习生资源的同时,依法依规支付合理的送工费用,更有利于校企及中介三方的合作共赢,更有利于校方以该部分款项提升办学质量、培养更多的优质劳动力。

四、从办案效果上看,如果将人力资源公司支付给职业技术学校的实习实训费都视为是行贿犯罪,将极不利于职业技术学校的稳定、健康、可持续发展

第一方面的第二点提到,在为学校和用工单位服务的过程中,H公司承担了大量辅助性工作,节省了校企的时间成本,提高了效率,更为校企节省了大量资金成本。人力资源服务公司和学校、企业之间互相依存,三方之间互相给予一定的费用是正常的市场服务,商业行为,H公司支付给学校的用工费用是校方理所应当收取的,不应认定为行受贿款项。

现在是无论H公司还是某学校以及某学校的相关人员均已被立案调查,但某学校的学生仍然持续需要到C公司这样的优质企业进行实习锻炼。用工单位及校方都还需要H公司提供人力资源服务。如果H公司被认定为行贿罪以及向单位行贿罪退出该服务,C公司并未设立专门的人力资源部门,其他人力资源公司也不敢再介入该合作模式中,那么C公司也将不能再使用某学校的实习生源,某学校学生无法得到优质的实习锻炼,某学校也无法继续招收优秀生源和提供全面的实习学生信息和组织管理,便会出现四败俱伤的局面。而且,如果起诉书第一部分以及补充起诉书部分被认定,影响的不仅仅是涉案三家单位和某学校学生,影响的将是整个职业学校学生实习产业的健康、可持续发展。恳请法院慎重对待上述两部分的定性!

综上,H公司、某学校和C公司三者之间是相互依存关系,互相不可或缺,互相之间都有需求。H公司作为人力资源公司,支付送工费用给学校,主观上并不存在行贿故意,而是正常的市场服务交易行为,因此起诉书指控的第一部分不能被认定为犯罪。

鉴于本部分的准确定性需要与M某等人案件统筹考虑,检察院应该全面审查该系列案件,参考发生在职教校企合作领域的相关案件,严格坚守个罪的构成要件底线,以高超的司法智慧和大局观,谨慎处理本案的法律适用。

第二方面　法律层面

本案属于刑民行交叉的案件,无论是从行政法律层面、民事法律层面还是刑事法律层面,都不能得出某学校不应收取H公司实习实训管理费用的结论,更不能因对政策的误读,而在K省地区错误地拔高认定H公司支付给某学校或者M某等人的实习实训费用为行贿款,破坏司法统一性。故H公司被控给付的3738.96万元[起诉书第一部分(乙市H公司给付608.3万元,甲市H公司给付2743.25万元),补充起诉书指控的H公司给付共计387.14万元(338.94万元+48.2万元)]的行为也不能构成犯罪。具体理由如下。

一、从行政法层面上看，并非学校的所有收费都需要发改委部门的行政许可方才合法，本案中某学校收取的实习实训费用不属于应当取得行政许可的范畴，但没有得到国家发展改革委的收费许可不代表其无权收取该部分费用

（一）根据行政许可法以及相关行政法律、法规规定，学校作为行政相对人，仅在向受教育者收费或者向社会（不特定公众）提供公共服务时，才需要获得行政许可。学校向人力资源服务机构收取费用，即本案的实习实训管理费不属于提供公共服务，不需要申请行政许可

根据我国《行政许可法》第12条的规定，需要设立行政许可的是涉及公共安全、公共资源、公共服务、公共标准或者确定主体资格的事项，可以设立行政许可。

关于学校收费的相关行政法规，主要有如下规定（具体法条见附件）：

(1)《教育法》第30条、第78条之规定，学校在向受教育者收取费用时，要遵照国家有关规定；

(2)国家发展改革委、财政部印发的《行政事业性收费标准管理办法》第3条之规定，事业单位在向公民、法人和其他组织提供特定公共服务过程中，向特定对象收取费用；

(3)K省人民代表大会常务委员会公布的《K省行政事业性收费管理条例》第1条、第2条、第3条之规定，K省区域内的事业单位在向社会提供不以营利为目的的服务时，应当按照国家规定的权限和程序批准；

(4)K省物价局、K省教育委员会制定的《K省中等职业学校收费管理实施暂行办法》第1条、第3条之规定，学校向学生收取学费时，应当依据国家有关收费的规定。

综观从中央到K省各级的行政法规及立法实务，学校作为事业单位，仅在向受教育者收取费用或者提供不以营利为目的公共服务时收费，才需要获得行政许可。某学校取得了中华人民共和国事业单位法人证书，由国家事业单位登记管理局主管，属于事业单位。根据某学校与H公司签订的《实习协议书》第1条、第2条的规定，某学校根据H公司需要的用工条件，负责“宣传组织，挑选合适的学生，负责学生体检，负责学生身份、身体状况、精神素质、道德品行、有无精神疾病及传染病的审查，确保实习生人数，并按时输送到C公司实习，安排带队老师负责学生管理及思想沟通工作，学生离厂接送等一系列职责”。学校提供的并非公共服务，而是面向特定单位的劳务合作，并不属于需要获得行政许可的事项。对于行政许可而言，法无禁止即可为。故学校向人力资源服务机构收取实习实训费用，不需要获得行政许可。因此，认为凡是学校收费都需要经国家发展改革委行政许可、凡是未经国家发展改革委行政许可的收费都是不合法、不合规的观点是违背相关行政法规的。本案中，某学校收取的H公司的实习实训费用并不因未经国家发展改革委行政许可就违法。因为该费用

的收取根本就不需要获得行政许可。

(二)H公司作为人力资源中介服务机构,或是作为用工企业C公司人力资源部门的替代或代理机构,为学校提供服务并向学校支付费用得到了大量行政法规的鼓励和认可

从国务院到K省,全国有大量行政法规鼓励类似H公司这样的机构作为校企合作纽带或者信息服务平台,为校企合作提供服务,为地方政府分担工作。尤其是国务院《关于印发国家职业教育改革实施方案的通知》(国发〔2019〕4号)中规定:"校企合作中,学校可从中获得智力、专利、教育、劳务等报酬,具体分配由学校按规定自行处理。"H公司履行的实际上就是C公司人力资源部门职能,在一定程度上是企业的代理人。H公司从C公司收取费用后,再支付给某学校。某学校收取的费用实际上来自C公司,收费原因是其在校企合作中因智力、教育和劳务获得的报酬,这是得到行政法规许可的。

二、从民事层面上看,诸多人力资源公司与职业学校劳务合作的民事诉讼案件表明,法院均认为合同未违反法律的强制性规定,并认为合同合法有效应当履行。基于法秩序统一原则,刑法评价也应一致

(一)从民事主体角度看,某学校属于非营利法人,享有民事主体身份及缔约权利

某学校作为依法成立的事业单位,有自己的名称、组织机构、住所、财产和经费,根据我国《民法总则》(已失效)第58条、第59条之规定,属于民法上的法人,享有民事权利能力和民事行为能力。因此,某学校作为民事主体,有权与H公司确定民事合作合同关系。

(二)H公司与某学校之间的合同,系双方真实意思表示,不违反法律、行政法规的强制性规定,不违背公序良俗,民事合同关系合法、有效

1. H公司向某学校提供的服务,是辅助性、居间性服务,并未得到任何法律、行政法规的禁止,甚至是得到了相应行政法规的鼓励。

《中等职业学校学生实习管理办法》(教职成〔2007〕4号,已失效)、《实习规定》规定,学校不得通过中介机构代理组织、安排和管理实习工作。但第一方面第二部分已经提到,H公司的工作属于辅助性、居间性的工作,甚至得到上述《实习规定》以及其他地方政府鼓励。故H公司的工作并不能认定为"代理组织、安排和管理学生实习工作"。H公司和某学校并未违反任何法律、行政法规的规定,某学校可以根据合同向H公司收取相应费用。

2. 退一步讲,即使认定H公司代理组织、安排和管理实习工作,某学校与H公司的合同关系依然合法有效,某学校可以根据合同约定收取实习管理费。

根据《合同法》(已失效)第52条、最高人民法院《关于适用〈中华人民共和国合

同法〉若干问题的解释(二)》(已失效)第14条以及最高人民法院《关于当前形势下审理民商事合同纠纷案件若干问题的指导意见》第15条之规定,在有相关行政法规的情况下,只有该法律、行政法规是效力性规定,合同才能被认定为无效。

另外,《最高人民法院关于合同法司法解释(二)理解与适用》对于如何如何识别效力性规定进行了详细解释。在识别一项规定是否属于效力性规定时,应当采用正、反两个标准:在肯定性识别标准上,首先,判断标准是,该强制性规定是否明确了违反的后果是合同无效,如果规定了违反的后果是导致合同无效,该规定属于效力性强制性规定。其次,法律、行政法规,虽然没有规定违反将导致合同无效,但违反该规定,如果使合同继续有效,将损害国家利益和社会公共利益的,也应当认定该规定是效力性强制性规定。在否定性识别上,应当明确法律、行政法规的强制性规定仅关系当事人利益的法律、行政法规的强制性规定,仅是为了行政管理或纪律管理需要的一般不属于效力性强制性规定。

本案调查机关援引的《中等职业学校学生实习管理办法》(教职成〔2007〕4号,已失效)、《实习规定》,未明确违反上述规定的后果会导致合同无效。另外,H公司与某学校合作,对于其双方、学生、用工单位均有利,这种合作模式甚至得到了部分地方政府的鼓励,不可能损害国家利益和社会公共利益。

因此,从法律规定角度看,即使H公司被认定为帮助学校组织、管理、安排学生实习工作,H公司与某学校之间的合同也是合法有效的,某学校可以根据双方合同收取实习管理费。

在司法实务中,辩护人通过在"无讼案例"检索,发现全国各地区存在大量的民事判决,均认定职业学校与类似H公司的人力资源服务机构之间成立的合同(核心内容与本案中的《实习协议书》类似),是双方真实意思表示,其内容并未违反国家法律法规的强制性规定,依法成立生效,双方均应履行合同义务。尤其(2016)川17民终760号判决明确认定《中等职业学校学生实习管理办法》(教职成〔2007〕4号)、《实习规定》不是效力性强制性规定,学校和中介机构的协议有效,双方应当依约履行。故在司法实务中,某学校与H公司签订《实习协议书》也属于合法有效的民事行为,学校可以根据约定收取实习管理费。

因此,无论从法律规定角度还是司法实务角度,某学校与H公司之间的合同均为合法有效的合同,某学校可以根据合同向H公司收取基于付出智力、劳务、组织、安排管理的费用。

(三)H公司与某学校的民事合同关系一直存续且实际履行

2016年5月15日,某学校与H公司签订补充协议,约定解除之前的书面合同,但该解除系双方人员对于《实习规定》中"学校不得通过中介机构或有偿代理组织、安排和管理学生实习工作"的误读,且仅仅是形式上的解除。《实习协议书》

在形式上书面解除后,某学校和H公司之间,依旧按照之前被解除的《实习协议书》履行双方的权利和义务。故两个单位之间仅仅是形式上解除了合同,但实际上一直保持着原有的合同关系(实践合同关系),各自履行合同义务,享有合同权利。某学校还是依据双方的协议关系继续履行合同,后续的合作及付款均应认定为依照合同继续履行的体现。

(四)根据法秩序统一原则,某学校收取实习实训费,在民法领域系可以自主决定的合法有效的行为,未违反行政法规,不能认定为犯罪

法秩序统一性原理是指不能将民事上、行政法上合法的行为,在刑法上作为犯罪处理。因为刑法是保障法,是"第二次法",需要动用刑法来定罪处刑的行为,一定是以民事上构成违约或者侵权、行政法上违反行政管理法规为前提。之前已经论述,某学校向H公司收取实习实训费,属于合法有效的民事行为,H公司提供的是辅助性、居间性服务,也未违反行政法规。故根据法秩序统一性原理,不能认定某学校收取实习实训费构成犯罪。

三、从刑事层面上看,本案中H公司没有向某学校或者某学校领导行贿的主观故意,没有通过行贿来谋取不正当利益的必要,H公司支付给某学校的费用都是在履行合同的支付义务

(一)H公司是否可以作为中介机构为到C公司实习的学校及学生提供服务,是由C公司决定而非某学校决定。H公司不需要通过行贿某学校或者某学校的领导来谋取不正当利益,相反是某学校需要借助H公司来获得到优质用工企业实习的机会

C公司规定如要获得进入C公司实习的机会,需通过已与C公司合作的人力资源公司进行推介,否则高校无法与C公司合作。某学校近年来发展迅速,招生规模不断扩大,生源质量不断提高,与学生能到C公司等大型企业实习,并且实习学生毕业后往往能在就职企业中获得管理岗位等有着密切的关系。像某学校一样的职业高中有很多家,但像C公司一样招收实习学生,并且给予学生与社会工同等报酬,提供管理岗位进行培养的企业是少数。某学校要保持上述优势,其需要依靠H公司作为中介机构与C公司等大型企业进行联系。因此,H公司在与某学校的合作过程中,H公司是占据主导地位,无须通过行贿等方式来维系合作关系。

(二)H公司主观上没有向某学校领导行贿的故意,其自始至终认为是在遵循诚实信用原则履行合同约定的支付义务

H公司是基于民事合同履行合同的支付义务,主观上根本没有行贿的故意。至于学校在收取费用过程中,要求H公司将部分款项不支付进入公账,导致后续被学校领导贪污或者私分,这是部分领导构成贪污或其他犯罪的问题,不能据此认为H

公司构成行贿犯罪。如果主观上是为了履行民事义务就要被追究刑事责任,明显违反了刑法上的主客观相一致原则。

（三）在校企合作的领域,如果仅仅依据教育部相关文件就得出校方不应收取相关费用,就追究付款方的行贿责任,将导致刑民不分、大大扩大刑法的打击范围,违反当事人的主客观相一致原则,更有违刑法的谦抑性原则

无论是职业学校还是其他类型学校,学校除了提供教育服务,都不可避免作为民事主体存在,向其他单位收取费用。比如,承包学校食堂、打印室或者租赁学校场地,相对方均会向学校支付相应费用。上述学校收费均未获得行政许可,是平等民事主体之间的民事行为。在学生的实习工作开展上,确实存在学生作为劳动力是稀缺资源,人力资源公司如果能够为用工方解决劳动力可以获得相应利润的情况。但不可否认,不是所有的职业学校都能顺利将实习学生作为劳动力推向市场,更不能保证其学生有机会到优质的用工单位进行实习以提高专业技能、拓展就业渠道、提升办学质量。三方之间绝不存在单向的利益输送问题,而是合作共赢的模式。因此,不应当将H公司支付给某学校的实习实训费用作为“谋取不正当利益的贿赂犯罪”进行打击,否则将导致市场主体在与学校的合作中,刑民关系混淆,用刑事手段调整民事关系。当事人没有违法性认识,主观上没有存在故意的可能,如何构成刑事犯罪?一旦认定为刑事犯罪,必将极大突破刑法的谦抑性原则。

H公司支付给某学校无论是公账还是私人账户的费用,均有计算依据,遵循双方合作约定,款项性质均相同,不应认定为犯罪,更不应认定为涉嫌两个罪名。

辩护人认为H公司支付给某学校的费用,无论是打到某学校对公账户的款项,还是根据某学校校领导指示打到私人账户的款项,其性质都相同。从本质看上述款项都属于H公司根据与某学校的约定,通过计算学生实习人数及相应标准,按约付给某学校的学生实习实训费用。但本案办案机关在起诉书及补充起诉书中,将上述款项拆分为不同性质,其中将H公司支付至学校公账的费用、根据学校要求直接打入为学校做工程的工程方账户的费用以及从H公司账户支付至校领导私人账户的费用均认定为对单位行贿。将H公司同样是根据学生实习人数及标准计算得出,但支付至校领导私人账户的费用认定为单位行贿。该计算、划分资金性质的方式与事实不符,与逻辑相悖。同样是支付到私人账户,为何一部分认定为对单位行贿,一部分又被认定为单位行贿?并且,支付至学校无论是公账还是私账的款项均应当依据相同计算标准进行计算。辩护人认为上述费用,均是同一性质,不应认定为犯罪,更不应认定为涉嫌两个不同罪名。

四、在K省之外的其他地区，H公司与多家职业学校有合作，行为模式与本案基本相同，都未被认定为违法行为，不能因对政策的误读，而在K省地区错误地拔高认定H公司支付给某学校或者M某等人的实习实训费用为行贿款，破坏司法统一性

根据H公司向辩护人提供的发票以及相关协议，H公司在河南、四川、甲市等地与多家职业学校合作，并向职业学习学校支付与本案类似的学生管理费用。在上述地区，H公司的行为并未被认定为违法行为，甚至是得到当地政府提倡且有相应政策保障(如之前提到的甲市“蓄水池”计划)。因此，不能因对政策的误读，而在K省地区错误地拔高认定H公司支付给某学校或者M某等人的实习实训费用为行贿款。这不仅破坏了司法统一性，还违背了“同案同判”原则。并且，这种情况不仅发生在H公司，根据H公司多年从事人力资源行业了解的情况，校企合作中人力资源公司支付相应费用给学校，是一个长期、普遍的行业惯例。如果办案机关认定本案中H公司构成犯罪，除了会波及H公司与各地合作的学校，也会让那些职业学校陷入可能构成犯罪的境地，还会对这个行业，对多家人力资源公司及大部分职业学校产生不可预估的影响。

综上，辩护人坚持认为，在法律层面上，H公司支付给某学校的学生实习实训费用是依据合法有效的民事合同正常应该支付的合法费用，不应认定为是H公司向某学校或者某学校领导的行贿款项，更不应认定为涉嫌两个罪名。至于某学校领导将该部分款项占为己有的问题，应当是在其案件中正确评价为贪污或者私分国有资产。对H公司及田某追究起诉书认定的第二部分足以使其受到惩戒，达到特殊预防与一般预防之目的，且田某也愿意对此认罪认罚。若将起诉书认定的第一部分事实以单位行贿罪追究其刑事责任则不符合法律规定。为了保障案件质量、保障司法统一性、保障职业技术学校的未来健康发展，敬请法院重视本案中的法律关系，以使本案的处理取得三个效果的有机统一。

第三方面　关于起诉书指控的单位行贿部分

田某愿意认罪认罚，但是辩护人认为其全部行为仅应当定性为涉嫌对单位行贿更为妥当，当然至多仅能定性为涉嫌单位行贿。具体理由如下：

对于起诉书中指控的H公司向F某、M某支付的200万元，根据H公司所称，该部分费用会在后续学生实习管理费中扣除。对于本部分的定性，虽然田某对于该部分事实认罪认罚，但作为其辩护人，从法律定性角度看，本人认为既然该笔费用会在后续实习管理费中扣除，那么对于该笔费用的定性，也应当与H公司支付的实习管理费一样，最多仅能定性为对单位行贿。

第四方面　量刑层面

恳请法院考虑到对于民营企业的保护，以及田某具有坦白、认罪态度好、积极退赃等诸多从轻、减轻情节，对田某从轻、减轻处理。具体理由如下：

一、从保护民营企业的角度看，田某经营的企业对社会有多方面贡献，建议对其从轻处罚

（一）从企业经营角度看，对田某从轻处罚，有利于企业的发展

甲市H公司是主要从事劳务派遣、人力资源服务的民营企业，主要为×公司、L公司和N公司等世界500强外资企业匹配人力资源，在甲市、乙市、丁市、戊市、庚市等地有独立法人机构，均由田某作为核心负责人经营管理。多年来，甲市H公司致力充当劳动者与用人单位的桥梁和纽带，积极为社会人员就业、学生实习就业服务，多次受到当地政府的表彰。甲市H公司是×集团旗下C科技、S电子等外资企业的西部校企合作指定服务中心，先后牵手多个中西部省市的30多所职业院校与上述有关企业开展校企合作，每年安置学生实习及就业近2万人。2019年H公司派遣员工20多万人次，协助送工8万多人次，当年实现营收近20亿元，实现利税3000余万元。目前，该公司在职派遣员工5.5万人，协助送工在岗2.2万人，在厂实习学生9100人。田某及其经营的企业为推动社会就业、学生就业、政府税收等方面做出了突出贡献。一个如此优秀、有社会担当的企业，如果其主要经营者受到刑事追究，遭受牢狱之灾，将对企业的声誉以及经营产生严重不良影响。

（二）从司法政策角度看，对田某从轻、减轻或者免除处罚，符合保护民营企业家的司法政策

在疫情影响下，为了恢复全国的经济运行，2020年2月26日，中央政法委等五部门联合召开会议且发布《关于政法机关依法保障疫情防控期间复工复产的意见》（以下简称《复工复产意见》）。会议中，最高人民检察院副检察长陈国庆表示在疫情防控的特殊时期，对于涉嫌犯罪的企业经营者和员工自愿认罪、真诚悔罪、积极赔偿，并且取得谅解、达成和解、社会危害性也不大的案件，检察机关能不捕的不捕，能不诉的不诉，或者依法向法院提出轻缓的量刑建议。

《复工复产意见》第5条、第6条明确规定：在涉企业案件办理中，积极推进认罪认罚从宽制度适用，落实少捕慎诉司法理念；慎重使用逮捕和查封、扣押、冻结等强制性措施。办理涉企业案件时，能够采取较为轻缓、宽和措施的，尽量不采用限制人身、财产权利的强制性措施；对有自首、立功表现，积极认罪悔罪，没有社会危险性的经营

者,可依法不采取羁押强制措施。对处于侦查、起诉和审判阶段在押的企业经营者,及时开展羁押必要性审查,对于变更强制措施不影响诉讼顺利进行,没有继续羁押必要的,依法及时变更强制措施。

最高人民法院副院长张述元表示依法能够采取较为轻缓宽和措施的,尽量不采用限制人身财产权利这些强制性措施,对于处于审判阶段的企业经营者,我们慎用有关羁押性的强制措施。

综上,诚盼在案件的后续处理中,考虑到企业的经营以及目前对于民营企业家的司法政策,法院可以对田某从轻、减轻处罚,适用缓刑。

二、田某具有坦白、认罪态度好、积极退赃等诸多从轻、减轻情节

田某在接受监察委调查期间,对于H公司的行贿行为供认不讳,并亲笔书写了深刻的悔过材料。另外,田某到案后,H公司主动退出了行贿款以及未分红给M某的违纪款(卷1,第16~24页)。田某及H公司的认罪、悔罪态度极佳,希望法院可以对其从宽处罚。

综上,无论从行业层面或是法律层面,H公司被控给付的3738.96万元[起诉书第一部分(乙市H给付608.3万元,甲市H给付2743.25万元),补充起诉书指控的H公司给付共计387.14万元(338.94万元+48.2万元)]的行为均不可能构成犯罪。对于起诉书指控的第二部分,田某愿意认罪认罚,但辩护人从法律定性角度分析,认为定性为涉嫌对单位行贿更为妥当,当然最多也仅能对其定性为单位行贿罪。请法院可以考虑到田某系卓有贡献民营企业家,且具有众多可以从轻、减轻的情节,对其从轻、减轻量刑并适用缓刑。

综观本案,对于定性问题辩护人已经详细论述,辩护人想说的是,本案的处理结果以及处理方式,不仅仅关系到H公司、田某以及某学校,更加关乎到整个K省地区职业学校及人力资源服务中介机构之间的合作问题。如果处理不当,将会影响整个K省职业学校及其学生的实习、就业问题,会影响K省人力资源市场是否可以吸引到优秀、专业的人力资源服务机构以及优质的实习企业的问题。所以,恳请法院在审理本案时,可以详细多方面、全面了解这个行业,在合法、合理的情况下,作出有利于各方的判决,让该产业稳定、健康和可持续发展!

【心得体会】

一、及时、准确的法律辅导,运用保护民营企业政策沟通,解决“取保难”问题

由于案件前期H公司以及田某均认为自己不构成犯罪,因此不愿意配合办案机关签署相关法律文书。辩护人介入后,紧急会见了田某,对田某进行了悉心的劝导,

充分全面地与他讲解了法律规定、刑事证据的认定、刑事诉讼的程序以及整个案件的法律服务方案，在全面了解法律规定以及案件走向后，最终田某愿意配合办案机关工作。之后，辩护人立即与办案机关沟通协商，充分运用了大量关于保护民营企业、民营企业家的司法政策，并辅以足够的证据，证明田某符合民营企业家的条件，并从保护企业的角度出发，论证田某被取保候审利大于弊。最终，辩护人为当事人争取到了取保候审的机会，当事人在经营企业的同时，也积极配合辩护人工作，这对后期案件的办理以及缓刑的判决也有很大的帮助。

二、精细化法规检索，全面搜集材料，充分论述解决民行刑"交叉难"问题

无论是从法律、法规来看还是从行业惯例、各方协议等来看，本案存在法律关系交叉，行业模式复杂的问题。辩护人在撰写辩护意见时，全面搜集各方面书面材料。在行业角度，搜集全国各地对于校企合作的鼓励政策、涉及校企合作模式的各种典型案例等材料，并与当事人当面深入交流行业模式、惯例问题。在法律规定层面，辩护人也是穷尽各领域法律、法规，从民事、行政、刑事三个角度分别论述涉案行为的合法性、有利性。最后，将上述复杂问题进行通俗化解释，力求精细化、清晰化地展现书面意见。上述方式使办案机关全面了解了辩护人希望展现的辩护意见，也对本案中存在的民行刑交叉问题十分重视，为案件可以得到从宽处理奠定了基石。

三、从案件本身出发，从行业模式出发，从行业影响出发，解决"影响大"问题

本案涉案金额共3000多万元人民币，是当地有史以来数额最大的一起行贿案件，并且由于涉及职业教育学校的学生实习问题，在当地影响极大，办案机关非常重视，这对辩护人办案也造成了巨大的压力与挑战。在这样的情况下，辩护人通过多次与办案机关沟通，并且提交了详细的辩护意见与附件，让办案机关把关注点回归到案情本身，辩护人通过讲行业模式，讲行业惯例，讲案件影响，让办案机关意识到，本案的影响不是个案，将要影响的是整个行业的良性发展以及学生的就业问题。通过双方良性、高效的沟通，最终，办案机关十分慎重地审查本案，也认可了辩护人的专业能力及辩护观点。

四、以无罪辩护为基础，"骑墙辩护"，辅以判例检索，解决"缓刑难"问题

本案被告人委托律师时，就明确提出希望能够判处缓刑。但是当律师介入后，发现本案涉案金额非常大，社会影响非常恶劣，缓刑难度比较大，并且本案被控两个罪名，若最后两个罪名都被认定，缓刑可能将进一步降低。于是辩护人就以无罪辩护为切入点，采用"骑墙辩护"的方式，争取判处缓刑的空间。最后办案机关认为两个罪名不宜判处缓刑，辩护人从网上搜集了大量的判例来证明即便认定两个罪名也是可

以判处缓刑的,最终说服了检察官与法官。法院最后判处被告人缓刑,达到了被告人的期望,取得了办案的良好效果。

(承办人:武广轶、王麒栋、楼安翔)

如何解决“会见难”“定性难”“退缴难”

——杜某某被控受贿从轻处罚案

【案件概况】

某监察委调查认定:2012 年至 2013 年,被告人杜某某利用担任某旅游区开发管理有限公司总经理的职务便利,先后 2 次收受行贿人贿送的人民币 110,000 元,并为受贿人在某景区入口片区温泉博物馆设计施工总承包项目上谋取利益。2013 年至 2019 年,被告人杜某某利用担任某旅游区开发管理有限公司总经理、某机场集团有限责任公司总裁助理兼董事会办公室主任、某机场党委委员、副总经理兼某航空枢纽工程建设指挥部总指挥长助理等职务便利,先后收受行贿人贿送的人民币共计5,366,372.48 元。其中包括被告人杜某某“入股”名义收受的人民币1,500,000 元。被告人杜某某实际收受行贿人以“分红”名义贿送的人民币共计3,866,372.48 元,并为行贿人实际控制的公司获得某景区入口服务区风情街商铺经营权以及在某机场商业点位经营权等项目上谋取利益。

杜某某因涉嫌受贿罪于 2020 年 1 月 4 日被监察委工作人员从办公室带走,立案留置。同年 4 月 3 日延长留置期限 3 个月。监察委于 2020 年 6 月 18 日移送检察院审查起诉。杜某某于同日被某公安局刑事拘留,同年 7 月 2 日被执行逮捕。

2020 年 6 月,我所接受家属委托,指派我所律师担任杜某某的辩护人。接受委托后,律师第一时间提交手续,展开阅卷工作。辩护人发现监察委出具的起诉意见书中,认定其涉嫌受贿人民币共计 547 万元存在疑问,并且没有认定自首。

在审查起诉阶段,辩护人针对上述两个问题与承办检察官充分地沟通,并提交了详细的书面意见,最终说服承办检察官采纳了律师的意见,至此本案取得重大突破。在检察院审查起诉阶段杜某某签署了第一份认罪认罚具结书,量刑建议 9 年。后辩护人又搜集了最新的相似案例,多次与检察官沟通量刑问题,最终杜某某重新签订第二份具结书,量刑建议改为 7 年。

2020 年 10 月 12 日,检察院向法院提起公诉,起诉书中认定杜某某构成自首,并且将受贿金额剔除 150 万元,最后认定为 397 万元。最终法院全部采纳了辩护人意见及公诉人的量刑建议,认定杜某某受贿金额 397 万元,于 2020 年 12 月 28 日判处杜某某有期徒刑7年,罚金人民币60万元。

【辩护意见】

一、杜某某系主动投案自首,到案后如实供述,还主动供述司法机关未掌握的本人其他罪行,构成自首,依法可从轻、减轻处罚

1. 杜某某在接到C州纪委、监察委通知后,与相关工作人员联系,主动在机场办公区等待,到案后如实供述,应认定构成自首。根据C州纪委、监察委于2020年4月30日出具的案发经过中的信息及杜某某的陈述可知,其于2020年1月4日,到达机场办公区后,接到有关纪委、监察委要求配合调查的电话,后主动在办公区找到有关工作人员配合调查。到案后,杜某某如实交代违法犯罪事实。根据我国《刑法》第67条有关规定,杜某某的行为应认定为自首,恳请法院依法从轻、减轻处罚。

2. 杜某某被采取强制措施后,主动供述了司法机关未掌握的本人其他罪行,应认定构成自首。根据案卷中C州纪委、监察委2020年1月3日出具的关于某机场副总经理杜某某……同志涉嫌违纪违法问题监察立案的情况报告,杜某某涉嫌违纪违法犯罪问题的线索反映:"2014年甲向杜某某借款50万元用于店面装修,事后双方商定以股权抵债的方式让杜某某持有甲实际控制的昆明某公司10%的股份。2017年1月,杜某某在担任某机场副总经理分管市场开发期间,乙向其打招呼后甲实际控制的昆明某有限公司获得某机场的4个商铺经营权。2016年2月至2017年2月,甲以分红的方式送给杜某某人民币100万元,送给杜某某的嫂子孟某某人民币35万元。"C州监察委于2020年1月3日决定立案调查杜某某涉嫌职务违法问题,并于1月4日对杜某某宣布实施留置。C州纪委、监察委于2020年4月30日出具的案发经过显示:"到案后,杜某某积极配合调查。2020年1月4日被采取留置措施当天,杜某某主动交代了其利用职务之便为甲生意提供帮助,并收受甲的大额贿送……确定了其收受甲贿送人民币5,366,372.48元;杜某某详细交代了其收受L某贿送其人民币110,000元现金的过程。"

辩护人认为,杜某某被立案及采取强制措施时,司法机关仅掌握其很小一部分涉嫌违纪违法犯罪的线索。杜某某到案后,积极配合调查,主动如实供述了司法机关还未掌握的本人其他罪行。根据我国《刑法》第67条第2款的规定,被采取强制措施的犯罪嫌疑人,如实供述司法机关还未掌握的本人其他罪行的,以自首论。因此,恳请法院依据相应法律法规,认定本案中杜某某构成自首,依法从轻、减轻处罚。

即便不认定杜某某构成自首,其也符合可以从轻或者减轻处罚的条件。根据我国《刑法》第67条第3款之规定:"犯罪嫌疑人虽不具有前两款规定的自首情节,但是如实供述自己罪行的,可以从轻处罚;因其如实供述自己罪行,避免特别严重后果

发生的,可以减轻处罚。"辩护人恳请法院认定杜某某如实供述自己的罪行,其供述对甲、乙等案件起到关键作用,其积极退缴违纪违法款项,避免严重后果发生,应依法从轻、减轻处罚。

二、杜某某入股甲公司系为了讨好乙,并未想因此而获利或收受贿赂,办理请托事项也并非基于收受贿赂,主观恶性较小

本案中,杜某某所涉及的行贿款项绝大部分来自甲,甲不仅是行贿人、相关公司实际控制人,更具有一个特殊身份,杜某某上司乙的亲弟弟。C州监察委认定杜某某涉嫌入股甲实际控制的3家公司,以收受分红的形式变相收受甲的贿送,但其入股3家公司,均是由甲主动提起,不存在索贿情节。杜某某2020年6月1日的讯问笔录中提道:"甲开始让我入股他的公司时候,我没有想着要赚多少钱,只是碍于甲是乙的亲弟弟,我也不能得罪他,同时我也确认过乙是知道甲让我入股这件事的,我就没有考虑太多。"结合其他笔录情况可知,杜某某最初答应入股,也并非想因此获利,更多是考虑到甲系直属领导乙弟弟的身份。且在向甲确认了乙知道这件事后,杜某某为了讨好乙最终才答应入股。后续两次入股甲实际控制的公司,也均是出于讨好领导乙的目的,并非为了收受甲的贿送。杜某某入股甲所控制的公司时,主观上并没有收受贿赂的故意,主观恶性较小。

乙自2012年11月起至2019年6月担任某机场集团有限责任公司党委书记、董事长一职,甲系乙亲弟弟。杜某某帮助甲完成请托事项,并非基于甲向其行贿,更多是考虑到甲特殊的身份,以及受到了其直系领导乙的暗示和明示,甚至部分请托事项,最终是由乙协调完成。

辩护人恳请法院在办理本案过程中,充分考虑本案行贿人的特殊身份,本案与其他普通受贿案件存在巨大的区别。我们不能单纯从其接受贿赂,完成请托事项就认定杜某某的主观恶性及社会危害性,还应结合相关案情综合判断。本案中,杜某某入股公司时,主观上不存在收受贿赂的犯意,最开始的行为也只是违纪违规行为,并且事出有因。其完成请托事项也并非基于甲向其行贿,更多是考虑到甲特殊的身份,以及受到了领导乙的暗示。

三、杜某某系初犯、偶犯,认罪态度较好,积极退缴全部违纪违法款项,且已签署认罪认罚具结书

1. 杜某某没有前科劣迹,系初犯、偶犯,认罪态度较好。根据起诉意见书可知,杜某某认罪态度较好,积极配合司法机关的调查,主动如实供述违法犯罪事实,对其所犯违法问题有深刻反思。在留置期间,杜某某不仅多次手写自述材料,对犯罪事实如实交代,还结合所犯错误写下悔过书,真诚地对自己所涉及的问题进行

反思。

2. 杜某某在家属的配合下,在留置期间积极退缴全部涉案款项。根据C州纪委、监察委出具的Y某某退缴杜某某违纪违法款相关材料,杜某某在家属的积极配合下,于2020年4月14日前已退缴了全部涉案款项共计人民币5,370,000元。杜某某涉案款项,除了少部分放在有关银行账户中,其余款项均没有使用在家庭方面,家庭成员对其收受贿赂一事及相关款项去处均不知情。事发后,为了配合纪委、监察委等部门,杜某某妻子Y某某通过向亲戚朋友借款、抵押、出售房屋等方式尽快凑齐了退缴的违纪违法款项,避免给党和国家造成更多损失。纪委、监察委对这一行为也给予了高度的肯定。

3. 杜某某已签署认罪认罚具结书,但检察院未综合考虑到认罪认罚从宽处理制度,恳请给予他改过自新的机会。

经辩护人与杜某某沟通,杜某某本人已自愿签署认罪认罚具结书。但在量刑建议中,检察院仅考虑到杜某某的自首及退赃情节,未考虑认罪认罚从宽处理制度,辩护人恳请法院对其适用认罪认罚从宽处理制度,在检察院给出9年量刑建议的基础上判处最低刑期。

综上所述,首先,杜某某主动投案,如实供述,被采取强制措施后,还主动供述司法机关未掌握的本人其他罪行,恳请法院依法认定其构成自首。其次,杜某某收受的绝大部分贿赂款项来源于上司乙的亲弟弟甲,不存在索贿情节,其入股甲公司最开始并没有想获利,更多是想向上司乙示好。其完成的甲的请托事项也不是基于收受了贿赂,主观恶性较小。杜某某系初犯、偶犯,且其认罪、悔罪态度极好,在家属的配合下主动上交违法违纪款,并已签署认罪认罚具结书,恳请法院对其适用认罪认罚从宽处理制度,在检察院给出9年量刑建议的基础上判处最低刑期。这样不仅体现法院对杜某某自首情节的认定,更是体现对其家属主动积极退缴涉案款项的肯定!

【心得体会】

一、通过坚持不懈和真诚有效的沟通解决“会见难”

杜某某异地羁押在某县看守所,而该看守所因疫情防控需要调整了会见政策,无法让律师直接会见。按照会见要求,律师会见犯罪嫌疑人必须借用看守所所在地县法院刑庭的审讯设备。但该县法院表示,本案系省监察委指定管辖案件,目前仍在审查起诉阶段,且手续上只指定到C州检察院,之后未必会指定管辖到羁押地的检察院和法院审理。所以该法院无法确定是否有管辖权,并表示律师的相关手续他们无权收取,也未有过无管辖权案件允许律师使用法院审讯设备的先例。

针对此特殊情况，本着对己方当事人负责的态度，承办律师积极同该县法院、看守所进行多次沟通。最终该法院同意在无庭审的时间段借用设备保障律师会见，成功完成了会见，为后续的辩护奠定基础。

二、精细化辩护解决"定性难"

在C州检察院将本案交办到某县检察院具体办理时，针对本案中的部分问题，我所承办律师与承办检察官存在分歧。第一，本案中，监察委已经决定立案，犯罪嫌疑人接电话通知到案是否还能认定其为主动投案？第二，本案中存在两份问题线索，两份文件对犯罪嫌疑人所涉嫌违纪违法问题的掌握程度天差地别。其中一份问题线索反映办案机关在立案时，仅掌握少部分犯罪嫌疑人涉嫌违纪的线索，而另一份问题线索则将犯罪嫌疑人所涉嫌所有问题全部罗列，应当采信哪份问题线索？第三，若采信上述第一份问题线索，犯罪嫌疑人是否可以构成自首？第四，本案起诉意见书中指控的犯罪嫌疑人受贿547万元，其中绝大部分受贿款通过入股分红的变相受贿方式收取，但未直接进入公司账户的资金是否可以算作股本金，认定受贿金额时是否应该在收取的金额中剔除该部分？

辩护人与承办检察官进行了充分的沟通，并提交详细的书面意见，甚至在与承办检察官沟通时，将有争议的两份问题线索摆在眼前进行比对，最终说服承办检察官采纳了律师的意见。其认定杜某某构成自首，并且认定杜某某曾支付过股本金共计150万元，而该部分金额也在后续行贿中返还给了杜某某，因此应从受贿金额中剔除，后公诉人在起诉书中将杜某某涉嫌受贿的金额降至397万元，至此本案取得重大突破。

三、艰难时刻，勇于承担，解决"退缴难"

本案犯罪嫌疑人家属在留置阶段接到办案部门通知后，迅速凑钱退缴了全部违法所得。家属为尽快缴清违法所得借贷了部分款项。而后因资金压力过大，以及考虑到后续的罚金问题，家属本着积极配合的态度，提出通过变卖房屋筹措罚金。但房屋属于夫妻共同财产，必须由双方出面共同办理。杜某某处于羁押状态，导致卖房陷入僵局。最终在我所承办律师及家属共同努力下，多方协调，终于获准当地公证处工作人员随律师进入看守所，为杜某某授权其家属卖房的相关事宜进行公证。在协调好看守所时间，辩护人和家属到法院领取相应手续时，法院临时提出顾虑：若家属拿到授权卖房后转移财产，可能会影响后续罚金的执行，必须由非家属人员来进行担保。由于当时看守所的疫情防控要求不断变化，如果当天未能完成委托授权公证，可能之后更没有机会再次办理。

考虑家属的特殊情况，并且一旦错过这次机会，因为疫情影响可能就没有机会去办理公证,甚至会影响家属后续缴纳罚金等。考虑到"当事人利益最大化"原则,我所承办律师王律师在经得律所同意后,向法院提出由辩护人为此事进行担保,并当场签署了担保书,最终取得了法院开具的函,顺利帮当事人及家属办理了相关公证。

本案办理过程一波三折,但最终取得了较好的办案效果,也获得了办案机关、当事人及家属的多方肯定。

(承办人:武广轶、王麒栋)

职务犯罪中“经上级领导电话通知”到案的自首认定

——刘某1被控贪污减轻处罚案

【案件概况】

起诉书指控:2007年至2017年,被告人刘某1在先后担任某县、某市(县级市)、某区人民法院院长期间,利用职务便利,索取、非法收受他人财物,在工作安排、案件审判执行等方面为他人谋取利益,其行为触犯了《刑法》第385条之规定;刘某1利用其担任某市人民法院院长、某区人民法院院长地位形成的便利条件,通过其他工作人员职务上的行为,为请托人谋取在公务员考试、工作调动等不正当利益,触犯了《刑法》第388条之规定。刘某1犯罪事实清楚,证据确实、充分,应当以受贿罪追究其刑事责任。

起诉书所指控刘某1受贿犯罪共计45起,指控被告人刘某1受贿数额共计580万元,属于数额特别巨大。公诉机关据此对刘某1提出量刑建议有期徒刑12年至14年。

本案由省高级人民法院指定管辖,被告人刘某1家属已委托当地市律师协会会长作为辩护人出庭辩护,法院已经开庭审理此案,并且已经法庭辩论终结。庭审结束后,原辩护人认为减轻处罚可能性非常小,预期刑期为12年有期徒刑。至此,家属辗转找到我们以尽最后的努力。

2020年5月接受委托后,我们立刻与法院协商阅卷事宜,法院同意阅卷后辩护人第一时间赶赴该省阅卷,发现关于本案到案经过材料非常模糊。通过会见被告人得知,事发前被告人已经知道自己马上要被处理,在事发当天其和儿子及司机三人一早赶赴省会“找关系”庇护自己未果,区委书记多次给其打电话让其立刻到书记办公室,其谎称在看病,并立即返回区委,随后被纪委人员(当时监察委员会未设立)带走。根据被告人的陈述与在案证据,辩护人确定了整体辩护方向:争取认定自首,在法定刑以下量刑。

承办法官听取我方意见后,要求监察委员会补充关于到案经过的证据,2020年6月监察委员会补充的材料认为区委书记未告知刘某1纪委人员在区委书记办公室等待其到案,因此不构成自首。

对此,辩护人先后5次会见被告人,详细询问细节,申请证人出庭作证,并将相关意见反复与承办检察官、法官沟通。2020年9月再次开庭审理,辩护人在法庭上还原了缺失的相关案件事实。最终法院在监察委员会出具材料不予认定刘某1自首的情况下,认定刘某1自首情节成立,并对其进行减轻处罚,在量刑建议12年至14年的情况下,判决被告人有期徒刑7年。

【一审辩护意见】

辩护人认为,本案被告人刘某1在明知返回区委就很可能会被纪委采取措施的情况下仍然选择回去配合调查,到案后又如实供述了自己的全部犯罪事实,应当认定其为自首。

一、纪委出具的材料从客观上能够证明被告人到案前明知自己即将被调查

纪委关于给予刘某1开除党籍处分的决定称刘某1在某市两任市委书记和某建工集团董事长李某某被组织调查后,担心自己的问题暴露,采取各种措施,掩盖事实。2017年6月15日下午刘某1给王某某打电话订立攻守同盟;6月15日晚上召集相关人员到其办公室征求应对意见;6月16日早上刘某1和其子刘某2一起去省会想找关系寻求保护未果。辩护人认为上述纪委认定的情况,认为刘某1在对抗组织审查,看似对刘某1不利,但从客观上可以证明在被纪委带走之前,刘某1就知道自己已经被纪委关注,随时会被采取措施,像热锅上的蚂蚁,在被抓前的两日一直采取应对调查的措施,在被抓的当天早上也是去找关系保护自己。这证明被告人对自己随时可能被抓的处境是有清楚认识的。

二、被告人刘某1的职业背景和工作经历可以判断到区委书记多次打电话是纪委找其调查

因被告人长期在审判岗位工作,熟悉纪委办理职务犯罪案件的惯常做法就是通过嫌疑人的单位领导通知嫌疑人到单位,然后带走配合调查。被告人作为区法院院长,根据常情常理,除非与区委书记有私交,否则在正常工作中区委书记一般不会直接联系法院领导,如果有具体工作,也都是安排办公室工作人员与其联系。会见中被告人刘某1也称,区委书记极少给他打过电话,即使有工作也是由工作人员传达,他再去区里汇报,直接给他打电话本身就很反常,更不会同一天多次电话催促他,所以能够意识到应该是纪委找他。

三、相关证人能够证明被告人在返回途中存在安排善后事宜的行为

本案证人被告人儿子刘某2与司机能够证实,刘某1在返回区委的途中,将自己的几部手机和钥匙提前全部交给了儿子刘某2,并叮嘱照顾好家里。纪委事后确实也是从他儿子刘某2那里取走刘某1的手机进行取证。据此可以证实,被告人刘某1在回到区委前已经明确知道自己此去将会被采取措施,其已经做好了相应的准备。

四、被告人有机会逃跑,但主动选择回来接受调查

在接到区委书记电话时,刘某1本人还在省会城市,其当时完全有可能逃跑或者隐匿,以逃避组织审查。但是其在明知很可能是纪委找他的情况下,依然从省会返回配合调查,说明其投案的自动性。

五、刘某1到案后如实供述了本人全部犯罪事实

本案案发是因为李某某被查后为求自保,向纪委举报称其曾于2007年至2013年送给被告人刘某1人民币共计103万元。基于此,纪委对刘某1开始立案调查。在纪委就刘某1是否收受李某某103万元及其是否构成犯罪调查期间,刘某1主动供述了本案其他44起犯罪行为。据此可知,本案指控被告人刘某1的45起犯罪行为中,除第一起外,其余44起均为被告人刘某1主动交代,其自首行为非常彻底。

综上,辩护人认为本案从客观上有纪委出具的材料,认定被告人刘某1在到案前有对抗组织审查的行为,证明其当时已如热锅上的蚂蚁;从主观上结合刘某1的工作经历,在那个紧张的时刻区委书记很反常地多次给其打电话催促其到办公室谈事,其从主观上已经意识到应该是纪委找他;司机和儿子刘某2的证言都能证明其在返程途中安排善后事宜,且客观上确实存在将手机和钥匙交给儿子的事实,与其明知要被纪委带走的供述相互印证。本案中无论从主观还是从客观都能证明被告人在明知纪委找他的情况下,其仍然从外市返回本市接受调查,具备自动到案的情节,到案后其主动交代了全部犯罪事实,根据主客观相一致的原则,本案被告人刘某1的行为完全符合自首的规定,应当认定其构成自首,恳请合议庭对刘某1依法减轻处罚。

【心得体会】

一、职务犯罪案件的犯罪数额往往巨大,应重点审查减轻情节

本案系党的十九大召开前夕,某省纪检部门办理某市委书记职务犯罪案件时发现的线索,本案由县检察院侦查终结,后经省高级人民法院指定,由区人民法院审理。在此背景下,根据被告人被指控的数额,其将面临10年以上有期徒刑。因为职务犯罪的案件性质,办案单位在办理案件时往往将数额证据锁定得比较扎实,单纯从犯罪数额上进行辩护很难起到实际作用,必须重点关注被告人是否具有自首、立功、从犯等减轻处罚的情节。有鉴于此,我们在接案之初根据家属描述,再结合此类案件的常

见特点,就基本确定了辩护重点方向。

二、职务犯罪案件的"到案经过"有其特殊性,必须重点审查

纪委监委办理案件保密性很强,涉案人员的单位也固定,因此办案单位往往到涉案人员单位抓人,一般是由领导通知当事人有事过来,或者在开大会时带走,一般不会给当事人自首和逃跑的空间。刑事卷宗中的到案经过往往是模糊化处理。

公诉机关办理职务犯罪案件往往具有惯性,如果监察委员会没有认定嫌疑人具有自首情节,公诉机关很少会主动认定嫌疑人具有自首情节,对相关到案经过事实一般也不会重点审查,除非非常明显的投案自首,否则一般只认定坦白。这就导致了很多职务犯罪案件的自首情节都需要辩护律师努力争取。

三、辩护律师要主动出击,深入挖掘主动到案的情节还原案件事实

我们经过办理大量职务犯罪案件发现,监察机关办理职务犯罪案件的惯常做法就是通过其单位领导通知到案,在被查办之前,当事人由于被人举报或者关系密切的人被调查,往往也知道自己会被调查。在此情况下当事人回到单位的主观心态以及客观表现就变得尤为重要。

就本案来说,被告人刘某1陈述,在某市委书记被查后,其已经意识到自己随时有可能被调查,便联系相关人员商量对策。案发当天其与儿子、司机一起去省城找关系寻求庇护未果,随后接到区委书记的电话,此时他已经意识到其实是纪委在找他了。因为其作为法院院长,正常情况下一年也接不到区委书记的几个电话,工作上的事都是通过办公室传达,书记很少直接给自己打电话。在回去的路上其告知区委书记自己在医院理疗,区委书记还告知其有事快点回来,其更加确定了事有蹊跷,在路上告诉儿子要照顾好家里,并在进区委之前将手机和钥匙等随身物品一起交给了儿子。

上述情况卷宗中没有任何体现,我们通过多次会见被告人,充分了解了当时情况,并申请证人出庭作证。最终在法院再次开庭时,辩护人还原了卷宗中缺失的对被告人有利的到案经过事实,最终法院认定被告人系主动到案。

四、要注重甄别电话通知到案的几种情形,注重主客观相一致原则

本案中我们发现到案经过不清晰后,承办法官要求监察委员会补充关于到案经过的证据,监察委员会出具情况说明"纪委办案人员于案发当日从某区委将被告人带至纪委部门,刘某1不具有到案的主动性,不能认定为自首"。我们当即提出该情况说明记录不完整,仅记载了刘某1从区委到办案部门的经过,没有记载其是如何到区委的过程。对此承办法官认为,即便能够证明是电话通知被告到案,但也要审查其

是否具有自动性。

根据法官的意见,我们经过仔细研究,关于电话通知到案的“自动性”审查,司法实务中主要分为三种情况:

第一种是电话通知时明确告知嫌疑人因为何事,要求其到指定场所(一般是单位)。此种情形下因为嫌疑人在接到电话时已经明确知道自己是因为何事被传唤,知道自己如果去了可能面临的结果。在此种情况下如果其还是按要求前往办案单位,可以认定其投案具有自动性,如果能如实供述,认定自首是没有障碍的。

第二种是电话通知时没有告知真相,而是采取欺骗的方式将嫌疑人通知到指定场所。此种情形下一般认为嫌疑人根本没有意识到领导通知的真正目的,也没有意识到自己已经被办案机关盯上,更不可能意识到自己此去将会被采取措施,以为是别的正常的事。对此司法实践中一般认为嫌疑人不具有投案的自动性,即便如实供述,也不能认定其为自首。

第三种是电话通知时没有说明具体理由,仅是笼统地要求嫌疑人到指定场所。对于此种情形需要慎重把握,还需要进一步通过其他证据来印证被告人在接到通知时是否已经意识到将面临的后果。本案正是此种情形,区委书记 G 某的证言证实,其在电话通知时仅告知刘某 1“马上来区委一趟,有事找他”,但没有具体告知何事。对此,如果认为刘某 1 具备投案的自动性,就必须通过其他证据予以证实。

所幸本案中除刘某 1 的供述外,还有纪委关于刘某 1 开除党籍的决定、证人证言以及被告人刘某 1 的职业背景等证据予以证实。我们牢牢抓住这些有利之处,多次与承办法官和公诉人沟通,最终认定了刘某 1 自首的情节,为减轻处罚奠定了辩护基础。

五、通过案例检索,争取最终宣告刑能够达到罪责刑相适应

职务犯罪案件中的案例检索不容忽视,尤其是裁量幅度较大的罪名,更应当重点把握。本案最终认定的犯罪数额为 563 万余元,法定刑在 10 年以上,认定自首后有可能在 10 年以下判处刑罚,但是如何确定最终的宣告刑仍有辩护空间。我们认为,本案辩护的最终目的不是降到法定刑以下,而是尽可能地判处刑罚。随着反腐深化,犯罪数额也在不断刷新纪录,动辄上千万已经屡见不鲜。但是《刑法》关于受贿罪并没有作出新的规定,受贿 300 万元与受贿几千万元都有可能最终被判处十几年有期徒刑。但是单从数额来看,受贿 300 万元肯定比受贿几千万元罪行要轻,因此在具体量刑时应当有明确的区分,这就是我们所追求的罪责刑相适应。

经过与承办法官沟通,我们希望能够在 5 年以下判处刑罚,法官表示该院此前从未有过先例,该案又是纪委办理的案件,大幅度减轻困难。基于此,承办律师通过案例检索,按照该院所在的市、省、全国其他省市等层级顺序,经过大量检索,最终发现

类似案件基本在 5 年到 8 年的范围内判处刑罚,并将其中刑期较低的 20 余份判决提交给法庭,法院最终判处刘某 1 有期徒刑 7 年。

在我们近些年办理的职务犯罪案件中,有多个类似案例,监察委员会没有认定自首,经过我们还原案件事实最终认定了自首情节并进行了大幅度减轻处罚。谨以此案例分享给大家,希望我们的当事人都能够得到罚当其罪的判决。

(承办人:张炟墚、朱旭肇)

一起毒品案件的成功排除非法证据狙击战

——封某涉嫌非法持有毒品罪降档处罚案

【案件概况】

本案是一起典型的通过非法证据排除方式，将被告人庭前有罪供述内容全部排除，从而导致本案邮件中查获的117.44克毒品因证据不足，不能认定为被告人的持有数量的案件。本案系公安部督办的毒品目标案件，涉案人员较多，涉及全国多个省份。2015年7月J省B市检察院指控：2014年10月，L某通过某快递将120克冰毒邮寄给封某。封某在L省S市T区某快递配货站，取L某发来的装有冰毒的快递包裹时被现场抓获，查获的邮包内的冰毒净重117.44克，查获封某随身携带的冰毒净重13.3克，被告人封某涉嫌非法持有毒品数量共计130.74克。按照《刑法》第348条的规定，非法持有甲基苯丙胺数量达到50克以上，应判处7年以上有期徒刑。若指控成立，按指控的持有毒品数量，封某的量刑应在7年以上。

2015年1月案件侦查终结，移送到J省B市检察院审查起诉，本案涉及封某的主要指控证据材料为：(1)封某的供述与辩解；(2)同案被告人L某的供述与辩解；(3)快递站两位工作人员的证人证言及辨认笔录（辨认封某是取快递单尾号为××的人）；(4)快递单（快递站提供）；(5)扣押清单（邮件中的疑似毒品、封某随身查获的疑似毒品、手机等）；(6)物证照片（邮件中的117.44克冰毒照片；封某所持冰毒照片，持有冰毒13.3克）；(7)鉴定意见（封某在快递站取货时查获的冰毒中检出甲基苯丙胺成分及含量；从封某身上搜出的疑似毒品经鉴定，检出甲基苯丙胺成分）；(8)抓获经过等。

随着对案件每个细节及每份证据的不断推敲，承办律师发现了问题所在，即本案指控证据的合法性存在严重问题。据此，针对公诉机关指控封某非法持有毒品130.74克的数量，承办律师决定从两个角度入手制定辩护方案。一方面，围绕非法证据排除程序，对指控邮包中查获的117.44克毒品，提出证据不足的意见，即指控在快递站查获的邮件内的117.44克毒品系封某所购买，该起持有指控事实不能成立。另一方面，对查获的封某随身携带的供自己吸食的13.3克毒品，不持异议，提出从轻的意见。

2015年10月，J省B市中级人民法院组织控辩双方召开了庭前会议，承办律师于庭前会议上提交了非法证据排除申请，申请法院启动非法证据排除程序，提出封某在侦查阶段所做多次有罪供述，包括在看守所作的重复性的供述，属非法言词证据应予排除。承办律师还提交了调取证据申请，调取封某进入看守所时拍摄的体表伤情照片和入所体检记录。

2016年1月，本案在J省B市中级人民法院公开开庭审理。庭审中，法院启动了排除非法证据调查程序，承办律师全方位、多角度就本案的非法言词证据、物证收集程序非法、重复性供述、辨认程序违法、检材来源不明、同一性等诸多问题提出了质证及辩护意见。

2016年4月，J省B市中级人民法院对本案宣判，承办律师的辩护观点得到法院的全部支持采纳。法院认定本案不能排除以非法方法收集证据的可能性，被告人有罪供述被全面排除。另外，本案不仅排除了言词证据，还对相关物证全部排除。对辩护人认为指控封某非法持有冰毒117.44克冰毒事实不清、证据不足的辩护意见，予以支持；对查获的封某随身携带的冰毒13.3克的事实予以认定；判处封某有期徒刑1年6个月，并处罚金人民币两万元。宣判当日羁押期限届满，封某从J省B市看守所被释放。

【辩护意见】

一、公诉机关指控侦查机关在S市T区某快递配货站查获的邮包内的甲基苯丙胺（冰毒）117.44克，系L某邮寄给封某的，系封某所购买的毒品，事实不清，证据不足，该持有事实不能成立

（一）关于被告人的供述——封某在侦查机关的有罪供述系非法取得，属非法言词证据应予排除，以其当庭供述为准

就被告人在侦查阶段的有罪供述系非法取得问题，辩护人在庭前会议时提交了非法证据排除申请，现辩护人再结合庭审情况，就被告人的庭前所有有罪供述均应排除的问题，论述以下几点意见。

1. 现有证据能够确认侦查人员系以非法方法收集被告人供述。

（1）被告人当庭讲述了其遭受刑讯逼供的具体细节。庭前会议中辩护人申请，并由检察机关调取的C市看守所健康检查笔录、伤情照片，能够确认本案侦查人员对封某采取了暴力殴打等手段，逼迫封某自证其罪，迫使其作出了虚假的有罪供述。依据《刑事诉讼法》（2012年第二次修正，下同）第54条规定采用刑讯逼供等非法方法收集的犯罪嫌疑人、被告人供述，应当予以排除。虽然庭审中公诉机关认为侦查人员存在非法取证行为，主动排除了第一次的有罪供述，但辩护人认为，第一次讯问笔

录以及之后取得的重复性的有罪供述，均应当予以排除。

(2)庭审中封某就其为何会到快递配货站去，为何出现在案发现场，其到配货站后所发生的事情经过，进行了详细的说明及辩解。与其在审查起诉阶段的无罪辩解一致。辩护人认为，他在当庭的辩解具有一定的合理性和可信性，鉴于其庭前有罪供述系非法取得，应以其庭审中的辩解为准。

2. 第一次及第二次有罪供述系“孪生口供”。

第二次讯问笔录与第一次讯问笔录，均为电脑制作的文稿，在讯问对话的记录、对同一事实和情节的表述上一字不差、高度一致，复制粘贴痕迹非常明显，甚至于连错误之处也没有进行过任何修改，直接复制。(如问：快递单上是怎么写的？答：收件地址L省S市T区峰北街××号……)而这个正确的地址应是S市T区Y峰北街。第一次笔录漏记“Y”字，第二次笔录仍然如此，难道还不能说是完全复制照搬第一次笔录。第二次讯问笔录正如庭审中封某所辩解的那样，是C市的公安人员直接打印出来让其签字的，不能反映真实的讯问情况，不能确认其有罪供述的真实性。因此，本案的第一次及第二次讯问笔录系“孪生口供”，足以认定第二次的有罪供述内容，亦不具有可采性。

3. 刑讯对封某的心理影响一直没有消除，导致之后的认罪供述仍然不具有可采性。

针对同一犯罪事实封某作出多次有罪供述，应为重复供述。因侦查人员对封某实施刑讯逼供等非法手段取得其有罪供述，在此后一系列的审讯中，封某面对同样的审讯人员很难再作出不同或相反的供述和辩解。因为，封某在作出第一次有罪供述时受到了刑讯逼供，其后只能按照先前的口供继续说下去，害怕如果翻供会因态度不老实招致更严重的刑讯。之前的非法手段给封某带来的心理恐惧和压力，使接下来的供述仍然不可靠。尤其是第四次在看守所的讯问虽不是直接通过刑讯逼供等非法方法获取，但与之前的刑讯逼供等非法方法仍存在密切的关联，根本不能保证封某有罪口供内容的真实可靠性，影响封某有罪供述的真实性。

因此，之前的刑讯足以对封某之后的有罪供述产生心理强制作用。如果没有第一次遭受刑讯逼供的影响，封某不会作出后续的重复性认罪供述，即封某的第二次讯问笔录(讯问地点：C市公安局)、第四次讯问笔录(讯问地点：C市看守所)，亦不具有真实可靠性，也应予以排除。

4. 讯问未依照法定程序进行，存在一人进行讯问的非法取证行为。

通过查看第二次讯问笔录首页中侦查人员的签字可看出，Z某1、Z某2的字体均是由Z某1一人签字；从第三次讯问笔录首页中侦查人员的签字可看出，Z某1、W某的字体均是由Z某1一人签字；从第四次讯问笔录(讯问地点：C市看守所)首页中可看出，Z某1、Z某2的字体均是由Z某1一人签字。据此，本案存在一人进行讯问的非法取证行为。侦查机关进行讯问时系一人进行,违反了《刑事诉讼法》第116条第1款“讯问的时候,侦查人员不得少于二人”的规定。侦查机关未依照法定程序进行讯问,且本案侦查机关未能提供讯问时的同步录音录像,不能完全证实讯问系由两名以上侦查人员进行,故第二次、第三次、第四次讯问笔录内容,不能作为本案的定案依据。

5. 讯问笔录存在侦查人员未签字、首次讯问未告知权利和法律规定等瑕疵问题。

首次讯问笔录没有记录告知被讯问人相关权利和法律规定。且第二次、第三次、第四次笔录显示,讯问结束后,侦查人员没有在笔录上签字。依据《公安机关办理刑事案件程序规定》(2012年,下同)第201条[1]第2款:“讯问笔录上所列项目,应当按照规定填写齐全。侦查人员、翻译人员应当在讯问笔录上签名”的规定,讯问笔录除了首页应当将所列的讯问人、讯问日期等填写齐全外,应在侦查笔录的尾页由参与讯问的两名侦查人员签字。依据最高人民法院《关于适用〈中华人民共和国刑事诉讼法〉的解释》(法释〔2012〕21号,下同)第82条之规定,讯问笔录讯问人没有签名的,形式不合法,存在瑕疵,应予补正或作出合理解释,否则不能作为定案的根据。

6. 公诉机关未能提供确实、充分的证据对证据收集的合法性予以证明,现有证据足以确认非法取证行为的存在,应当对封某的庭前所有的有罪供述予以排除,不应将该非法证据作为定案的根据。

《刑事诉讼法》第57条第1款规定:“在对证据收集的合法性进行法庭调查的过程中,人民检察院应当对证据收集的合法性加以证明。”基于取证合法性证明责任的要求,公诉机关应当对证据收集的合法性加以证明。庭审中公诉机关出示了两份证据,加以证明侦查机关取证合法,辩护人针对此两份证据分析如下:

(1)侦查机关关于封某进入看守所时身上伤势原因的说明。参与抓捕的S市警方人员说是由于抓捕时封某俯身倒地所导致的擦伤,但公诉机关调取的C市看守所健康检查笔录、伤情照片,恰恰可以证实该情况说明不真实,明显在回避非法取证的事实。因为封某双腿上部内侧均有外伤的事实,难道也是抓捕时造成的?该说明对双腿上部内侧的外伤,不能予以合理解释,不能排除封某是在进入看守所前遭受刑讯逼供导致的身体多处受伤。故,现有证据足以证实伤情是在封某被抓获当时至进入看守所前的时间段内形成的,侦查人员所说的由于俯身倒地所致的解释缺乏证据支持,明显不真实,不应采信。

(2)侦查机关提供的抓捕现场目击证人的证言。关于证人Z某3的证言,该询问笔录是何人进行的取证,在笔录中没有任何记载。该询问笔录违反了最高人民法

〔1〕 对应2020年修正后的该规定第206条。

院《关于适用〈中华人民共和国刑事诉讼法〉的解释》第77条[1]，关于询问笔录没有填写询问人、记录人的规定，属瑕疵证据，公诉机关应给予合理解释或补正，否则不能作为定案的根据。

另外，对于能够证明取证合法的关键证据，公诉机关未能提供。例如，讯问封某的同步录音录像未能提供；第一次讯问笔录中没有记载封某受伤的情况；到案经过中也没有封某受伤的反映。据此，公诉机关提供的证明取证合法的证据未能达到确实、充分的证明标准。

综上，法庭调查以及庭审质证无可辩驳地证明：本案侦查人员存在违法办案，存在刑讯逼供，这些已是不争的事实。刑讯逼供之下取得的口供，当然毫无真实性、合法性可言。且公诉机关未能提供证据证明，第一次刑讯逼供对封某所造成的影响在此后的各次讯问中已经消除，本案参与刑讯的C市公安局的侦查人员自始至终都参与了对封某的审讯工作，也就是说，最初影响封某自愿供述的因素始终存在或者说自始至终有控制作用。依据《刑事诉讼法》第58条[2]"对于经过法庭审理，确认或者不能排除存在本法第五十四条规定的以非法方法收集证据情形的，对有关证据应当予以排除"的规定，辩护人相信合议庭能坚守司法公正，对本案的非法取得的封某庭前有罪供述予以坚决排除。

(二)关于辨认笔录及辨认人的证言——辨认程序违法、"孪生证言"，不能确定辨认笔录及证言的真实性

1. 缺少见证人的违法辨认。

《公安机关办理刑事案件程序规定》第253条[3]规定："对辨认经过和结果，应当制作辨认笔录，由侦查人员、辨认人、见证人签名。必要时，应当对辨认过程进行录音或者录像。"但无论是辨认人W某2还是辨认人W某3的辨认笔录，均是在没有见证人在场的情况下，违反法定程序的辨认。这说明辨认笔录的制作不符合公安部要求的强制性法定程序，在缺少见证人在场的情况下，侦查人员组织的所谓辨认明显缺乏依法取证的依据，导致辨认笔录不具有合法性和真实性。依据最高人民法院《关于适用〈中华人民共和国刑事诉讼法〉的解释》第90条[4]第2款规定，辨认笔录具有违反有关规定、不能确定辨认笔录真实性的其他情形时，不得作为定案的根据。

2. 证人W某2、W某3的证言系"孪生证言"。

前面辩护人说到了"孪生口供"，在两位证人身上又出现了"孪生证言"。该两人的证言均为电脑制作的文稿，在询问对话的记录、对指认封某的同一事实和情节的表

---

[1] 对应2021年修正后的该解释第90条。

[2] 对应2018年修正后的该法第60条。

[3] 对应2020年修正后的该规定第262条。

[4] 对应2021年修正后的该解释第105条。

述上一字不差、高度一致,复制痕迹非常明显。值得注意的是,该二人笔录的最后都写的"以上两页我看过,和我说的(都)一样"。二人用词用得都这么准确无误。据此,该二人证言系"孪生证言",故该两人的证言不能确认真实性。

(三)关于实物证据——本案涉案物证在搜查、提取、扣押、封存、取样、保管、送检等环节上存在诸多严重问题,即侦查人员所取得的物证存在重大瑕疵,甚至是严重的违法

针对物证的来源、收集、提取、保管、送检等过程,公诉机关有义务对于证据一系列的链条进行证明,以便向法庭证明它们的真实性和同一性。但本案恰恰是在这些问题上存在严重的问题。

1. 本案扣押清单上的涉案物证,是在没有任何合法手续的情况下扣押的。本案是人货同时在现场,那么本案的侦查机关又是如何固定的证据呢?《公安机关办理刑事案件程序规定》第218条〔1〕规定:"进行搜查,必须向被搜查人出示搜查证,执行搜查的侦查人员不得少于二人。"第221条第1款〔2〕规定:"搜查的情况应当制作笔录,由侦查人员和被搜查人或者他的家属,邻居或者其他见证人签名。"本案没有搜查证,也无搜查笔录,更未制作过扣押决定书,连案发现场的见证人也没有。本案中扣押物证仅有一张扣押物品清单。该清单显示的扣押日期还不是案发当天的时间,而是第二天封某转到C市后形成的扣押清单。侦查机关的上述行为严重违反了《刑事诉讼法》第140条〔3〕及《公安机关办理刑事案件程序规定》第225条〔4〕关于扣押的财物、文件应当场开列清单的规定。

《刑事诉讼法》规定要有搜查证,当然,紧急情况下,可以没有搜查证,但一定要求拘留证、逮捕证代为具有搜查证的效力,才可以搜查或者检查。在本案没有搜查证及搜查笔录记载的情况下;没有现场的物证照片予以固定的情况下;没有法律设定的现场见证人的情况下,邮包是什么样的?邮包是从何处提取?邮包中是否有毒品?当时毒品的状态怎么样?几袋毒品?毒品的数量有多少等均无人得知。由此可见,侦查人员在查获的过程中存在严重违法问题。还有封某否认白色×牌手机系其所持有使用,那么侦查人员是如何查获的?请公诉机关予以合理解释。

基于此,没有搜查证的违法搜查、违法扣押,导致本案"物证"的合法性就丧失了存在的依据。既然如此,便没有充分、可靠的证据证明扣押清单上所列邮包中的毒品、白色×牌手机系封某所有。实际上,本案的违法和瑕疵问题是不可逆的,无法进行补正,不应作为定案的依据。

---

〔1〕 对应2020年修正后的该规定第223条。

〔2〕 对应2020年修正后的该规定第226条第1款。

〔3〕 对应2018年修正后的该法第142条。

〔4〕 对应2020年修正后的该规定第230条。

2.现场扣押的毒品和送检验的毒品之间不具有同一性,与被告人封某之间亦缺乏关联性。

(1)邮包中查获的毒品数量存疑。

本案没有现场毒品称重笔录及现场称量毒品照片,在案证据无法证明在邮包中查扣的毒品数量。卷宗内的两张称重照片无法反映封某参与过称重过程的任何记录,因此毒品称量的客观性和真实性无法确认。认定该部分的涉案毒品数量为"117.44 克"没有合法依据。

(2)涉案毒品定性检验报告的检材来源不合法。

依据《公安机关缴获毒品管理规定》(公禁毒〔2001〕218 号)第 5 条第 1 款"在案件现场收缴毒品时,应当严格执行《刑事诉讼法》的有关规定,充分获取、及时固定有关证据。除特殊情况外,对收缴的毒品一般要当场称量、取样、封存,当场开具《扣押物品清单》,责令毒品犯罪嫌疑人当场签名,并由现场两名以上侦查员签字"之规定,本案中侦查员没有当场对查获的毒品,由封某签字后当场称重、当场取样、当场封存。辩护人通过查看卷宗内的两张涉案毒品称重照片,发现无论是显示 108.89 克还是显示为 14.29 克,在现场检测样品封瓶标签上均没有封某本人的签字及手印。且卷宗显示的采集时间距离本案扣押涉案毒品的时间已经过去了 1 个月零 3 天了。即使就算案发时为"特殊情况",不能做到当场封存、取样,那么为何时隔了一个月之久,才进行称重?况且 C 市公安司法鉴定中心出具的两份对毒品定性的检验报告记载的时间,早于现场检测样品封瓶标签上显示的采集时间 1 个月,即先有检验报告,后进行的取样。因此,无法证明送去 C 市公安司法鉴定中心进行毒品定性检验的就是来源于现场邮包中查获的毒品,两者的同一性不能够得到证实。因此,本案送检验的检材来源不明。

(3)未做全面的毒品定性成分检验。

本案邮包中的毒品应为两袋,本案被告人 L 某讯问笔录也证实存在掺杂掺假。通过查阅卷宗内公安机关拍摄的涉案毒品称重照片,辩护人发现明显侦查人员将两袋毒品混成了一袋,未作区分便当作同一检材。这也就无法排除两袋中的其中 1 袋原本不含毒品成分的可能性和合理怀疑。

(4)涉案毒品定量检验报告的检材来源不合法。

本案并没有相应的称重笔录及称量毒品照片在案佐证,查获的毒品也没有在现场或事后取样封存并由封某签字捺手印。因此,无法证明后来送去公安部进行含量鉴定的"10.88 克"检材,就是来源于现场邮包中查获的毒品,两者的同一性不能够得到证实。

3. 本案的毒品定性、含量检验报告均没有告知过被告人封某。

《公安机关办理刑事案件程序规定》第 243 条[1]第 2 款规定,对经审查作为证据使用的鉴定意见,公安机关应当及时告知犯罪嫌疑人,以保障被告人的诉讼权利。

(四)被告人 L 某的供述不能建立起封某与涉案毒品之间的关联

L 某供述中的某某是不是就是封某?虽然庭审中公诉机关出示了银行卡交易记录、通话记录,所谓指向性的间接证据,但在本案物证(手机及银行卡)来源不合法,封某的庭前有罪供述系非法取得,快递配货站的员工证言及辨认不具有真实性,本案没有其他证据加以印证的情况下,L 某的供述是孤证,不能将毒品去向必然指向封某。据此,L 某的供述与起诉书的指控内容间缺乏关联,不应采信。

综上,本案现有的证据无法形成认定 117.44 克毒品系封某所购买的完整证明体系,没有达到《刑事诉讼法》第 53 条[2]规定的证据确实、充分的证明标准。公诉机关指控侦查机关在 S 市 T 区某快递配货站查获的邮包内的冰毒117.44克,系 L 某邮寄给封某,系封某所购买,该起持有事实不能成立。

二、公诉机关指控侦查机关查获封某随身携带的冰毒 13.3 克的事实,辩护人及被告人对该起指控事实没有异议

辩护人认为对 13.3 克的量刑应考虑被告人自己系吸毒人员,非法持有毒品是为了自己吸食。此种非法持有毒品的性质区别于其他原因不明的非法持有,社会危害性相对较轻。

综上所述,辩护人相信,合议庭会坚守司法职责,会依法严格核查全案证据,会依法坚持证据裁判原则,会对非法证据坚决予以排除,会对本案作出公正的判决。

【心得体会】

本案主要涉及非法取证的线索和材料,非法证据排除程序的启动,排除的范围,证据收集合法性的证明标准,如何排除非法言词证据、重复性供述、非法物证以及排除后如何定罪量刑等问题。办理案件过程中如何运用好非法证据排除规则?这就需要辩护律师在提出排除非法证据前,熟悉及掌握非法证据排除程序所涉及的《刑事诉讼法》及配套司法解释和《关于办理刑事案件严格排除非法证据若干问题的规定》《人民法院办理刑事案件排除非法证据规程(试行)》《关于建立健全防范刑事冤假错案工作机制的意见》等相关规定。只有这样辩护律师才能利用好排除非法证据规则为其进行程序性辩护提供强有力的进攻武器。

---

[1] 对应 2020 年修正后的该规定第 252 条。

[2] 对应 2018 年修正后的该法第 55 条。

一、辩护律师要敢于、精于和善于提出非法证据排除

因本案公诉机关未能提供确实、充分的证据对证据收集的合法性予以证明，现有证据能够确认非法取证行为的存在，法院应当对庭前所有的有罪供述予以排除，不应将非法证据作为定案的根据。以下将排除非法证据规则在本案中的运用进行回顾。

1. 会见发现排非线索——承办律师会见封某时，封某称现场邮件中查获的117.44克毒品与他无关，对随身携带查获的13.3克毒品没有意见，称是自己吸食用的。对其在公安机关的有罪供述，封某提出相关有罪供述系其遭受刑讯逼供，被迫作出的虚假供述。承办律师就涉及非法取证的具体细节，包括非法取证的时间、地点、人员、方式、受伤部位及相关线索等，向封某进行了详细的反复核实。封某就此进行了详细的陈述。

2. 庭前会议提出排除非法证据申请——承办律师于庭前会议中提交了非法证据排除申请。由于证据线索明确，申请得到了合议庭的认可。随着作为关键证据的入监体检记录及照片的调取到位，承办律师得到了更明确的证据，强有力地巩固了排除非法证据的观点，使公诉机关的证据体系出现了裂缝，为本案最终排除非法证据的成功奠定了基础。

3. 庭审中据理力争——在发问环节，承办律师围绕封某庭前有罪供述如何形成，非法物证如何取得，以及案发当日封某为何会出现在快递站，其到快递站后所发生的情况、抓捕情况等问题，向被告人进行了详细发问。法庭审理进行到举证质证环节。公诉人在举证涉及第一被告人L某的证据时，要举证并宣读被告人封某的庭前有罪供述。承办律师及时向合议庭提出反对意见，反对公诉人在举证环节中宣读被告人封某庭前有罪供述。合议庭同意了承办律师的意见，没有支持公诉人当庭宣读封某的庭前有罪供述。这明显打乱了之后控方对封某的指控节奏和心态。

4. 重复性供述亦应排除——随着庭审程序的推进，承办律师抓牢庭审质证，步步为营、寸土必争，对公诉人举证的每份证据，均发表了充分的质证和答辩意见。至此，对于封某庭前供述，公诉机关当庭主动明确表示，可排除封某在侦查机关的第一次有罪供述。但其认为不能排除之后的有罪供述，包括封某在看守所形成的有罪供述。对于公诉人的意见，承办律师及时答辩，之前的刑讯足以对封某之后的有罪供述产生心理强制作用，没有第一次遭受刑讯逼供的影响，封某不会作出后续的重复性认罪供述。刑讯对封某的心理影响一直没有消除，此后一系列的审讯中，封某面对同样的审讯人员（某警官自始至终都参与了对封某的审讯工作）很难再作出不同或相反的供述和辩解，导致之后的认罪供述仍然不具有真实可靠性，也应予以排除。

5. 无法证明证据收集的合法性——本案中公诉机关为证明证据收集的合法性，

当庭出示了两份证据用于证明侦查机关取证合法。承办律师当庭针对此两份证据,即侦查机关关于封某进入看守所时身上伤势原因的说明和侦查机关提供的关于抓捕现场的目击证人的证言,从常情、常理以及取证瑕疵等角度进行了质证,尤其是情况说明对封某双腿上部内侧的外伤,不能予以合理解释,这就不能排除封某是在进入看守所前遭受刑讯逼供导致的身体受伤。

6. 缺少能够证明取证合法的证据——基于取证合法性证明责任的要求,公诉机关应当对证据收集的合法性加以证明。一般公诉机关可以通过多种方式证明取证的合法性。例如,其可以出示讯问笔录、体检笔录,播放讯问过程的同步录音录像或者提请法庭通知侦查人员或者其他有关人员出庭作证。法庭辩论阶段,对非法证据的问题,承办律师继续强调指出,对于能够证明取证合法的关键证据,公诉机关未能提供。例如,侦查人员讯问封某的同步录音录像未能提供;第一次讯问笔录中没有记载封某受伤的情况;到案经过中没有封某受伤的反映。公诉机关未能提供证据证明,第一次非法取证对封某所造成的影响在此后的各次讯问中已经消除。

7. 质证中再从证明力等角度发力——另外,针对封某的庭前有罪供述,在质证中承办律师从证明力和取证瑕疵两个角度继续提出质证意见。承办律师指出封某第二次与第一次有罪供述系“孪生口供”,不能反映真实的讯问情况,不能确认其有罪供述的真实性。本案存在一人进行讯问的取证行为。讯问笔录还存在侦查人员未签字,以及首次讯问未告知犯罪嫌疑人权利和法律规定等瑕疵问题。

8. 物证不能作为定案的根据——本案侦查人员所收集的物证(邮件中的毒品、手机等)在收集程序上不符合法定程序。法庭质证及辩论阶段,对物证存在的问题,承办律师强调指出两个问题:(1)违法搜查问题。本案没有搜查证,无搜查笔录,未制作扣押决定书,没有现场见证人。(2)违法扣押问题。扣押物证仅有一张扣押物品清单,该清单显示的扣押日期还不是案发当天的时间,而是第二天封某转到C市后形成的扣押清单,这违反了《刑事诉讼法》及《公安机关办理刑事案件程序规定》关于扣押的财物、文件应当场开列清单的规定。且封某否认手机系其所持有使用。

9. 缺少见证人的辨认笔录——庭审中公诉机关举证的快递站员工的证人证言和辨认笔录,明显不利于封某。对此,承办律师质证时从取证活动规范性的角度,指出辨认笔录缺少见证人,辨认程序违法,导致辨认笔录不具有合法性和真实性。关于快递站员工的证人证言,承办律师指出前面说到了“孪生口供”,在两位证人身上又出现了“孪生证言”。因此证言不能确认真实性。

10. 法院裁判理由——关于被告人封某辩护人的意见,经查,根据被告人封某及辩护人申请非法证据排除及其提供的相关线索,公诉机关补充了被告人封某在C市看守所时的健康检查笔录及照片,显示被告人封某左侧脸部有外伤,双肘、双手腕、膝盖、左胸肋部、双腿上部内侧均有外伤,头部有一处肿包。虽侦查机关出具了抓获过程中封某受伤的情况说明及快递站工作人员的证言,但被告人大腿内侧的伤在抓获过程中不易形成,并且侦查机关无法提供抓捕过程的录音录像。依据《刑事诉讼法》第58条〔1〕之规定,对于经过法庭审理,确认或者不能排除存在本法第54条规定的以非法方法收集证据情形的,对有关证据应予以排除。故封某在侦查阶段所作的有罪供述法院依法予以排除。现有证据中L某供述称通过电话与某某联系,用快递邮寄给某某120克冰毒,快递站的两名工作人员W某2、W某3虽有证言及辨认笔录证实封某来取快递单尾号为××的包裹,但其二人在对封某辨认过程中没有见证人在场,违反辨认程序。侦查机关将封某抓获,却在第二天形成扣押清单,违反了《公安机关办理刑事案件程序规定》第225条〔2〕关于扣押的财物、文件应当场开列清单的规定,且封某对扣押清单上的扣押邮包中的毒品,手机及手机号码予以否认,侦查机关未提供抓捕封某及扣押时的录像相佐证。故现有证据不能形成完整的证据链条证明邮包中的117.44克冰毒为封某所持有。因此法院对于被告人封某及辩护人认为公诉机关指控封某持有117.44克冰毒事实不清,证据不足的意见,予以支持。法院对查获的封某随身携带的冰毒13.3克的事实予以认定,并认为封某构成非法持有毒品罪。

二、排除非法证据程序中辩护律师要善于借力,善用案例规则

本案审理期间,最高人民法院、最高人民检察院、公安部、国家安全部、司法部《关于办理刑事案件严格排除非法证据若干问题的规定》(法发〔2017〕15号)尚未出台,关于什么是重复性供述,以及重复性供述是否应排除,尚没有明确的规定,但本案合议庭对"重复性供述"的把握完全契合了之后司法解释的规定。对于封某庭前有罪供述,公诉人当庭主动明确表示,可排除封某在侦查机关的第一次有罪供述。但其认为不能排除之后的有罪供述,包括封某在看守所形成的有罪供述。因此,如何成功说服合议庭采纳承办律师庭审中提出的"重复性供述"应排除等观点,就需要辩护律师善于借力,善于运用案例规则,即查阅和收集最高司法机关的指导案例。为加强辩方的说理,承办律师向合议庭提交了《刑事审判参考》刊登的涉及非法证据排除规则运用的两个指导案例。其中,1个案例中对重复性供述是否应排除有明确的解读,两个案例都经过了最高人民法院刑事审判庭的审查、认可,代表了最高司法机关的立场,可供合议庭合议案件时参考。

本案承办律师从非法证据入手,准确地抓住了案件的核心辩点,最终辩护为刑期

〔1〕 对应2018年修正后的该法第60条。

〔2〕 对应2020年修正后的该规定第230条。

"实报实销",最大限度地维护了当事人的权益。因此,对辩护律师而言,要敢于、精于和善于提出排非程序,并重视对非法证据排除规则的研究与运用。这对案件最终取得突破,实现有效辩护至关重要。

(承办人:邹广杰)

巧用“多因一果”、辩出“定量模糊”

——赵某侵犯商业秘密罪获轻判案

【案件概况】

2009 年 11 月至 2018 年 6 月，行为人赵某在德州某食品有限公司（以下简称德州公司）任生产副总，并与公司签订有保密协议。2018 年 5 月 25 日，长春某食品有限公司（以下简称长春公司）实际控制人田某支付赵某 300 万元“买断款”。2018 年 7 月赵某入职长春公司。赵某入职长春公司后，陆续将其知悉和从他人处获取的德州公司的客户特殊品种情况表、客户质量标准、销售协议、销售政策、退货政策、产品价格表等经营性信息，通过微信向长春公司田某及其业务员披露。长春公司业务员使用上述信息，向德州公司的客户低价推销同类产品。经山东某司法鉴定所鉴定，德州公司的经营性信息是商业秘密，赵某的行为给德州公司造成损失 415.27 万元。

接受委托后，在审查起诉阶段，辩护人向公诉机关提出，侦查机关委托鉴定机构以原材料价格与销售价格正相关为计算假设依据，剔除国外贸易、视同销售的营业收入及营业成本全额，以上年度同时期的销售收入/原材料比作为计算依据，得出的赵某侵犯商业秘密行为给德州公司造成的损失数额为 415.27 万元不客观，其应当依据“侵权人所获利益”或“商业秘密的价值”来评估计算损失数额。公诉机关虽未完全采纳辩护人意见，但也充分关注了该问题，采取实际损失计算法，以一段时间内的销售量乘以利润差，以产品实际出厂单价和数量为计算依据，指控赵某侵犯商业秘密行为给德州公司造成的损失数额为 342.63 万余元，并建议审判机关以侵犯商业秘密罪判处赵某有期徒刑 5 年 6 个月。审判阶段，辩护人详细分析阐述，并向法庭说明了德州公司的损失系多因一果，不能全部归罪于赵某侵犯商业秘密的行为，损失计算方式不严谨，不能作为定案依据。同时辩护人深挖赵某“认罪”的程序节点，让其把握时机，真诚认罪悔罪，争取从轻、从宽处理。本案一审终审，赵某因犯侵犯商业秘密罪被判处有期徒刑 4 年。

【审判阶段辩护意见】

辩护人总体认为,本案中指控的犯罪数额不够严谨,应当采用更精确的方法重新计算;赵某的认罪态度较好,属认罪认罚,应从轻处罚;赵某的主观恶性较轻,社会危害性不大,应当从宽处理。

一、公诉机关对犯罪数额的计算方式不够精确,无法体现影响销售量的多种因素

法庭上,公诉人罗列了 14 家赵某所涉的客户,并且提出犯罪数额的计算方式应当是:销售量乘以利润差(售价差)。这种计算方法显然比在案的鉴定意见书使用的方法更为精确,但还是存在问题。辩护人将德州公司在与这 14 家客户交易中的“损失”的成因进行归类。

(一)被动降价型

本案中确实存在这样的情况:因为张某等人提前知道了德州公司的底价,进行低价竞争,迫使德州公司不得不降价销售(尽管未考虑产品质量问题,但确实也是作出让步了),如其对 A 公司、B 公司的降价。

(二)主动出击型

本案中同时也存在这种情况:德州公司发现张某、赵某等人加入长春公司以后,主动向客户打电话,询问长春公司有没有来过,只要来过,就马上降价。如德州公司对证人马某等公司的降价。

(三)投标排挤型

尽管还有 D 公司、E 公司一起参与投标,但是德州公司发现张某等人来参加投标,就直接用最低价把张某等人排挤出去(通过张某和赵某的聊天记录可以知道,赵某向张某发送德州公司的价格资料是在开标以后,在法庭上,公诉人也承认了德州公司突然低价竞标就是为了挤垮长春公司)。本案中,我们无法知晓德州公司针对的是长春公司,还是 E 公司抑或 D 公司。

(四)主动降价型

如沈阳 F 食品公司,德州公司没有打听长春公司的事,沈阳 F 食品公司也没有向德州公司反馈长春公司的事,德州公司还是直接作了让利。在这种情况下,是否还能认定为本案中的“损失”,存在疑问。

(五)与赵某无关型

张某与赵某虽然有合作的时候,但根据案卷材料可知,张某是独立的,他与长春公司的合作未必每次通过赵某。因此,与赵某无关的事实,不应认定为赵某的犯罪事实。

如果上述第一种、第二种损失，姑且可以算作本案的损失，那么第三种、第四种、第五种三种情况，不能认定为损失。

同时，公诉机关的计算方法，未能考虑到四个因素。

因素一，市场竞争。从笔录上看，本案中四某名城的负责人李某某已经明确在笔录中谈到，“市场不好做了”。从事实上看，A 公司、B 公司也不止德州公司一家合作单位，而是有多家。全国一共有 220 多家企业生产豆馅、豆沙，竞争不可谓不激烈。2019 年不少企业因为市场不好做，竞争太激烈一度停产。

因素二，心理战与过激反应。不少客户只是拿“长春公司来过”作为与德州公司的谈判筹码，要求德州公司作出一定的让步。德州公司在事先未考虑对手的产品质量的情况下，直接作出重大让步，然后把所有损失归结为赵某，这种行为可以理解，但作为本案中的“损失”来认定过于随意，缺乏科学性。

因素三，经营性信息和员工的经验具有重叠性。前文提及，B 公司招标之前，张某还没有取得德州公司的资料的时候，就已经大致知道了德州公司的报价，可见，员工的工作经验和公司商业秘密具有一定重叠性。员工在工作中掌握的技能，除了属于公司商业秘密外，也是员工人格的组成部分。员工利用早已掌握的知识、技能为新单位服务，不能简单地认定为侵犯商业秘密。

因素四，案件处理结果带来的导向。如果以公诉人的计算方法作为依据，将会有很坏的导向。长此以往，只要长春公司在市场上一出现，德州公司就马上以低价挤开长春公司，并且把这种让利带来的损失归咎于赵某。如果德州公司不是在赵某辞职 1 年后报案，而是在 5 年后报案，犯罪数额岂不是要达到 1500 万元？

有鉴于此，公诉机关采取的损失计算方式较之侦查阶段有很大的改进，这一点辩护人并不否认。但是辩护人认为该种计算方式还是存在不严谨的问题，不应作为定案依据。

二、本案损失数额的计算应当依据“侵权人所获利益”或“商业秘密的价值”

司法实践中认定“重大损失”的主要标准有三个：一是以侵权人因侵权所获利益作为认定标准；二是以商业秘密权利人收入的减少额作为认定标准；三是以商业秘密的价值来确定“重大损失”。

辩护人认为，第一种或第三种认定方式更为科学。

第一种方式的具体计算路径是：统计赵某到长春公司后，长春公司与公诉机关列举的 14 家企业新产生了多少销售额，长春公司的利润是多少？如果能统计出来，那就是本案的犯罪数额。

根据辩护人最新搜集的长春公司商品销售明细表可知，在赵某抵达长春公司后，长春公司新拓展的业务销售量分别为：G 公司 413，907 元，H 公司 141，742.8 元，合计555,649.8万元。这个数额可被认为是侵权所获利益。

第三种方式的计算方式是:把商业秘密作为一种企业的无形资产进行评估。现行的无形资产计算方法主要有市场价值法、收益法和成本法三种。

(一)市场价值法

该法根据市场交易确定无形资产的价值,适用于专利、商标和版权等,一般是根据交易双方达成的协定以收入的百分比计算上述无形资产的许可使用费。该法存在的主要问题是:由于大多数无形资产并不具有市场价格,有些无形资产是独一无二的,难以确定交易价格。另外,无形资产一般是与其他资产一起交易,很难单独分离其价值。

(二)收益法

此法是根据无形资产的经济利益或未来现金流量的现值计算无形资产价值,如商誉、特许代理等。此法关键是如何确定适当的折现率或资本化率。这种方法同样存在难以分离某种无形资产的经济收益问题。对于德州公司的客户信息,我们很难评价有何直接的收益,故此,也不能采用这种方法。

(三)成本法

该法是计算替代或重建某类无形资产所需的成本。本案应采取这种计算方式。比如,德州公司和A公司交易量达到多少以后,德州公司就可以获得A公司的相关交易信息。只要查出这个最低值,再将这种方法套用到其他13家客户中即可。德州公司获得每位客户信息的成本之和,就是本案的犯罪数额。

总而言之,采用公诉机关的计算方法优点是:简便、更能覆盖客观事实上的损失,但缺点是犯罪数额有水分,未考虑各种因素,容易被利用。

采用辩护人的计算方法只有一个缺点:犯罪数额较少,未必能完全覆盖客观事实上的损失。但该方法优点很明显:更严谨,更能体现罪疑惟轻的法律精神,更能让被告人心服口服。

三、赵某到案后如实供述自己的罪行,系坦白,且应当认定为自侦查阶段就认罪认罚,恳请法院从宽处理

赵某到案后能够如实向侦查机关供述其涉嫌侵犯商业秘密的行为,属于如实供述自己的罪行,依法可以从轻处理。不仅如此,本案中赵某从侦查阶段就承认了自己侵犯商业秘密的事实,并且在11月15日的笔录中,明确说了:"这算是泄露商业秘密,我当时就知道了,但还是收藏了,打印出来,给田某了。"

赵某在法庭上也一再强调自己认罪认罚,唯一的请求是犯罪数额是否还能更精确一点。但毫无疑问,本案的犯罪数额的认定从侦查阶段开始就一直存在变动,赵某有这样的疑问也是正常的。如果他愿意接受法庭最后判决的数额,那么就应当认定

他三个阶段都认罪认罚，对其大幅从宽处理。

四、关于赵某的主观恶性及社会危害性分析

辩护人不否认赵某构成了犯罪，但是从案件的细节中还是能体现出赵某的主观恶性不大，社会危害性较小。

首先，赵某的客户信息都是其从前在工作的时候掌握的，或者向其他要好的同事要来的，德州公司本身也未支付离职后的保密费。其真实的动机就是想帮长春公司多赚点钱，将这些信息作为一种参考。但他的目的不是整垮德州公司，将其取而代之。

其次，赵某在洽谈生意的时候，更多强调的是长春公司的技术和与价格相应的品质，而非低价竞争，更没有诋毁过德州公司这个前东家。廊坊厚某就在笔录里（补充卷一，第51页至第59页）说：“赵某没有怎么说话，大部分是党某某在介绍，就是最后的时候赵某说原来在德州公司见过我，同时保证长春公司提供产品的质量是没有问题的。”盘锦G公司的乔某某在笔录中（补充卷一，第68页至第74页）也这么说：“我给长春公司党经理打个电话，意思是让长春公司的师傅给我指导一下，完事没过几天那个赵某就来我公司了，因为我每年都参加上海烘焙原料展销会，我在德州公司就认识赵某，当时这个赵某就是德州公司的生产师傅，见面后做了简单介绍，赵某就说原来公司（德州公司）做出了一些人事调整，他觉得不适应，他现在来长春公司上班了，毕竟是赵某个人的隐私，我就没有追问这事，赵某就给我把面包馅软硬度做了一些技术调整，前后有半个多小时，只做了技术指导他就走了。”这说明赵某并没有将商业秘密作为工作的重心、谈判的筹码，而是更侧重于通过自己的技术为长春公司和客户带来利益。

最后，长春公司无论是从产量上还是技术上，都不能跟德州公司相比。长春公司的定位与德州公司完全不一样。德州公司如果真的对83家客户都作出价格反应，那也是一种过激行为。长春公司和德州公司之间虽然是一种竞争关系，但对整个市场需求来说，是互补的关系。

综上所述，辩护人恳请合议庭考虑到本案在指控数额计算上存在的问题，考虑到赵某归案后的态度以及赵某的主观恶性和实际社会危害性，对赵某从宽判决。

【心得体会】

一、善用多因一果，巧妙归纳总结，“定量模糊”为本案轻判提供了依据

如上述辩护意见，辩护人将德州公司对这14家客户交易中的“损失”的成因进行归类，提出德州公司的损失原因存在多种可能性，不能全部归罪于赵某侵犯德州公

司商业秘密的行为。同时辩护人指出公诉机关的计算方法,未考虑各种因素,不能体现罪疑惟轻的法律精神。辩护人通过仔细、深入地挖掘辩点,对本案多因一果的巧妙归纳总结,使本案定量证据的模糊性充分展示在了合议庭面前,以此动摇了裁判者的内心确信,为本案轻判提供了依据。

二、深挖"认罪"程序节点,启发当事人积极把握时机,真诚认罪悔罪,助推了本案的轻判

辩护人通过阅卷发现,当事人赵某在侦查阶段就曾经供述过自己的行为是"侵犯商业秘密的行为",只是对德州公司因自己的"侵犯商业秘密行为"所造成的"损失数额"有异议,应当认为赵某在侦查阶段就是认罪的,而其对"损失数额"的辩解属于合理辩解。同时,在庭前辅导中,辩护人充分向当事人阐明了真诚认罪悔罪与否的法律后果。在辩护人启发下,当事人在庭审中自愿选择了认罪认罚,真诚地表示了认罪悔罪的态度,助推了本案的轻判。

(承办人:杨汇、吴黎明)

诈骗数额如何算清

——姚某某诈骗案认罪认罚后降档量刑案

【案件概况】

公诉机关指控:2018 年 4 月,被告人姚某某为实施电信网络诈骗活动,购买用于诈骗的期货软件“某大宗物品交易中心”(以下简称大宗平台),并聘请技术人员沈某接入第三方支付——“杉某支付”“青某清算所”进行资金结算。

大宗平台网上开通运行后,为诱骗客户往该平台投资,被告人姚某某发展被告人刘某 1 及“闯六”(另案处理)等人为该平台代理商,约定以被害人亏损资金的 80%,作为返利给代理商。为牟取非法利益,被告人刘某 1、李某某、刘某 2 共同出资成立公司,并雇用被告人张某 1、张某 2、王某等人参与诈骗活动。

2018 年 11 月至 2019 年 1 月,被告人刘某 1、李某某、刘某 2、张某 1、张某 2、王某等人,以在微信群内虚假宣扬跟随指导老师投资可以获利等方式,先后诱骗被害人甲、乙等人在该平台投资。被告人姚某某在后台人为调控期货品种走势,制造被害人投资亏损的假象,非法占有客户资金。通过上述手段,被告人姚某某、沈某诈骗金额 528,095 元;被告人刘某 1、李某某、刘某 2、张某 1、张某 2、王某诈骗金额 506,106 元。

案发后,被告人姚某某被公安机关抓获,到案后如实供述自己的罪行。

【一审阶段辩护意见】

一、姚某某诈骗金额应为产品跌势导致的客户损失

(一)姚某某等人主观上想骗取客户损失的资金,并非骗取客户入金

姚某某主观上是诈骗客户损失的资金的故意,并非诈骗被害人所有入金的资金,本案证据可以相互印证。

(二)客观上,不能出金的原因是大宗平台系统维护

甲、乙等人开始的时候可以顺利出金,后期不能顺利出金是因为大宗平台系统维护,无法出金。

自 2019 年 1 月 4 日之后该平台没有沈某的入金可以看出大宗平台确实出现故障,不仅不能出金,也无法入金。

姚某某供述其花了2万元钱进行维护,可以看出大宗平台会经常出现漏洞,需要维护。

(三)司法实践中,此类行为经常被认定为非法经营罪

像姚某某这样通过做客损赚取非法利润的,在司法实践中常被认定为非法经营罪。

二、退一步讲,即便依据公诉人诈骗金额计算的方法,起诉书认定诈骗数额仍有待商榷

依据公诉人的计算方式,姚某某诈骗金额应为493,290元。

公诉人对姚某某诈骗金额的计算方式为:姚某某、杉某支付出金+青某清算所支付出金-姚某某归还被害人金额。姚某某诈骗金额为:147,790(杉某支付出金)+443,100(青某清算所出金)-97,600=493,290元。(表1为姚某某具体归还被害人的金额)

表1 姚某某归还金额

序号	被害人	归还数额/元	证 据
1	甲	10,000	姚某某于2019年3月12日通过ATM机向甲尾号1385的银行卡转账9800元和200元(周某某银行卡交易明细)
2	乙	40,000	李某某汇入10,000元,ATM存款30,000元,共40,000元。其中李某某汇给乙的10,000元是姚某某通过支付宝账户分两次转账9000元和2308元给李某某后,李某某随即转给乙的。(李某某银行卡明细;李某某讯问笔录) 姚某某在2019年3月通过ATM机转账30,000元。(甲银行卡明细;甲询问笔录)
3	丙	14,900	姚某某通过ATM机存入9900元和5000元。(丙银行卡明细;丙自述材料)
4	丁	5000	刘某1 2018年12月10日电子汇给丁5000元。该5000元为姚某某于当天汇给刘某1后,刘某1随即汇给丁。(刘某1银行卡明细)
5	戊	19,900	刘某1于2019年3月4日扫码转给戊10,000元;姚某某于2019年3月18日ATM机存9900元。(戊自述材料) 其中刘某1通过扫码转账的10,000元为姚某某于2019年3月4日21:48:50微信转账给刘某1后,刘某1 21:56:44扫码转给戊的。【TP090567659909355772文件夹中姚某某(YZY258456)微信转账记录与刘某1(A1406432135A)微信转账记录可以相互印证】
6	己	7800	姚某某通过ATM存入7800元。(己账户明细)
共计			97,600元

三、姚某某与刘某1等人虽为共同犯罪，但姚某某起次要、辅助的作用，应认定为从犯

姚某某与刘某1等人基于共同的犯罪目的，进行诈骗，双方基于共同的犯意实施犯罪。与姚某某共同犯罪之前，刘某1等人与其他商品交易中心也共同进行了诈骗。此次犯罪并非姚某某提起，姚某某在该共同犯罪中起到次要的、辅助的作用。

（一）从直观的利润分配看，姚某某分配的利润远低于代理商，与话务员的提成比相近

姚某某与代理商的分成比是代理商85%，姚某某为15%，分配所得的15%包含支付第三方手续费和软件维护的费用。话务员工资为底薪4000元加亏损资金的10%～12%。

（二）从所起作用看，姚某某调控软件涨跌的行为在诈骗中并非起到举足轻重的作用

1. 代理商刘某1的公司使用话术进行诈骗活动。

刘某1的公司对话务员统一进行话术培训，话务员给客户打电话要说自己是知名企业的员工等，这样客户更容易入金，更有说服力，更容易让客户往诈骗软件投资资金。该公司为了提高业绩也给话务员相应的奖励。公司的话术起到较大作用。

2. 从受害人被骗情况看，姚某某起到的作用并不大。

乙是基于对同事甲的信任入金。甲之前被李某某诈骗入金其他交易中心，其后入金本大宗平台，是基于对李某某的信任，顺其自然地入金。丁是因为尝试充值取现多次，都能顺利取钱，所以受骗。丁之前做期货被骗过，因为业务员给她提供了身份证，其才相信并入金的。

3. 姚某某在诈骗中起到被动的作用。

如何骗、骗被害人多少钱都不是由姚某某决定的。姚某某根据代理商的要求，配合代理商，在后台调整涨跌，给客户造成代理商预测很准的假象。姚某某实施的行为具有被动性。其是配合代理商对走势进行调控，并不是主动出击寻找被害人进行骗款。

综上，姚某某在共同犯罪中起到次要作用，应认定为从犯。

四、姚某某存在坦白等从轻情节

姚某某到案后能够如实供述自己的犯罪事实，系坦白，可以对其从轻处罚。其自愿认罪认罚，可以对其从宽处罚。姚某某涉世未深，法律意识淡薄，其主观恶性较小，系初犯偶犯，且涉案时间短，后期主动中止犯罪行为，虽不构成诈骗罪中止，但造成的危害相对较小，可以对其酌定从宽处罚。

【心得体会】

一、充分把握认罪认罚最好的时机,争取最大限度地维护当事人合法权益

被告人姚某某的行为明显构成诈骗罪,其本人也没有作无罪辩护的诉求,辩护人仅对本案犯罪数额存在异议,认为诈骗金额在50万元以下。在与公诉人充分沟通交换意见后,公诉人并未采纳辩护人的观点。

犯罪嫌疑人认罪认罚最好的时机在审查起诉阶段。在该制度下,检察官可能可以减少的量刑建议的幅度比法官更大,而法官可能最多可以给到同样的幅度(在审判阶段有新的量刑情节的除外)。考虑到审判阶段法官并不一定采纳辩护人犯罪金额的意见,为了防止错失最佳认罪认罚时机,保障被告人利益最大化,辩护人建议被告人认罪认罚。被告人作为第一被告,在没有自首、立功、退赃等情节的情况下,检察官作出10年有期徒刑的精准量刑建议。

二、被告人认罪认罚后,精细化辩护是罪轻辩护成功的关键

(一)精密阅卷,精细审查

辩护人阅卷发现,被害人甲在第一次询问中,陈述被告人通过ATM机,分三次,每次1万元存入甲银行账户。但在甲最后的自述中修改为被告人通过ATM机返还其1万元,对于另外2万元,甲不予认可,又因没有证据证明被告人返还,法院亦不认可。

辩护人与姚某某核实该证据时,姚某某非常确定归还了被害人甲3万元。辩护人对转账时间、转账时ATM机设备等比对后,加上存疑有利于被告人原则,认为应当在犯罪金额中减掉3万元。法官依然不予认可。辩护人随即申请了被害人甲出庭。

(二)精细辩护,精雕辩护方案

1. 申请被害人出庭。

如上文所述,辩护人提出被告人归还被害人甲的金额为3万元属实,应予扣除,但法官并未采纳。辩护人坚持申请被害人甲出庭,由于疫情原因,法官未予同意。但辩护人重新与被害人核实,收集了证据,被害人承认被告人归还3万元。最终,法官在犯罪金额中减扣了此笔款项。

2. 受害人未一一查实,相应的金额应排除在诈骗数额之外。

实践中,针对不特定多数人实施的诈骗,因客观原因无法查实被害人的,而在案其他查证属实的证据足以证实被告人诈骗数额的,不应以被害人未找到或未逐一对应查实为由将相应的诈骗金额排除在诈骗犯罪数额之外。法院认为本案被害人并未

全部查实,但有被告人的供述、银行卡转账记录等证据能够证实。辩护人提出对于无法查实的被害人,现有证据不足以证实其存在亏损,不能认定在诈骗数额之中。最终法院采纳辩护人意见,仅计算了查实的被害人损失的金额。

3. 积极退赃退赔,争取更低的量刑。

宣判前,辩护人多次与法官就犯罪数额及量刑进行沟通。法官采纳了辩护人犯罪数额的意见,认定犯罪金额为 49 万余元。量刑方面,法院认为应在 9 年左右量刑。辩护人积极与法官协商退赃退赔情节,协调家属帮助被告人退赃退赔,成功为当事人争取了更低量刑结果,法院最终判决姚某某 7 年有期徒刑。

（承办人:杨汇、王之虎、李瑞）

如何认定走私普通货物罪的“单位犯罪”

——薛某1走私普通货物二审改判案

【案件概况】

一审法院认定，自2012年至2017年12月，以薛某2（另案处理）为首的走私团伙在香港向境外采购冻比目鱼、冻鳕鱼、冻龙虾等冻海产品，将货物运至越南海防港，采取伪报边民互市贸易方式的手段走私进境，以达到偷逃关税的目的。薛某2在境外采购冻海产品，并联系、指使广西清关团伙中被告人郭某1、“张老板”（另案处理）等人在广西弄怀、爱店等边贸口岸，采用化整为零、伪报贸易性质的方式走私货物入境。被告人杨某1作为×公司直接负责的主管人员，利用该公司对走私货物进行加工、存储，并利用福州市、广州市、青岛市、北京市、上海市销售点出售走私货物牟利。同时，其以该公司名义向海关申报进口少量冻海产品，以获取报关单、检验检疫证、增值税发票等报关单证，供应各销售点客户，以掩盖走私事实。在走私过程中，薛某2开立相关银行账户交由被告人翁某1操纵。翁某1通过上述账户管理走私资金、催收货款（除北京销售点外），并根据薛某2的指令通过地下钱庄对外支付走私冻海产品货款。薛某2指使被告人吴某某通过专用香港手机号码联系广西清关团伙，接收、跟踪走私货物物流信息，发送、通知各销售点及时收取走私货物。薛某2指使被告人薛某1汇总、核对各销售点走私货物进出货与库存数据。薛某2分别指使被告人梁某1作为佛山市南海区某水产经营部负责人，管理广州销售点销售业务；指使被告人林某1作为马尾区某冻品商行负责人，管理福州销售点销售业务；指使被告人翁某3作为上海市宝山区某海产品经营部负责人，管理上海销售点销售业务；先后指使被告人王某、翁某4作为青岛市某冻品行负责人，管理青岛销售点销售业务；指使被告人翁某5、翁某6（另案处理）作为北京某冻品行负责人，管理北京销售点销售业务。在广西边境，被告人郭某1指使被告人张某某作为现场指挥，雇用黄某1、陈某1、郭某2等人将货物走私进境。被告人黄某1受“张老板”雇用作为现场指挥，联络陈某1、梁某2等人将货物走私进境。薛某2通过吴某明指令翁某1向郭某1、“张老板”清关团伙支付清关费用。2015年8月至案发，被告单位及各被告人所参与偷逃税款数额如下：×公司及被告人杨某1偷逃税款数额为568,272,487.85元（人民币，下同）；被告人翁某1偷逃税款数额为536,079,478.04元;被告人吴某某偷逃税款数额为479,096,358.76元;被告人薛某2偷逃税款数额为465,412,321.59元;被告人郭某2、张某某偷逃税款的数额为152,842,333.28元;被告人梁某1偷逃税款数额为252,202,930.07元;被告人林某1偷逃税款数额为127,829,311.07元;被告人翁某3偷逃税款数额为59,026,865.98元;被告人翁某4、王某偷逃税款数额为46,479,415.99元;被告人翁某5偷逃税款数额为32,193,009.81元;被告人黄某2偷逃税款数额为21,450,561.61元。

一审法院认为,被告单位×公司、被告人翁某1、吴某某、薛某1、郭某2、张某某、黄某2、梁某1、林某1、翁某3、翁某4、王某、翁某5等人采取伪报贸易方式的手段走私进口冻海产品,逃避海关监管,偷逃应缴税额数额特别巨大,其行为均已构成走私普通货物罪。同时一审法院仅认为被告人杨某1系被告单位×公司直接负责的主管人员,情节特别严重,其行为亦构成走私普通货物罪。一审法院认为其他人均不是被告单位×公司的员工,分别对其以自然人犯罪定罪处罚。辩护人提出薛某1系×公司员工,承担单位犯罪中的其他直接责任人员的责任,被一审法院驳回,不予采纳。一审判处薛某1有期徒刑7年6个月,并处罚金20万元。

一审宣判后,薛某1依法提起上诉。二审期间,辩护人继续从学理及多维度论证,积极与承办法官沟通,坚持薛某1是×公司的员工的辩护意见。最后二审法院采纳辩护人意见,依法改判薛某1有期徒刑6年。

【二审阶段辩护意见】

一、刑事处罚注重实际,对不在公司人员名单的实际控制人都认定为单位犯罪的主管人员,对于具有事实劳动合同关系的仓管员同样应以单位犯罪中"其他直接责任人员"进行处罚,才能体现同等情形同等对待的法理

(一)×公司有且只有上诉人薛某1这个唯一的仓库管理员

首先,×公司的总经理杨某1虽然在一审庭审时当庭否认薛某1是×公司的员工,但其在侦查阶段的7次讯问笔录以及一审庭审中回答辩护人的发问时,均明确回答薛某1是公司员工,×公司共有4个冻库,且这4个冻库的仓库管理员就是薛某1。

1. 侦查卷第6卷第6页杨某1笔录记载

问:说说×公司的人员情况?

答:×公司面上的股东是薛某2和杨某2,我的股份挂在杨某2名下,其他暗股的情况我不了解。薛某2因为长期在香港,没有在公司挂职,杨某2是×公司的法定代表人,但是他都在山西做煤矿,也没有参与到公司的经营。×公司实际上是我在负责的。公司有生产部、人事部、财务部、后勤部等部门。与业务相关的生产部的经理是

单某,财务部的负责人是陈某1,仓库的负责人是薛某1,马尾冻库的负责人是林某3。

2. 侦查卷第6卷第19页杨某1笔录记载

问:你公司人员情况?

答:×公司人员情况主要有,老板是杨某2、杨某3,法定代表人是杨某2,我是总经理,仓库主管员是薛某1,他负责公司仓库管理,包括福清市还有各销售点仓库进出登记、核对、制表等。林某3是福州地区主营,还有我老婆翁某2帮我管理财务。

其次,×公司会计陈某1的陈述和被告人翁某2(杨某1的妻子)的供述和辩解,与杨某1刚到案时在侦查阶段的讯问笔录一致地印证了:薛某1是×公司的员工以及为何工资与医社保挂在J公司的实际情况。

1. 侦查卷第7卷第6页陈某1笔录记载

问:你说一下你所在的×公司基本情况?

答:×公司位于F市J区××××路2号,海产品加工厂、冻库、员工宿舍都在一起,公司主要做海产品……公司有没有其他股东我还真不知道。我只知道公司老板叫杨某1,平时都叫他杨总,他一般在J市×公司里上班,他的电话好像是1390××××8726,我手机里有存,他负责公司全面业务。杨某1老婆叫翁某2,她基本都在福州,我只知道她主要负责公司资金往来,以及账目核对。公司有安排我用我个人的中国银行卡给员工发工资,支付公司日常经费等。如果卡上没有钱了,我就会跟翁某2说,她就会往我个人卡上打钱。另外,我每个月会通过QQ邮箱发对账表给翁某2。公司有加工车间,单某是厂长,负责海产品加工具体事情。公司里有个冻库,负责人是薛某1,主要负责日常货物进出登记管理,也就是仓管。公司财务室由李某某负责,还有两个新来的名字叫林某2、翁某7。我算是出纳,负责支付员工工资、公司日常经费支出以及缴纳关税、支付运费这些。

2. 侦查卷第7卷第9页陈某1笔录记载

问:×公司的情况介绍一下?

答:×公司成立了七八年,都在F市,主要从事海鲜冻品的进出口业务。公司法定代表人是杨某2,他平时很少来公司。实际上老板是杨某2的弟弟杨某1,他负责公司的一切事务。我听公司其他人说翁某8和"空七"(音)也是老板。公司的总财务是翁某2,她是杨某1的妻子,负责公司所有的收支,也是我的直接领导。公司财务室由李某某负责,还有两个新来的,名字叫林某2、翁某7。我是出纳,公司的部分支出是由我负责。薛某1是公司的仓库管理员,负责所有产品的出入库。

3. 侦查卷第6卷第54~57页翁某2笔录记载

问:你介绍一下J公司的基本情况?

答:J公司的法定代表人是我老公杨某1,实际控制人是薛某2,办公地址和×公司在一起。×公司的冻品也有以J公司的名义销售,但数量不是很多。

答:"雪中幽灵(136××××759@qq.com)"是×公司的薛某1使用的邮箱,薛某2要求他把每个月×公司总的库存、销售情况发送给我。我将各个区域的报表汇总之后一并再给薛某2。

再次,×公司的仓库计数人员杨某3的证言同样可以证实,薛某1的日常工作职责就是负责×公司的冻库货物进出库调配、核算及管理。杨某3等计数人员听从薛某1的指挥。(详见侦查卷第12卷第112页)

1. 侦查卷第12卷第112页仓库计数人员杨某3笔录记载

答:我是在×公司冻库这边上班,冻库的负责人叫薛某1,外号"小薛"。平时他负责冻库货物进出库调配、核算及管理,我们都是听他指挥。陈某1是冻库的财务平时负责冻库货物进出款、运输费用结算和记账。我是冻库的计数员,平时负责公司进出库货物接收、计数。另外还有三四个年轻的小伙子,负责日常冻库的装卸货。因为我们冻库与车间那边相对独立,所以对于公司其他部门人员情况我不是很清楚。

问:你详细说下你日常的工作情况?

答:我日常的工作主要是负责公司货物进出库计数、统计。比如,公司有货到时,库长薛某1会提前打电话给我,告诉说这批到的是什么货,有多少数量。我再根据他告诉我的货物情况同冷柜司机进行核对,确认货物品种和数量无误后,再安排冻库小弟将货物入库。货物出库也大致是这样的一个流程。

……

问:你平时记载完是否要同库长进行核对?

答:要的。我有专门用于进出库货物记载的本子,每次计数完,库长薛某1都会过来拿我计数的本子进行货物数量核对。

复次,×公司外派分点的员工林某3、林某4、陈某2等人的在案陈述,也都证实薛某1是×公司的仓管员。

1. 侦查卷第8卷第91页×公司外派人员林某3笔录记载

问:你认识薛某1?

答:认识。薛某1在2013年左右在广州销售点工作过几个月时间,后来就回N市了,所以我认识他。×公司的其他人我就不认识了。

2. 侦查卷第8卷第151页×公司外派人员陈某2笔录记载

答:不是的。大概三年前,薛某1有在广州×公司待过几个月,他负责做财务的工作,我当时没有跟他对接工作。后来他就回去J市×公司了。

3. 侦查卷第9卷第35页×公司外派人员林某4笔录记载

问:薛某1是什么人

答:薛某1是在J市公司上班,他每月都会给我发份货物清单进行核对。

问:薛某1的QQ邮箱号是多少?

答:QQ 邮箱号记不起来了,QQ 名是“雪中幽灵”。

问:薛某 1 是怎么跟你进行货物核对的?

答:司机运货到我公司仓库时,会将随车的货物清单交给公司,货物的清单上有货物品名、规格和重量,但是没有单价和总额。我会将这些货物清单收到公司办公桌的抽屉里。每个月月初,薛某 1 都会将货物清单发到我的 QQ 邮箱,清单上除了有货物品名、规格和重量外还有货物的单价和总金额。我会将司机随附的货物清单与薛某 1 发给我的货物清单进行核对,要是没问题就会告诉他可以了,要是金额对不上就会告诉薛某 1 对不上,要他重新进行核对。

4. 侦查卷第 9 卷第 40 页 × 公司外派人员林某 4 笔录记载

问:你说下薛某 1 的情况?

答:薛某 1 是在 J 市 × 公司上班,看照片我能认出来。

5. 侦查卷第 9 卷第 122 页 × 公司福州店财务人员何某某(薛家亲戚)笔录记载

问:薛某 1 在 × 公司负责什么?

答:我和薛某 1 的联系主要是收货方面的联系,也就是每个月我会统计上海城区当月收到货物的具体数量、品名、规格和柜号并制作成一个汇总表。每月月底,我就会通过邮箱发给薛某 1。然后,薛某 1 就会去对货物的数量、品名、规格和柜号,同时他还会给每种货物定价格,再重新发给我。

6. 侦查卷第 9 卷第 137 页 × 公司福州店财务人员郑某某笔录记载

问: × 公司的详细情况?

答: × 公司做水产品加工、销售,现在销售点据我所知有上海、广州、福州,上海主要负责人是翁某 3,其他的两个点我不清楚是谁在负责。 × 公司的总经理是杨某 1,报关是杨某 4 负责,财务我只知道叫“小林”,具体名字我不清楚。薛某 1 是仓库管理员,其他的我都不知道。

7. 侦查卷第 9 卷第 161 页 × 公司外派人员黄某 3(薛某 2 女婿)笔录记载

问:请你讲下 × 公司的人员情况?

答: × 公司的实际老板是薛某 2,负责联系境外货源,还有控制通关进境的环节;杨某 1 是公司的总经理,负责工厂的加工,管理公司的各项业务;翁某 2 是公司的财务,负责全公司的账目核对、制作,她经常到香港去做账对账;薛某 1 在公司做什么我不清楚,但是我的档口需要货物的证件的时候,就是向他索要的;林某 5 主要是负责福州销售点的销售,所以他也负责江阴工厂的冷冻水产品的销售。

最后,薛某 1 在王某某、刘某等人管理人事时入职 × 公司。薛某 1 仅负责各点进 J 市的库存,各销售点自己跟他人对账,薛某 1 仅需将各个点当作客户对待。换句话说,他仅需要负责好 J 市 × 公司的仓管工作。薛某 1 自始至终都认为他是 × 公司的员工,一直听从杨某 1 的指挥做好仓管工作,哪怕是杨某 1 叫他销毁 U 盘,他都服从。

其上班地点、住宿都在×公司，其被抓获归案也是在×公司。

1. 侦查卷第6卷薛某1笔录记载

问：×公司和J公司是什么关系？

答：这个我不清楚，从我2016年4月就职开始我知道的正贸和边贸的冻水产品都是×公司在做，我不清楚J公司的情况。

2. 补充侦查卷第1卷第72页薛某1笔录记载

问：那么你在对货物在仓库管理时是否有区分边贸和正贸的原料？

答：我作为仓库管理，在这些货物入库之后，只要统计货物的品名、规格和数量，而不需要去区分边贸和正贸。车间生产向我们领料的时候也不会注明正贸和边贸，只是告诉我们品名、规格和数量，仓库这边按照车间的要求出库就是了。

由此可见，薛某1是在×公司上班，而且其吃住也都在×公司的员工食堂和员工宿舍，其是×公司的唯一的仓库管理员。

（二）薛某1从事的仓库管理工作是×公司的业务组成部分，故薛某1与×公司存在事实劳动合同关系

首先，根据在案证据×公司会计陈某的证言，薛某1的社医保是挂靠在J公司代缴，工资是由陈某1通过其个人账户发放（详见侦查卷第1卷第19页）。×公司的法人杨某1也当庭承认J公司的法人是其本人，该公司没有经营，仅为方便贷款而注册，即将薛某1等人安排在J公司发放工资仅为了证明这家公司有正常运营以便为×公司贷款而设置。

1. 第二次补充侦查卷第1卷第19页陈某1笔录记载

问：为什么这样发放工资？

答：×公司通过对公账户支付工资后，部分员工嫌工资低，公司就另外补贴给他们。薛某1等人是没有在×公司对公账户领取工资的，他们的社保或者医保是挂在J公司的，所以他们的工资仅通过我的私人账户发给薛某1等人。我在我的账本里专门做了薛某1等人的工资发放表。你们看那个表就了解薛某1每个月的工资了，薛某1大概，每个月工资2000元左右。（与第二次补充侦查卷第1卷第122页的证据材料，陈某1制作的以J公司名义发放的工资表情况完全相符）

2. 侦查卷第6卷第23页杨某1笔录记载

问：你上次讯问中说你使用J公司做走私冻海产品的？

答：（沉默）实际上J公司就是为了贷款而成立的，没什么业务，平时会拿几票生意从J公司走一下，也是为了做一点经营流水，维持贷款，实际上J公司就是个空壳。

其次，根据原劳动和社会保障部2005年5月25日发布并实施的《关于确立劳动关系有关事项的通知》（劳社部发〔2005〕12号）第1条规定可知，事实劳动关系的认定须具备三个条件：一是用人单位和劳动者符合法律、法规规定的主体资格；二是用

人单位依法制定的各项劳动规章制度适用于劳动者,劳动者受用人单位的劳动管理,从事用人单位安排的有报酬的劳动;三是劳动者提供的劳动是用人单位业务的组成部分。

本案×公司与薛某1都是适格的主体。×公司作为一家生产加工冻海产品的公司,冻库是该公司的原料及加工成品保存不可或缺的环节,是该公司业务的组成部分;而薛某1恰是负责×公司的唯一的仓库管理员。因此,薛某1与×公司之间是事实劳动合同关系,薛某1是×公司的员工。

(三)薛某1的劳动报酬的发放形式不会改变薛某1与×公司之间是事实劳动合同关系的性质

首先,薛某2是×公司的实际控制人。一审法院已经查明的×公司的工商登记资料及杨某1的陈述可以证实,薛某2是×公司的大股东(占股50%),也是该公司的实际控制人。×公司的资金分配使用均听从薛某2的安排,杨某1也对薛某2言听计从。因此,即便薛某1的工资来源于薛某2,这也是薛某2对×公司事务管理的范围,不会改变薛某1是×公司的员工身份。

其次,公司的员工工资报酬的款项来源于哪里、由谁发放、怎么发放,由用人单位自主决定,无须经过员工的同意。身为一般员工的薛某1无权也不会过问——身为员工,其只会关心每月能够按时领到足额劳动报酬即可,公司工资发放不正规是公司财务制度问题并不会影响事实劳动关系的成立。

最后,同案应当同逻辑。本案中,杨某1工资并没有从×公司发放,但是,工资来源并没有影响一审法院认定杨某1为×公司的员工并认定其系单位犯罪中的自然人。同样的逻辑,应当认定薛某1为×公司的员工。

×公司的诉讼代表人薛某2当庭回答本辩护人问题时明确说薛某1是×公司员工,薛某2作为×公司现任办公室主任对公司事务非常清楚。同样,薛某2工资也是由J公司发放的,但是,其身份同样是×公司员工并代表×公司作为诉讼代表人出庭。

刑事处罚,针对的是实际情况。因此,对不在单位上班的实际控制人、幕后策划者,刑事司法机关都照样追究此类"隐形人"的刑事责任。同理,对于被单位虚化或者披上其他单位马甲的犯罪嫌疑人,也应当同样以单位员工身份进行处理,这样才能体现同等情形同等对待的真实含义。因此,本案中,薛某1被单位放在哪个地方发工资并不重要,重要的是他履行职责时是在哪个单位履行的职责。毫无疑问,他从上班听从杨某1的安排,到案发时听从杨某1的安排销毁U盘,归案时在涉案单位被抓获,都说明其系×公司的员工。

本案认定×公司构成单位犯罪,走私数额如此之大,但是,只有一个员工即只有一个总经理完成了这巨额的走私,这基本不可能。辩护人恳请二审法院能够纠正一审的错误判决。

二、一审法院区别对待：对说"希望判轻一些"的杨某1，从原量刑建议的"13年至13年6个月"下调至有期徒刑10年6个月；对认罪但认为量刑过重的薛某1，在原量刑建议的基础上加重处罚，对薛某1的量刑明显畸重，导致全案量刑严重失衡

（一）本案是走私犯罪，最核心的犯罪环节应该是从境外到境内的通关行为

走私犯罪的重点是从境外入境的过程，即参与通关的相关人员才是本案中起主要作用的主犯。对于相关物品已经通关进入中国境内之后，在境内×公司冻库负责仓管的薛某1起的是可替代的帮助作用，即便认定其犯罪，其在本案中的作用地位轻微，应减轻处罚。

（二）薛某1仅领取固定工资，在本案中作用地位轻微、主观恶性小

不论是单位犯罪中的其他责任人员，还是共同犯罪中个人犯罪，违法所得的受益者才是起主要作用的主犯。薛某1在本案中仅是听从公司决策人员安排，在仓库负责货物出入库的记账统计工作，领取的亦是固定工资，没有股份，也未参与分红，其作用地位以及主观恶性明显较公司股东和决策人员轻微，量刑时应充分考虑与违法所得受益者有所区别。

然而，一审法院罔顾这一事实，对组织资金的翁某2判处6年有期徒刑，对股东翁某8适用缓刑，对吴某某判处6年有期徒刑，却仅因为薛某1认为6年至6年6个月的量刑建议过重，而对薛某1加重刑罚判处7年6个月有期徒刑，导致全案量刑严重失衡。

（三）薛某1在一审时是认罪的，只是认为检察院对其的量刑偏重，不认罚

也就是说，薛某1仅认罪与其他同案犯签订认罪认罚具结书的"认罪"本质上没有差别，社会危害性亦相当。然而，一审法院却以薛某1不认罚系反悔认罪认罚具结书，对其加重处罚，最终导致量刑严重畸重。辩护人希望二审法院能够在原量刑建议基础上对其处以低于原量刑建议的刑罚，纠正一审法院的错误。

综上，薛某1在×公司从事冷库管理员的工作，且是该公司的唯一仓管员；该冷库是×公司的业务组成部分，不论薛某1与×公司是否有签订书面的劳动合同，其社医保是否在该公司缴纳，都不会改变薛某1与×公司之间的事实劳动合同关系，所以，薛某1是×公司的员工。其在本案中仅承担×公司单位犯罪中的"其他直接责任人员"的相应责任。一审判决仅以"薛某1的工资来源于薛某2而非被告单位"认定薛某1不是×公司的员工违背客观事实，并因认定事实错误导致错误判决。故辩护人恳请二审法院查明事实，并结合薛某1在本案中的作用及全案对其他共犯人的处罚情况，给薛某1一个公正的判决。

【心得体会】

一、二审案件的辩护不是要全面出击,而是针对一审法院的裁判理由进行精准反驳辩护,做到重点突出、针对性强

案件的二审有别于一审,一审阶段,控辩双方需对证据材料进行全面的举证、质证,辩护人会提出所有有利于被告人的辩点,一审法院在全面审查的基础上,认定案件事实并依其裁判理由作出一审判决。故一审判决书不仅已经归纳出案件的争议焦点,而且就争议焦点进行了评析说理。所以,在二审阶段,辩护人是对一审判决的事实认定错误或者评析说理不服的部分,阐述自己的事实和理由,因此,应当针对性强、重点明确,不宜全面出击。

二、找到核心辩点后,要从多维度全方位进行充分论证

如上文所述,即便只是针对一审判决不服的事实和说理,也可能还是有很多点想阐述。但案件已到了二审阶段,笔者认为要有所取舍,不宜眉毛胡子一把抓,辩护人不要对案件定性、量刑影响不大的点去大费笔墨;反而应“蛇打七寸”,只谈一两个最核心的争论点,然后要对这一两个点展开全方位、多维度、深入地充分论证,将辩护意见说透,这才是拆解一审法院构建的逻辑体系的“承重墙”的正确方法。换言之,二审辩护应当定点摘除。

三、运用“三感”(节奏感、新鲜感、成就感)助力辩护人同二审承办法官进行有效沟通

二审案件以不开庭书面审理为常态,若无法与二审承办法官有效沟通,仅凭提交一份书面辩护意见,显然会使辩护效果大打折扣。但由于案多人少,承办人要么因工作量大时间紧,不想见辩护人;要么觉得律师说不出什么新意,没必要面谈,提交书面辩护意见即可;加之目前疫情影响下,办案单位“门难进”,更是给律师与承办人员沟通增添不少障碍。因此,大多数律师感慨如何与承办人员有效沟通是辩护工作的难点。在此,笔者自身体会是,运用靖霖徐宗新主任总结的“三感”同承办人员沟通,往往会有意外的突破与惊喜。

四、案件最后取得好结果往往是多因素的综合作用,但律师的作用不可或缺

笔者一审即介入此案,也提出薛某1是单位员工的辩护意见,但一审法院不予采纳。对此,不仅薛某1及其家属不服,笔者也颇为不服。这是笔者律师执业以来第一次劝当事人要上诉的案件。

感谢薛某1及其家属的信任,薛某1在身陷囹圄又面对放弃上诉的游说时仍坚持要上诉,并仍然选择笔者担任其二审的辩护人。幸运的是,二审碰到了理性的承办法官。最后,法官采纳辩护人意见,该案得以成功改判。

笔者认为,此案的成功改判离不开以下四个因素:

首先,薛某1本人的坚持。有了他的坚持,才能开启二审程序。

其次,薛某1家人的支持。薛某1家人的温暖支持给了他更多的勇气和更大的决心、信心,因为薛某1的家人对律师的信任,才能取得最终的胜利。

再次,律师团队的协作和专业。"受人之托,忠人之事。"律师团队充分发挥团队的优势,全方位多维度地充分论证辩护意见,并经多渠道沟通和多样化辩护,使案件有了转机,为二审改判提供了充分的事实和法律依据。

最后,承办法官的担当。面对一审法官作出的判决,二审法院没有简单地维持原判,而是顶着压力,采纳了辩护律师的观点,在认定薛某1为单位员工的情况下,减轻薛某1的量刑至6年,给了薛某1一个公正的判决。

(承办人:翁京才、陈柳明)

后 记

靖霖律师事务所,在成立十三周年之际,推出了成立以来的第十二本书。

《辩护人认为(第四辑)——刑事辩护观点的挖掘、提炼与运用》由本所成立后第十一年至第十三年办理的结果较为理想且具有典型参考价值的案例集结而成,由我们进行统稿,历时半年。

相较于前三辑的《辩护人认为》,本书挑选的成功案例更加贴近近三年来刑事司法新变化、新情况,具有鲜明的时代印记。这些案例办理期间,正值认罪认罚从宽制度全面铺开、以审判为中心诉讼制度改革式微、扫黑除恶专项整治斗争如火如荼、信息网络犯罪案件上升蔓延,相应地,产生了很多新的辩护热点、难点问题。例如,如何运用具有专门知识的人出庭进行辩护,如何办理技术属性强的计算机网络犯罪案件,如何办理政策压力大的黑恶势力犯罪案件,如何在认罪认罚案件中进一步辩护,如何在监察法体制下开展有效辩护,如何通过程序性辩护服务实体辩护等。律师们用自己亲身的实践和思考,将案件中的新问题作为小课题进行深入剖析、研究,提炼了一些从个案延伸,但具有类案参考价值的办案方法、技能,可供读者参考。

不断研究、总结、归纳,著书立作,将办案心得整理而出,与同行分享、切磋,是我们作为一家专门从事刑事业务的律师事务所的责任。正是因为有了各界人士、领导和律师同行的关心和支持,靖霖律师事务所才有了今天的发展。

无以回报,只有奉书。

再次感谢关心和支持靖霖律师事务所发展的朋友们。同时也要感谢我所楼安翔、徐驾、应李敏、史柯丹、陈一见、陈重杰、杨帆、陈纪皓、彭立野、胡超、高荻莎、叶璇、董伟靖律师对本书的校对工作所付出的努力。

徐宗新　王良宝

二〇二三年三月